灵魂壮举高歌
——纪念孙慕天先生

万长松　孙玉忠　孟威　主编

学苑出版社

图书在版编目（CIP）数据

灵魂击掌高歌：纪念孙慕天先生 / 万长松，孙玉忠，孟威编 . — 北京：学苑出版社，2022.9
ISBN 978-7-5077-6501-4

Ⅰ. ①灵… Ⅱ. ①万… ②孙… ③孟… Ⅲ. ①孙慕天—纪念文集 Ⅳ. ① K825.1-53

中国版本图书馆 CIP 数据核字（2022）第 179123 号

责任编辑：孟　玮
美术编辑：齐立娟
封面题字：张德平
出版发行：学苑出版社
社　　址：北京市丰台区南方庄 2 号院 1 号楼
邮政编码：100079
网　　址：www.book001.com
电子信箱：xueyuanpress@163.com
联系电话：010-67601101（营销部）　010-67603091（总编室）
印　刷　厂：北京建宏印刷有限公司
开本尺寸：787×1092　1/16　插页 8
印　　张：31.75
字　　数：475 千字
版　　次：2022 年 10 月第 1 版
印　　次：2022 年 10 月第 1 次印刷
定　　价：158.00 元

孙慕天先生（1939—2019）

青年时期　　　　　　　青年时期

与工人师傅合影（第二排左二为孙慕天，北京，1958年）

大学毕业照（第三排右七为孙慕天，北京，1962年）

到苏联做访问学者期间（乌克兰哈尔科夫，1989年）

在鲁迅故里（绍兴，2016年）

在杜甫草堂（成都，2017年）

被授予"从事自然辩证法工作30年"荣誉证书（北京，2008年）

被授予"龙江讲坛"500期"优秀讲座专家"荣誉证书
（前排居中为孙慕天，哈尔滨，2017年）

全国首届苏联自然科学哲学学术讨论会全体合影（第三排右九为孙慕天，哈尔滨，1984年）

第三届科学与信仰学术年会全体合影（前排右九为孙慕天，北京，2006年）

《自然辩证法通讯》编辑委员会全体合影（前排居中为孙慕天，北京，2010年）

21世纪第五次全国俄（苏）科学技术哲学学术座谈会合影
（居中为孙慕天，杭州，2018年）

创作、主编、参编、翻译的部分著作（图中为引范寿康先生诗，在"龙江讲坛"做讲座时留言）

从事研究生教育三十年(1984—2014)

孙慕天教授生平

孙慕天先生1939年11月19日生于吉林省海龙县。1945年9月入呼兰县（现哈尔滨市呼兰区）国民劝学读初小，1950年2月转入哈尔滨正阳北小学高小就读，1952年9月入哈尔滨第四中学读初中，1954年9月考入哈尔滨第三中学高中部，1957年7月以第一名成绩考入中国人民大学哲学系。1962年9月在哈尔滨建筑工程学院政治教研室任助教、讲师；1965年加入中国共产党，1970年任职于黑龙江青年报社；1971年9月入职哈尔滨师范大学马列教研部，历任讲师、副教授、教授；1996—2000年任哈尔滨师范大学马列教研部主任，2007年退休。

孙慕天教授把毕生献给了我国自然辩证法与科学技术哲学教学与研究事业，是我国俄（苏）科技哲学研究的开创者和领路人。他于20世纪70年代末在哈尔滨师范大学创立全国第一个研究苏联自然科学哲学问题的学术机构，使哈尔滨师范大学一跃成为全国研究俄（苏）科技哲学的核心高地。他积三十年功力撰著的俄（苏）科技哲学方面的代表作《跋涉的理性》，不但使国内沉寂已久的俄（苏）科技哲学研究重焕生机，更使国人看到了与英美并行的另一类科学哲学，他也因此成为国内比较科学哲学的首倡者和开拓者。

孙慕天教授学养深厚，学术精湛，他精通多种外语，学识融贯中西古今，不但在基础研究领域撰写发表了百余篇有影响力的论著（文），还分别有俄语、英语、日语、德语等汉译论著发表，是改革开放初期国际科学哲学在中国的重要引介者之一。他所领衔翻译的《苏联自然科学哲学教程》《认识的价值》《现代科学与哲学》等一系列著作，对于推动当时中国哲学的改革发挥了重要借鉴作用。

孙慕天教授视域开阔，思想敏锐，对当代科学与哲学交叉前沿有集中关注和精深研究，其主要著作《新整体论》，通过对量子力学的系统审思提出潜蕴性联系等重要思想，对国内整体论的研究和争论起到了扩路搭桥的作用。他还结合近年来人工智能与虚拟世界的兴起提出"世界4"理论，通过对创新问题的考察开展关于科学创新的哲学研究，提出了明确基础与主导范畴的关系，把握科学动力学化趋势等一系列原创性思路和思想，是公认的同时期国内最有创发性的优秀学者之一。

孙慕天教授特别关注理论研究服务于社会实践，服务于国家发展与人们生产生活的需要，是国内少有的学术综合战略家。他不但率先拓展经济学哲学的课题研究，还把目光转向环北太平洋的整体发展，提出远东科技与社会发展战略构想，为黑龙江省的长远发展献计献策。他思路清晰、思想深邃，演讲有着极强的叙事感染力和启发性，四十年里他不辞辛苦地为省内外高校、科研院所、党政机关、工矿企业做过几百场精彩报告，普及智慧无穷，启迪识者无数。

孙慕天教授一生教书育人，堪为师中楷模。他虽已名满天下，但每一堂课的准备都一丝不苟，极其认真。他的课堂从来都是学生们趋之若鹜争先抢座的圣地。他主编的教材《自然辩证法新编》为多所大学采用；他主编的《实用方法辞典》收词齐全、分类明确、内容严谨、叙述规范，成为许多人案头必备的重要工具书。他自1984年开始招收研究生，三十余年如一日，培养了一批又一批优秀学生。目前孙门弟子已有400余人，国内俄苏科技哲学的专业研究人员绝大多数出自孙先生门下，成为中国科学技术哲学领域中一支不可或缺的重要力量。

孙慕天教授历任中国自然辩证法研究会常务理事、荣誉理事，中国自然辩证法研究会STS专业委员会主任，黑龙江省自然辩证法研究会理事长、名誉理事长，黑龙江省科技经济专家顾问委员会委员等职，是国家级有突出贡献专家，享受国务院政府特殊津贴，并被国内多所著名大学聘为兼职教授。

孙慕天教授一生理性跋涉，甘居边缘，甘守寂寞。他的学术文集《边缘上的求索》既体现了一种理论风格，也标明了独特的思想个性，是一笔难能可贵的时代遗产。他的文字总是言之有物、掷地有声、不同凡响，其中任何一篇无不观点鲜明、论据扎实、论证缜密、文采飞扬，成为佳品。二十年后重读孙先生论著，仍然能够感受到内容的厚重和智慧的光芒，而没有过时感，这在世风浮躁的时下是难得一见的。他的名著《孤鹜落霞》篇篇珠玉、流光溢彩，已成思想佳品。而《太阳系重生》则通过构思精巧的科幻文学形式，展现了他对遥远未来的瞩望和科学哲学探讨，足显其童心未泯、探求不止的哲人情怀。

孙慕天教授的一生是无私奉献苦苦求索的一生，是质朴仁爱侠肝义胆的一生，是追求真理厉行启蒙的一生，是知行合一勇往直前的一生。孙慕天教授深得学生们的爱戴和崇敬，是学子们的智慧导师、人生诤友。孙教授去世的消息传出后，远在祖国各地的孙门弟子无不千里迢迢赶回泪送恩师，形成一股强大的感恩与圣化的精神认同力量。

八十年的风雨历程，谱写了一曲人间浩歌。孙慕天教授把一生最美好的时光都奉献给了他热爱的事业、他热爱的学校和他热爱的学生，塑造了思想与人格的丰碑，道德与实践的楷模，令人高山仰止，充满敬畏，无限怀念。

目 录

思至美

我的自白 …………………………………… 003
我最喜欢读的五十部作品 …………………… 005
青年之歌 …………………………………… 007
毕业歌 ……………………………………… 008
与书相伴度人生 …………………………… 009
爱与梦之歌 ………………………………… 015
生日感怀
　　——示诸生 ……………………………… 018
我是一个粒子 ……………………………… 020
七五寿宴致辞
　　——生无所息·爱无所尽·美无所穷·思无所止 …… 022
民族心灵
　　——重读雪莱论诗、雨果论音乐 ………… 024
蓝蓝的梦
　　——对蓝色的美学诠释 …………………… 027
静中思静
　　——静的回归 ……………………………… 038
新世纪哲学面临的二十一个问题 ……………… 069

我们心中的家国情怀 ……………………………… 071
我的麦克斯韦情结 ……………………………… 075
物理学与人文文化
　　——纪念爱因斯坦逝世 50 周年 ……………… 081
理性和理想的胜利
　　——引力波发现的启示 …………………… 089
重构俄（苏）科学技术哲学研究的初步思考 ……… 097
STS 研究的整体化趋势（研究纲要）……………… 102
爱是基督教思想的总纲 …………………………… 108
基督教神学论生命的终极价值
　　——信、望、爱与真、善、美 ……………… 117
生命的价值和终极关怀 …………………………… 124

忆如面

消逝的光影
　　——悼江天骥先生 ………………………… 137
如沐春风，恩泽长在
　　——忆恩师龚育之先生 …………………… 141
亲炙拾零 …………………………………………… 144
苍凉的回声
　　——忆老汪 ………………………………… 186
永恒的青春回忆
　　——忆振声 ………………………………… 189
忆黑格尔先生（译文）…………………………… 195

教无涯

书信集 ……………………………………………… 207
一张 A4 纸 ………………………………………… 218

我爱你们 …………………………………………… 226
给 2010 级研究生王小宁推荐的婚礼音乐曲目 ……… 228
孙慕天先生微博八十则 ……………………………… 230
关于基础学术修养的一个书目 ……………………… 248

爱之炬

在冰峰上不断攀爬的伟大智者
　　——胞兄孙慕天教授千古 …………………… 孙慕义 /255
一道黄昏的闪电，化作永恒的彩霞
　　——"真正的天才是用信念之火焚烧自己的疯子"
　　………………………………………………… 李玉白 /259
为父孙慕天三年祭有感而发诗两首 …… 孙瞰鹰　孙天鹅 /261
忆慕天 …………………………………………… 李惠国 /262
春风化雨育桃李，凌云健笔煜学界 …………… 李醒民 /271
从相识到挚友：慕天兄和我的 40 年 …………… 计育兴 /278
悼念孙慕天先生 ………………………………… 张明雯 /285
理性跋涉探幽谷　边缘求索终一生 …………… 孙玉忠 /293
真人哲人仙人
　　——怀念恩师孙慕天先生 ………………… 李　东 /299
忆孙老师 ………………………………………… 张百春 /301
循着跋涉的理性　继续理性的跋涉 …………… 万长松 /308
"基础性"知识
　　——孙慕天先生哲学思想对社会研究的启示 … 刘　军 /319
我敬仰的恩师孙慕天先生 ……………………… 刘　巍 /330
牢记师训守初心　弘扬师魂善作为 …………… 吕桂军 /337
"新的边疆"与"大爱无疆"
　　——纪念我最尊崇的孙慕天先生 ………… 杨渝玲 /343
"信""爱""望"的人生
　　——纪念导师孙慕天先生 ………………… 白夜昕 /353

慕天师散忆拾零 …………………………………… 李金辉 /362
传承与创新
　　——科学研究的规范与理想 …………………… 张　丽 /365
哲学与教育 ………………………………………… 王彦君 /371
灵魂拍掌而歌
　　——忆恩师孙慕天先生 …………………………… 曹　晖 /373
荣乐止身何所恋，青山绿水楚云飞
　　——忆恩师孙慕天先生 …………………………… 庞晓光 /379
遵师之期望　跋涉以前行
　　——追思恩师有感 ………………………………… 孙红霞 /387
吾爱真理　尤爱吾师 ……………………………… 张秀华 /390
三人行，何日与师同
　　——忆恩师孙慕天先生 …………………………… 栾广君 /395
理性跋涉筑边缘　洒向人间都是爱
　　——纪念我的恩师孙慕天先生 …………………… 鲁秀伟 /409
思无所止
　　——忆追随孙师学习的日子 ……………………… 高衍超 /417
何以为念 …………………………………………… 卞　文 /422
亦师亦友，如父如兄
　　——纪念恩师孙慕天先生 ………………………… 陈传珂 /432
哲与诗的缠绕与超越
　　——孙慕天先生《孤鹜落霞》之意境三探 …… 刘静远 /438

边缘志

全国首届苏联自然科学哲学学术讨论会简介
　　………………………………………… 关　钟　扈　丁 /445
全国第二届苏联自然科学哲学讨论会在黑龙江召开
　　………………………………………………… 孙玉忠 /448

俄罗斯（苏联）自然科学哲学研究座谈会综述
　　···王彦君 /451

首届哈尔滨中俄科学技术哲学专家论坛综述
　　···万长松　栾广君 /455

俄（苏）暨比较科技哲学与科学思想史
学术研讨会综述
　　···杨渝玲 /459

全国俄罗斯科学技术哲学学术研讨会综述
　　···万长松　王彦君 /464

21世纪第五次全国俄（苏）科学技术哲学
学术座谈会综述·····························王彦君 /468

俄（苏）暨比较科技哲学与科学思想史
学术研讨会综述····················陈传珂　孟　威 /473

俄（苏）科学技术哲学研究相关的国家社会
科学基金研究项目·····························478

附录

孙慕天教授学术成果目录··························481

编后记··491

思至美

我的自白

学生时代读马克思的《自白》,心灵受到强烈的震撼。马克思是给自己女儿写的,有传记作者说是"游戏之作",我却不这么看。马克思的自白鲜明地展示了这位伟人的内心世界、美好而丰富多彩的人生和鲜明的个性。后来又读过恩格斯的《自白》。书上说黑格尔也有一个《自白》,真想找来开开眼界,可惜至今没有找到。我等平庸之辈写《自白》,确属东施效颦;但伟人有伟人的风范,凡人有凡人的情趣。轻尘足岳,坠露添流,把这个多年前写的小玩意公诸同好,以博一哂。

最喜爱的中国现代作家:鲁迅

最喜爱的中国现代诗人:何其芳

最喜爱的中国古代诗人:〔唐〕李商隐

最喜爱的外国作家:〔美〕杰克·伦敦

喜爱的外国诗人:〔英〕雪莱

最爱读的中国文学作品:〔唐〕王勃《滕王阁序》

最爱读的外国文学作品:〔美〕欧文·斯通《马背上的水手——杰克·伦敦传》

最喜爱的哲学家:〔德〕伊曼努尔·康德

最喜爱的科学家:〔英〕詹姆斯·克拉克·麦克斯韦

最喜爱的演员:〔美〕费雯丽

最喜爱的电影:〔俄〕阿·托尔斯泰《两姊妹》

最喜爱的乐曲:〔德〕贝多芬《D大调庄严弥撒曲》(作品123号)

最喜爱的颜色：蔚蓝

最喜爱的景观：湖泊

最爱吃的食物：糖果

最爱吃的蔬菜：黄瓜

最爱做的事：冥想

最爱的树木：垂柳

最爱的花：紫丁香

最爱的动物：天鹅

最喜欢的城市：苏州

最向往的地方：幽静的田园

最讨厌的人：伪娘

最憎恶的行为：背叛

最警惕的事：拖延

最担忧的事：赍志以殁

最常犯的错误：怜悯

最渴求的事：安谧

最喜爱的格言：我今事写作，但愿毋偷懒。

倘需暮前死，工作应圆满。①

座右铭：从来都兴致勃勃，从来都不淡漠。②

理解的人生：生无所息

2011 年 9 月 2 日

---

① 美国作家杰克·伦敦自题小诗，孙先生将其压在写字台的玻璃板下以为激励。——编者注
② 王蒙：《青春万岁·序诗》，原文作"从来都兴高采烈，从来都不淡漠"。——编者注

我最喜欢读的五十部作品

1. ［德］马克思：《博士论文献词》
2. ［德］马克思：《路易·波拿巴的雾月十八》
3. 《圣经·启示录》
4. ［古希腊］柏拉图：《会饮篇》
5. ［法］卢梭：《论科学与艺术》
6. ［法］狄德罗：《拉摩之侄》
7. ［英］麦克斯韦：《论电磁场的动力学理论》
8. ［英］罗素：《自由人礼赞》
9. ［美］爱因斯坦：《七十岁生日时的心情》
10. ［美］约翰·里德：《震撼世界的十天》
11. ［波兰］塔尔斯基：《逻辑和演绎科学方法论》
12. ［美］威廉·夏伊勒：《第三帝国的兴亡》
13. ［保加利亚］季米特洛夫：《在莱比锡审讯的最后发言》
14. ［波斯］莪默·伽亚谟：《鲁拜集》
15. ［俄］普希金：《致大海》
16. ［美］华盛顿·欧文：《瑞普·凡·温克尔》
17. ［法］雨果：《笑面人》
18. ［英］雪莱：《云雀歌》
19. ［法］司汤达：《红与黑》
20. ［美］惠特曼：《草叶集》
21. ［美］爱伦·坡：《金甲虫》

22. 〔俄〕屠格涅夫：《幽静的田园》

23. 〔英〕斯蒂文森：《金银岛》

24. 〔美〕马克·吐温：《汤姆·索耶历险记》

25. 〔美〕杰克·伦敦：《荒野的呼唤》

26. 〔法〕法朗士：《泰绮思》

27. 〔英〕威尔斯：《莫洛博士岛》

28. 〔英〕高尔思华绥：《开花的荒野》

29. 〔英〕伏尼契：《牛虻》

30. 〔苏〕高尔基：《克里姆·萨姆金的一生》

31. 〔美〕欧文·斯通：《马背上的水手——杰克·伦敦传》

32. 〔苏〕阿·托尔斯泰：《苦难的历程》

33. 〔苏〕费定：《不平凡的夏天》

34. 〔法〕安德烈·莫洛亚：《雨果传》

35. 〔美〕雷·布雷德伯里：《霜与火》

36. 〔苏〕柯切托夫：《州委书记》

37. 〔战国〕庄周：《逍遥游》

38. 〔东晋〕陶潜：《归田园居》

39. 〔南北朝〕庾信：《春赋》

40. 〔唐〕王勃：《滕王阁序》

41. 〔唐〕王维：《田园乐六首（辋川六言）》

42. 关锋：《春秋哲学史论集》

43. 王国维：《人间词话》

44. 鲁迅：《野草》

45. 郭沫若：《瓶》

46. 郁达夫：《春风沉醉的晚上》

47. 闻一多：《红烛》

48. 何其芳：《回答》

49. 还珠楼主：《蜀山剑侠传》

50. 聂绀弩：《北荒草》

青年之歌

此为我 14 岁时作的一首新诗,可以看出青春的萌动。也许,我的一生心路,那时已经确定了吧?——50 年后追记

青年是人生的春天,
她闪耀着无穷的光辉,
像太阳一样灿烂。
愿你奔腾啊,如扬子江水,
愿你前进哟,如永恒的时间!
扬子江水永远在流,
时间也永远向前;
青年的生命啊,
正如时间江水,
勇往直前!
你的奋斗便是幸福,
使你奔向那胜利的标杆。
这是青年的理想,
她激起熊熊的火焰。
燃烧吧,
发出灿烂的光辉,
理想的共产主义,
将由青年来实现!

1954 年 4 月 10 日

毕业歌

　　这是迄今找到的我的第一首旧体诗，格律不通，小儿声口，诚可笑也。50年过去，我乃我，是耶？非耶？

　　三年之光，又已如飞逝去，这美丽的青春时光，将永不复回了。谁知她今后会几次出现于我的记忆中哟！这美丽的青春的一段，值得回忆、留恋，她残存的一切，是幸福、是甜蜜。这美丽的时光，使人懂得时间的可贵，尤其是人的青春。这昙花一现的青春啊，珍惜她吧！无情的暮年，可憎的死神，你避开吧！青春之神哪，我挽留你，用你那珍珠般的身体把我们融化了吧！唉，无情的时间啊，你夺去了多少人的青春以至生命。这初中的三年又转瞬流逝，以后的时间有多少，我不知道，也无法计算。但我要奋斗，要实现我的理想，不要受到时间的耻笑。写到这里，我想起陶渊明的一句诗："及时当勉励，岁月不待人。"愿我前进途中一帆风顺，万里晴空。

　　　　　　三年时光如飞逝，
　　　　　　寒暑同窗洒泪兮。
　　　　　　踏上前方遥征路，
　　　　　　为国为民献吾身。

2004 年 8 月 21 日

与书相伴度人生

2001年哈尔滨师范大学50年校庆,我应校图书馆之邀写一点关于读书生活的文字,算是共襄盛举。那是2001年4月23日晚上,不想信笔写来,竟一气呵成,时间已过午夜。抚今追昔,感慨系之,不由得倒上一杯威士忌,看着天边的月儿,激情满怀,深深感受到的是:此生因为读书,是多么幸福。此文在我当年的一些学生中曾多有传诵,但近年的学生知之不多。一年更始,拣出旧文,贴将出来,一抒胸臆。

当马克思的女儿问他的父亲,你最喜欢做的事情是什么的时候,这位伟大的革命导师回答说:"啃书本。"如今,我已年届花甲,读书读了半个多世纪,回过头来品味马克思的这句话,真是觉得含义深刻,意味无穷。

是书创造了我整个人生。

我的读书生活始于4岁。那时,父亲教我英语,母亲则教我国文。可是我并不喜欢那些枯燥的窗课,引发我兴趣的是两本书:一本是上海广学会出的《中国历代名人传略》,其中的陶潜、王勃、王维、李白等人怀才不遇的人生际遇,和他们咏叹失意情怀的诗文,拨动着我幼小的心灵,使我产生了对公平和正义的强烈自觉意识。说来也怪,母亲让我背诵的那些诗文,许多都忘记了,而这本书上引述过的那些名篇,我却至今不忘,倒背如流。另一本是英文书 The Heroes or Greek Fairy Tales,这是一部19世纪英国麦克杜格尔公司(Mc Dougall)出版的儿童书,即《英雄们或希腊神话故事》。父亲是用它做我的英语课外读物,而我却被书中的故事情节深深打动了,童话里的亚尔古、柏修斯、提修斯的英雄主义和理想主义精神,就像火种一样播撒在我的心田。

　　11岁时一件偶然的事情，可以说改变了我的一生。那时，家里的藏书已经无法满足我的读书欲。有时，实在找不到可读的书，就只好捧着商务印书馆出的《辞源》看词条。当时我入哈尔滨四中念初中，学校后面就是市图书馆（现在的哈尔滨第二工具厂）。当我发现可以凭学生证在馆内借书读的时候，真感到如鱼得水一般。每天放学便泡在图书馆的阅览室里，一直待到闭馆，回家时已是晚上9时，要路过当时十分僻静的八区体育场，但我心里仍在想着刚才读过的有趣的书，一点也不感到害怕。一天晚上，我借到童书业先生的《春秋史》，正在津津有味地读着，突然一位馆员，是个十八九岁的大姐姐，走到我的身边问我："小同学，这书你能看懂吗？"我不高兴地回答说："读不懂看它干吗？"她又问我笔记本上记些什么，我说记的是春秋各诸侯国的名字，并告诉她，听说当时方国数以千计，我要具体了解一下到底都是哪些国家。大姐姐笑了，说："你这孩子真有意思。我注意你很久了，你天天这么晚回家，多不安全哪！"这个姑娘就是我的梅平姐姐。不久，在她的关心下，图书馆为我办了外借图书证，一次可以借出三本书。后来，我到南岗哈三中读高中，市图恰巧也迁到学校对过的新馆址。面对这座知识宝库，我真是如鱼得水，正是在市图，我得以读到光华版的《鲁迅全集》，开明版的郭沫若、老舍、郁达夫、沈从文等十几位中国当代作家的选集，还有巴金的《激流三部曲》和《爱情三部曲》，茅盾的《子夜》等等；更读到朱生豪译的莎翁戏剧，傅雷译的《约翰·克利斯朵夫》，罗玉君译的《红与黑》，汝龙译的《契诃夫小说集》，蒋学模译的《基度山恩仇记》等西方古典文学名著。浩如瀚海的书籍，让我眼花缭乱，我至今仍能回忆起当时走进书库，仰头看着那一排排有趣的书时，那种渴望和贪婪的激动心情，我多想把这些书都看一遍啊！每天忙完课内作业，几乎所有时间都用来读这些书，有时一周要看三本，说是废寝忘食、如醉如痴，绝不为过。借到一本好书，简直等不到拿回家，在路上就翻起来，有时等不及，干脆就坐在道边上先睹为快。直到现在，我还能清楚地想起许多书的样子和读它们时的情景：我记得柳亚子选编的唐诗封面上滴上的烛泪，记得倪海曙注音唐诗里那精美漂亮的插图……我更忘不了初读《牛虻》的不眠之夜，看到最后一页亚瑟的绝笔信时，劈头一句"亲爱的琼"就使我热泪横流。啊，那些美丽的书，那些永生难忘的男女主人公，那深邃隽永的话语，都永远铭刻在我的心底，融入了我的整个生命。

到北京读大学，使我有机会出入位于国子监的老北图，以及中国人民大学、北京大学图书馆，眼界为之大开。在一批老一代学术大师的指点下，我开始学会了系统阅读和钻研经典。当年听冯友兰先生的中国哲学史史料学课时，先生语惊四座："我推荐给你们的书都经历过一百年以上的考验。"其时年幼，不懂先生话中的深意。其实，任何趋时之作，生命都十分短暂，经典作品经受岁月的沧桑而存留至今，这本身就是其永恒价值的证明。为了打好哲学专业的基础，我按师嘱去啃艰深的原著，记得读贺麟老师译的马克思《黑格尔辩证法和哲学的一般批判》时，颇感困难，希望能找到马克思其他早期著作以资参考，适值人大图书馆的俄文新版《马克思恩格斯早期著作选集》上架，其中有马克思22岁写的《伊壁鸠鲁、斯多噶和怀疑派哲学笔记》，我如获至宝，对照读来，真是兴味无穷。那是一个炎热的夏日，图书馆的窗前绿影婆娑，蝉声鸣叫，而我挥汗如雨，写下了整整一大硬皮本笔记，这笔记直到现在我还不时翻看。从那时开始，七年时间里，从北京的图书馆到黑龙江省图书馆，我系统阅读了所有马克思主义哲学原著，西方哲学大师的主要经典，国学重要的经典书籍，还有一些科学史名著。这段时期，我学会了读书求解，更重要的是，开始试着利用书中的知识进行学术研究。每当意有所会，思有所得，就立刻感受到无法言传的幸福。记得23岁时，我刚到哈尔滨建筑工程学院为研究生讲自然辩证法，为了解决动能公式中 mv^2 的系数二分之一的由来，查了多种力学著作而不得其解，后来在省图查到库德里亚采夫（П. С. Кудряцев）的俄文版著作《物理学思想发展的主线》，终于找到了原始根据，而且自己做了微分方程的推导，得出了正确结果，我觉得那是我从事科学哲学研究以来的第一个成功。也是那一年，我下决心补上数理逻辑这一课，用了三个月时间去读塔尔斯基（A. Tarski）的 *Introduction to Logic and to the Methodology of Deductive Sciences*（《逻辑与演绎科学方法论导论》），做了全部演算。在读书笔记的后面，我写了一段话："熟悉的东西，就不觉得神乎其神、奥妙幽深了。1963年9月19日发奋读完。"后来，我再研究哥德尔（K. Gödel）定理和邱奇（A. Church）定理就不再感到困难了，当时那种自得和满足的心情是无法形容的。至今我研究西方科学哲学中的形式化问题和逻辑语形学，靠的仍然是那时打下的基础，可以说是终身受用无穷。

"文革"浩劫，几乎把人类的全部文化遗产都打入另册。开始时，我也糊里糊涂地跟着批"封资修"，清算自己所受的"毒害"。慢慢地越来越觉得不对劲儿：马克思那么喜欢索福克勒斯的《普罗米修斯》，列宁那么喜欢读杰克·伦敦的《热爱生命》和听贝多芬的《热情奏鸣曲》，毛泽东自己也非常喜欢"三李"（李白、李贺、李商隐）的诗作，我们为什么却要否定这一切呢？开始时，还不敢读这类东西。记得1967年盛夏的一段时间里，我几乎每天都带一本恩格斯的英文版 *The Dialectics of Nature*（《自然辩证法》），用塑料袋封住，游过松花江，躺在江心岛的沙滩上，一读就是几个小时。随着形势的发展，我的胆子也越来越大，到处找"禁书"读。后来我到黑龙江青年报帮忙，报社有一个"破四旧"抄没的书库，使我如获至宝，读了许多闻名而未谋面和闻所未闻的好书。正是在那个书库里，我读了杰克·伦敦所写的那个伟大的狗布克的故事——《荒野的呼唤》，读了斯通所写的杰克·伦敦的绝妙传记《马背上的水手——杰克·伦敦传》。杰克·伦敦的四句格言"我今事写作，但愿毋偷懒，倘需暮前死，工作应圆满"，深深地打动了我。一幅杰克·伦敦的画像和这四句话后来一直压在我写字台的玻璃板底下，成了激励我奋勇前进的座右铭。

我从小就喜欢买书。当学生时，经济条件有限，但淘书却始终是我最大的乐趣。北京东安市场和西单商场里的旧书店，是我的乐园。为了省下钱买书，我一般总是从西郊步行到西直门，再花一毛钱乘车到王府井。那时旧书真便宜，但所买的书却常常是珍品。我曾花3角钱买到日文版海涅的《德国宗教和哲学的历史》，当时此书各种文字的版本在国内全部付诸阙如，但恩格斯在《费尔巴哈论》中特别提到过它。我师曾文经先生（无神论专家，休谟《自然宗教对话录》译者序的作者）到处搜求此书而不可得，当先生向我借这本书时，我的那份得意就甭提了。有一本花6角钱买的书，在我20年后的一项研究中起到了重要作用，那就是苏联国家科学技术文献出版社1954年版的俄文版麦克斯韦《电磁场理论选集》，该书附有玻尔兹曼的注释，弥足珍贵。我写《麦克斯韦电磁场理论的发现模式》（收入《成功之路——科学发现的模式》，人民出版社1987年版）时，这一注释帮了大忙。还有一本是日本春秋社昭和五年出版的《大思想エンサイクロペヂア》（《大思想百科全书》）的哲学卷，也只有6角钱。去年我应邀译美国大卫·格里芬（David R. Griffin）的《后现代世界的上帝和宗教》一书时（中国城市出版社2003年版，出版时更名为《后现代宗教》），其中的大量梵文佛学名词的解读多亏了手边的这本书。书到用时方恨少，真是一点也不假。就在写那篇关于麦克斯韦电磁场的论文时，特别需要查阅麦氏的两篇原始论文：《论法拉第的力线》和《论物理学的力线》。但是找遍国内各大图书馆，迄无所获。后来清华的一位老师告诉我，他们学校电机系一位老教授藏有此书。于是辗转相求，终于得到巴黎赫尔曼出版社（J. T. Hermann）的英文版 *The Scientific Papers of James Clerk Maxwell*（《麦克斯韦科学论文集》）一书的复印件，当时我乐得跳了起来。多年的经验告诉我，要抓住一切机会淘书，有心必有所得。1989年春，我从莫斯科转车，有几个小时的空闲。我当机立断，找到最近一家书店，竟然发现了东德有名的狄茨出版社新出的德文版马克思主义哲学教科书 *Dialektischer und historischer Materialismus*（《辩证唯物主义和历史唯物主义》），真是乐何如之，当即购下，此书在国内可说是孤本，我师萧前教授曾让我将目录译出供教学参考。这就叫入宝山绝不空手而回。俗话说，家有藏书不算穷。几十年来，我家一直很简陋，但藏书之多，却罕有其匹。出国归来，同行者都是洋装洋货，满载而归，而一大箱洋书却是我的主要行李。坐拥书城，我觉得自己是真正的富翁。

　　书是人类文明进步的阶梯，是人类文明的主要载体。书的载体可以是泥版、纸草、甲骨、钟鼎、绢帛、贝叶、竹简，可以是后世和现代的纸张。当然，最新技术革命使我们有了荷载信息的新的手段，如时下的磁带或光碟之类，但这只不过是书的物质载体的变化而已。不管怎么变，书的内容始终是用文字传达出来的，因此必须去读。影视节目虽然生动形象，但永远不能代替读书。这是因为，影视的图像只是感性直观，而读书却是在理性的层面上对文本的思想重构，是反思的过程，唯其如此，人作为人的本质属性——思维着的精神，才通过读书受到训练，得到提高。忘记读书也许是所谓"后现代人"或

"新新人类"的一大时尚，但这时尚其实是一种倒退——向野蛮的倒退，难怪西方有人把电视称作"白痴箱"。学会读书就是走向文明，过去如此，现在如此，将来仍然如此，对这一点我坚信不疑。

钱锺书先生曾说，出门在外，只要有书相伴，就什么也不怕。这真是读书人的肺腑之言。书是我人生最好的伴侣，它予我智慧，给我勇气，使我欢乐，慰我寂寞。而更重要的是，书育我灵魂，教我做人。我承认，我并不是一个特别坚强的人，而人生路上，则有千般诱惑，是伟大的书的作者们和他们的伟大思想以及他们笔下的那些巨人，给了我勇气和力量，给了我做人的标准。每当夜阑人静，看着书架上一排排的书籍，便觉得好像面对着历史上的那些伟人，似乎在和他们对话，于是立刻感奋起来，坚强起来。刘再复先生的话深得我心："我知道我的灵魂是脆弱的，需要人类的伟大灵魂的援助，……希望他们继续援助我。不管明天的时间隧道中横亘着多少莽原荒丘，有他们的名字故事在，我的人生之旅也许可以超越沉沦。"现在，我不仅还在读书，而且也在学着写书，我和书的关系进入了一个更高的层面。人生有限，生理的生命确如白驹过隙，但是人的杰出思想和卓越人格却可以在书中世代存留下去。雨果说得好："人生是短暂的，只有著作永存于世。"与书相伴，是一种高尚的人生境界，得享永恒，夫复何求？

2001 年 4 月 23 日

爱与梦之歌

我很喜欢散文诗，鲁迅的《野草》是我的最爱，儿时还迷恋过泰戈尔的《飞鸟集》《新月集》《游丝集》。记得20岁那年曾写过一篇《青春集》，共三十九节，东施效颦，年少妄为而已。原稿仍在幼时友人处，不知是否还在，天各一方，现在也懒得去问了。这里的一首是十多年前偶然兴会，想起金庸先生好像说过这样的话：感情一事，古往今来，都是一样的，不像别的东西变动不居。心有所会，爱有斯文。

题　记

人生如梦，而不如意事常十之八九。但人的生命又极宝贵。这是因为生命十分稀有：从空间上说，宇宙中有生命的地方，真是寥若晨星；从时间上说，人生确如白驹过隙。所以生活着是美丽的。人活着，要学会躲避丑恶，捕捉美好。而一旦拥有这美丽，就要抓住不放，珍之惜之。爱是美的极致，情侣之恋、慈母之恩、手足之情、朋友之谊，可以说是人生四美，四美俱，是说这四美集于一身。一个人能同时享有这四美，他实在是这世界上最幸福的人了。

一

我梦见走在暗夜中。

夜气沁入我的每一个细胞，空漠中的夜籁震颤着我的神经，黑暗从四面八方向我袭来。夜噬咬着心，吞食生的力，如岩，如磐，如沼，如渊，僵硬，幽深。我走在生命的边线上，一面是漆黑的泥潭，一面是无底的深涧。凄厉的哀号使我陷入无边的大恐惧……

突然晨光熹微，艳红的朝霞在远天辉耀。启目遥望，一泓碧蓝的湖水，展现在我的眼前，金波粼粼，如幻如梦。我跃入这温暖的湖中，沐浴和风，太阳的光华使我热血沸腾，欢呼雀跃。啊，太阳，只有你拥有伟大的光合作用，我奔向你，与你相合，燃烧，鼓荡，壮丽，辉煌。你是我的爱侣，是我生命的能源。

二

我梦见我是一个孩子。

我被一群大人所包围，男人鹰鼻暴齿，虬髯突睛，个个横蛮粗野；女人血唇尖牙，蟒首蛇腰，人人妖冶邪荡。我被他们抓住并掷向半空，似觉五脏六腑全被掏空，无凭无依，如一片枯叶，在狂风中翻腾飘荡，如一叶扁舟，在巨浪中颠簸浮沉……

我落下来，被如茵绿毯般的田野接纳了。我匍匐在她的胸膛上，柔嫩，温软，宽厚，舒展。啊，大地，人说"地无私载"，你承接冰雪，还以温泉汤谷；你吸纳污秽，还以清流净土。我投向你，倾诉委屈，吐尽苦水。你是我的母亲，你是我生命的根基。

三

我梦见进入一个污秽的废城。

到处都是浮荡的灰土，垃圾遍地，四处散落着粪便，成团的湿漉漉的白雾，黑褐色的天空，血红色的烟尘，使我目迷五色，头晕神眩。我跌跌撞撞，蹒跚着迷失在崎岖弯曲的歧路上。我的心浑浊，迷惘，怔忡，彷徨……

蓦地天风飒然，阴霾尽散，皎月一轮，高悬天际。银色的晴光爱抚着我，冰心玉壶，清澈，澄明，纯净，高洁。啊，月儿，你是天上的婵娟，冷静而又温存,清纯而又体贴,疏离而又亲近,博大而又细腻。你是我的姐妹,你是我生命的护持。

四

我梦见站在高山之巅。

登临绝顶,高处不胜寒。身处险境,危岩壁立,山风吹过丛林,如泣如诉,茫茫四野,空漠无垠,漫漫长夜,一片死寂。回望平生之路,冠盖京华,我独憔悴,知音难遇,恩断情绝。落寞,萧索,无边的孤独……

我举头向天,看见满天璀璨的星斗,相对闪耀,彼此映照,紧紧相拥,亲密细语。啊,星星,你是夜幕中降临的光明使者,当一切隐退之后,你却从空虚中闪现。星光灿烂,冲破寂灭。你的光度微弱,但却恒久隽永,伴我终生;你的布散疏朗,但却无远弗届,长随我身。你是我的挚友,你是我生命的支点。

2001年3月1日

生日感怀
——示诸生

爱因斯坦60岁生日那天，朋友致信祝贺，他回信劈头就说："在这个不幸的日子。"是呀，过生日痴长一岁，离生命的终点又近了一步，真是不幸。但是，岂止生日如此，人活的每一分每一秒都是向那个终点迈进，老人、青年、儿童概莫能外，海德格尔说得好，"人是向死而生"。那么，生日的意义何在呢？积多年之领悟，我倒是觉得过生日像是年中盘点，是一次生命的预决算，给这一年生命的"投入产出"算算总账。"不因虚度年华而悔恨，也不因碌碌无为而羞耻"，回首过去，为自己燃烧生命能给世界带来了光明而喜悦；瞻望前程，放眼开满鲜花的新岸，召唤志同道合的朋友，迎接明天升起的太阳。我已十多年未写新体诗了，不想今年却有了灵感，唱出了一首新歌：

> 经过了多少急风暴雨
> 闯过了多少激流险滩
> 感受了多少悲欢离合
> 看透了多少风云变幻
>
> 丢下的不过是彼岸中的此岸
> 无限中的有限
> 留下的却都是此岸中的彼岸
> 有限中的无限

不恋中心　守住边缘
不慕虚荣　守住平淡
不忘诗情　守住浪漫
不离大道　守住永远

高举青春的火炬
扬起生命的风帆
向着初升的太阳
奔跑着　呼啸着
向前 向前 向前

2010 年 12 月 26 日

生日感怀

我是一个粒子

今日贱辰。世故惊涛，马齿徒增，对自己的生命定位愈益自觉。天意怜幽草，人间重晚晴。生命不过是一粒微尘，但轻尘足岳，坠露添流，在这个"不幸的日子"，自不应妄自菲薄。

我是一个粒子
　微茫渺小
但却是存在的基元
　使宇宙不再缥缈

我是一个粒子
　蜕化衰变
但却是一切的起点
　让世界找到开端

我是一个粒子
　正反相成
但却是终极的对称
　促万物和谐化生

我是一个粒子
　自发破缺

但却是动力的机杼
　　运生机绵延不绝

我是一个粒子
　　断续动静
但却是无限的过程
　　把须臾变成永恒

2012 年 11 月 19 日

七五寿宴致辞
——生无所息·爱无所尽·美无所穷·思无所止

日前历届研究生的代表40余人为余庆生,学生们的年龄跨度从不足而立到年近花甲,年华逝水,世故惊涛,契阔参商,情思曷极。觥筹交错之间,慨当以慷,遂即席致辞而爰有是文。

有天,钱锺书先生说:"了不得了,我比我爸都大了!"他说这话的时候是75岁。我今天说这话时也是七五初度,亦不由得惊呼:"哎呀,不得了,我比我爸都大了!"我父亲差两个月75岁时辞世。19世纪法国作家拉马丁(Alphonse de Lamartine)说:"人无港口,时间无垠。"人生是没有岸的河流,年华老去,谁也不能让岁月停下来。但是,这只是对人生的现象学描述,他没有说人生的目的和终点。

我觉得应当从本质上更深刻地感受生命,我的感受是:生无所息,爱无所尽,美无所穷,思无所止。生命的过程是不断地奋斗拼搏,而生命的目的则是:对世界和对他人无尽的爱,这是善;对美好事物和生活的无限憧憬,这是美;对本质和真理永无止境的追求,这是真。我说的这四句话,第一句是人生的整个过程"生无所息",后三句说的就是真善美。

陈寅恪先生讲过,研究学问要有一种"理解之同情"。那就是说,你掌握真理的路程中,需要一种对真理的同情,就是要跟真理沟通、相通,心向着求真的路走。在求真的同时,要有设身处地、与人为善的情怀——真与善是统一的。我的老师冯友兰先生说要"有情无私",这是什么意思呢?"有情"不够,有什么情啊?要有"无私"之情,要是有"私"之情,那是私情，无私之情才是真感情。美好诗意的感情是建立在廓然大公的德性基础之上的——美与善是统一的。所以，人生无非就是真、善、美这三者。我给大家讲康德的时候也一再讲，人有知情意，生为真善美，这就是终极关怀。所以"理解之同情"和"有情无私"恰恰就是我说的"生无所息，爱无所尽，美无所穷，思无所止"。

我自幼及长，情深谊长。今已古稀，人老多情。"故国神游，多情应笑我，早生华发。人生如梦，一樽还酹江月。"

谢谢大家！

根据录音和博客文章整理，2014 年 11 月 24 日

民族心灵
——重读雪莱论诗、雨果论音乐

1989年我在苏联访学遇到一件事，至今记忆犹新。当时苏联走红的女流行歌手叫普加乔娃，在她的演唱会上，粉丝们的疯狂和时下国内周杰伦或王菲的粉丝真有一拼。我当时在哈尔科夫大学认识了不少流行音乐的爱好者，其中也不乏普加乔娃的粉丝。有时听他（她）们哼唱普加乔娃的歌，常常随口问一句："你是普加乔娃的歌迷啊？"没想到，听者无不勃然变色，一脸严肃地说："我才不是呢，不过偶尔听听罢了！"几次下来，我颇感迷惑，难道我的问题触犯了什么禁忌吗？后来我就这个问题专门请教了我的好友伊万·扎哈罗维奇·采赫米斯特罗教授，他大笑，告诉我说："他们认为你低估了他们的艺术品位，没教养的人才迷恋普加乔娃呢。以后你恭维他们在古典音乐方面的修养，他们就高兴了。"原来如此。按当时苏联文化部门的规定，流行歌曲唱片的售价要明显高于古典音乐唱片，以鼓励人们多听严肃音乐。到苏联朋友家做客，主人向你炫耀的绝对不会是房间大小和装饰如何，而是请你参观他的书柜，抽出他的"镇库之宝"，得意地告诉你这是哪年的版本，如何稀缺；要么就是让你欣赏他的藏画，或者请你在他的唱片中选出你喜爱的乐曲，给你播放，并告诉你他最爱的是某某大师的作品，比如说："我最爱马勒①，他的浪漫交响曲太飘逸了；我不喜欢勃拉姆斯②，那么一本正经！"有一次，我亲眼看到，书店里卖夏里亚宾③的唱片，天不亮就排起了长队，人们奔走相告："卖

---

① 古斯塔夫·马勒，德国后浪漫主义交响曲作曲家。——编者注
② 约翰内斯·勃拉姆斯，德国古典主义最后的作曲家，浪漫主义中期作曲家。——编者注
③ 费多尔·伊万诺维奇·夏里亚宾，俄国男低音歌唱家，被誉为世界低音之王。——编者注

夏里亚宾的唱片了！"

高尚的趣味传达了一个民族的精神境界，沉湎于低俗的"找乐"而不能自拔的人，在道德上滑坡几乎是必然的。近来国内发生的桩桩件件令人痛心的道德事件，使外国惊呼"中国病得不轻"。我想，这至少部分地是海盗海淫、声色狗马的"三俗"文化泛滥成灾的恶果。

一位音乐美学家说："一个喜爱贝多芬交响曲的人，就是坏也坏不到哪里去。"真是慨乎言之。智慧的人求真，高尚的人向善，真情的人臻美。今天，一些宵小之徒整天叫嚷"告别革命""告别英雄""告别崇高""告别理想"……告别这，告别那，就是不告别低级趣味，他们居心何在？要把我们的民族引导到哪里去呢？老实说，我总怀疑这些人心怀叵测。我不禁想起尤利乌斯·伏契克[①]（他当然也是早就被"告别"了的过气人物）在《绞刑架下的报告》中说的话："人们哪，你们要警惕啊！"重读雪莱论诗和雨果论德国音乐，想到一个民族的灵魂和高雅艺术的关系，真是祈望当代中国人静下心来好好想想，别再这么没完没了地闹闹哄哄下去了。

2011年10月25日

附：

雪莱《为诗辩护》节录

诗是最幸福最善良的心灵中最善良瞬间的记录。

诗，可以使世界最善至美的一切永垂不朽；它捉住了那些飘入人生阴影中一瞬即逝的幻影。

诗，是神圣的东西，它既是知识的圆心，又是它的周边；它包含一切科学，一切科学也必须溯源到它。它同时是一切其他思想体系的根和花朵。

诗人，是尚未被理解的灵感的祭司；是将来的巨影投到现在的明镜，是表现了连自己也不理解的文字；是唱着战歌而又不感到何所激发的号角；是

[①] 尤利乌斯·伏契克，捷克斯洛伐克新闻工作者、作家。——编者注

能动而不被动的力量。诗人,是未被世界公认的立法者。

雨果《威廉·莎士比亚》节录

德国的气质阴郁、发光、散漫,像似闪烁的星空被乌云遮蔽的庞大心灵。德国的最高表现,也许只有通过音乐才能传送出来。音乐,恰恰是由于它的这种不充分的确定性(在这种情况下反而是它的优点),才与德国的心灵同途。

音乐是德国的语言,德国人民,作为如此受压迫的人民,作为如此自由想象的思想家,在悲哀地向热烈歌唱。唱的时候,仿佛得到了自由。音乐表达不能言说又不能缄默的东西。这就是为什么当德国盼望她成为一个自由国家的时候,整个国家就是音乐的缘故。留泰尔的圣咏在某种程度上就是马赛曲。在德国到处都有歌咏小组,歌咏协会……对于德国,旋律就是呼吸,是来反抗,来表达愤怒的……使大地丰盛的雨水是通过乌云而来自海洋,深入心灵的思想是通过音乐而来自德国。因此可以这样说,德国最伟大的诗人就是她的音乐家,就是这一显赫的家族,其家长就是贝多芬。

蓝蓝的梦
——对蓝色的美学诠释

我喜欢蓝色，特别是明丽的蔚蓝。"蓝蓝的夜，蓝蓝的梦"，为什么是蓝蓝的？我对自己的蓝色迷恋深感困惑。许多年来，思之不已，总算是想出了一番道理。今天是西方情人节，赶在这天发这篇文字，绝不是赶时髦，也不是有什么寄托，纯粹是凑巧。但是，无论怎样，我这里传达的是真实的感受，而不是矫情遁性，刻意把自己装扮成"蓝精灵"或"蓝色妖姬"来迷惑读者，这是可以自誓的。

从童年起，我就特别喜欢蓝色，尤其是蔚蓝，自己也不知为什么。1993年，毛宁的一首《蓝蓝的夜，蓝蓝的梦》，唱红了大江南北。"蓝蓝的梦幻，轻轻升起来"，歌中传达的朦胧意象引起了我无尽的遐思。"蓝蓝的梦"是一个什么样的梦？我不由想起美国哲学家奎因（W. V. O. Quine）的一桩轶事。1952年的一个晚上，奎因和好友艾肯（Henry Aiken）参加格林尼治村的夜总会，歌手贝拉封特（Harry Belafonte）在一首流行歌曲中唱道："从逻辑观点看，男人总是要死的。"当时奎因正和艾肯谈起自己一部新作的主题，艾肯随即建议这本书就用《从逻辑观点看》这个标题，于是就有了那部题为 *From a Logical Point of View* 的名著。这使我意识到，流行歌曲有时也蕴涵着深刻的哲理。凑巧的是，那时苏晓康的《河殇》提出"蓝色文明"的概念，引发激烈的争论，甚至成为严重的政治问题。从那时起，蓝的隐喻就一直在我的心头萦绕……

从科学上说，揭示蓝色的特殊物理性质属于光学的研究域。从1635年开始，笛卡儿就开始研究颜色的物理本质，根据他的漩涡论，光的各种颜色是由空间物质的不同转动速度造成的，红是由最快的速度造成的，而蓝则是由最慢的速度造成的。1666年，牛顿发现了光的色散现象，翌年胡克提出以太振动的频率决定光色。此后波动说和粒子说争论不休，直到20世纪量子力学发现电子在原子的壳层结构中跳跃而发出单色光，从而产生光学光谱，才彻底揭开了颜色之谜。但是，物理的颜色不等于生理的颜色，托马斯·杨（Thomas Young）1802年提出视网膜有感受红、绿、紫三种接受器的理论，1874年黑林（E. Hering）又提出视网膜存在黑—白、红—绿和黄—蓝三对视素的颉抗色理论，并在20世纪中叶得到了广泛的实验支持。总之，科学研究已经证明，视网膜上的红、绿、蓝三种锥体细胞分别对长、中、短三种波长的光敏感，其中所含感红色素、感绿色素和感蓝色素感受的分别是570毫米、535毫米和445毫米波长的光。

但是，颜色终究是对人而言的，不是纯粹客观的物理性质，离开人的眼睛其实无所谓蓝，从纯客观的意义上说，蓝色只是4861Å（1Å=10^{-8}厘米）的电磁波而已。用洛克的话说，颜色是与形状、质量等性质不同的第二性质，与主观感觉有关。至于说到颜色的美，特别是像蓝这样的单色给人带来的美感，那就更复杂了。康德从颜色是以太的"脉冲"这一科学概念出发，认为颜色不只是通过感官知觉到这些脉冲的刺激，同时也是通过反思而对印象的知觉的有规则的活动，因此具有"形式的规定"，这符合康德对美的定义，所以他说："一切单纯的颜色，就其是纯粹的而言，将被看作是美的。"这里所说的"有规则性"是事物的形式符合我们的认识功能——想象力和知解力，也就是具有主观的合目的性，所以使我们感到愉快而有了美感。念书时，我没读懂康德，不知道他说些什么。后来读黑格尔《美学》对颜色的分析，说"颜色的观念性较强，所以宜于表现观念性较强的内容"，我才开始思考颜色的双重性：一方面颜色是直接被感知的视觉印象；另一方面颜色又以色彩变化表达着不同的形式规定，从而引发知性层面上的反思分化。所以黑格尔说："最富于感性的以及最富于精神性的东西就在这种色调的变化中完全表现出来了。"色彩是有寓意的，所以丹纳在《艺术哲学》中说色彩有时是歌词而形象倒成了伴奏，"色彩总是一种特殊的力量"。颜色会被我们做出不同的美学解读，所以才会给我们以美感。

当然，从物理上说，波长较长的光和波长较短的光对视网膜的刺激是不同的。偶然读到约翰·盖奇的《颜色和意义》[①]一书，详细介绍了法国心理学家弗艾雷（Charles Féré）在19世纪末做的颜色心理实验：在彩色灯光照耀下，肌肉的弹力加大，血液循环加快，其增加程度，"以蓝色为最小，并依次按照绿色、黄色、橘黄色、红色的排列顺序逐渐增大"。1946年，著名印象画家康定斯基（Василий Кандинский）在《论艺术活动中的精神作用》中描述了一个重要的颜色心理现象：当注视黄色圆圈时，视觉中显现出由中心向外（面向观者）的扩张运动；而当注视蓝色圆圈时，视觉中则显现出向心的（背向观者）的收敛运动。

蓝色是最冷的颜色，它的物理属性与人对蓝色视觉感受的生理属性相契合，就产生了蓝色独有的沉稳、安定的特质。但这种特质还不是美感，黑格尔说："艺术对于人的目的在于让他在外物中寻回自我。"凭借蓝色作为颜色的特质，人把产生自社会文化的感情诉求附丽其上，使它成为明朗、纯洁、理智、文静、安详的象征，这就是德国美学家菲舍尔（R. Vischer）所说的Einftühlung，美国心理学家蒂奇纳（E. B. Titchener）译作empathy，中文叫作移情。这是客观属性主观化、情感化和人性化的过程，法国心理学家德拉库瓦（H. Delacoix）称之为"宇宙的生命化"。

把蓝色和人对纯洁美好、幸福安宁的向往联系起来，是西方的文化传统。

《荷马史诗》可以说是西方文化的第一经典，在那里蓝色首次被当作希望的文化符号。希腊人是海洋民族，在荷马眼中大海的颜色是变幻不定的，但一般却总是与诗所宣叙的意境有关。当阿尔奥斯人陷入"神降的惊慌，令人寒栗"时，大海是黑色的，泛起"黑色的波浪"；当大海"吞噬吕卡昂的尸身"时，则翻腾着"黑色的浪沫"。特洛伊人和阿尔奥斯人混战，海神波塞冬深感惋惜，这时大海是灰色的，大雪"盖遍灰色大海的曲折海岸和港湾"，而波塞冬"从灰色的海里偷偷升起"。史诗中只有两处大海是蓝色的，恰恰都是在展现希望的时刻：英雄阿喀琉斯扣下了赫克托斯的尸身，快捷如风的女神伊里斯传达大神宙斯的旨意，让阿喀琉斯返还尸身，阿喀琉斯于是

---

① John Gage. Color and Meaning. University of California Press, 2000.

"宽宏大量地饶恕了一个祈愿人",这时大海是蓝色的——伊里斯"钻进深蓝色的大海";英雄奥德赛被卡吕普索囚禁,"用泪水、叹息和痛苦折磨自己的心灵",大神宙斯让信使赫尔墨斯传达释放奥德赛的旨意,使饱受苦难的奥德赛返回家园,这时大海也是蓝色的——"他离开蓝色的大海"。

蓝色是爱情,是幸福。歌德唱道:"我们一眼远望到,蔚蓝的朦胧之处,这儿也飘着爱情,那儿也漾着幸福"(《幸福的夫妇》)。要和心爱的人一起,在蓝天下奔向明媚的乐土:"你可知道那地方?柠檬花儿开放。香橙在绿荫处闪着金光,从蓝天里吹来温和的微风,桃金娘悄然无语,月桂高耸。你可知道?前去,前去,亲爱的人,我要和你同去。"(《迷娘》)

蓝色是自由,是希望。在雪莱的笔下,有一块蓝色的国土,那是自由的故乡。他把希腊和意大利文化理想化,把那里想象成一片蔚蓝,用来象征对自由的憧憬。他把自己这种对蔚蓝色的向往写给妻子:"我们快到宁静的、金色的意大利,或者希腊,那自由之母的土地。我们将住在它们蔚蓝的海滨。"(《给威廉·雪莱》)他在蓝色的梦中流连忘返:"不论他在何处做梦,在山下或水边,他所爱的精灵在徘徊;我却总是在蓝天的微笑里沉湎,当它溶化为雨水。"蓝色的天空是他所爱的精灵——自由的精灵。1812年当雪莱得知那不勒斯人民反抗专制的起义取得胜利时,他欢欣鼓舞地歌唱:"伟大的精灵,最深厚的爱,它统治着、推动着意大利岛上生存的一切;它把蓝天笼罩意大利,她的森林,山峦,波浪。"(《那不勒斯颂》)雪莱说他这诗表达的是"与这一鼓舞人心的事件永远联系在一起的一些崇高的心情",那就是他的蔚蓝色的自由之梦。还有美国诗人惠特曼,也是一位以蓝色喻自由的诗人。1856年,在美国南北战争的高潮中,面对反抗奴隶制的斗争,惠特曼无法抑制自己对自由的向往,写出《合众为一之诗》,高歌"自由不会消失,平等不会退却,它们永远在青年和最为美好的女子心中活着"。当此诗收入《草叶集》第二版时,惠特曼特地把标题改为《在蓝色的安大略湖畔》。这不是偶然的改动,诗人正是用蓝色表达自己渴望自由的灵魂,诗中唱道:"在蓝色的安大略湖畔,那时微风向我吹拂,波涛向我涌现,我为这力的脉搏所冲动,使我的主题的魔力凌驾于我之上,直到束缚我的薄霞将我松绑。我看见诗人们那自由的灵魂……"

波德莱尔(Charles P. Baudlaire)是象征派诗歌的先驱,他的名诗《恶之花》(1857)颠覆了传统的美学观,在咏唱中袒露丑恶和黑暗,淋漓尽致地用黑光、牢狱、柩车、蛛网、蝙蝠、锅盖、铁窗的护条、腐烂的天花板等形象描述病态、忧郁、痛苦、罪恶,被称作"病态之花""邪恶之花"。但是,作者对颜色却有着诗人的极度敏感,他让气味、声音和颜色交互呼应,使诗句在"通感"中产生强烈的冲击力。而在一片黑色的背景上,作者反复使用蓝色的意象,用来表征作者对美、对纯洁、对幸福、对真挚爱情的无限向往。随手撷拾《恶之花》的诗句,立即可以感受到诗人心底那一片蔚蓝:"在早晨蓝色的水晶里,追逐着遥远的海市蜃楼","远离这污秽城市的黑色海洋,向着另一个大海:光芒闪烁、蔚蓝、明亮、深沉,像个处女一样","寻找她的纯真,那已在远处的天空,仿佛一个旅行者转头回望,清晨时越过蓝色的地平线"。他的希望是"想从那拱形的蓝天中收获黄金",他的祝愿是"上帝让你诞生在蓝色的国度",他的遗憾是"精神的天空,难以接近的蓝天"。人们都误解了波德莱尔,他越是痛恨黑色污秽的此岸,就越是向往蓝色纯洁的彼岸,所以雨果称赞他的诗"像星星一般闪耀在高空"。

有一位作家可以称之为"蓝色的作家",他就是苏联作家阿列克谢·H.托尔斯泰。这位"红色伯爵"1907年出版的第一部诗集就题名为《蓝色河流的后面》,特别是他那部史诗般的作品《苦难的历程》,以蓝色为基调塑造了作者心目中理想的女主人公达丽亚·德米特里耶芙娜·蒲拉金娜(达莎)。蓝色既烘托了达莎俊俏美丽的倩影,又摹状了她清纯高尚的心灵。阿·托尔斯泰笔下的达莎是一个生活在彼得堡上层社会的少女,她周围麇集着各种猥琐龌龊的无耻之徒、投机钻营的政客、放荡滥情的文人、假冒伪善的市侩、矫揉造作的贵妇、卑鄙下贱的市民,简直是鬼影憧憧;而她亲历的各种恶行秽事、杀戮、劫掠、欺诈、荒淫,使她好像生活在炼狱中。作者评述1914年的彼得堡说:"给不眠之夜折磨着,用酒、黄金、没有爱情的爱情、尖刻而感情薄弱的探戈舞的乐声——临死的歌——消解着悲愁,这城市活着仿佛在期待那注定的、可怕的一天……"而达莎却是浑浊烂污中的一支清莲,一出场就披着蓝色的霞光。作者让她"穿着一套蔚蓝色的春装","一丛白雏菊在她那蔚蓝色的帽子上颤动着",而在她的头上,"一轮巨大的、毛茸茸的太阳,燃烧着春天的愤怒,从蔚蓝色的深渊中发出光芒"。这时的达莎,"仿佛就从这种蔚蓝色和光芒中走出来似的"。当达莎走进读者的视野时，总有蓝色作为背景和底色衬托着，她仰望晴空，看见"底层带点蓝色的云朵"；她躺在河边，"水面上倒映着苍天的蔚蓝"；她翘首遐观，看见"充塞在整个蔚蓝深渊中的颤动的太阳"；她走进夜色中，"蔚蓝色的黄昏降落在城市里"；她坐在桌边，俯身一个"系着蓝蝴蝶结的花篮"。蓝色也是达莎渴望纯洁爱情、追求美好理想、憧憬光辉未来的心灵。当达莎终于离开了乌烟瘴气的彼得堡时，在甲板上邂逅了曾与她有过一面之识的、"彼得堡人中唯一没有发疯"的青年，高大英俊、正直善良的工程师捷烈金，二人一见钟情。她后来对自己当时心境的回忆是："那蔚蓝的天空、河流、洁净的甲板——处处都是阳光、润湿和新鲜。那时候，那条光闪闪的水路——那条宽阔的、慢慢地弯过去的河流，还有达莎和捷烈金，仿佛正在一起向一片蔚蓝而没有边岸的、光明与欢乐的海洋——幸福驶去。"青春、爱情、欢乐、幸福、希望和未来，都融化在这自然界的蔚蓝和心中的蔚蓝中了。对我来说，从少年时代起心中就洋溢着的那片蓝色的光明，完全出现在阿·托尔斯泰的笔下，我无数次反复诵读这些诗一样的蓝色章句，并特地找来俄文原著，从原文中忖磨其中的诗情。后来，我看了苏联拍摄的电影《苦难的历程》，编剧契尔斯柯娃（Б. Черскова），导演罗沙利亚（Г. Рошаля），影片虽然对原著主旨的把握十分精当，而且饰演达莎的女演员韦谢洛芙斯卡雅（Н. Веселовская）形象妩媚，演技高超，但关键的场景却完全没有"出蓝"，根本没有体会作者赋予蔚蓝色的深刻寓意，使我大失所望。后来拍摄的电视连续剧《苦难的历程》，拖沓琐屑，离蓝色的梦境就更远了。

  从比较文化角度看，非常奇怪的是，中国文学传统中极端缺乏蓝色的美学元素。最古老的诗集《诗经》中，《小雅·鱼藻之什》虽有"终朝采蓝"一句，但这"蓝"并不是蓝色，而是一种可作蓝色染料的植物，意思是整个一个上午采撷靛草。查一下，楚辞、汉赋、魏晋南北朝诗，都没有描写蓝色意象的诗句。直到唐宋，才偶有一两首用蓝色描写山水的诗词。杜甫《冬到金华山观》中的"上有蔚蓝天"，也许是最早的代表；白居易《忆江南》词有"春来江水绿如蓝"的名句，顾云《池阳醉歌赠匡庐处士姚岩杰》诗中有一句"空中焰若烧蓝天"。宋诗中也只有韩驹《夜泊宁陵》的"水色天光共蔚蓝",赵彦龄《题南峰精舍蓝光轩》的"钟声高入蔚蓝天",洪咨夔《次李参政晚春湖口占十绝》的"绿荫幕定蔚蓝天"等不多的几句。总之,唐以后诗中"出蓝"的诗词虽稍有增加,但仍寥寥可数。

中国文学中通用的色彩美学意象是"碧水青天","碧"和"青"都不是蓝。按色彩学,青是绿加蓝。中国古代诗词中不用蓝而是用青描述天的颜色。《说文》解"碧"为"石之青者";《山海经·西山经》载:"高山,其下多青碧",显然碧也是青。晋人阮籍《咏怀诗》有"一飞冲青天"之句。南朝刘宋诗人鲍照诗曰"青冥摇烟树""乳窦通海碧",最早使用了"天青海碧"的意象。在唐诗中,青天以及同义的"青空""青云""青冥""青昊"已经成为使用频率最高的词组之一,而最喜欢使用"青天"意象的诗人则非李白莫属。在太白诗中,青天一方面是用来展现自然美:"三山半落青天外"(《登金陵凤凰台》),"青天扫画屏"(《秋浦歌十七首》),"青天无片云"(《夜泊牛渚怀古》),"客散青天月,山空碧水流"(《谢公亭》);但更多的是用青天象征一种高远而难于企及的境界:"蜀道之难,难于上青天"(《蜀道难》),"大道如青天,我独不得出"(《行路难》),"四望青天解人闷"(《江夏赠韦南陵冰》),"青天中道流孤月"(《答王十二寒夜独酌有怀》),"欲上青天揽明月"(《宣城谢朓楼饯别校书叔云》),"青天有月来几时,我欲停杯一问之"(《把酒问月》)。中国人称天为"苍天",周初《诗经·秦风·黄鸟》就有"彼苍者天"的诗句。《庄子·逍遥游》解读说:"苍苍者天,其正色邪?其远而无极者邪?"苍碧是天穹的本色,表现了天的高远无垠。青有超出于蓝的因素,所谓"青出于蓝而胜于蓝",正因如此,对中国人说来,天不是肉眼看上去的蓝色,而是高高在上、超越人世的存在,让人顶礼膜拜,给人一种"苍然者青"的感受。中国古代社会的结构特质是奉行人治,百姓的命运由在上掌权者左右,清官"解民于倒悬",犹如上天主宰人的命运,所以官员被称为"青天",叫"青天大老爷"。

在中国文化中,对颜色的反思与西方不同,没有停留在感性层面,美学兴味十分淡薄,相反倒是带有浓厚的宇宙论意味,并由此引申为宗教伦理规范。先秦古籍《尚书·禹贡》有"惟土五色"的记载,建立了中国人的基本色系,这五种颜色是黄、红、青、白、黑。邹衍之徒将之与五行说结合起来,吸纳了先民图腾文化的因素,衍生出一套完整的带有神学意味的颜色本体论:

颜色	五行	方位	图腾
青	木	东	青龙
红	火	南	朱雀
黄	土	中	黄龙
白	金	西	白虎
黑	水	北	玄武

请注意，五色中没有蓝色，而青却占据了东方的位置，主青龙，乃帝王之相，所以历代帝王尚青。显然，在中国传统文化中蓝是没有本体论地位的颜色。如果像庄子所说的青是"正色"，那么蓝就是不入五行的怪异之色了。难怪历代诗人很少以蓝入诗，即使在用到蓝色的时候，也与西方对蓝色的感受不同，很少产生宁谧、洁净、幸福、希望等联想，虽也有对蓝天白云的感性直觉，却常常伴有对蓝色的负面感受。诗人仰望天空所看到的蓝不是"蔚蓝"，而是"郁蓝"，如宋诗中释绍昙的"薰风报谒郁蓝天"（《寄梅墟陈提干》），徐大受的"杖藜穿破郁蓝天"（《入石桥路林木蓊郁但闻涧声潺潺忽惊湍飞鼋骇》）。郁，繁体字为鬱，本意为积滞，引申指中心蕴结，就是说，在诗人眼里，单调空漠绵延无尽的蓝色，凸显了人心中的郁闷。这种迥异于西方美学理念的蓝色诗意，在宋代词人吴文英那里得到了最充分的表现。吴文英是中国诗史上少见的喜欢使用蓝色意象的词人。他的《声声慢》开头就是"蓝云笼晓"，但这里所营造的蓝色氛围，却是为了渲染离情别绪和羁旅的幽怨："正摇落，叹淹留，客又未归。"他那首著名的《莺啼序》创造了"蓝霞"这个新颖的诗意形象，"蓝霞辽海沉过雁"，书写的是"漫相思"，蔚蓝的天穹和辽阔的碧海作为难以逾越的时空阻隔，造成人生的无奈："伤心千里江南，怨曲重招，断魂在否？"这不是希望和欢乐之蓝，而是失望和哀怨之蓝。

随着西方文化的传入，中国现代文学对蓝色的美学诠释也多元化了，但是仍然有与西方文化传统不同的别样诗情。鲁迅的散文诗《野草》的开篇《秋夜》，有一段奇特的文字：

这上面的夜空，奇怪而高，我生平没见过这样的奇怪而高的天空。他仿佛要离开人间而去，使人仰面不再看见。然而现在却非常之蓝，闪闪地睒着几十个星星的眼，冷眼。

....

> 鬼䀹眼的天空越加非常之蓝了，不安了，仿佛想离去人间，避开枣树，只将月亮留下。然而月亮也暗暗地躲到东边去了。而一无所有的干支，却仍默默地铁似的直刺着奇怪而高的天空，一意要制他的死命，不管他各式各样地䀹着许多蛊惑的眼睛。

这个秋夜有着"奇怪而高"的天空，它仿佛要"离开人间而去"，它瞪着鬼眼，冷漠凶险，尽管如此，鲁迅却没有把它写成黑色的，而是说它"非常之蓝"，而且"越加非常之蓝"。这是大师极具深意的笔法，他利用蓝色的冷峭，表现旧制度如磐的夜气和现实生活的残酷无情，比黑更加令人毛骨悚然。

闻一多是现代诗人中对颜色最敏感的一位，他的诗总是明丽流光，色彩斑斓，《秋色》就是一首用各种颜色织就的诗。诗人要"穿着你的色彩""喝着你的色彩""唱着你的色彩""听着你的色彩""嗅着你的色彩"，并宣布"要过这个色彩的生活"。这位色彩诗人还有一首诗就叫《色彩》，写于1922年，当时闻一多正在美国芝加哥攻读美术，诗中歌唱了红、黄、蓝、粉红、灰白和黑，认为蓝象征"高洁"，这与西方的美学理念是契合的。但是，三年后作者回到故国，在《孤雁》一诗中，却对蓝色做了迥然不同的诠释："可怜的孤魂啊！更不须向天回首了，天是一个无涯的秘密，一幅蓝色的谜语，太难了，不是你能猜破的。"时当1925年，作者直面国内军阀统治的黑暗现实，正是写作名诗《死水》的时候："这是一沟绝望的死水，这里断不是美的所在。"蓝色从自由的天空褪色了，画上了"蓝之谜"的问号。在诗人思想和感情的天幕上，这蓝不再纯净无瑕，变成了一片浑莽的、幽深莫测的混沌。

对蓝的另类美学诠释也出现在国学大师陈寅恪的笔下。1938年国难当头之际，他赋诗伤怀，题名《蓝霞》：

> 天际蓝霞总不收，蓝霞极目隔神州。
> 楼高雁断怀人远，国破花开溅泪流。
> 甘卖卢龙无善价，警传戏马有新愁。
> 辨亡欲论何人会，此恨绵绵死未休。

1931年九一八事变，东北沦陷，陈寅恪惊觉国难当头，"欲著辨亡还搁笔，众生颠倒向谁陈"。1935年，85岁高龄的老父陈三立，为日寇入侵、山河破碎而痛心疾首，愤然绝食身亡。国仇家恨在胸中郁结，陈寅恪借用吴文英的"蓝霞"一词却赋予了新的含义，用来象征面临存续危亡的中华文化和民族精神，其中包蕴着无限的依恋、伤怀、焦虑和忧思。

音乐家说，同样一首《国际歌》，西方人唱的时候，节奏是急促的，声调是高亢的，情绪是激越的；而中国人唱的时候，节奏是沉缓的，声调是低沉的，情绪是悲壮的。"国际悲歌歌一曲"，苦难深重，被压抑数千年的民族感情，不免偏于收敛。孔子提出"诗可以怨"，代表儒家美学思想的《诗·大序》则说："治世之音安以乐""乱世之音怨以怒"。而太史公则认为诗三百篇"此人皆意有所郁结"。钱锺书说，司马迁是"撇开了'乐'，只强调《诗》的'怨'与'哀'了"。文化是有民族性的，中华民族走过的特殊发展道路，独有的社会语境，用马克思的历史哲学语言说是"亚细亚生产方式"或"亚细亚的古代"，形成了与西方"古典的古代"大异其趣的文化体系和审美心理。在蓝色的美学解读方面表现出的中西文化差异，不过是两条文明道路的一个具体表现罢了。

回到开头所说的关于"蓝色文明"和"黄色文明"的争论，论战双方各执一词，抛开当时背景下所牵连的政治指向不论，从学理上说，其实各有偏颇。"黄色文明"的向心、聚合、和谐、中庸、尚柔、忧患是一种集群的倾向，"蓝色文明"的发散、扩张、竞争、进取、争胜、乐生是一种个体的倾向，表现了生命的内在张力。二者本来是互补的，扬此抑彼是对历史辩证法的无知。20世纪80年代，随着中国的开放，压抑已久的内敛文化自"五四"以来再次受到强烈的冲击，思想解放和文化启蒙的呼声空前高涨，对本土文化的反思和学习西方先进文明成为主流思潮。如同当年"五四"先贤的国民性批判一样，对中国传统文化弊端的检讨本来无可非议。像任何思想革命一样，矫枉就会出现过正，当时的情形正是如此。《河殇》论列西方文化独有的特质，不乏切中肯綮之论；但真理强调过分就变成谬误，作者据此声言：中国的"黄色文明""已经衰老了。她需要补充新的文明因子，她需要一场大洪峰的冲刷，而这场大洪峰已经到来，它就是工业文明，它正在召唤我们，黄河命定要穿过黄土高原，黄河最终要汇入蔚蓝色的大海。蓝色文明一定会取代黄色文明"。今天，当后现代主义思潮对工业文明的颠覆已经势不可挡的时候，当西方金融危机正在宣告传统西方文化理念遇到全面挑战的时候，当全世界都在预言中华民族伟大复兴的历史必然性的时候，这种"蓝色文明"必胜论的呼声已经成了那个特定时代微弱的历史回声了。东西方文明正在整合，谁也取代不了谁。我很喜欢苏联哲学家科普宁（П. М. Копнин）的话："对世界过程的真正理解既不是他们（西方），也不是我们。将来某一时刻会产生第三方，而我们所能做到的只是促进这一点。"

中国文化是独特的，是辉煌灿烂的，作为中华民族的子孙绝不能数典忘祖。法国哲学家弗朗索瓦·于连（Francois Jullien）说过："从严格意义上讲，唯一拥有不同于欧洲文明的'异域'，只有中国。"这是作为中国人应当引以为自豪的。但是，在这个最新科技革命磅礴于全世界的信息时代，中华文化只有吸纳西方先进文明才能存续和发展。必须走向蓝海，这是我们这一代中国人的历史使命。2005年美国人钱金（W. Chan Kim）和勒妮·莫博涅（Renne Mauborgne）出版了风靡一时的《蓝海战略》（*Blue Ocean Strategy*）一书，提出了一个崭新的竞争理念：不要在有限的土地上求胜，而要超越现有的竞争边界；不在给定的结构下做定位选择，而是要改变结构本身和创造新的结构。用美学意象描述这一理念就是：从红海走向蓝海。现在我们的海军也在打造"蓝海海军"，从近海走向广阔的蓝色大洋。

拉丁谚语说："谈到趣味无争辩。"对颜色的爱好只是一种美学趣味，中国文化的颜色本体化、伦理化传统实在太沉重了。马克思说他最喜爱的颜色是红色，他是伟大的革命家，喜爱红色理所当然。后来看到许多人都说"喜欢红色"，我总觉得有点矫情，当然也许人家真的喜欢红色也未可知。我却从来都明确表示喜欢蓝色，而且我一向认为昂扬进取，明朗乐观应当是当代人的主流心态，所以——恕我不敬——我不想再追随中国古人把蓝色看得那么阴郁；我喜欢像西方文化那样把蓝色视为希望的表征，让明丽、清朗、欢乐和幸福的蓝色光芒永远在我的心头辉耀。

我愿意走出蓝蓝的暗夜，融入蓝蓝的梦乡。

2012年2月14日

静中思静
——静的回归

黑格尔曾谈到，青春的精神是"没有受到迫切需要的狭隘目的的系统的束缚，而且还有从事于无关自己利益的科学工作的自由"。随着年龄的增长，我常问自己是否还葆有这种"青春的精神"，想一想，深感欣慰的是，虽然身历时代前所未有之大变局，世故惊涛，黑格尔式的青春精神，却未曾减却。我其实一直向往淡静，但树欲静而风不止，多半时间是求静而不可得。早年学辩证法，主旨是言动，心下一直存疑，既然动静相依，为什么没有专门论静的哲学？晚岁日渐趋静，朝花夕拾，终于坐下来静中思静，居然铺陈出这篇两万五千余字的长文，心远地偏，闹中取静，在今年最大的圆月下怡然自得。不由想起司马光的《西江月》来："相见争如不见，多情何似无情，笙歌散后酒初醒，深院月斜人静。"

一

余生也早，身历中国千古未有之大变局，长期接受的主流意识形态是斗争哲学，唯动为胜，认为隐退思静是消极没落的思潮。当下的信息时代激发了全球性的解构大潮，断裂、冲突、异动、内爆，造成了普遍的焦虑和狂躁。席卷神州大地的现代化转型，使整整一代人登上了变革和赶超的极速列车，风驰电掣，飞奔而去，谁都难于置身这突进的狂飙之外。在时代的大风雨中做弄潮儿，是我们这一代人的自我定位。我的一位小友，在商海中沉浮，公然以诸葛亮"宁静致远"的反题为座右铭，大书"非辉煌何以明志,无喧哗殊难致远"张之素壁。我虽不致张狂如此,但亦不甘寂寞,奔走呼号,心无宁日,所谓"当还不尽文章债,欲避无从事务麻"。而物极必反,动极思静,曾几何时,对稳定、和谐、宁谧、安适的渴望,渐渐成为普遍的社会思潮。建设性后现代主义的倡导者格里芬(David R. Griffin)提出"向前回归"的口号,正是代表了这样的心理诉求。就个人说,侧身杏坛忽忽半个世纪,年齿日增,近日终于不必夙兴夜寐、朝乾夕惕,定时定点执鞭三尺讲台了,在体制内争得了部分自由,有了更多的时间独坐幽居。电影艺术有"淡出"(fade out)的技巧,渐渐地由显而隐,由明到暗,由动入静,这也正是人生的逻辑。总之,今朝思静,良有以也。

18世纪欧洲著名的王子利涅(Charles Joseph de Ligne)有个说法,颇耐人寻味:"生活的回旋诗,起始与结尾几乎相同,因为童年和老年大同小异。"我这个人表面看来似乎属于多血质,甚至有点A型性格,其实大谬不然。也许受宗教家庭的熏陶,我内心深处有某种沉静的凤因,自幼怯于交往,不喜欢喧闹的场合,最热衷的事是躲在一个隐蔽的角落里静静地读书。动中求静,给我的童年带来了许多快乐。一件童年往事很能代表我的性格倾向。初中时,我在哈尔滨市图书馆借到智利诗人巴勃罗·聂鲁达(Pablo Neruda)的诗集《让那伐木者醒来》,译者是著名诗人袁水拍,新群出版社1950年出版。当时,作为共产党人的聂鲁达,以其反法西斯的战斗经历和鲜明的战斗立场,成为那个激情燃烧岁月的鼓手,他当时在硝烟刚散的中国大受欢迎,自在意中。实在说,袁水拍的译作气吞万里,浩莽雄浑,激昂慷慨,汪洋恣肆,后人实在难以超越。可是,童年的我却从诗行中,读出了聂鲁达的另一面,那就是他心灵深处的静寂。翻出自己幼时的诗抄,里面竟然偏偏记下这样的几句:

> 河流像僧院似的祈祷
> 野鹅和苹果,土地和水
> 在那深不可测的静默中,小麦生长
> ——《让那伐木者醒来(一)》

> 我的灵魂扩大，充溢着寂静和树脂的芳香
>
> ——《让那伐木者醒来（二）》

> 我们将一致向那里
> 从悲哀中挺立起来的
> 从深沉的静默中兴建起来的
> 从坚定的胜利中兴建起来的一切事物
> ——致敬
>
> ——《让那伐木者醒来（三）》

这位 20 世纪诗坛的革命歌手，1971 年获诺贝尔文学奖，那形象仍然是动与力，评论家加布利尔·塞拉亚（Gabriel Celaya）称颂的正是诗人的这一品格："聂鲁达是一股冲破枷锁的力量，席卷芸芸众生的火山和洪流，摧毁和抹杀一切的大河。"而幼小的我，竟在这战斗诗人的诗篇中读出诗人对静的领悟、敬畏和渴求。倏忽半个世纪过去，世事沧桑，随着语境的变换，时下青年才俊虽然颇有一些聂鲁达的粉丝，但它们心中的这位诗人却是"激情、真情、柔情"的情圣。他们所迷恋的经典不再是《让那伐木者醒来》，而是《二十首情诗和一支绝望的歌》。后者被时髦青年誉为"情诗圣经"，是聂鲁达 1924 年的少作。这部诗集我直到 2003 年才读到台湾李宗荣译本，而在文学青年中风靡一时的是其中那首《我喜欢你是寂静的》，不知有没有人透过诗人对爱的歌咏，去体味诗人对静的领悟。诗共四段，最有代表性的是第四段，可惜我看到的译本都不尽如人意，这里不揣冒昧，按我的意思重译一遍（我不懂西班牙语，这里是按英文转译）：

> 让我在你的沉默中安静无声
> 且让我借你的沉默与你沟通
> 你的沉默纯真如环，辉煌如灯
> 你有如寂静的夜空簇拥着群星
> 你的沉默是星之默疏朗而明净

Let me come to be you in your silence

And let me talk to you with your silence

That is bright as a lamp, simple as a ring

You are like the night, with its stillness and constellations

Your silence is that of a star

As remote and candid

这诗把静诠释为爱的最高境界，蒹葭白露，明镜秋霜，幽兰空谷，冰心玉壶，在寂静中体味爱的清纯、明洁、庄严、广袤、绵长，这是爱的真谛，也是生命的真谛。聂鲁达说："寂静不是人人都消受得起的，但是人们还是喜欢寂静。"我惊异于自己童年的直觉。加西亚·巴尔克斯说他是"20世纪所有语言诗人中最伟大的诗人"，这话不免有溢美之嫌，但聂鲁达在动静两极的跌宕中，展示生命的力，参透了宇宙动静二元的辩证诗意，确实在美学上独树一帜。

抚今追昔，在这急流勇退、淡出回归的年龄，不由自主地一再对静做形上之思。偶然读到19世纪的法国女才子戴博特-瓦勒莫尔（M. Desbordes-Valmore）的话："我喜爱寂静，这是我生命的需要。"突然感到，我们谈运动太多了，为什么不做做"静的哲学"？

二

在科学上，静止始终作为运动的对立面而受到关注，当然，对静止的理解从古至今发生了巨大的变化，成为科学革命的核心问题。亚里士多德《物理学》第五章第六节专论"运动和静止的对立"，他给静止下的定义是"运动的缺失"，但并非"不能动的"就是静止，只有"在一定时间、地点、方式、条件下本来应该运动但没有运动的"才是静止，"因为静和动是对立的，因此静止应是能有运动的事物的运动的缺失"，这似乎已经暗示了静止的条件性。但亚里士多德有一个论点却被研究者普遍忽略了，他认为从出发点开始的运动有二重性：一方面"仍然保存着那失去的东西"，"处在它所正在的状态下";另一方面"正在失去某某而运动着","在它变化所趋向的状态下"。这岂不是说运动是"在"与"不在"的统一吗?"所以与运动对立的,与其说是停留,毋宁说还是另一运动。"运动中包含着静止,静止是相对的运动——亚里士多德毕竟不凡,确有其超前性。

不过,亚里士多德假定了两个不动的基准:静止的地球,物体的一切运动都是相对于地球的位移;不动的原动者(the unmoved mover),运动是由于外力的推动。归根结底,一切运动源于终极本体的第一推动,所以他还是肯定了绝对静止。1632年,伽利略在划时代的伟大著作《关于托勒密和哥白尼两大世界体系的对话》中,彻底颠覆了逍遥派的绝对静止说,静止只是相对于特定参照系而言。伽利略的伟大功绩首先在于惯性定律的发现,物体在不受外力作用时保持原有的静止或匀速直线运动的状态不变,彻底取消了可以绝对判定运动和静止的最优参照系,因而一切静止都是相对的。

但是,伽利略并没有否定在一个确定的参照系中,静止与运动是截然对立的,动是动,静是静:"运动应当属于那些在类别和实质上比较接近那些肯定在运动着的物体,而静止应当属于那些和它们最不相干的物体",这是"完全不同的两种状态",但却是自然界最主要的特性,"运动和静止那么伟大,那么基本,以致大自然本身是靠它们来说明的"。1687年,牛顿在《自然哲学的数学原理》中,定义了牛顿力学三定律,其第一定律即惯性定律确定:"每个物体都保持其静止状态或直线匀速运动的状态,除非受到外力的作用而被迫改变这状态。"这里已经规定了静止的条件性。但在牛顿力学中,由于设定了"永远保持等同的而且不动的"绝对空间,于是就应该能够判定相对于绝对空间是静止还是运动。牛顿为此设计了"水桶实验":令一个盛水的水桶转动,当桶已旋转而水尚未动时,水面与静止时一样是平面;然后水随桶转,水面为凹形曲面。这样,水静时无论水是否与桶有相对运动,水面是平面的,而水动时无论是否与桶相对静止水面则为凹面。所以牛顿又肯定了绝对静止的存在。

爱因斯坦把伽利略的力学相对性原理推广为普遍的"相对性原理":一个惯性系相对于绝对空间是动还是静,靠任何物理手段(包括电磁学)都无法判断出来。其实,早在1883年,马赫就已经对这种广义相对性做了深刻的阐释：对于牛顿的水桶来说，水相对于小质量的桶壁旋转不能引起表面凹陷，这只能是水相对于地球及无数遥远天体的相对转动引起的。水面上的静止观察者将看到无数天体绕着他旋转，所以一切动或静都是相对的。但是，虽说爱因斯坦彻底否定了牛顿式的绝对，但他并没有取消静止在物理学中的地位。根据狭义相对论，在同一惯性系中，不同地点放置时钟 A、B、C、D，使之对于该参照系处于静止状态，则相互之间是可以校正：只要在两个时钟的中点放置一只静止的时钟和光讯号接收器，并在两个待校正的时钟处放置光讯号发生器，于是根据光讯号发送和接受的读数即可实现统一惯性系各个时钟的同步。同样，两个物体相对静止，相互平行，物体长度的比较对所有的惯性系都有绝对的意义。在相对物体为静止时的惯性系中所测得的物体长度为最长，称为固有长度，记作 ΔL_0，于是有公式：

$$\Delta L = \gamma^{-1} \Delta L_0$$

意为运动物体在运动方向上的长度缩短为固有长度的 γ^{-1} 倍。显然，没有这样的相对静止一切科学认识都失去了初始标度。同时，按照相对论，质量不是常量，而是随速度变化的量，服从下述公式：

$$m = \frac{m_0}{\sqrt{1 - v^2/c^2}}$$

式中 m 是运动质量，是速度 v 的函数，但其基准却是粒子静止时的质量 m_0，即粒子速度为 0 时的质量，所以离开静止也无从对粒子至关重要的质能关系做出测定。

总之，在实证科学中，静止和运动一样，表现了物质世界的矛盾本性，或者用波尔的范畴说就是互补性。

三

当然，从实证科学角度看，古人对静止的认识是直观的，缺乏科学性。但如果研究一下古代哲学对静的思辨，就会发现许多辩证的思想闪光。

古希腊人似乎先动后静。柏拉图在《克拉底鲁篇》中说:"赫拉克利特否认宇宙是静止和常住不变的。"但是,这位史上首位辩证法大师其实并没有否定静止,他的学生克拉底鲁主张"人一次也不能踏入同一河流",按这种看法,动中没有任何静的因素,这是对老师赫拉克利特观点的歪曲。赫拉克利特的命题是"人不能两次踏入同一条河流",意思是事物随着时间流逝而不断变化,但这不是说变中没有不变。他明确指出:"我们既踏进又不踏进同一河流,我们既存在又不存在",这正是后来黑格尔表述过而又为恩格斯所赞同的著名论断,机械运动就是"在又不在某一点上"。不存在是动,是变;存在是静,是不变。但是,最先把动和静列为宇宙十大始基之一的却是毕达哥拉斯学派,始基云者,其实是赋予静以基本的本体论地位。嗣后亚里士多德在《形而上学》第一卷第五章中批评克拉底鲁,指出如果一切变化中没有任何稳定的东西,只是"无规定的本性",那么对于"完完全全变化着的不能说真",结果就是什么也不该说,"只须扳动手指即可"(τον δακυλον εκινει μovov),就是说万物混而为一,先师苗力田先生笺注说:"这句话和《齐物论》中的'天下一指也'完全对应了。"亚里士多德深刻地指出,如果没有静止,"是亦彼也,彼亦是也",一切都变成混沌一团,而在认识论上也就失去了对万物进行辨识的可能性,所以他说:"说事物可以同时是又不是的人,更愿意说万物是静止的而不是它变成了什么。"

欧洲中世纪基督教神学把静的研究引向精神领域。经院哲学的灵修观也有和中国古代释道两家的寂静空无观念相通的主张,其典型代表是所谓寂静派(quietistist),主张灵修的主旨是绝对寂静,专心致志于内心虔修,排除一切外在干扰,最高的宗教经验是与神的神秘合一。寂静主义灵修论的倡导者茅里诺斯(Miguel de Molinos)在《灵修指南》中,系统论证了灵魂寂静作为灵修之源的神学理念,认为寂静使灵魂返本归真,不仅要抑制个人欲望,而且应当丢弃自身的一切努力,连得救或沉沦的思虑也全抛却,才能获致神性。这种寂灭的精神导向是对中古封建压迫下苦难境遇的消极回应,马克思说宗教是"苦难世界的灵光圈"正是针对那一时代的语境而言的。

正因如此,作为近代资产阶级革命思想先导的启蒙运动,一开始就把矛头指向这种消极遁世的信仰观和生命观。其实,早在16世纪文艺复兴的第一位先驱彼特拉克（Francesco Petrach）就明确指出，中世纪的一个重大恶习就是"冷漠迟钝"。对中世纪出世主义意识形态的颠覆，恰恰是从基督教内部发轫的。宗教改革以来，路德首先高扬了理性，用海涅的话说："自从路德说出了人们必须用圣经本身或用理性的论据来反驳他的教义这句话以后，人类的理性才被授予解释圣经的权利……思想变成了一种权利，而理性的权能变得合法化了。"但是，路德宗并没有放弃与神的"神秘合一"（uniomystica），仍然执着于纯内向的情感性虔诚，而在与世界的关系方面缺乏对外在活动的肯定性评价。加尔文所深化的宗教改革，即所谓归正派（reformed）的改革归正运动，则从理性走向行动，认为只有在上帝通过选民而工作，而且信众自己也意识到这一点时，他们才能与神合而为一。韦伯指出，"加尔文用怀疑的眼光看待所有纯粹的感觉和情感，而不管这些东西显得多么崇高"，这才是"有效的信仰"，因为信仰"必须以其客观效果来加以证实"。走向行动是变革时代具有共性的思想走势，不仅加尔文宗，而且独立派的"萨沃依宣言"（Savoy Declaration，1658），浸礼宗（Baptist）的《信纲》（1689），乃至卫斯理派等新教的主流教义，都主张信徒是神意的实行者，是"赋予战斗精神的神圣生命的捍卫者"。

这是近代欧洲思想的重大转折。从出世转向入世，从冥思默想到躬身行动，在世俗的职业上殚精竭虑，不断进取，乃至追求财富，都是彰显了神的荣耀。财富既然是从事一项职业的劳动果实，"那么财富的获得便又是上帝祝福的标志了"，所以韦伯认为，这种新教信仰对"资本主义精神那种生活态度的扩张肯定发挥过巨大无比的杠杆作用"。新的社会心理指向是以追求财富为基本动机的鲁滨孙式的冒险冲动，如马克思在《政治经济学批判》中所说的："在16、17世纪这个现代资本主义社会的童年时期，一种普遍的求金欲驱使许多国家的人民和王公组织远征重洋的十字军去追求黄金的圣杯。"这种"求金欲"曾是资本主义发展的第一推动力。那时的西欧社会，被开拓、进攻、冒险、征服的精神所笼罩，经济学家熊彼得曾引用北欧航海家在住宅门侧的题词来形容这种精神，"航海是必要的，生命是其次的"。顾准认为这种精神是"冒险精神，创业精神，企图在一个领域打出一个天下的那种事业心"。正是这种精神，造就了一个不断扩张的现代物质文明，《共产党宣言》有一段绝妙的描述："自然力的征服，机器的采用，化学在工农业中的应用，轮船的行驶，铁路的通行，电报的往返，大陆一洲一洲的垦殖，河川的通航，仿佛用法术从地底下呼唤出来的大量人口。"这被称作浮士德精神，口号是"停顿就是死亡"，它催促着每个人，没有谁敢停下来喘一口气，运动就是一切，就像凡尔纳在《海底两万里》中对那个诺第留斯号（Nautilus，即鹦鹉螺号）潜艇的解释——"动中之动"。

四

中西比较研究的学者大体上形成了一个共识，认为西方文化尚动，中国文化主静。"五四"先贤曾有过一场关于东西方文化的论争，其中一个主题就是动静之辩。1917年，杜亚泉（伧父）在《战后东西文明之调和》一文中指出："西洋社会为动的社会，我国社会为静的社会。由动的社会发生动的文明，由静的社会发生静的文明。"1918年，李大钊则在《东西文明根本之异点》中提出两种文明形式论：西方为动的文化，倡"求温"哲学，一本自力，持创化主义，道德取向是个性解放，宗教理想是永生在天；东方为静的文化，倡"求凉"哲学，人身依附，持传统主义，道德取向是个性消弭，宗教理想是寂灭解脱。

东方文化主静的说法虽不全面，但也并非全无道理。我向来主张，就宇宙本体论说，中国最原初的理念是异于西方结构辩证法的功能辩证法，动静之分是矛盾双方功能分化的重要表现之一。《周易》将乾坤作为宇宙的始基，所含蕴的动力学机理正是动静的矛盾辩证法。《坤卦·文言》说："坤至柔而动也刚，至静而德方，后得主而有常，含万物而化光。"作为对立的一方，坤虽柔弱，但在变动中却转化为刚强，安静等待一个主导，化生万物使世界焕发异彩。作为基础，坤为阴，是基质、载体、本底的一方，是事物存在的先决条件。而作为主导，乾为阳，是规范、活力和引领的一方，是事物发展的驱动机制。《乾卦·象》说："大哉乾元，万物资始……乾道变化，各正性命。"乾是原初创造的伟大基元，宇宙万物都是由它启动发生，按照它的规律世界变化运行，决定着万事万物的品质属性。所以就中国文化的本根说，乾动坤静，阳刚阴柔，是两极相合，相反相成的。王夫之在《周易外传·屯》中诠释说："阴阳之生万物，父为之化，母为之基，基立而化施，化至而基凝。"乾阳的功能是"化"，即创造建构；坤阴的功能是"基"，即胎孕资禀。坤阴既立（基立），乾阳实施其创化作用才有了前提；乾阳功行（化至），坤阴基质的属性形态才确定下来。王夫之接着说："故乾言造，坤言正位；造者动，正位者静。"《周易·乾卦·象辞》有"飞龙在天，大人造也"一语，是说乾的卦象如伟大人物奋起作为，"造"意为兴起先动；《周易·坤卦·文言》则提出"黄中通理，正位居体"，是说坤的卦象如黄色一般，中和通达，"正位"意为置身适当合理的地位。所以，"动继而善"，阳动不息是必然之理；"静成而性"，静而待阳是自然之性。总之，在中国文化思想的主脉中，从宇宙论说，动与静都是宇宙的始基要素，没有地位的差异，只有功能的分化，所以并没有主动或主静之别。

我看儒家思想本质上是遵循《周易》乾卦的纲领，"天行健，君子以自强不息"。孔子说过"知者动，仁者静"（《论语·雍也》），君子应当仁智兼具，动静结合。作为人格，孔子主张"必也狂狷乎！狂者进取，狷者有所不为"（《论语·子路》），话虽如此，但整个看来，孔子是把积极进取当作首要的选项。"夫子何为者，栖栖一代中"，明知不可为而为之，说是"用行舍藏"，但"用行"是心之所愿，"舍藏"则是出于无奈。终其一生，孔子时刻准备着把自己的理想付诸行动，从来不甘寂寞，"有美玉于斯"，不能一直静静地藏在匣子里，而是要待价而沽，"沽之哉！沽之哉！我待贾者也"（《论语·子罕》）。后来儒家作为中国正统官方意识形态，走的恰恰是"内圣外王"的路线，内圣的静是正心修身，外王的动是齐家治国，而静是为动创造精神条件。按照这样的理念，儒家的静的理念已经偏离了《周易》阴阳和合的宇宙本体论轨道，走上了认知论和伦理学的方向，具有强烈的功利主义色彩。后孔子时代的思孟学派就绝口不谈乾阳之动与坤阴之静的宇宙论，而是把静作为达到"至善"以实现王道的根本手段，《大学》开宗明义说："大学之道，在亲民，在止于至善。知止而后有定，定而后能静，静而后能安，安而后能虑，虑而后能得。"止、定、静、安是同类的心理学范畴，是"虑"这一认知范畴的精神前提，也是成就事业——"得"——的必由之路。

以静为本的宇宙论始于道家。老子认为万物的根本不是动而是静:"致虚极,守静笃。万物并作,吾以观复。夫物芸芸,各归其根。归根曰静,是谓复命。"致虚是走向绝对,守静是坚持本质,事物千变万化终究要回到自己的不变的本原而安静下来,这是对必然性的服从。静是动的主宰,所谓"静为躁君"。根据郭沫若、侯外庐等学者的研究,战国宋(鈃)尹(文)学派是齐稷下学宫中道家的一个支脉,经考证,收入《管子》的《心术》《白心》《内业》是宋尹学派的遗作。我发现,从宇宙论上宋尹学派全面发展了老子以静为本的思想。《心术上》说:"天之道虚,地之道静。虚则不屈,静则不变,不变则无过。"这完全是对"致虚极,守静笃"的阐发,道虚不会扭曲,道静不会改变,于是就不发生背离。庄子阐释道的本性说:"尝相与无为乎!澹而静乎!漠而清乎!调而闲乎!"(《庄子·知北游》)其中,"澹静""漠清""调闲",就是寂静、澄明、淡然,正是道的三种属性,这是从本体论上揭示道的"无为"本质。对儒家的汲汲入世的人生观,庄子颇不以为然。《庄子·渔夫》讲了孔子的一段轶事挖苦他,说有一次孔子在名为"缁帷"的树林中弹琴,遭遇一位渔夫,弟子子贡、子路向他介绍自己老师的行状和主张,被这位隐者一顿教训。针对孔子周游列国而四处碰壁,渔夫说,有人害怕身后的影子和脚下的足迹,试图快跑以求逃避,走得越快影子跟得越紧,脚抬得越勤足迹留得越多,结果总觉得走得太慢,拼命加力,终于力竭而死。渔夫的结论是:"不知处荫以休影,处静以息迹,愚亦甚矣!"停到阴暗处,影子自然隐没;静下来休息,足迹立即消失,——连这样简单的道理都不懂,岂不是傻透腔了,还算什么圣人?

侯外庐师指出,宋尹学派"归本于伦理化了的道家之自然天道观",这是独具只眼的深刻论断。宋尹将道家的静的本体论用于心性存养,以静心作为正心修身、体物明理的基点。《内业》认为:"天主正,地主平,人主安静。"从天道的公正平和导出人道的安适宁静,所以说:"人能正静者筋肕而骨强,能戴大圆者体乎大方,镜大清者视乎大明,正静不失日新其德,昭知天下通乎四极。"(《心术下》)但是,人生在世,爱欲缠身,困苦利诱,忧悲喜怒,结果是失度、失纪、失端,而"静则得之,躁则失之",生命的根本法则是"心能执静,道将自定"(《内业》)。

道家学派的静论从天道转向人道，成为道教清净教义的先导。由"净"入"静"，是道教成道的基本途径。《道藏》唐《太上老君说常清静妙经》论述静与净的关系说："人心好静，而欲牵之。常能遣其欲而心自静，澄其心而神自清"，心静必除欲，使心灵归于纯净，这是修仙得道的妙谛，"常应常静，常清净矣。如此清净，渐入真道；即入真道，名为得道"。宋《灵宝五经提纲·太上生天得道真经》进一步从神学本体论上论证了道是常驻不变的，而人心却浮动飘忽，只有使"真心寂然不动"，才能与"漠然无形"的大道相合："是故古之修道者，先修其心。何以修心？曰清静而已矣。何以致清静？曰虚而已矣。人能使方寸之地虚，则一尘不染，一物不留，寂然湛然，常清常静，一神独运，可应无穷，可超出生死之外，是谓得道也。"

涅槃寂静是佛教的核心教义，确定修行的终极目标是进达于无苦安稳的极乐世界，而达到这一境界的根本途径就是禅定。禅定是指精神的安静统一，通过去除浮荡芜杂的意念，使心神统一如明镜止水，观察诸法实相，由空明而得慧，对变幻不定的事态，能做出适切的判断和迅速确实的处置，由此实现大解脱，是对烦恼和诸苦的彻底断灭。禅定分为两个层次：初级层次是"欲界定"，是普通人日常的心静，尚未达到真正的精神统一；高级层次是"根本定"，从"色界定"最后实现"无色界定"。"色界定"经历四个阶段，称"四静虑"。第一阶段是初禅，去除邪念恶欲，心有喜乐，"看取莲花净，方知不染心"（孟浩然《题义公禅房》），但仍有"寻"（vitarka）、"伺"（vikara），亦即纷繁思虑；第二阶段是二禅，称"内等净"，"寻""伺"断灭，所获喜乐来自自身信仰的感受，是为"定生喜乐"，颇像屈原的诗意："漠虚静以恬愉兮，澹无为"（《远游》）；第三阶段是三禅，非苦非乐，进入"行舍"境，离情入理，继续进行正确的忆念和智慧活动（"正念""正乐"），称"离喜妙乐"，其境界如嵇康所说："性絜静而端理，含至德之和平"（《琴赋》）；第四阶段舍弃妙乐，只持修养功、德，进入不苦不乐之境，称"念清净"，可借用柳宗元的话来表征："心凝形释，与万化冥合"（《始得西山宴游记》）。通过色界四禅定而无念无想，便进入"无色界"，再历"空无边处""识无边处""无所有处"和"非想非非想处"四阶段，最终达到涅槃。

其实，中国文化精神中对静的态度十分复杂，这是由中国士人（精英阶层）和现实世界的关系决定的，概括说来，大致可以用淑世、出世、超世的三部曲来界定。

两汉以降，儒家始终是中国统治的意识形态，中国士人秉承儒学总体上一直是坚守淑世精神的，亦即笃信以个人的努力改善世界是君子的基本人格操守。孔子说："鸟兽不可与同群，吾非斯人之徒与？天下有道，丘不与易也"（《论语·微子》），就是说，既然不能和飞禽走兽合群为伍，若不和人群交往又和谁交往呢？如果天下太平我就不和你们搞改革（"易"）了。他的学生子路因而得出了"不仕不义"的结论，不从政是不道德的。对孔子思想有独到见解的李零一针见血地指出："孔子的特点是重在掺和。他对当代的政治，不满归不满，绝不放弃从政的机会。"所以，中国历代士人生命的根本指归是"治国平天下"，主导心态是能动的、积极的。这种淑世精神的政治目标是四海升平，河清海晏，当然也代表了平民和士人的共同愿望，在乱世尤其如此，可以说是儒家对静的最高伦理追求。唐人常建的"天涯静处无征战，兵气销为日月光"（《塞下曲》），是这种愿望的诗意表达，和《圣经》所说"要将刀打成犁头，把枪打成镰刀"（《以赛亚书》，2：4）可谓异曲同工，算是一种普世价值吧，清人沈德潜说常建这首诗是"句亦吐光"，当非谬赞。但淑世精神的本质是进取，静于是只是一种辅助的、为动服务的手段。静是"养气"功夫，牒诉倥偬，案牍劳形之余，调整身心，反思提高，以求再进，所谓"进思事君，退思补过"（《左传·宣公十二年》）。刘禹锡的《昼居池上亭独吟》诗曰：

> 日午树荫正，独吟池上亭。
> 静看蜂教诲，闲想鹤仪形。
> 法酒调神气，清琴入性灵。
> 浩然机已息，几杖复何铭。

刘禹锡是中唐政治革新的推动者，公元 809 年宦官藩镇和豪阀门阀制造了"八司马"冤狱，被接连三次贬谪，却在闲静中自励：静静地看蜜蜂做工，"繁布金房，垒构玉室。咀嚼华滋，酿以为蜜"（郭璞《蜜蜂赋》），从不偷闲，

"圣人师蜂"，在静思中感受到蜂的勤奋不息。古人以鹤为君子所化（葛洪《抱朴子》），"徐引竹间步，远含云外情"（刘禹锡《鹤叹》），闲云野鹤并不是心灰意懒，而是志存高远。所以这种静只是淑世精神的特殊表现而已。

但是，在中国传统社会的官本位文化中，淑世与出世是互为表里的。孔子以逸豫苟安为恶，"士而怀居，不足以为士矣"（《论语·宪问》），留恋安逸就不配称作有教养的人。他一生总是跃跃欲试，想大干一场，曾放言"如有用我者，吾岂为东周乎"，假如有人启用我，我会将文王之道复兴于东方。但是，夫子在四处碰壁中，也深感命途多舛，早给自己准备了退路，所以说："天下有道则见，无道则隐"（《论语·泰伯》），"邦有道则仕，邦无道则可卷而怀之"（《论语·卫灵公》），有机会不放过，形势不妙就抽身而退，一则明哲保身，一则留着本事等待时机（"卷而怀之"）；实在不行，"道不行，乘桴浮于海"（《论语·公冶长》），干脆出国，来个逃跑主义。所以，在传统文化语境下，主观上有意的动和客观上无奈的静，相辅相成。南北朝萧梁诗人朱超的《对雨诗》说："对夏苦炎埃，习静对花台"，面对艰难时世，要学着静下来；但心心念念的却仍然是"无因假轻盖，徒然想上才"，要找到遮雨的东西，去看看那些沐风栉雨的参天大树。显然是不甘寂寞，所谓"心闲志不闲"，蓄势待动。当然，也有很多人仕途无望，心灰意冷，求静以自慰。王维也许是写静最多的诗人，诗中充满了静的意趣：山静、夜静、色静、巷静、落花寂寂、涧寂无人、夜禅林寂、寂寞柴扉。然而，这种求静心理，其实是退而求其次，如嵇康所说："顿缨狂顾，逾思长林而忆丰草"，静中念念不忘的还是大展宏图的人生舞台。王维本来胸怀大志，虽遭贬谪，仍说"莫嫌旧日云中守，犹堪一战立功勋"（《老将行》），借汉文帝启用弃臣魏向为云中太守戍边立功的故事以自况，其建功立业之心跃然纸上。但回首平生，"北阙上书寝不报""五侯门前心不能"（《不遇咏》），献书当朝，干谒王侯，一事无成，灰心之余，参透人生，"世事浮云何足问，不如高卧且加餐"（《酌酒与裴迪》），其实是一种阿Q精神，由此弃儒入佛，自号摩诘，试图求得心灵的真正解脱。但是，虽然口称"晚年惟好静，万事不关心"（《酬张少府》），但心头的种种欲念在静中仍然时时涌动，所以才要按压心魔："薄暮空潭曲，安禅制毒龙"（《过香积寺》）。

真正看破红尘，从出世而超世，是一种形而上学的升华。这里似乎也有两个层面。有人从非理性的信仰层面，接受宗教世界观，彻底破除名利的羁绊，断绝尘念，五蕴皆空。超世者心静如止水，此心持定，面对滚滚红尘而不为所动，如六祖慧能所说："心迷《法华》转，心悟转《法华》。"身边一切归于永恒的沉寂，"山静似太古"（唐庚《醉眠》），"万籁此俱寂"（常建《题破山寺后禅院》）所反映的就是这种精神境界。弘一法师是勘破世事而真心想超越此岸的佛子。当年的李叔同出身富家，年少多金，风流倜傥，玉树临风，多才多艺。留学东瀛饰演茶花女，婀娜柔媚宛如美少女，他的学生丰子恺描述他当年的风姿说："高帽、硬领、尖鞋、高鼻、长身、司地克、燕尾服"，真是翩翩浊世佳公子。就是这个人，面对家中六座票号一起破产，损失百万，又身历辛亥后国事蜩螗，四顾茫然，万念俱灰，无论醇酒妇人、山水琴书都无法排遣心中的沉郁绝望，"对此浑浊世界，生种种烦虑悲哀，欲求以安心立命之所"。他与革命派和西化派相区隔，试图通过向传统回归以求解脱，终于在38岁时，遁入空门，如他在《李卓吾像赞》中所说："由儒入释，悟彻禅机，清源毓秀，万古崔巍。"从此"隔断红尘三万里"（《初梦》），绝欲息动，进入静的世界："万里空明人意静"（《月夜》），"万籁俱寂丛林寒"（《晚钟》）。

超世之静还有一条理性的进路。从《周易》开始，中国文化对动静辩证法的形上之思始终不绝如缕。潘安写于公元278年的《秋兴赋》说："苟趣舍之殊途兮，庸讵识其躁静"，说的是人们出于本性或喜动或趋静，生活道路各异。75年后的公元353年，王羲之在《兰亭集序》则说："趣舍万殊，静躁不同。"认为这是两种不同的人生取向。那么，到底选择哪一条道路合理呢？这就要从形而上学高度做出辨析。儒家从人性论上提供的根据是，静乃性本，物扰而动，《乐记》所谓"人生而静，感于物而动"。钱锺书认为："先秦以来的心理学一贯主张：人'性'的原始状态是平静，'情'是平静遭到了骚扰，性'不得其平'而为情。"（《诗可以怨》）但是，外物牵动不可避免，于是虽欲心静而不可得，这是儒家静论的内在悖论。宋儒张载曾致信程颢，提出"定性未能不动，犹累于外物"，质疑"心静"为假命题。为了走出困境，程朱理学援道释入儒，认为心之清净寂灭可绝外欲，回归于静，由此建构了"心定则静"的命题。程颢《答横渠先生定性书》辩称:"所谓定者,动亦定,静亦定,无将迎,无内外",是说人心的本性固静,无所谓内外。所以只要回归本性,"无事则定,定则明,明则尚何应物之为累哉",所以要求静只需回归心的本体,即可排除外物干扰。程颢有诗《偶成》抒发此意:

> 闲来无事不从容,睡觉东窗日已红。
> 万物静观皆自得,四时佳兴与人同。
> 道通天地有形外,思入风云变态中。
> 富贵不淫贫贱乐,男儿到此是豪雄。

万物芸芸,四时流转,天地有无,风云变幻,富贵贫贱,人世沧桑,统统都是"外物",但明道运思,内外两忘,即可静观而自得,用今天的话说,就是进达于自由王国。先师冯友兰十分欣赏这首诗,称之为知天、事天、同天、乐天的"天地境界"。

总之,静的理念虽然不能说是中国传统文化唯一的指归,却是中国统治思想中的核心价值观念的一块基石。而中国传统文化对静的解读包含明显的收敛、自抑、退守、逃避的价值论取向,这在社会动荡、危机、崩解而需要变革的时代,所起的作用是消极的,是中国社会进步的历史惰力。

五

1894年的甲午战争,是中国近代历史的转捩点,蕞尔东邻倭国使皇皇天朝一败涂地,素以"神明华胄"自傲的中土士人,真正开始反思老大帝国衰败的深层原因。严译《天演论》适逢其会,楬櫫物竞天择、强存弱亡之道,认定祸根在于孱弱萎靡之国民性格,大声疾呼:"不当如瞿昙黄面,哀生悼世,脱屣人寰,徒用示弱而无益来叶也。固将沉毅用壮,见大丈夫之锋颖,疆立不反,可争可取而不可降"(《天演论·进化》。变革中国社会的自觉正是从颠覆传统的谦退守静的民族性格切入的,着力点在于引进近代西方的开拓、竞争、冒险、征服的资本主义精神。甲午战后10年间,国人最高亢的呼声就是"鼓民力"。梁启超指出，中国之"为退化之状者，千余年于今矣，岂有他哉，竞争力销乏使然也"，而"竞争为进化之母，不竞争则无以自存"。他开出的药方是"人人务为强者"（《中国之新民》），"舍冒险未由"（《过渡时代论》）。

可以说，自此以后，中国无论哪一派政治势力，只要是意在救国，图强就是基本共识。昂扬奋进、拼搏抗争的精神，一时蔚为风气。民主革命的女杰，"鉴湖女侠"秋瑾以女儿之身而扬阳刚之气，她的《宝剑歌》《宝刀歌》唱出了时代的最强音：

> 饥时欲啖仇人头，渴时欲饮匈奴血。
> 侠骨崚嶒傲九州，不信大刚刚则折。
> 血染斑斑已化碧，汉王诛暴由三尺。
> 五胡乱晋南北分，衣冠文弱难辞责。
> 君不见剑气棱棱贯斗牛，胸中了了旧恩仇。
>
> ——《宝剑歌》

> 宝刀之歌壮肝胆，死国灵魂唤起多。
> 宝刀侠骨孰与俦？平生了了旧恩仇。
> 莫嫌尺铁非英物，救国奇功赖尔收。
> 愿从兹以天地为炉阴阳为炭兮，铁聚六州。
> 铸造出千柄万柄宝刀兮，澄清神州。
> 上继我祖黄帝赫赫之威名兮，
> 一洗数千数百年国史之奇羞。
>
> ——《宝刀歌》

秋瑾就义10年后，在湖南一师就读的青年毛泽东，面对亡国灭种的民族危难，在思考中国救亡图存的道路时，占据了时人均未达到的思想高度。针对传统文化因循守旧、中庸调和、畏葸退缩、逸豫苟安的精神痼疾，毛泽东从哲学宇宙观上做了空前深刻的反思。他提出动的本体论："此世界中变化万殊""天地盖唯有动而已"(《体育之研究》)。从动的绝对性原则出发，毛泽东批判求安畏乱的人生观，指出："非好乱也，安逸宁静之境，不能长处，非人生之所堪，而变化倏忽，乃人性之所喜也。"(《体育之研究》)由此引申出"抵抗"的必然性原理"无抵抗则无动力"，所以"河出潼关，因太华抵抗，而水力益增其奔猛；风回三峡，因有巫山为隔，而风力益增其怒号"(《伦理学原理》批语)。毛泽东毕生信奉尚动的辩证法，强调"发展的无限性""斗争的绝对性"，认为"调和、均势、相持、僵局、静止"都是暂时的、相对的(《矛盾论》)。表现在生命态度上，就是大刀阔斧，一往无前，雄强勇毅，坚定无畏，"自信人生二百年，会当水击三千里"。这其实是一种革命世界观，它当然绝对不是毛泽东的个人性格，而是中国社会发展一定阶段上产生的带有历史必然性的社会思潮和时代精神。鸦片战争以来，国势日衰，神州陆沉，有识之士寻求救国奇方，洋务运动诉诸器具（变器），戊戌变法诉诸体制（变法），终以失败告终，革命诉诸政权（变道）遂成唯一选项。针对改良派所谓革命之"不可""不忍""不能""不必"，章太炎说："竞争出智慧，革命开民智"；邹容说："革命者，天演之公例也"；陈天华说："终古无革命，则终古成长夜矣。革命者，救世之圣药也"(《中国革命史论》)。而革命者必须具备的正是摧枯拉朽、昂扬激越的精神状态，章太炎为此专门写作了《革命之道德》，提出"以勇猛无畏治怯懦心"，认为搞革命必须"勇猛无畏"："要有这种信仰，才得勇猛无畏，众志成城，方可干得事来。"(《答梦庵》)连混迹于革命队伍中的投机政客，后来成了大汉奸的汪精卫，当时也曾壮怀激烈地赋诗："慷慨歌燕市，从容作楚囚。引刀成一快，不负少年头。"(《双照楼诗稿·被逮口占》)

马克思把真正的哲学称作"文明的活的灵魂"，说它是"自己时代精神的精华"，抽象地谈论某种哲学理念被马克思斥之为"文明的空话"。中国共产党的诞生和发展，是中国近代以来救亡图存历史上最艰苦、最惨烈也最激越的斗争史诗上最辉煌的篇章，最集中地秉承和展现了那个火红时代的"烈性"精神品格，这完全是情势使然。汤因比（Arnold Joseph Toynbee）认为，文明的生长"是由于一个个人或一个少数或一个社会对于一种挑战进行了应战"(《历史研究》上)，试问面对19世纪中叶以来中国所遭受的生死存亡的挑战，除了斗争和反抗，还有别的选项吗？至于后来中国共产党的主要领袖在新的历史条件下，仍然坚持"斗争的哲学"，实行"无产阶级专政下的继续革命"，那是另一回事。时代精神必须随着时代的变迁而更迭。启蒙时代的法国历史学家杜尔阁（Anne-Robert-Jacques Turgot）认为，整个人类历史是"通过安定和动荡、幸福和苦难的交替"而走向完美的（《人类精神不断进步的哲学大纲》）。把战争时期的理念和精神一成不变地照搬到和平时期，这也许是毛泽东最大的失误。马克思说过："黑格尔在某个地方说过，一切伟大的世界历史和人物，可以说都出现两次。他忘记补充一点：第一次是作为悲剧出现，第二次是作为笑剧出现。"（《路易·波拿巴的雾月十八日》）历史的颠倒必然造成闹剧，可是这并不是否定原来的历史的理由。时下有些先锋人士鼓吹"告别革命"，意思是否定近代以来中国所有革命的必要性，嘲弄当时激扬的民族精神，轻蔑地将之贬斥为"冒傻气"，这如果不是浅薄无知，就是别有用心。

六

向静的回归，是 20 世纪西方思潮具有特征性的走向。

在西方知识界，对启蒙时代以来主导西方的"尚动"精神的批判性反思，发端于第一次世界大战爆发的时代。西方工业化走过了 200 多年的历程，人不仅征服自然，对自我能力的极端自信和个人欲望的无限膨胀相互交织，把财富的无餍追求当作生存的最高目的，形成了工业社会的原则——需求增长永无止境，消费产品永远匮乏。于是，启蒙主义的进取精神和扩张意识异化为征服和掠夺，终致酿成危机和战争。第一次世界大战四年（1914—1918），死亡 1637.31 万人；第二次世界大战六年（1939—1945），死亡 6000 万人；1929—1933 年西方世界爆发全面经济危机，导致 29 万家企业破产，3000 多万工人失业。伯林（Isaiah Berlin）说："从赤裸裸的毫无人性的观点看，即从对人类的野蛮摧毁的观点看，20 世纪无可争辩地成为人类曾经经历过的最糟糕的世纪。"（《20 世纪思想史》）对工业社会的质疑正是从这种语境中生发出来的，这种质疑引申出现代化颠覆传统文明的合法性问题，结论是，工业主义所造成的文化断裂本质上是一种神圣精神的失落。詹姆斯·雷德菲尔德（James Redfield）在《圣境预言》（*The Celestine Prophecy*，亦译《塞莱斯廷预言》）中说：前500年，"生活被解说成经历一种精神考验：获得或失去拯救"；后500年，"构造世俗的物质的可靠性，只求舒适的生活，不求为什么生活"。所以，在寻求物欲满足的狂热躁进中，工业社会的人丧失的是心灵的平衡和宁静。

对西方文明精神做系统负面检讨的首推斯宾格勒（Oswald Spengler），他的名著《西方的没落》（*The Decling of the West*）写于一战爆发的1914年，成书于战争结束的1918年，这种时间上的巧合也许可以看作是对这场战争所引发的文明灾难的精神反思。这里且不去评价斯宾格勒的历史宿命论和历史悲观主义，值得称道的是，斯宾格勒敏感地意识到，自启蒙时代以来被西方奉为圭臬的强力主义、扩张主义的文化精神已经走向末路。从18世纪逐步走向盛期的欧洲主流文化，被斯宾格勒称作"浮士德文化"，欧洲人"无法避免真正浮士德式的魔鬼的诱惑，魔鬼在精神上引他们来到高山，允许他们地球上的一切权力"。浮士德文化的本质就是不可遏止的征服欲，首先是奢望以技术驾驭自然，靠机器"掌握自然的脉动"，让自然"为人服务"，"自然被带上了轭圈，当作奴隶看待"，结果是使自然本身"摇摇欲坠"；其次是恺撒主义（Caesarism），就是对他人、异族、别国的强权统治，所实行的是强者的道德，"唯有强者，才是主宰"，这是一种"唯强力是视"的狂暴。斯宾格勒特别指出，第一次世界大战的四年凸现了列强的"嗜血的意志，会压服一切苟安逸乐之心"。他把恺撒主义的这种"必然拓影"，称之为"第二次宗教狂热"。最后是精神的自我膨胀，这是一种极度的自我中心主义，作为生命的意志是要"保存自身及发扬光大，或者：使自身更为强大，以凌越于其他之上"。作为浮士德式的热情，斯宾格勒认为，它是那样一种生命"情调"，其表现是"竭尽全力向外扩伸、向上提升"，是一心要"飞越于时空之上"的不可名状的渴盼。显然，斯宾格勒是从自然、社会和精神三个维度上，全面检讨了近代西方现代化过程中的尚动精神。值得注意的是，他颇为超前地开出了两个匡正这种狂躁的药方。其一是回归农业精神，突破"大都会理智"的张力，这种被"极端的张力"所主导的理智是没有血色、贫瘠无力的，因为它已经失去了"个人生命中的自然宇宙之脉动",为此就要找回"农人的智慧",保存最强壮、最有希望的元素,恢复"创造者的血液和灵魂"。其二是高扬母性精神,斯宾格勒虽然没有使用女性主义(feminism)一词,但他尖锐地批判了西方现代化的男性特征,深入论述了女性的独特精神特质和优势。阴性是本原的、自然的,"阴性是原始、是永恒、是母性";阴性是自然的、固有的,"阴性较接近自然的宇宙",所以女性安然于其所有,男人却要控制和征服,"男人'塑造'历史,而女人'就是'历史"。斯宾格勒推崇贤人(sage),因为他们秉持中庸箴训(golden mean),"明智的贬抑世界以享受沉思的乐趣"。历史最终将从现在的躁动复归于宁静,那就是世界永久的和平:"只有在伟大历史的终点,神圣的、寂静的'存有'才再度出现。"

正是在"二战"爆发的第二年即1940年,霍克海默(Max Horkheimer)和阿多尔诺(Theodor W. Adorno)的《启蒙辩证法:哲学断片》(*Dialektik der Aufklärung: Philosophische Fragmente*)问世,这是法兰克福学派的奠基之作,开启了西方学术界对发达工业社会批判的先河。该书的主旨是从现代主义的源头——启蒙精神寻求工业社会结构性矛盾的病根,揭示了启蒙从思想解放运动蜕变为人性异化的枷锁这一由正到反的辩证法。启蒙精神的基调是理性主义,而法兰克福学派的工业社会批判的一个切入点,主要是针对工具理性狂暴肆虐的进攻性。这一思想进路可以上溯到韦伯(Max Weber)的《社会科学方法论》(*Gesammelte Aufsätze zur Wissenschaftslehre*)一书,该书中的三篇论文分别写于1904、1906和1917年,正是西方资本主义社会矛盾全面激化的时期。韦伯区分了"实质理性"(substantive rationality)和"形式理性"(formal rationality),前者是根据善的价值取向而选择实现的手段,后者却舍弃价值关联性而只诉求于有效性。市场对利润和金钱的追求使形式理性彻底战胜了实质理性。霍克海默和阿多尔诺进一步揭露了启蒙理性的盲动性,"现代启蒙精神从一开始就具有激进的特征",它只考虑手段,不考虑目的,我们只知道如何到达那里,却不知道为什么要去往那里。一方面,由于理性具有随心所欲表达目的的绝对自由,启蒙精神的培根式的口号是"知识就是权力",所以自由也在实际上任意"指挥失去魔力的自然",理性无限地顺从作为世界主人的文明人,于是也无限地奴役一切存在物;另一方面,控制外在属性的奢望必定以牺牲和抑制内在的本性为前提，结果人性的扭曲使人"充满了侵略性和暴力"，代价是彻底毁灭了世界的和谐与安宁。结论只有一个："理性沦为纯粹的工具是造成这些灾难性结果的根源。"

但是，所有这些关于动与静的思考，仍然停留在历史哲学、社会哲学和文化哲学的层面。在那个动荡不宁、生灵涂炭的时代，真正从存在论和生存论的高度反思静的人，只有一个人，他就是海德格尔。当然，还没有人说过海德格尔的存在主义以静为主题，但是我却从他的言说中真切地领悟到他对静的独特解读。海氏1915年以讨论邓斯·司各特的论文获弗莱堡大学哲学讲师资格而正式步入哲坛，其时第一次世界大战方酣。1927年发表《存在与时间》(Sein und Zeit)，他的哲学事业的第一个时期进入高潮，称作海德格尔Ⅰ；1933年他出任大学校长与纳粹有过6个月的蜜月期，随即离职，1936年发表《荷尔德林与诗的本质》，标志着他的哲学转向（Die Kehre），此时正值第二次世界大战前夜，称作海德格尔Ⅱ。两次大战使所有问题都退居次要地位，只有人的生存和生命是凌驾于一切之上的最高关怀。按照威廉·理查森（William J. Richardson）的说法，海德格尔Ⅰ的主题是"做"（Doing），而海德格尔Ⅱ的主题则是"居"（Dwelling），而贯穿其间的正是人的生存问题（Phenomenology to Thought Preface be Martin Heidgger）。

前期海德格尔区分"在"和"在者"，而合适的"在"是作为"在"的"在"，是为存在本身而存在，不是作为在者的存在。人就是唯一为在而在的存在，所以人是"亲在"（Dasein），他不间断地亲临存在，他不是其"所是"，而是其"所不是"，永远向着可能性而生，这就是生存（Existenz）。而正因如此，亲在的本质是操持和操劳——"做"：做什么和如何做。但是亲在只有两个选项：本真的在世和非本真的在世。非本真的在世是"不由自己"，所作所为被人左右即由"他人"做主，这个他人是个"中性的东西"，叫作"常人"（Das man）。"常人"是抽象的、自来被公认的抽象的人，是一切亲在行事的共同标准和模板。亲在把一切交付给这个"常人"，自己卸去了一切责任，多数人于是可以浑浑噩噩、安安稳稳地苟活下去，获得了安宁和平静。但是这样的静是自甘堕落的沉沦，而亲在不甘于丧失自我奋起抗争，试图摆脱在者的羁绊，力求进入本真的在世状态，以达到存在的澄明，这就是自由。但这却是一种无所凭依的自由，是一种茫然若失、彷徨无地的失重状态，而且一切准据和信条都已坍塌，所作所为却可能是铤而走险，于是亲在面对的是无可名状的"畏"。由于怯懦世人多半重又逃回熟悉的非本真状态，到"常人"的麻木庸碌生活样式中去安身立命，以求得安宁（Beruhigung）。显然，这种异化的宁静是虚假的，是对本真的躲避。那么，怎样才能求得本真的宁静？海德格尔 I 给出的答案是———一死了之。如拉芳丹（La Fontaine）所说："死亡可以消除一切"，面对死神一切虚幻的价值全都破灭，人从而方能领悟生活的真谛，回归本真。这时人才真正拥有了帕斯卡所说的"永恒的静"。

论者认为，海德格尔 I 的哲学目标是"救世"——其实是"救人"——但无论是逃避求静，还是向死得静，都无法使人得到拯救，因为这两种静全是虚幻。海德格尔 II 找到了一条新路：回归本真就是回归人的本质，而人的本质不是别的，是"思"。笛卡儿说"我思故我在"，但自柏拉图以来，"思"却一直被误读为"知"，这掩盖、蒙蔽了人的本质。因此，救人先救思，或用海德格尔的话说"唤醒"思。为此必须从探究语言入手，海德格尔后期的一篇别出心裁的著作《诗·语言·思》，很少有人注意，但却是海德格尔 II 的思想精华。思是存在之思，但存在是语言给出的。存在不是"是存在"，而是"有存在"，德语作 es gibt ist das Sein, geben 的意思正是"给"：存在是给出的，通过命名语言把存在给予我们，这就是"呼唤"，所以"语言是存在的家"。呼唤是"呼唤出来"（《诗·语言·思》，下同），通过呼唤使物现身，物被物化，产生出世界；于是世界与物的关系、物与物的区别被建立起来，这就是"世界允诺物"。但是，就存在自身而言，它是沉默的言说，这不是"短暂者"（人）的言说，而是凭借各自的特征而默默地显示自己，"它们在宁静中保存区别，那里，区别自身便是沉默"。物各自的特质是稳恒的，以使物相互区分开来。《老子》传世本三十五章说"道之出口，淡乎其无味"，马王堆帛书本七十九章作"故道之出言也，淡呵其无味也"，不是道"出口"，而是"出言"。存在自身之言是"无名之朴"，是以自身的特征（区别）来自我表达，因而是平淡无味的，恰恰是海德格尔所说的"沉默的呼唤"。这种沉默是双重的：一是"让世界在物中自足而沉默"，这是物各自独立的存在，是自在的沉默，"相看两不厌，只有敬亭山"（李白《独坐敬亭山》）；二是"让物居于世界的帮助中沉默",通过物与物的相互联系而存在,是自为的沉默,"江碧鸟逾白,山青花欲燃"(杜甫《绝句二首(其二)》)。

"人从何处听到进达于某物本性的呼唤?"物性是沉默的,所谓大道无言,其样式(Melos)是稳定或静止,而"静止本身仍然以安宁为基础",即物性不是动荡不定的,这就是海德格尔所说的"沉默的沉默化"。但是,显示物性的区别却是"沉默的呼唤",语言就是对这种沉默的呼唤的回应,"语言存在是作为世界和物的呼唤的区别的发生和产生"。问题是,短暂者言语即人的日常语言打破了沉默,言说必须遵循"常人"的逻辑或交往规则,这使存在被遮蔽了,语言成了险境和陷阱,大众传媒时代甚至出现了语言暴政,群言淆乱,喧嚣鼓噪。庄子就说:"大言炎炎,小言詹詹"(《齐物论》),炎者淡也,大言即道言是沉默寡言的;詹者,华美也,小言即日常言说夸夸其谈。日常语言打破了世界的"纯然一元",使人远离了本真的物性。海德格尔认为,"人类在其本性上的确是被赋予去言说",为倾听沉默的呼唤回归本真,必须抛弃日常语言的泡沫浮沤,尘垢渣滓,因为"在那儿几乎不再有呼唤在回响",因为它是"耗尽的诗"。救人必须救思,救思须先救诗。海德格尔用荷尔德林的话阐释说:"诗,这是人的一切活动中最纯真的。"诗超乎现实的浮躁喧哗,超越功利算计,直接倾听神祇(本体)的呼唤——"沉默的呼唤",进入人神对话的境界。"诗,是存在的神思"(《荷尔德林和诗的本质》),亲在在尘世中操劳,但如奥斯汀(J. Austin)所说:"说就是做"(Saying something is doing something.),人"以言行事",奔波劳碌并喋喋不休,这就是非本真的生存状态。寻找被遗忘的诗意,就要放下这"做":"诗意并非飞翔和超越于大地之上,从而逃脱它和漂浮在它之上。正是诗意首先使人进入大地,使人属于大地,并因此使人进入居住",静息下来的人与象征生命之根的大地合一,由"做"到"居",从"动作"到"居停",安静地倾听"沉默的呼唤",物性于是解蔽而澄明,使亲在回到本真。海德格尔引用荷尔德林的诗印证他的这一领悟:

> 如果生活是全然的劳累,
> 那么人将仰望而问:

我仍然愿意存在吗？是的！

只要善良、纯真尚与人心同在，

人将幸福地

用神性度量自身。

神是不可知的吗？神还是像天空一样显明？

我宁愿相信后者，

它本是人的尺度。

充满劳绩，但人诗意地

栖居在大地上。

1933年海德格尔出任大学校长，寄情于纳粹，奢望改造社会实现"破晓的政治"，结果只有六个月"劳作"便失望而去职。姑不论海氏的失足在道德上如何评价，这段经历的确是从海德格尔Ⅰ到海德格尔Ⅱ的关节点：从"做"到"居"，从"动"入"静"。他此后主要居停在托特瑙山（Todtnau mountain）的小木屋里，沉思默想，在静中走向本真。他说："严冬的深夜里，暴风雪在小木屋外肆虐，还有什么时刻比此时此景更适合哲学思考呢？这样的时候，所有的追问必然变得更加单纯而富有实质性。那种把思想诉诸语言的努力，则像高高的杉树对抗猛烈的风暴一样。"——此中有真意，欲辩已忘言。

七

纵观思想史，尚动和主静主要是人生观、价值论以及伦理化向度上的分化，反映了社会语境和时代精神的变迁。但从宇宙论和本体论上说，对动静的辩证关系反思，不仅在中西古代哲学中占有重要位置，而且在近代哲学中也仍然在继续向前推进。统一动与静的努力，是近代哲学中特别具有启发性的理路。

启蒙时代的哲学家在本体论上，并没有否定静止的存在，只是他们已经明确认识到静止的相对性和运动的绝对性。他们反思实证科学的结论，根据伽利略相对性原理猜测到了"参照系"的概念。1644年,笛卡儿在做出能量守恒定律的最初表述("宇宙运动的总量是不变的")时,还曾指出具体的物体"同时是被运动的,又是不被运动的",看它相对于何物而言:"一个人坐在启航的船上,他如果只注意他所离开的岸,并且把它看作是静止的,则他可以认为自己是运动的。但是他如果只注意船本身,则他可以认为自己是不动的,因为船的各部分间总是保持同样的位置。"(《哲学原理》)1770年,在牛顿惯性定律提出的33年之后,狄德罗确定了"相对静止"的概念:"在一个被风浪袭击的船里,一切都是相对静止的。船里面没有一样是绝对静止的,连组成船和船中物体那些分子也不是绝对静止的。"(《关于物质和运动的哲学原理》)显然,那一时代的实证科学和哲学所揭示的绝对运动和相对静止的辩证法,似乎和启蒙主义唯动为胜的文化精神并无直接关系。

黑格尔第一个分析了静止的认知意义。他把事物分为两种:静止中的存在和关系中的存在。但是个体"就是在与其他事物的关系中保持自身的那种事物",换言之,个体是关系中(变动中)的存在和静止的存在的辩证统一,因为"凡不能这样在关系中保持其自身的事物",例如在化学方式下变为另一种不同事物的个体,"就使认识陷于混乱",因为不知自己应该坚持哪一方面,就由两个方面从中分裂开来。所以,黑格尔认为,"这种对于静止的、自身等同的存在的规定的坚持",既是"认识的或知识的自身等同也是事物的自身等同"。在关系中和变动中,事物的自身等同或静止的状态,是个体作为个体基本规定稳定存在的前提,从而也是对其进行分辨和认识的前提。当然,这种自身等同"随处遭到驳斥",它的一切规定都在"被剥夺了去",其静止只是相对的,这自不待言(《精神现象学》)。恩格斯引申了黑格尔的静止理论,在论证运动与静止辩证统一的时候,深刻揭示了静止的本体论地位:"物体相对静止的可能性,暂时的平衡状态的可能性,是物质分化的条件",正是静止使物质世界林林总总,森罗万象,而不是一团混沌(《自然辩证法》)。也正是由于静止造成的分化,使"运动可以用自己的结果来计量,在自己的结果中表现出来"(《反杜林论》),这就是说,静止成为认识和描述("计量")运动的尺度。静止是事物分化的条件,是认识运动的尺度,这是唯物辩证法静止论的核心命题。

从认识论来说，认知虽以理性为主导，但不可避免地与感性因素和感情因素相伴相随。感性是经验认识的基础，感情则是激发和维系认知的动力因子。但是这二者都是与主体性密切相关的，既是片面的和现象的，又是易变的和流动的，只有理性才进入本质、普遍和恒定的认知层面。早在1818年叔本华就把宇宙和人的生命归结为"意志"（Wille）和"观念"（Vorstellung）两个元素。中文版将 Die Welt als Wille und Vorstellung 译成《作为意志和表象的世界》，德语 Wille 是意志（will）没有问题，而 Vorstellung 则有想象、观念、概念等含义，译成表象似乎有违叔本华的本意。按叔本华的观点，意志作为需求和情感必然带来苦恼悲情，是生命的痛苦之源；而观念却使人超脱而悟彻现象世界的本质。朱光潜将 Vorstellung 译作"意象"，并注明英语对应词 idea，实为理念。1871年尼采在《悲剧的诞生》中，演绎叔本华的这一思想：用日神阿波罗（Apollo）代表意象，用酒神狄奥尼索斯（Dionysus）代表意志。酒神精神面对变化无常和烦恼苦痛，在蠢动的活力和狂热支配下，沉湎酣醉，狂歌曼舞；日神精神的本性是节制、分析和分辨，如日中天普照万物，在理性支配下的人，一切变化在理念解读下都成了本真的"存在"（being，朱光潜译作"真如"），怡然淡定地静观自得。所以狄奥尼索斯的基本精神是迷狂，而阿波罗的基本精神是静穆。真正的诗不是冲动勃发、情绪宣泄的结果，而是对感情的冷静观照和玩味，是对激情的净化洗练。因而诗人华兹华斯（William Wordsworth）说："诗起源于经过沉静中回味而来的情感。"（Emotion recollected in tranquility.）如果联系海德格尔的思诗之论，对本真的探求是向诗意的回归，那就是说，只有走出感性的芜杂混乱和情感的缠绕跌宕，在宁静安谧的心境中，才能达到本真。

从价值论说，真理性的认知是以心灵的净化为前提的。只有把整个身心投入到艰苦的思维劳作中去，才能思有所得。求真的精神前提是抱元守一、痴心志凝、心无旁骛、锲而不舍；而神摇意乱、心猿意马、欲念丛生、魂不守舍，则终将一无所得。1837年，17岁的马克思在中学毕业作文中已经指出心灵宁谧是事业成功的心理保证："一个不能克服自身相互矛盾斗争因素的人，又怎能抗御生活的猛烈冲击，怎能安静地从事活动呢？然而只有从安静中才能产生出伟大壮丽的事业，安静是唯一能生长出成熟果实的土壤。"（《青年在选择职业时的考虑》)这里所说的安静,其实就是心灵的纯净、专一和稳定。为了营构这样的宁静心态,首先要排除外在的干扰。两千多年前孟子就以弈棋为喻说:"今夫弈之为数,小数也;不专心致志,则不得也",即使有弈秋这样的国手从旁指导,而"一心以为有鸿鹄将至,思援弓缴而射之",也只能功败垂成,这和他是否聪明("其智")无关(《孟子·告子》)。不言而喻,这种"鸿鹄"式的干扰,最强有力的是名利的诱惑,追名逐利、心绪烦乱是不可能潜心治学的。马克思区分了两种智力,指出:"为自己家园而奋斗的功利主义的智力,跟不顾自己的家园为正义事业而斗争的自由的智力是显然不同的。服务于某个特定目的、某种特定事物的智力同支配一切事物和只为自己服务的智力是有根本区别的。"(《论普鲁士等级制度》)只有挣脱名缰利锁,获得心灵的自由,静下心来,才能一心一意地攀登科学高峰。所以,精神的宁静是通过心灵的净化实现的,老子说"载营魄抱一",又说"涤除玄览"(《道德经》十章),正是这个意思。

20世纪后半叶信息革命狂飙突进,世界进入后工业时代,而自启蒙时代开始人类向外在世界推进和征服的步伐,不仅不曾放缓,反而不断加速。不同的是,后现代主义的精神品格已经不像现代主义那样,充满胜利者的喜悦和乐观的理想主义,而是带有怀疑主义色彩的焦虑。这种"范式"转换——姑且借用这个术语——当然是语境变迁的结果。当代人面临三大焦虑。第一是生态焦虑,经济高速发展导致环境污染和掠夺式资源开发造成的自然失衡,使20世纪成为岩佐茂所说的"全球规模环境破坏世纪"(《环境的思想》);第二是信息焦虑,计算机革命催生的信息爆炸和网络交往,使人置身于个性全面解放和主体意识丧失的荒谬悖论之中,人作为"数字人"(the digital human)是人性异化的新形式;第三是消费焦虑,高度发展的商品社会,引发了不断占有更多物质的渴望,对官能快感的无餍追求,导致畸形的消费心理,爆发了流行性的物欲狂(affluenza)。早在20世纪80年代,罗马俱乐部总裁佩切伊(Aurolio Peccei)就耸人听闻地质疑说,我们人类"是自然的杰作,还是自然界的怪胎"?他警告说"人类正处在一个斜坡上滑向灾难"(《未来的一百页》)。但是,30多年过去,情况并没有多少改观。乔治·弗兰克尔(George Frankl)指出:"但是,即便实际上不存在危险的时候,焦虑的情绪却依然存在。人类被各种危险所困扰，强烈的进攻欲望仍然需要表达出来。"（《文明：乌托邦与悲剧》）用继续推进强势的扩张性征服去解决这种征服造成的恶果，这就是后工业时代的社会怪圈。当然，在后现代主义的思想家中，确实有人继承了法兰克福学派和海德格尔存在主义的传统，对现代主义尚动的强进攻意识进行检讨，主张向求静的理念回归。例如，近年来，意大利哲学家瓦蒂莫（Gianni Vattimo）在《现代主义的终结》中提出的"弱思想"（weak thinking），就受到了广泛的关注，有人据此提出"弱建构主义"的理念，试图匡正传统西方尚动观念的偏颇，主张与东方思想开展对话。在后现代主义中很有影响的女性主义，也包含阴柔和主静的因素。但是，主流的后现代主义进路却似乎仍在强化尚动的意识。德里达（J. Derrida）就认为，追求一致和统一，意味着重视静态和休止，重视稳定和保守；而在传统思想家看到和重视一致和统一的地方，德里达看到和重视的却是差异和间隔，是变动不居甚至崩裂。（高宣扬《德里达的"延异"和"解构"》）这和另一位后现代主义思想家利奥塔（Jean-Francois Lyotard）所定义的后现代属性——"断裂、冲突、异动、悖论"——是互相呼应的。

中国传统辩证法的优势在于从矛盾双方不同的功能上，揭示事物变化的机理，如前所述，我曾指出中国传统的哲学是异于西方结构辩证法的功能辩证法，其核心是主导和基础的范畴。中国现代哲学家熊十力深明此理，认为宇宙本体（"性体"）是"翕"（基础）和"辟"（主导）的对立统一，"翕"为静，"辟"为动；而佛家空宗只说"性体是寂静的"并不确切，因为"寂静之中即是生机流行，生机流行毕竟寂静"（《新唯识论》）。但是，竖看历史上时代精神的流转，在有些语境下，尚动是历史进步的要求，而在另一些语境下，趋静则是社会稳定的需要。在当今的中国，一方面通过加速发展，实现赶超，推进现代化，必须激发社会活力，高扬积极进取，奋发向上的能动精神；另一方面，在转变发展方式和社会转型的新历史阶段，稳定、平衡、和谐又是可持续发展的根本保证。而面对后工业时代的结构性矛盾和危机，在精神焦虑成为普遍社会心态的时候，主静观念的融入，既符合人的生物学属性和心理机制，也有助于制约浮躁、烦乱、冲动、狂暴的极端心理，发挥静的正面认识论和价值论功能。动与静的辩证统一已经成为当今时代内在的张力。

不过，和本体论上对静的范畴所做的辨析不同，作为一种人生态度和生活方式的静，从来都不是价值中立的，而是有积极和消极、进步和落后乃至反动的分野。退隐遁世，苟安自保，无益于民生社稷，是自私的静；蛰伏窥伺，沽名养望，是政客的以退为进的手腕，是投机的静。周作人的生活道路选择是负面的静态生活道路的代表。从辛亥革命到五四运动，周作人曾和乃兄鲁迅并肩战斗，不乏革命锐气和斗争精神，但即使那时，他的心灵深处就深藏着苟且偷安、自私猥琐的思想阴影，他承认自己身上"有一个叛徒与一个隐士"。他信奉悲观主义的历史观，认为"太阳底下没有新的东西"，对改造黑暗的现实完全绝望，精神日渐灰颓。就在抗日烽火燃遍神州，民族命运生死一线的关头，他却热衷于"闲适""平淡""超脱""情趣"，躲进"苦雨斋"品茶稽古，说狐谈鬼，"在十字街头筑起象牙塔"；逃避斗争，宣扬无原则、无气节、无节操的闲静，甚至为屈膝投降的贰臣鸣冤抱屈，竟然说："和比战难，战败仍不失为民族英雄，和成则是万世罪人，故主和实在更需要有政治的定见和道德的毅力也。"（《再谈油炸鬼》）周作人终于从这种颓唐的静的追求中，沦落为不齿于民族的汉奸而万劫不复。

静和动一样，是宇宙本体固有的属性要素，是社会过程实现的必要环节，更是人的生命重要的存在方式。但是，且不说对自然和社会中的动静机理如何认识和顺应，能否处理好个人生活中的动静关系就是人生一大难题。徐志摩当年被称为"诗哲"，他在1923年4月20日的《学灯》上，发表了题为《默境》的诗，可说是对静的精彩诠释：

　　…………
　　我友，感否这柔韧的静里
　　蕴有钢似的迷力，满充着
　　悲哀的况味，阐悟的几微
　　此中不分春秋，不辨古今
　　生命即寂灭，寂灭即生命
　　在这无终始的洪流之中

> 难得素心人悄然共游泳
> 纵使阐不透这凄伟的静
> 我也怀抱了这静中涵濡
> 温柔的心灵，我便化野鸟
> 飞去，翅羽上也永远染了
> 欢欣的光明，我便向深山
> 去隐，也难忘你游目云天
> 游神象外的 Transfiguration
> ……

诗的意旨是，心地净明的素心人，在静中参透了柔韧与刚强、悲伤与欢乐、此时与永恒、几微与洪流、生命与寂灭的悖论，于是得到了 Transfiguration——理想化（或美）的超越。遗憾的是，徐志摩并没有让自己的生命"怀抱这静中的涵濡"，实现纯美的超越，反倒是情迷意乱，动荡不宁，先后在与张幼仪、林徽因、陆小曼的爱中，色授魂与，情思跌宕。1931年11月19日，终于在与陆小曼大吵之后，搭乘邮政飞机，赶赴北京去听林徽因的学术报告，在迷雾中死于空难。

树欲静而风不止，在癫狂的世事中，静观风云变幻而心旌不摇，参破世事风云，那是人生的化境。

2014 年 8 月 13 日

新世纪哲学面临的二十一个问题

余自少年时代即投身哲学事业，世纪之交，回顾平生所学，深感哲学面临新的转向，清理万千思绪，愈觉走出牢笼之必要。打破教条，高扬哲学的批判精神，是吾辈新世纪最重要的思想准备。先贤希尔伯特在世纪之交时，曾就数学的发展提出二十三个问题。1999年年终，翘首新千年，思绪万千，乃东施效颦，列出久惑于心的二十一个哲学问题。十年过去，仍觉百思不得其解，遂不揣鄙陋，披露于网上，以就教于方家。

1. 哲学的目标、本性和学科定位究竟是什么？哲学研究是直接面向客观世界，还是启发智慧？

2. 哲学和实证科学一样都不是信仰，但检验哲学真理和检验实证科学真理的方式和手段显然不同，那么究竟什么是哲学真理？既然人们对哲学真理的接受不是信仰，那么又根据什么接受它呢？

3. 哲学是否也像实证科学一样在进步着？如果哲学不断进步，那么哲学进步的判别标准是什么？

4. 哲学是否存在基本问题？哲学基本问题是否是一个历史的范畴？

5. 如何理解宇宙起点（奇点）？奇点如何定义？

6. 宇宙进步（或用恩格斯的话说，"上升的分支是占优势的"）是一个绝对的概念，还是一个相对的概念？

7. 从世界本原的意义上讲，物质是否存在着包蕴未来一切可能性的潜结构？如果不是，那么各种现实结构又是怎样生发出来的呢？

8. 宇宙的存在和发展是决定论的吗？如果可能世界的理论是正确的，那么决定可能世界转化为现实世界的原因是什么？

9. 身心关系的本质是什么？婴儿出生时大脑是"白板"吗？如果不是，那么其中潜存着什么样的结构机制？意识又是如何"越界"指挥肉体的？

10. 在所谓"后现代哲学"时期，哲学研究还有没有中心或重心了？

11. 认识论的规范化是否必要？如果必须规范化，能抛弃本质主义（essentialism）吗？

12. 可否说个性和共性的关系是认识论的基本问题？

13. 理论实体真实存在（实指，ostensive）的判据是什么？

14. 实践作为检验真理的标准在检验具体理论的真伪时如何操作？

15. 直觉、"顿悟"是把握无限的途径吗？

16. 悖论的本质和产生的原因是什么？本体论悖论（或佯谬，如无限佯谬）和认识论或逻辑学悖论（如红绿悖论）是否一律都必须消除？

17. 语词的意义和指称究竟是什么关系？能否建立一个多元意义理论？

18. 科学发展的西欧模式（伽利略—牛顿式）是科学发展的唯一模式吗？存在中国式的科学发展道路吗？

19. 历史决定论的贫困是定论吗？社会历史发展是否可以预测？

20. 文化（人文文化和科学文化、东方文化和西方文化）的分裂是不是历史的必然规律？文化整合是可能的吗？人类现代化的历史道路在个性差异之外，是否存在着共同的必由之路？

21. 哲学未来发展（特别是中国哲学）的主流导向是转向实用呢，还是转向思辨？

1999年12月4日写，2011年9月16日改

我们心中的家国情怀

2015年12月15日,由黑龙江省委宣传部、省文明办、省教育厅、省文化厅等25个单位联合主办的"传立家风家训 凝聚道德力量 绽放龙江风采——家书主题活动"启动仪式,特邀我做了这个主题演讲。

习近平总书记说:"千千万万个家庭的家风好,子女教育好,社会才有基础。"家庭是社会的细胞,是社会大系统的子系统。没有家庭,就没有社会,没有国家,没有了人类文明的一切。按马克思主义的观点,人类社会有两种生产:一种是物质产品生产,为人的生存提供基本生活资料;一种是生命自身的生产,为人类的延续提供生物学和社会学的基础。我们中国人一向有浓浓的家国情怀,英语"state",中文是国家,家国一体,齐家治国平天下。法国启蒙思想家卢梭说过:"家庭是政治社会的原始模型。"苏联大教育家苏霍姆林斯基强调说:"家庭是第一个源泉,伟大的爱国主义情感和信念的巨流是从这里开始奔流的。"

家,也是乡,中国人热爱故乡,有永远无法排遣的乡愁。家乡是我们父母先辈的土地,我们生于斯长于斯,家乡的土地是我们生命的根,爱家庭就要爱家乡。树高千尺,叶落归根,一个游子,万里漂泊,对家乡故国魂牵梦绕,"烽火连三月,家书抵万金",总要千方百计回到自己的故乡。毛泽东的《到韶山》诗咏叹道:"别梦依稀咒逝川,故园三十二年前。"爱家,爱乡,也就是爱国,这是浑然一体的。覆巢之下无完卵,没有国哪有家,所以《黄河大合唱》唱道:"保卫家乡,保卫黄河,保卫全中国。"台湾诗人余光中的《乡愁》一诗抒发了对母亲、妻子、故乡和祖国的无限深情,感人至深:

小时候

乡愁是一枚小小的邮票

我在这头

母亲在那头

长大后

乡愁是一张窄窄的船票

我在这头

新娘在那头

后来啊

乡愁是一方矮矮的坟头

我在外头

母亲在里头

而现在

乡愁是一湾浅浅的海水

我在这头

大陆在那头

  家庭是我们最长久最基本的居所，是我们日常生活的主要平台，是我们情感世界的最后归宿。"回家""到家""在家"的感觉是亲切、温暖、安全、自由、放松、安宁，是在母亲的怀抱里。家庭又是我们成长的第一所学校，是我们真正的启蒙老师，由于对家的信任和依赖，所以家庭的生活氛围、行为习惯、品位教养、道德规范等等，形成具有传承性的家风、家训，成为约定俗成、潜移默化的精神传统，积淀为我们以后所有后天习得的根基，常常决定了一个人以后的整个生活道路。

  古人认为，最宝贵的家风是爱国。岳母刺字"精忠报国"，历来传为美谈。陆游的《示儿》诗，就是对儿子的爱国主义家训："王师北定中原日，家祭无忘告乃翁。"历代中国的仁人志士都是传承了爱国的家风，恪守舍身报国的家训。毛泽东告诉儿子毛岸英："不要那种无着落的与人民利益不符合的个人主义"，要为国家和人民献出自己的一切，正是毛泽东的家风和家教，使这个家庭竟为革命献出了六位亲人。革命烈士江姐的遗训是"踏着父母之足迹，以建设新中国为志"，赵一曼烈士的遗训是"不要忘记你的母亲是为国而牺牲的"。为国为民是中华文化家风家训的精髓。

中国传统家风最重视文化传承，"文章华国，诗礼传家"是中国人普遍追求的治家理想，讲文明、重修养是中华文化家风的基本内涵。著名的《颜氏家训》就有"幼而学者，如日出之光；老而学者，如秉烛夜行"的明训。中国文化史中，有无数父子、兄弟乃至几代相传的书香世家，像"二陆"（陆机、陆云）、"二王"（王羲之、王献之）、"三苏"（苏洵、苏轼、苏辙）。近代最著名的是梁启超的文化家庭。梁启超是中国近代著名的启蒙思想家，维新派代表人物，学术大师，给中国近代的政治生活和文化生活打下了深刻的烙印。他有九个子女，各有所长，各个成才，其中有建筑学家、考古学家、航天学家、诗人、图书馆学家、经济学家、医生、革命军人，其中包括三名院士。这是成功家庭的典范。梁启超给子女的训诫是："学问是生活，生活是学问。""莫问收获，只问耕耘。"

爱祖国，讲文明，是统一的，做有文化有道德的人才能成为国家的栋梁，才有能力报效祖国。有人问梁启超最小的儿子、"两弹一星元勋"梁思礼院士："你从父亲那里继承的最宝贵的东西是什么？"他斩钉截铁地回答说："爱国！"

中国社会正处在伟大转型的新历史时期，随着信息革命和互联网时代的到来，云计算、大数据和物联网创造了前所未有的自由空间，改变着人的生活方式、思想方式和交往方式，一方面是物质生活的富足充裕，另一方面是精神生活的空虚迷惘，青少年一代面临各种诱惑，声色狗马，纷至沓来，社会疲于应对。现在有句流行的话叫"不能输在起跑线上"，其实，这个"不输在起跑线上"应当是指能否使孩子有美好的道德情操和高尚的人格素质。为孩子把关的首先是父母，而使青少年能够站在正确的起跑线上的正是家庭，如果一开始就站错了位，还怎么能参加人生这场大赛？

中国传统家风家训的遗产无比丰富，我们应当继承这笔宝贵的文化遗产，把它融汇到中国特色社会主义核心价值观的建设中去。习近平总书记指出："家风是一个家庭的精神内核，也是一个社会的价值缩影，良好家风和家庭美德正是社会主义核心价值观在现实生活中的直观体现。"总书记自己就是传承良好家风和恪守革命家训的优秀榜样。他在给自己的父亲老一辈革命家习仲勋的祝寿信中，宣誓要"五学"父亲："一是学您做人。二是学您做事。三是学习您对共产主义信仰的执著追求。四是学您的赤子情怀。五是学您的简朴生活。"总书记的女儿习明泽，名字是祖父起的，寓意是天下清明，泽被苍生。希望她将来"清清白白做人，做个对社会有用的人"，就是希望孩子传承革命家风，发扬光大。2012年12月23日新华社刊发长篇特稿《人民群众是我们力量的源泉——记中共中央总书记习近平》，披露了总书记家庭生活的细节，这在我党历史上是罕见的，意义十分深刻，大家都应当读读。

我很喜欢大文豪萧伯纳的话："永远记住这一点，世上最平凡的美是家里的美。"在建设中国特色社会主义的伟大征程中，我们要建设知识社会、文明社会、廉洁社会、生态社会，为此首先就要建设知识家庭、文明家庭、廉洁家庭、生态家庭。我们全都为人父母，为人子女，都生活在不同的家庭中，让我们从自身做起，传承和建设美好的家风，学习和恪守优良的家训，为实现美丽中国梦做出我们都能够，也都应该做出的贡献。

2015 年 12 月 15 日

我的麦克斯韦情结

我倾心于麦克斯韦的研究，是27年前的事了。

1984年7月11—18日，中国社会科学院哲学研究所在香山枫林村主办了"科学发现的模式"学术讨论会。那时，正值国内集中译介西方科学哲学研究成果的高潮，而美国学者1978年在雷诺（Reno）召开了关于科学理论结构的学术讨论会，会议的一个主题恰恰是科学发现的模式问题，其缘起是检讨莱辛巴赫（H. Reichenbach）发现和证明的二分法。会上所谓"限制意义上的发现的朋友们"（the friends of discovery in a strict sense）的意见占了上风，认为虽然发现没有严格的逻辑，但却存在着发现的方法论，换言之，肯定了存在着发现的模式。会后尼科尔斯（Th. Nickels）主编了《科学发现：案例分析》[①]一书，并于1980年出版。国内学者对科学发现问题的兴趣显然与西方科学哲学的最新动向直接相关，但是我们对美国学者的研究并不完全满意，经验主义、理性主义、直觉主义的认识论导向，归纳法、假说-演绎法、溯因法或外展法（abductive method）的方法论选择，都只是发现过程的某一侧面。科学发现是一个多变量的复杂系统动力学过程，而且受对象域的性质和特点、发现的文化语境和发现者的个人特质的综合制约。有鉴于此，邱仁宗先生提议由我们中国学者撰写一本根据案例分析探讨科学发现模式的专著。开始选择了10个案例，后来扩大到15个，其中麦克斯韦经典电磁理论就分给了我。

其实，当时我仅仅学过大学《普通物理学》的电磁学。邱仁宗先生制定

---

① Th Nickles. Scientific Discovery: Case Studies. Boston: D Reidel Publishing Company, 1980.

的编辑条例要求，首先必须保证在实证科学上和科学史实上经得起推敲，为此规定审稿时请科学院相关学科的专家和科学史所的专家对每篇论文把关。记得交稿时间是 5 个月。于是，我用了两个月的时间啃了阚仲元的《电动力学教程》①，吴大猷的《电磁学》②，特别是杨诚明编的《电磁场的基本物理量 E、D、B、H》③。我觉得自己在电动力学这门学科上大体完成了恩格斯所说的"脱毛"过程。但是，麦克斯韦电磁场方程是完成了的成果形式，我的任务是要追踪麦克斯韦达到这一结论的思想过程。问题是，正如特里克尔（R. Tricker）所说，麦克斯韦所使用的模型等手段只是搭建理论大厦的"脚手架"，一旦得出结论就把这些"脚手架"拆掉了，所谓"得鱼而忘筌"。探寻麦克斯韦的思想发展轨迹，只能从他的自述、书信、传记、回忆以及各个时代的相关研究成果中，去爬梳钩沉，披沙沥金。国内的研究只有松鹰先生的一篇介绍性的短文，而麦克斯韦的四篇主要论著《论法拉第的力线》《论物理学的力线》《电磁场的动力学理论》和《电磁学通论》都没有中文版，而且连国图都没有找到英文版。多亏清华大学的曾晓萱老师，告诉我清华电机系一位老教授有此书，使我终于得到了巴黎 J. Hermann 出版的 *The Scientific Papers of James Clerk Maxwell*（《麦克斯韦的科学论文》）一书的复印本，其中就有《论法拉第的力线》和《论物理学的力线》，后来又找到了特里克尔的《法拉第和麦克斯韦对电学的贡献》④，其中收入了《电磁场的动力学理论》。同时，我念大学时在东安市场旧书摊花 6 角钱掏到一本俄文版的《麦克斯韦电磁场理论选集》⑤，其中有《电磁学通论》，还附有玻耳兹曼的注释。这样我就有了基本的原始文献，同时，我又找到了吉利斯皮（C. Gillispie）、霍尔顿（G. Holton）、萨姆伯斯基（S. Samburky）、库德里雅甫采夫（П. С. Кудрявцев）等人研究麦克斯韦的专著。俗话说"巧妇难为无米之炊"，有了

---

① 阚仲元：《电动力学教程》，人民教育出版社 1979 年版。
② 吴大猷：《理论物理：电磁学》，科学出版社 1983 年版。
③ 杨诚明：《电磁场的基本物理量 E、D、B、H》，人民教育出版社 1982 年版。
④ R Tricker. The Contributions of Faraday and Maxwell to Electrical Science. Oxford: Pergmon, 1960.
⑤ Джемс Клерк Максвелл. Избранные сочинения по теории электромагнитного поля. Государственное издательство технико-теоретической литературы. М., 1954.

可资研究的根据，我一点点地理清了麦克斯韦形成电磁场理念的心路历程。1986年夏，我携草稿在中央党校接受专家的评审。欣慰的是，无论是电磁学专家还是科学史家，都没有发现我的文章在科学上和史实上存在硬伤，只是提出了一些改进意见，属于"锦上添花"，这大大提升了我的自信。1987年8月，这本《成功之路——科学发现的模式》由人民出版社出版，初版发行14600册。翌年该书获国家哲学社会科学百佳著作奖。我的这篇文字收入时题名《物理类比·唯象模型·形成概念·演绎推论：麦克斯韦建立经典电磁理论》。

当时我迷上麦克斯韦主要是因为他是所谓"哲人科学家"。说到英国科学家，人们会立即想到他们共有的经验论特质，牛顿就说过："物理学，当心形而上学！"那种重观察实验、轻理论思辨的思维方式，是英国科学根深蒂固的传统。恩格斯说过："对消除对立丧失信心因而完全听从经验，这是英国人的民族特性所固有的。"但是，这里所说的英国其实是英格兰，苏格兰的情况却有所不同。据《麦克斯韦传》的作者伊万·托尔斯泰的研究，麦克斯韦曾受到两位学者的决定性影响，一位是哈密顿（Sir William Hamilton），另一位则是福布斯（James Farbes）。哈密顿是源远流长的苏格兰传统的一个代表，这一传统强调领悟数学的哲学基础的重要性，轻视单纯的技巧或操作技能。这种态度是总体的高等教育观的一个部分，强调所有学科中的基础考试，鼓励教授和学生之间的自由争论——这是为英格兰人所反对的一种系统观点，他们认为这会导致偏颇的评价、肤浅化甚或无政府主义倾向。福布斯却是剑桥的热情追随者和威廉·惠威尔（William Whewell）的门徒，惠威尔是三一学院的院长，是一位有影响的科学史家和哲学家，一位对苏格兰松散的高等教育持强烈反对意见的人。福布斯对技能表现出现代意义的尊重——没有它科学和技术就不可能进步。另一方面，哈密顿却坚持需要通晓知识的基础，科学是建立在这一基础之上的。哈密顿的课激发了麦克斯韦对哲学的偏好，促使他开始认真思索科学的本性，给了他一种基本的认识论关怀，这在当时甚或今日的科学家中，都是凤毛麟角。还在爱丁堡大学时，17岁的麦克斯韦就表示："我觉得我迷上了形而上学，少搞点连续不断的计算。"并说他要以哈密顿的方式读康德的《纯粹理性批判》。麦克斯韦的思想的确没有离开物理的或形而上学的问题，他把这些问题视为基础。他对知识的根基的兴趣始终如一，而且当他记述自己见解的出发点时，就发生了兴趣的回归。

当人们普遍鄙视哲学的时候，发现了这样一位科学家，他做出改写历史的伟大科学成就竟是源于哲学思想的启迪——这对一个从事科学哲学研究的学子该是何等振奋的事情啊！我如饥似渴地搜集关于麦克斯韦哲学思想的文献，其中吉利斯皮的《客观性的边缘：科学思想史论文集》[1]，沙夫纳的《十九世纪的以太理论》[2]，西格尔的《作为麦克斯韦电磁理论目标的完美性》[3] 等文献，提供了麦克斯韦哲学思想的大量原始资料，包括自然观、认识论和方法论诸多维度，是哲学理念孕育和哺乳实证科学研究的生动而令人信服的史证。玻耳兹曼在为麦克斯韦文集的德文版所做的第一条注释就是："麦克斯韦在认识论上也和在理论物理领域一样，是一个巨匠。"可惜，国内的科学哲学家和科学史家对此却迄无所知。友人李醒民教授编辑哲人科学家丛书，也没有收入麦克斯韦。我一直想写一篇专论，系统阐发一下麦克斯韦的自然哲学和科学认识论思想，这个文债当然是尽快地还为好。

在研究麦克斯韦的哲学思想时，还有一个重要发现。麦克斯韦一再申明，他提出的场论是受到一位鲜为人知的先贤的启发，他就是波斯科维奇（Ruggero Giuseppe Boscovich，1711—1787），耶稣会士，意大利数学家和哲学家。1758年，他在维也纳发表《导出自然界存在的唯一力的法则的自然哲学理论》[4]，提出了"力点论"（the theory of the point of force），反对牛顿派的超距论（the action at the distance），主张相互作用力是通过空间中的每个点传递的。麦克斯韦多次表示是波斯科维奇启发了他，使他从超距论的迷思中解放出来。他指出，从力学上说，超距论"假定粒子以依赖于速度的力而发生超距作用"本身就是个悖论；而从哲学上说，物质不能在它不存在的地方发生作用。麦克斯韦明确指出："波斯科维奇提出的理论是，物质是数学点

---

[1] C Gillispie. The Edge of Objectivity: an Scientific Ideas. New Jersey: Princeton University Press, 1960.

[2] Kenneth F Schaffner. Nineteenth-Century Aether Theories. Oxford: Pergamon Press, 1972.

[3] Daniel M Siegel. Completeness as a Goal in Maxwell's Electromagnetic Theory. Isis. Vol.66, No.23, 1975.

[4] Boscovich, R G. Philosophiae Naturalis Theoria Redacta ad Unicam Legem Virium in Natura Existentium. Vienna: In Officina Libraria Kaliwodiana, 1758.

的集合，每一个点都按照一定的规律而对另一个点施以引力和斥力。"这个基本观念成了麦克斯韦场论的理论出发点，其数学形式正是偏微分方程。力点论是异于超距论的范式，它是新物理学纲领的真正发轫，而这一案例也是哲学决定科学思想发展理路的最伟大的史证。可惜，国内的科学哲学家和科学史家的视界均不及于此，我是我国学术界第一个指出这一史实的人。几年前，我的一位研究生立志研究这一主题，并以此撰写学位论文，但由于缺乏必要的精神前提而功亏一篑。我现在仍希望能亲自撰写一篇专论，实现多年的夙愿。

大约10多年前，我得到了伊万·托尔斯泰的《詹姆斯·克拉克·麦克斯韦传》一书①。作者确系列夫·托尔斯泰的后裔，美籍俄裔，是一位实证科学家，著有《水声学：水下声音的理论和实验》②《波的传播》③。作为科学史家他还写出《知识和权力：对科学史的反思》④。这本传记使我看到了麦克斯韦不为人知的内心世界，作者特别注意的是支撑麦克斯韦伟大科学创造的两大力量：学养和信仰。整个世界都辜负了这个改变了世界历史的人，而麦克斯韦毫无怨言地承受了这样的委屈，简直像被钉在十字架上的基督，这强烈地震撼了我的心灵。传记作者披露，麦克斯韦校订老师和亡友亨利·卡文迪什未公开发表的涉及电学实验的论文遗稿，仔细地复制并检查了其中的大部分稿子，使卡文迪什的名字因此跻身于最早一批实验电学大师之列，并且和普莱斯特利一起于1773年最先制定了电荷间作用力的"库仑定律"，而名垂史册。这件事耗费了麦克斯韦许多时间——有人认为，把这些时间用在自己的研究上可能更好一些。但是，正如这位传记作者所说："他一生最后的艰巨工作之一是编辑亨利·卡文迪什在剑桥未曾发表的关于电的研究手稿，这是他矢志不渝的责任感的明证。很多人都和我一样觉得，麦克斯韦要是用这样艰苦的努力直接去探索自己对这些问题的深刻见解，岂不更好？也许如此吧，不过

---

① Ivan Tolstoy. James Clerk Maxwell：A Biography. The University of Chicago Press，1981.
② Ivan Tolstoy. Theory and Experiment Underwater Sound. McGraw-Hill Companies，1966.
③ Ivan Tolstoy. Wave Propagation. McGraw-Hill Companies，1973.
④ Ivan Tolstoy. The Knowledge and Power：Reflections on the History of Science. Canongate Books Ltd.，1990.

这样的论断有一种想当然的味道。创造性是一朵变幻莫测的奇葩，没有人能说出它怎样绽放，也没有人能说出它为何枯萎。"麦克斯韦就是麦克斯韦，他从未把自己的名声放在心上，以至成就远不如他的二三流科学家如司铎克斯、W. 汤姆生都被封为爵士，赢得生前身后名，而他自己却籍籍无名，直到他诞生百年纪念时，他的母校校刊还在为一个用来修饰他的副词"非常"争论不休——"麦克斯韦究竟是一位伟大的科学家，还是一位非常伟大的科学家？"

顾炎武说："天下之事，有其识者，不必逢其时；而当其时者，或无其识。"伟大的成就，未必得到所处时代的认可，同时代人常常遗弃他们中最杰出的英才。我研读麦克斯韦，常觉难平心中郁垒。斯蒂芬森（M. Stephenson）说过，科学上这些伟大先驱像是战争中抢占突出地带的先锋，他们冲了上去，后续部队却没有跟上，待到最后胜利时，人们常常忘记了一马当先的尖兵。但是，麦克斯韦不管这些，他终生低调、谦退、孤独、超脱，他说："我对物比对人更有兴趣。"他的心属于无限时空和彼岸世界，他永远和真理相伴。I. 托尔斯泰说："在科学思想史上，麦克斯韦的重要性堪与爱因斯坦（麦克斯韦启发了他）和牛顿（麦克斯韦削弱了他的影响）媲美。他们三人都有崇高的声誉，作为理论物理学家，他们深刻改变了我们看世界的方式，文艺复兴以来，只有少数科学家享有这样的声誉"，而这样的人却不为世人所知，这本身就值得深思。一位哲人说："不被人知的伟大才是真正的伟大。"信哉斯言。

当今这个时代，上下交征利，艳帜高张，欲海无涯，滚滚红尘真有无穷诱惑。记得先烈瞿秋白有一首诗："不向刀丛向舞楼，摩登风气遍神州。旧书摊畔新名士，正为西门说自由。"这诗写于整整 80 年前，描述的却像今天我们每天面对的生活现实。在这个花花绿绿的世界中，谁会关心 100 多年前一个本来就鲜为人知的寂寞的科学家呢？有识者愤怒于学界的沦落，麦克斯韦和今天中国的学人实在是太隔膜了。时下一刻也离不开电视、手机、网络的中国人，真如过江之鲫，但知道这些成就应拜麦克斯韦之所赐者，却寥若晨星。大概在中国我是唯一一个纪念这位伟人 180 周年诞辰的人。但是，不管别人怎样，我爱麦克斯韦，我心中的麦克斯韦情结将伴随着我孤寂的人生旅程。

2011 年 8 月 4 日

物理学与人文文化
——纪念爱因斯坦逝世50周年

这是2005年11月30日我在爱因斯坦逝世50周年纪念会上的一篇讲稿。就在爱因斯坦逝世一年后,斯诺(C. P. Snow)发表了那篇脍炙人口的《两种文化》的名文,他说:"在道德生活中,科学家基本是我们知识分子中间最健全的集团;科学本身的组成中就有道德成分,几乎所有的科学家都由此形成自己对道德生活的判断。"科学和道德哪个在先,是个"鸡生蛋,蛋生鸡"的悖论,但一个没有文化的民族不可能科学昌明,却是历史早已证明的定论。伟大的心灵蕴育伟大的思想,中国近年来的创新焦虑,其症结就在于此。"人之无文,行之不远",陶醉在"屌丝文化"中的国家,是危险的。亚里士多德说过:"美比历史更真实。"是高尚的理想推动着文明的历史不断进步。我赞同哈维尔的话,"知识分子的作用就是发出警告",我说了就拯救了我的灵魂。

人文文化哺育了近代物理学。

物理学属于科学文化范畴,作为长达500年的带头学科,在整个实证科学领域,物理学所取得的成功是无与伦比的。但是人们往往忘记,物理学的成功曾经受惠于人文文化,甚至可以说,近代物理学是在人文主义的文化襁褓中孕育和发展起来的。

一、文化启蒙

科学的物理思想诞生,溯源于文艺复兴时代波澜壮阔的思想革命。1662

年英国皇家学会首任秘书奥尔登伯格在致斯宾诺莎的信中说:"杰出的先生,来吧,打消惊扰我们时代庸人的一切疑惧;为无知和愚昧而做出牺牲的时间已经够长了;让我们扬起真知之帆,比所有前人都更深入地去探索大自然的真谛。"这是一种弥漫整个欧洲的精神气氛(ethos),思想解放的力量,摧枯拉朽,所向披靡。达朗贝尔描述说:"自然科学一天天地积累起丰富的新材料。几何学扩展了自己的范围,携带着火炬进入了它最邻近的学科——物理学的各个领域。人们对世界的真实体系认识得更清楚了,表述得更完美了。……一句话,从地球到土星,从天体史到昆虫史,自然哲学的这些领域中都发生了革命;几乎所有其他的知识领域也都呈现出新的面貌……一种新的哲学思维方式的发现和运用,伴随着这些发现而来的那种激情,以及宇宙的景象使我们的观念发生的某种升华,所有这些原因使人们头脑里产生了一种强烈的亢奋。这种亢奋有如一条河流冲决堤坝,在大自然中朝四面八方激流勇进,汹涌地扫荡挡住它去路的一切。……于是,从世俗科学的原理到宗教启示的基础,从形而上学到鉴赏力问题,从音乐到道德,从神学家们的烦琐争辩到商业问题,从君王的法律到民众的法律,从自然法到各国的任意法……这一切都受到了人们的讨论和分析,或者至少也都被人们所提到。人们头脑中的这种普遍的亢奋,其产物和余波使人们对某些问题有新的认识,而在另一些问题上却投下新的阴影,正像涨潮落潮会在岸边留下一些东西,同时也要冲走一些东西一样。"

新时代精神颠覆了中世纪意识形态的核心,为新物理学的诞生扫清了道路,其集中表现是两大思想主潮:

世俗观念

中世纪基督教哲学的价值核心是出世,人不应屈从于情欲,而应过属灵生活,禁欲并"为罪受苦"。极端的苦修派甚至在柱上静坐30年,长了痈疽任其腐烂生蛆。随着资本主义生产方式的发展,文艺复兴讴歌人性,向往尘世幸福,鼓励功利事业,以至如韦伯所说的全社会的普遍的成功意识,成为现代化的基本前提,这是人的觉醒。莎士比亚借哈姆莱特之口说:"人类是一件多么了不起的杰作!多么高贵的理性!多么伟大的力量!多么优美的仪表！多么文雅的举止！在行动上多么像一个天使！在智慧上多么像一个天神！宇宙的精华！万物的灵长！"在这样的普遍气氛中，出现了第一波清教主义科技热，手工技艺和机械技艺成了值得称道的专长，那些勇于进行实验研究的学者自称"蹈火哲学家"。清教思想家斯普拉特（T. Sprat）称赞英国皇家学会是"人类的技能和理智的联姻"，并说："当从事机械工作的劳动者拥有哲学头脑，而哲学家们拥有能够从事机械工作的双手之时，哲学便臻于完美。"

理性精神

中世纪是蒙昧时代，教父的名言是"正是因为荒谬所以我才相信"，人们认为圣经和亚里士多德是两个至高无上、不可逾越的权威。《从黎明到衰落：西方文化生活五百年，1500年至今》的作者雅克·巴尔赞对那个时代欧洲的世情做过生动的描述："可怜偏见、愚昧、迷信、荒诞支配着公众，挤压了科学的罪人，害怕震怒的上帝会用瘟疫、饥馑和地震来惩罚他们；他们相信撒旦'狂暴地在世界上任意游荡'，把他的受害者打入地狱永世不得翻身；他们为了求得圣人和圣物的保佑而经历千辛万苦，又是去朝圣，又是自贬自卑；处于这种状况的人有什么骄傲可言呢？"这种阴暗的思想氛围最典型的表现就是对所谓"女巫"的迫害。教皇英诺森八世（1484—1492在位）主持制定的《女巫惩治法》，是欧洲文明史上最野蛮的文件。宗教法庭用各种稀奇古怪的残酷刑法对妇女们进行残害，她们被剃毛、抽血、针刺、绞杀、烧死，仅17世纪一个监视官就绞死了220多个英格兰和苏格兰妇女。1598年，德国小城维尔茨堡一地，就发生28起公开处决女巫的事件，平均每次有4—6名受害者。伽利略1597年致信开普勒慨叹说："委实可怜的是，孜孜不倦地追求真理，准备抛弃错误的搞哲学的方法的人寥若晨星。"

文艺复兴在意识形态上最伟大的成就正是弘扬理性。康德认为启蒙运动的座右铭是 Sapere Aude（敢于认识）。黑格尔说："自从太阳照耀在天空而行星围绕着太阳旋转的时候起，还没有看见过人用头立地，即按照思想去构造现实。阿那克萨哥拉第一个说，νους 即理性支配着世界，可是直到现在人们才认识到思想应当支配精神的现实。这是一次壮丽的日出，一切能思维的生物都欢庆这个时代的来临。这时笼罩着一种高尚的热情,全世界都浸透了一种精神的热忱,仿佛第一次达到了神意与人世的和谐。"一切都要在理性的法庭上接受审判,如卡西勒(Ernst Cassirer)所说,人们第一次把"自然王国"和"神恩王国"对立起来:"通过感知,并辅之以逻辑判断和逻辑推论以及悟性的运用,我们就能认识自然王国。"伽利略豪情满怀地说:"给我一个杠杆,再给我一个支点,我就能把地球翻转过来。"而拉普拉斯面对拿破仑关于上帝存在的提问时,则斩钉截铁地回答说:"我不需要这个假设,陛下!"

伏尔泰尽情嘲笑"圣经物理学",思想的解放和理性的胜利催生了新物理学。伽利略提出了整个新物理学的第一个基本定律——惯性定律,指出力不是运动的原因,而是运动状态改变的原因。正是因为他相信理性,勇敢地向亚里士多德的教条挑战,明确反对"那些甘愿做亚里士多德的奴隶,并以亚里士多德的头脑来思想,以亚里士多德的眼睛来观察的人"。难怪当时的革命性自然科学著作都以"新"命名——

1537 年,塔尔塔利(N. Tartaglia):《新科学》;

1600 年,吉伯(W. Gilbert):《论磁石:一门被许多论据和实验证实的新生理学》;

1609 年,开普勒(J. Kepler):《新天文学》;

1638 年,伽利略(G. Galileo):《关于两种新科学的对话》;

1672 年,居里克(O. von Guericke):《马德堡的新实验》。

二、哲学启发

理性主义的哲学是新物理学的接生婆。

16—17 世纪:惯性定律

惯性定律解释了力的本质,可以说是近代物理学的真正起点,而它的确立恰恰是伽利略理性主义认识论的伟大成果。爱因斯坦说:"伽利略发现以及他所应用的科学推理方法,是人类思想史上最伟大的成就之一,标志着物理学的真正开端。"

经验理性。理性的判断不是诉求权威，而是求诸实验。伽利略说："只要一次单独的实验或与此相反的确证，都足以推翻这些理由以及许多其他可能的论据。"亚里士多德说："推一个物体的力不再去推它时，原来运动的物体就归于静止。"他用斜面实验推翻了亚氏的结论。把两个斜面相向置放，让小球从一个斜面自由滚落，如果忽略摩擦，它能滚上另一斜面并达到同一高度。如果第二斜面的坡度减小，小球从起点滚过的时间就增长；若坡度减为零，就会沿平面无休止的运动。

理论理性。与传说不同，伽利略并未在比萨斜塔上做落体实验，做这个实验的另有其人。但伽利略却做了一个思想实验，用纯粹的演绎推理，从逻辑上推翻了亚里士多德的运动论，显示了理性的威力。

前提：下落时间与重量成反比

推理：因为 $M + m > M$

所以 $V_{M+m} > V_M$

即 $t_{M+m} < t_M$ （1）

因为 $V_m < V_M$

所以 $V_{M+m} < V_M$

即 $t_{M+m} > t_M$ （2）

结论：同一前提得出相反的结论，违背排中律，此前提错误。

因此力与速度无关，只与加速度相关，即 $G = mg$ $S = \frac{1}{2}gt^2$

17—18 世纪：万有引力

亚历山大·波普说："自然和自然规律沉浸在一片黑暗之中。上帝说道：'牛顿出世了！'于是，一切都变得明朗了。"而在牛顿诸多贡献中万有引力定律的发现也许是最重大的了。历史上胡克曾一再宣称自己拥有发现这一定律的优先权。的确，胡克确实也得出了引力的平方反比关系式，但却并没有得出万有引力定律。平方反比关系这一步是胡克、雷恩（C. Wren）以及哈雷

（E. Halley）都做出过的推导：

惠更斯向心加速度公式：

$$J = \frac{4\pi^2 r}{T} \quad (1)$$

开普勒第三定律：

$$\frac{T_1^2}{T_2^2} = \frac{r_1^3}{r_2^3} \quad (2)$$

由（1）式得：

$$\frac{J_1}{J_2} = \frac{4\pi^2 r_1 / T_1^2}{4\pi^2 r_2 / T_2^2} = \frac{r_1 T_2^2}{r_2 T_1^2} \quad (3)$$

将（2）代入（3）式，得：

$$\frac{J_1}{J_2} = \frac{r_1 r_2^3}{r_2 r_1^3} = \frac{r_2^2}{r_1^2} \quad (4)$$

这里（4）式就是平方反比定律。把它和牛顿的万有引力定律做一比较：

$$F = K \frac{M_1 M_2}{r^2} \quad (5)$$

显然，牛顿公式中增加了关键的一项——质量 M。爱因斯坦指出，伽利略提出力改变了速度，造成加速度。牛顿则建立了普遍的运动定律，认为加速度是同作用于物体上的力成比例的。"这个表征物体加速能力的比例系数，完备地描述了这个（无大小的）物体的力学性质：这样就发现了质量这个基本概念。"牛顿认为万有引力与"物质的量"成正比，而"物质的量与其密度及大小有关"，牛顿反对17世纪认为运动与物质无关的经典表述，认为万有引力是"物质的内在力"："物体内在固有的基本力就是保持其处于静止状态或匀速直线状态的力，它与物体的量成正比。"这是牛顿直接从其自然哲学引申出来的结论，是无法从观察和实验归纳出来的。爱因斯坦认为，牛顿能从数学思维出发，逻辑地演绎出范围很广的现象，并且能同经验相符合。他问道："这个奇迹怎么会在他的头脑中产生出来呢？"他回答说："因为要是依靠理性，我们就能够对付'怎么会'的问题……本来理智每一活动的目标，就是要把'奇迹'转变为理智所已经掌握的问题。如果在这种情况下，奇迹确实可以转变，那么我们对牛顿的才智，就只会更加钦佩。"

19世纪：场观念

爱因斯坦指出："在麦克斯韦以前，人们以为，物理实在——就它应当代表自然界中的事件而论——是质点，质点的变化完全是由那些服从全微分方程的运动所组成的。在麦克斯韦以后，他们则认为，物理实在是由连续的场来代表的，它服从偏微分方程，不能对它做机械论的解释。实在概念的这一变革，是物理学自牛顿以来的一次最富有成效的变革。"他感叹地说："物理学家们花了好几十年时间才理解到麦克斯韦发现的全部意义。由此可见，他的天才迫使他的同行们在概念上要做多么勇敢的跃进。"

如所周知，麦克斯韦最终做出的发现是位移电流，即交变电磁场，所谓"横向交变"（transverse alternations），就是在两个垂直的向度上连续传递的波场：

$$\nabla \cdot E = 4\pi\rho$$

$$\nabla \cdot B = 0$$

$$\nabla \times E = -\frac{1}{c}\frac{\partial B}{\partial t}$$

$$\nabla \times B = \frac{1}{c}\frac{\partial E}{\partial t} + \frac{4\pi}{c}j$$

问题是场的概念首先是对旧自然哲学观念的变革，原来17世纪以来，在物理学中就存在两个自然哲学范式：

第一，超距论（action at distance），由牛顿的学生科茨（R. Cotes）公开倡导而得到了广泛传播，成为主流纲领，认为相互作用的传递是无需中介而瞬时完成的。

第二，近域论，最初是意大利哲学家波斯科维奇（Roger Boscovitch，

1711—1787）倡导的，认为物质可以分割为无限小的质点，这个质点因为能影响别的类似的质点，因而是一种力的中心，即力点，因此作用的传递是通过连续的力点进行的一个过程。麦克斯韦明确指出，他所遵循的是波斯维奇的近域论的纲领，而反对超距论。他说："波斯科维奇提出的理论是，物质是数学点的集合，每一个点都按照一定规律而对另一个点施以引力或者斥力。"他在《电磁场的动力学理论》中明确指出，"假定粒子以依赖于速度的力而发生超距作用"本身就是个悖论。他深刻指出："从哲学观点上对两种方法进行比较，这是极端重要的。……无论是就关于现象的实际本质的基本观念说，还是就与相应的量有关的大量次要观念说，这两种方法都是迥然不同的。"

玻尔兹曼认为，麦克斯韦"在认识论上也和在理论物理领域一样，是一个巨匠"。麦克斯韦对哲学有深刻的理解，他说："人的思想曾为许多问题所困扰。空间是否是无限的？在什么意义上是无限的？物质世界的范围是无限的吗？在这个范围内所有的地方都为物质所充满吗？原子是否存在而物质是否无限可分？远自人类开始思维起，这些问题就一直在进行讨论，而对我们每个人来说，一旦学会运用我们的天赋本领，这些问题就会重新提出来，它们构成我们19世纪科学的一个本质的部分，犹如先前曾作为15世纪科学的一个本质部分一样。"与当时英国盛行的经验主义不同，麦克斯韦始终坚持理性主义的思辨精神，这使他在19世纪英国理论自然科学领域中远远超出侪辈，独树一帜，成为物理学史上与牛顿、爱因斯坦鼎足而三的科学巨星。

总之，没有文化的启蒙，就不能打开物理学发展的道路；没有哲学的启发，就没有惯性、质量和波场这三个近现代物理学的核心概念，从而也就没有现代科学技术革命。还是爱因斯坦说得好："哲学是其他一切学科的母亲，它生育并抚养了其他学科。"

2012年4月9日

理性和理想的胜利
——引力波发现的启示

LIGO（laser interferometer gravitational wave observatory，激光干涉引力波探测仪）在地球上直接探测到了引力波，举世关注，友人向我约稿，促使我认真学习和思考了这一重大科学事件的来龙去脉。十几天前，也就是 2016 年 2 月 21 日，美国国家科学基金会发布了《激光干涉引力波探测台简史》（*A Brief History of LIGO*），这就是说，GW150914 已经作为光辉的一页载入了科学史。虽然不是专业科学家，但作为从事科学哲学的研究者，亲历这一历史事件，从专业视角应当有所反思。想起 20 世纪 80 年代做科学发现模式研究的往事，觉得这不失为做案例分析（case studies）的难得机会，于是写下了这篇文字。

量子力学的伟大先驱狄拉克说过："广义相对论也许是人类曾经做出过的最伟大的科学发现。"[①] 这是真正原创性的理论，是科学理性威力强有力的证明，爱因斯坦自己也对这项成就充满自豪："要是没有狭义相对论，总有一天也会有别人来发现它；但是我认为，广义相对论的情况不是这样。"[②] 科学的事业是理性的事业，无论这一结论在科学哲学上存在多少争议，但爱因斯坦无疑是拥有最高科学理性的人，而引力波正是这位科学巨匠最辉煌的理性成果。爱因斯坦认为，"没有从经验建立理论的道路"[③]，引力场方程是从假

---

① 鄂华：《爱因斯坦传》，长春出版社 2004 年版，第 180 页。
② 同上书，第 179 页。
③ ［美］爱因斯坦：《自述》，《爱因斯坦文集》（第一卷），许良英、范岱年编译，商务印书馆 1976 年版，第 40 页。

设出发通过严格的逻辑演绎和数学推导而得出的结论,然后寻求经验证实。

波普尔一反通常的看法,认为科学不是始于观察,而是始于H∨O(假设和观察,hypothesis & observation),即开始于问题,"理论家提出某些确切的问题给实验家",构造某种假说,"给实验家指示道路"①。这正是爱因斯坦建立广义相对论的方法论原则:"理论家的方法,在于应用那些作为基础的普遍假设或者'原理',……他必须首先发现原理,然后从这些原理导出结论。"②引力波是广义相对论导出的必然结论,而广义相对论则立足于两个理论假设,即广义相对性原理和等效原理。推广狭义相对性原理可以得出:"惯性质量和引力质量相等的事实,很自然地使人认识到,狭义相对论的基本要求(对于洛伦兹变换的不变性)是太狭窄了,也就是说,我们必须假设,定律对于四维连续区中的坐标的非线性变换也是不变的。"③同样,根据下述公式:

$$惯性力 = 惯性质量 \times 加速度$$

$$引力 = 引力质量 \times 引力场强度$$

显然可以推论出加速度相当于引力场强度的假设,而加速系的惯性力场等于引力场。于是,无引力的惯性系和等价于引力场的非惯性系仅仅是时空结构的差别而已。由此引申出来的必然结论就是"关于引力场的传播是怎样产生的这个重要问题"。1916年发表在《普鲁士科学院会议报告》上的《引力场方程的近似积分》,特别是1918年的《论引力波》中,明确规定了"径向外流的引力辐射的密度"和"单位时间内由于发射引力波的能量损耗",指出:"引力场是以光速传播的"④,描述了引力波的基本物理性质。温伯格

---

① [英]波普尔:《科学发现的逻辑》,查汝强、邱仁宗译,科学出版社1986年版,第78—79页。
② [美]爱因斯坦:《理论物理学原理》,《爱因斯坦文集》(第一卷),许良英、范岱年编译,商务印书馆1976年版,第75页。
③ [美]爱因斯坦:《自述》,出处同上,第30页。
④ [美]爱因斯坦:《论引力波》,《爱因斯坦文集》(第二卷),范岱年、赵中立、许良英编译,商务印书馆1977年版,第287、381页。

（S. Weinberg）将爱因斯坦引力场方程和麦克斯韦的电磁场方程做了类比，指出："在经典电动力学中，是 Maxwell 方程的平面波解最自然地导致了粒子（即光子）解释，类似地，正是 Einstein 方程的辐射解在这里导致引力辐射粒子，即'引力子'的概念。"①

科学理性的重要实现形式就是数学模式的建构和推导。爱因斯坦说，物理学的概念"是以量度为基础，而且它们的概念和命题可用数学公式来表示"②。爱因斯坦从数学和理论物理学的关系中，深刻揭示了科学理性的认识论本质，指出："数学体系的这种简单性有进一步的结果，那就是它应当有可能想出许多实验，而这些实验的结果是能够事先由理论加以预测的。如果事实上有实验证实这些预测，那么，认为这个理论在这一特殊领域内准确地反映了自然界，该是没有什么可怀疑的了。"③爱因斯坦给出的引力场方程是：

$$G_{\mu\nu} = R_{\mu\nu} - \frac{1}{2}g_{\mu\nu}R = \frac{8\pi G}{c^4}T_{\mu\nu}$$

还在爱因斯坦生前，广义相对论的三大实验预测——水星近日点的进动，光线在强引力场中的弯曲和引力红移都已经得到观测结果的证实。唯有引力波的预言，此前只有间接的观测验证，却始终没有直接在地球上被探测到。

现代科学哲学的一个普遍的共识是观察荷载理论（Observation is theory-laden.），如萨普（Frederick Suppe）所说："人们在审视同一现象的时候，依凭不同的理论就会观察到不同的事物。"④这是对理性在科学中地位的新认识。理论始终是实验的先导和指导，如波普尔所说："理论支配着实验工作，从

---

① ［美］S. 温伯格：《引力论和宇宙论》，邹振隆、张厉宁等译，科学出版社1984年版，第287页。
② ［美］爱因斯坦：《理论物理学的基础》，《爱因斯坦语录》，艾丽斯·卡拉普赖斯编，仲维光、还学文译，杭州出版社2001年版，第155页。
③ ［美］爱因斯坦：《同海森伯的谈话》，《爱因斯坦文集》（第一卷），许良英、范岱年编译，商务印书馆1976年版，第217页。
④ F Suppe. The Structure of Scientific Theories. Urbana：University of Illinois Press，1979：191.

它开始计划一直到在实验室里最后完成。"①

引力波探测之所以经历整整了 100 年的漫长岁月，这是由引力辐射的特殊物理性质决定的。温伯格说，"在普通原子过程中产生的引力辐射数量极微"②，例如太阳以引力波形式所辐射的功率要比电磁波小 1023 到 1024 倍，仅约为 1 千瓦。正像苏联物理学家福克所指出的："在所有讨论当中，除了纯理论的讨论而外，引力波的作用是完全可以忽略不计的。"③ 所以，探测引力波的实验能否成功，关键在于应对引力辐射微弱这一客观矛盾，找到合理的实验设计思路。

引力波探测的理论根据是爱因斯坦提出的基本思路——"引力波的能量可以在怎样的程度上传递给力学体系"。爱因斯坦肯定"起作用的波是一个传递能量的波"④，而来自引力波的能量增量是可以根据引力波方程计算出来的，如果所设计的观测仪能够测出来自辐射源的引力波所造成的物理效应的量值，比较二者的拟合程度，就可以成功地检测到引力波了。

引力波探测实验明显地遵循两个理路。

第一个设计思路是韦伯（Joseph Weber）在 1960 年做出的，他在当年美国《物理评论》第 117 期上撰文称探测到了引力波。韦伯装置的原理是，使用具有自然振动的、自由模式力学系统的共振四极天线，当引力波频率与该系统一致时，发生共振产生电压信号。由于谐振子发出引力辐射的损失率依赖于截面的量级即天线的总尺寸，而韦伯装置已经是一个长 153 厘米，重 1.4×10^6 克的铝柱，体积的增大显然是有限度的。而且，这一装置不能通过调谐使任何引力波频率与之一致而产生共振。当时已有众多研究机构（至少有 12 个以上）致力于同样的探测，却均无果而终。1973 年 4 月 27 日在牛

---

① ［英］波普尔：《科学发现的逻辑》，查汝强、邱仁宗译，科学出版社 1986 年版，第 79 页。
② ［美］S. 温伯格：《引力论和宇宙论》，邹振隆、张厉宁等译，科学出版社 1984 年版，第 287 页。
③ ［苏］B. A. 福克：《时间、空间和引力的理论》，周培源、朱家珍、蔡树棠等译，科学出版社 1965 年版，第 438 页。
④ ［苏］爱因斯坦：《论引力波》，《爱因斯坦文集》（第二卷），范岱年、赵中立、许良英编译，商务印书馆 1977 年版，第 380—381 页。

津都灵学院的相对论讨论会上，格拉斯哥大学的德雷弗（R. W. P. Drever）指出："其他观测者发现，要重复韦伯的结果是很困难的。"英国《自然》杂志记者对这次会议所做的报道的标题就是《再见，韦伯的引力波》。[①] 1974 年，在麻省理工学院召开的第五次相对论讨论会上，加温（Richard Garwin）和道格拉斯（David Douglass）指出，韦伯误判为引力波的信号是噪声。

第二个设计思路是遵循迈克尔逊干涉仪的原理。1887 年，迈克尔逊和莫雷用光学干涉仪检测以太，假定确有以太存在，那么存在同一光源发出的光信号，在沿地球前进的方向发出并反射回来的时间，一定会大于沿垂直方向发出的光信号往返的时间，这一光程差会通过干涉条纹的变化显示出来。这一实验的零结果证伪了以太的存在，为电磁波传播速度即光速的不变性提供了有力的实验证据。如果做一类比，引力波是否存在就像以太是否存在一样，应当可以通过对引力辐射信号造成的影响来进行检测。按照这一思路设计的 LIGO，设计了激光通过的 L 型垂直双臂，让从激光器发出的激光分成强度相等的稳定的单色频率激光束，分别进入两个长臂，如果引力波从垂直方向进入，就会造成一臂拉长、一臂缩短的变化，产生光程差，引起干涉条纹的变化。因此，只要观察到这样的光学效应，就可以根据频谱曲线和理论计算结果的拟合程度，确定引力波的存在。

科学实验要求遵循可重复性、对照性、随机性等原则，LIGO 的引力波探测根据这些基本的原则，已经和正在经受进一步的检验。这次引力波探测设置了汉福德和利文斯顿两个 LIGO 激光干涉仪，事件发生后 0.4 秒费米太空望远镜观测到来自双黑洞系统的伽马射线爆，经测算 GW150914 的误警报率强度是 20 万年 1 次。当然，可证伪性是科学理性的硬标准，GW150914 仍然不能说是定论，还有许多可以质疑之点，整个科学界还要进行进一步的检验。但是，这毕竟是跨度长达半个世纪的严格科学活动，是闪耀着理性光辉的科学创造性行为。

科学事业既是理性的，又是理想的。

引力波测旷日持久，耗资巨大，而且至少在可以预见的将来看不到直接的物质利益。这一设计最初是 20 世纪 60 年代由美国休斯实验室的福沃

---

① 《自然》杂志宇宙学记者：《再见，韦伯的引力波》，《科学与哲学》研究资料，1979 年第 5 期，第 6—8 页。

德（Robert L. Forward）首先提出的，1972 年麻省理工学院的韦斯（Rainer Weiss）提出了 LIGO 的最初构想。索恩（Kip S. Thorne）说服了加州理工学院支持 LIGO，原在格拉斯哥大学工作的德雷弗也参加进来。1991 年得到美国科学基金会的支持开始建设 LIGO，一直到 2015 年 9 月 14 日才成功探测到了引力波 GW150914，前后历时近半个世纪，可谓旷日持久。这一项目技术要求极高，其精确度相当于地月距离误差仅为原子半径大小，所用反射镜的亮度达到 300 万个光子入射仅 1 个光子反射出来，而距离 4 公里的长臂在引力波入射时距离变化是 10^{-18} 米，激光通过的空腔真空度为万分之一大气压。所以参与工作的一位科学家说 LIGO 是"世界上最精密的测量仪器"。这样的工程需要庞大的资金投入，据估算总投资高达 6.2 亿美元（相比之下，我国阿里的原初引力波探测项目总投资仅 6900 万美元）。GW150914 的引力波探测有 100 多所高校参与其事，工程设计建造、仪器操作维护、数据搜集分析等项工作动员了 1000 多名专业人员。显然，引力波探测是典型的大科学工程（great science project）。问题是，虽然从减震、激光和极低噪声等项技术说，LIGO 会带来一些附加的实际效益，但从该项目本身说，至少在相当长的时间内不会带来任何经济效益。

既然如此，为什么还要做这种徒劳无益、劳民伤财的事情呢？当然，从功利主义的角度说，基础科学的重大进展最终会成为新技术革命的基础，是产业革命的根本动力。但是，对科学家来说，功利目标却不是基础研究的直接动机。爱因斯坦在纪念普朗克 60 岁生日讲话《探索的动机》中说："渴望看到这种先定的和谐，是无穷的毅力和耐心的源泉。"[1] 他断言："科学探索的发展主要在于满足对纯粹知识的渴求。"[2] 那些孜孜以求忘我投身引力波探测的学者，身上流着的正是爱因斯坦的血液。

韦伯早在 1959 年就提出探测引力波的设想，那时没有任何相关实验装置的资料可供参考，完全是白手起家。到 1967 年，他经过整整两年的观测

---

[1] ［美］爱因斯坦：《探索的动机》，《爱因斯坦文集》（第一卷），许良英、范岱年编译，商务印书馆 1976 年版，第 103 页。

[2] ［美］爱因斯坦：《莫斯科夫斯基和爱因斯坦的谈话》，艾丽斯·卡拉普赖斯编《爱因斯坦语录》，仲维光、还学文译，杭州出版社 2001 年版，第 173 页。

得到 1657 赫兹的 10 个事件，可谓千辛万苦。他同时还设计了一种特别精细的重力仪，进行噪声输出研究，在两个相距 1000 公里的共同装置上，在 0.4 秒的分辨时间里同时记录到 17 个共同激发事件。但是，主要由于设计方案和技术水平的限制，韦伯的实验以失败告终。尽管如此，韦伯这种筚路蓝缕坚持不懈的探求，成了引力波探测史上悲剧性的开篇。WG15914 的成功正值韦伯初次用实验在地球上直接探测引力波 50 周年，索恩高度评价这位先驱者说："他是这一领域真正的父辈先驱。"在新闻发布会上，有记者问韦伯的第二任妻子特林布尔（Virginia Trinmble），她的丈夫是否真的看到了引力波，她回答说："我不知道，但是我认为，有两种技术向前推进，相互促进，作为合作者而不是对手，就会更快地完成（引力波的）探测。"①

从总体上说，WG15914 的成功体现了科学社会学家默顿所说的科学的精神气质。首先是科学的无私利性。从宏观上说，美国国家科学基金会对待基础科学的原则是"重申请，轻完成"，80% 的精力致力于立项和审核，只有 20% 的精力去管理项目。作为项目主要依托单位的加州理工学院和麻省理工学院，都特别偏重科研和学术，重视基础科学工作。从学术氛围说，两个学校都反对急功近利，支持原创性，鼓励"有完全自由乐趣的思考"；对待科学人才的评价重在研究经历、才能和潜力，不计较与学术无关的社会方面的"短板"，所以被称作"呆子的天堂"。两所院校研究团队也有许多恩怨摩擦，但是终究能够放下一切嫌隙，精诚合作。天才的理论物理学家索恩和卓越的实验物理学家韦斯紧密配合，使不同类型的科学精英人尽其才，带领一批有理想有才能的学术精英，组合成一个充满创造力的科学共同体，其精神支柱就是揭开引力之谜这个崇高的科学理想。

当然，美国也不是理想的科学净土。诺贝尔奖得主科恩伯格（Arthur Kornberg）曾慨叹，在美国科学界缺乏"对从事基础研究抱有浓厚的和主动的兴趣的人"，很多人是以财源是否茂盛来选择他们的兴趣中心。② 这也许是

---

① Adrian Cho. Remembering Joseph Weber, the Controversial Pioneer of Gravitational Wave. http://www.Sciencemag.org. Retrieved 2016.2.12.
② [美] G. 拜林斯基：《美国科学研究存在的问题》，石吕平、刘万中译，《〈科学与哲学〉研究资料》1979 年第 5 期，第 30 页。

市场经济下基础科学研究面临的普遍问题。科学不是存在于真空之中，它总要受到各种社会利益需求的制约。科学哲学家基彻尔（Philip Kitcher）提出"良序科学"（well-order science）的概念，认为现实的科学决策是追求客观真理的理想和公私利益的需求之间的合理统一。① 但是，对纯科学（基础科学）来说，放在第一位的永远是对真理的追求。引力波探测的过程正是凸显了科学作为真理的事业这一本性。爱因斯坦说过："人们对于他们直接需要范围以外的东西，一般是看不到的。对于直接生产物质财富的工作，他们才愿意付出代价。但是科学，如果要繁荣，就不应当有实用的目的。作为一个普遍的规律，科学所创造的知识和方法只是间接地有助于实用的目的，而且在很多情况下，还要等几代以后才见效。"② 当前，基础科学的发展已经成为制约中国科技进步的最大瓶颈，也许引力波探测的成功带给我们深层启示，正是在于如何坚持科学的理性和科学的理想。

2016 年 3 月 5 日

---

① Philip Kitcher. Science，Truth and Democracy. New York：Oxford University Press，2001：129.
② ［美］爱因斯坦：《科学的困境》，《爱因斯坦文集》（第三卷），许良英、赵中立、张宣三编译，商务印书馆 1979 年版，第 94 页。

重构俄（苏）科学技术哲学研究的初步思考

20世纪70年代末，中国社会正站在历史性变革的大门口，国内学界在十年禁锢之后，迫切希望了解世界，自然辩证法界的学人尤为敏感，开始通过介绍波普尔、库恩等人的理论为改革开放提供思想借鉴，一时蔚然成风。我有幸躬逢其盛，成为那场思想大波中的弄潮儿。在如何以马克思主义观点评价西方科学哲学问题上，争论十分激烈，我觉得有必要了解苏联学者在这方面的观点。我从译介苏联的相关文献开始，逐渐从历史和现实全方位地分析总结苏联科学技术哲学的理论成就和经验教训。在龚育之先生的支持和鼓励下，并与柳树滋、申振钰合作，奠定了国内俄（苏）科学技术哲学研究的基础。我成立了国内第一个苏联科技哲学的研究机构，招收了研究生，召开了两届全国苏联自然科学哲学讨论会，编辑出版了《苏联自然科学哲学丛书》，承担了两项国家社会科学基金课题，并亲赴苏联做高级访问学者。后来在《跋涉的理性》一书中对我这些工作做了一个总结。

90年代，随着苏联的解体，这项研究沉寂下来。直到世纪之交，新的一代研究者成长起来，他们突破了各种困难，独立开创了新的研究域，争得了国家的基金项目，出版了有价值的研究成果，成为中俄文化交往的一个重要渠道。随着国际关系新格局的发展，中俄关系进入了新的发展阶段，国内俄（苏）科技哲学的研究也面临着新的挑战和机遇。2015年6月6日，黑龙江省自然辩证法研究会召开了首届哈尔滨中俄科技哲学专家论坛，为晚些时候将在北京召开的第三届全国俄（苏）科学技术哲学学术讨论会做了准备。会后组织者邀我就这一学科的发展谈一点意见。我是这一学科初创时期的历史见证人，龚育之先生曾嘱我一定要把这一工作坚持推进下去，对此我负有不容推卸的历史责任。这里发表的就是我对这一研究领域发展的一些想法，面对历史和先师，我把希望寄托在新一代学子的身上，他们是中国俄罗斯科学技术哲学研究的未来。

我国对苏联自然科学哲学的研究是始于20世纪中叶。80年代初，在龚育之先生的指导下，这项研究开始有组织地开展起来，从人才培养、资料建设、基础理论、方法设计等方面做了大量工作，为这一领域的研究打下了坚实的基础。苏联解体后，由于种种原因，这项研究一度出现停滞；可喜的是，近年来一批中青年学者已经成长起来，对前苏联和后苏联时代俄罗斯科技哲学的研究全面展开，显示了强劲的势头。随着我国改革开放进入深水区，国际关系格局正在动荡中重组，中俄关系发生了重大的历史性变化，形势的发展要求我们重新审视俄（苏）科技哲学研究，总结经验，理清思路，明确重点，探索新的生长点，开拓新的研究空间，把这项研究提高到新的水平。

从纵向说，要重新反思和总结历史，正确认识现实，科学预见发展趋势。

第一，苏联科技哲学经历了70年漫长曲折的发展历程，提供了宝贵的经验，也留下了深刻的教训，对此我国学者已经做过全面的总结，但限于当时的历史条件，还没有从社会主义的道路和本质的高度，立足意识形态与整体社会语境的关联，揭示苏联科技哲学的历史特点。今天的问题是进一步探寻苏联模式的结构性缺陷和内在矛盾，研究这一体制对科技哲学发展的影响。苏联改革派的"60年代人"曾经努力寻求改革之路，力图通过改变思维模式推动思想解放，为冲破体制束缚提供思想武器，虽然提出了极有价值的理论成果，却最终成为一朵不结果实的花。这一历史公案值得进一步总结，其深刻教训对我国科学哲学的发展和贯彻"为国服务"的方针，具有重大借鉴意义。

第二，苏联解体已经四分之一世纪，新的俄罗斯哲学包括科技哲学是在苏联遗产的基础上重构起来的，但既不同于原来的苏联自然科学哲学，也不同于西方科学技术哲学，当然更有别于我国自然辩证法传统的科技哲学，是当代世界科学技术哲学的一种特殊的范式。研究新俄罗斯科技哲学特别需要关注的是：科技哲学在当代俄罗斯学术领域中的地位；苏联科技哲学领域的著名学者在解体后的学术动向；马克思主义思想在当代俄罗斯科技哲学研究中的地位；斯拉夫文化传统和东正教哲学对当代俄罗斯科技哲学研究的影响；解体后俄罗斯科技哲学与西方同行的互动；当前俄罗斯科技哲学的派别划分；苏联解体迄今俄罗斯科技哲学发展的历史进程（阶段性）。

第三，普京执政后，特别是本届普京政府，出于复兴俄罗斯的强烈自觉意识，在经济、政治、军事、文化各个领域推行了一条独特的路线，但内外形势的发展使俄罗斯的未来充满不确定性。在这样的新历史起点上，俄罗斯科学技术哲学的未来走向和发展趋势特别令人关注。必须跟踪俄罗斯科技哲学不同思潮的起伏消长，尤其要密切注意新命题的提出、新领域的拓展、新争论的发生、新学派的兴起。俄罗斯社会正在激烈转型，随着社会结构的裂变和重组，科技哲学也和整个意识形态领域一样随之发生变化，研究和分析这种同时性依随关系，对把握俄罗斯科技哲学的演变趋向具有决定性的意义。还要根据综合比较，观察当前俄罗斯科学技术哲学是否完成了范式转换，是否已经形成了主流的理论导向。

从横向说，最重要的是对苏联和当代俄罗斯科技哲学进行综合研究，着力揭示俄（苏）科技哲学的理论特点，给出合理的历史评价。

第一，列宁曾提出"哲学和自然科学的联盟"的基本原则，苏联科学技术哲学的发展一直倡导和极力贯彻这一原则，至少从理论上说，直到苏联解体也没有放弃这一指导思想。恩格斯曾指出："恰好辩证法对今天的自然科学来说是最重要的思维形式"，苏联科技哲学曾努力实践恩格斯的这一重要指示，不仅哲学家从理论上全面系统阐发了辩证法作为科学发展的基本方法论，而且众多数学家和自然科学家也自觉地用辩证法指导自己的实证科学研究。但是，这一联盟在何种程度上是成功的，又在什么意义上是流产的；除了把马克思主义哲学庸俗化而炮制的伪科学之外，是否并且有哪些真正在唯物辩证法指导下取得的重大科学成果——对这些关键问题在苏联、中国以至西方一直存在争论。这个问题事关自然辩证法的基础与核心，是检验自然辩证法生命力的试金石，也是国内苏联科技哲学研究的薄弱环节，亟待强化。

第二，在苏联整个意识形态中，科技哲学相对说是较为理性的研究域，也是正统思想最先受到质疑和改革意识最早萌发的领域。老"三驾马车"凯德洛夫（Б. М. Кедров）、伊里因科夫（Э. В. Ильенков）、科普宁（П. В. Копнин）和新"三驾马车"弗罗洛夫（И. Т. Фролов）、斯焦宾（В. С. Стёпин）、什维廖夫（В. С. Швырёв）分别在20世纪60年代和90年代构建了与教科书马克思主义迥然不同的科技哲学纲领。一方面，他们的理论是以实证科学的实践为依据的，并且注意与西方科技哲学的对话，跟踪世界科技哲学思潮的发展，有明显的开放性；另一方面，他们没有全面放弃马克思主义的思想导向，在相当大的程度上保持了与以前理论的连续性。一般地说，科技哲学是俄罗斯人文科学中相对稳定的领域。时至今日，在这一学科中，仍然有很多人坚持以辩证法观点研究科学认识和科学知识，这是饶有兴味的。根据俄罗斯科技哲学的思想资源深入反思科技哲学作为哲学部门的特殊性质，是一个有启发性的研究主题。

第三，恩格斯指出："各种不同的民族性所占的（至少是在近代）地位，直到今天我们的历史哲学里还很少阐述，或者更确切些说，还根本没有加以阐述。"比较科学史和比较科学哲学在国外也没有形成系统的学科，在国内则几乎完全是空白。俄罗斯是有鲜明特点和悠久文化传统的民族国家，从之前苏联到今日俄罗斯的科技哲学在世界科学技术哲学视域中，构成一个独特的理论维度。要深刻认识俄（苏）科学技术哲学的历史道路、特殊性质、功过得失、成败利钝，必须将其放在世界科学技术哲学的大语境中，开展俄罗斯、西方和中国科技哲学的比较研究。改革派科学哲学家的代表人物科普宁说过："对世界过程的真正理解既不是他们（西方），也不是我们，将来的某一刻会产生第三方，而我们所能做的只是全力促进这一点。"我认为，我们中国研究俄（苏）科技哲学的学者，应该在这方面有更强烈的自觉性。

最后我想对俄（苏）科学技术哲学研究的组织工作提一点建议。中国的俄（苏）科学技术哲学研究，如果从20世纪50年代龚育之等老一辈学者的工作算起，已经走过了60年的漫长道路。今天，新的一代人正在崛起。当前紧迫的任务首先是重新聚集队伍和培养人才。俄罗斯科技哲学研究有其特殊的条件，一是语言功夫。近些年来，学习俄语的青少年锐减，这给这项研究带来了先天限制。二是实证科学的功夫。苏联科技哲学的传统是特别重视各门科学哲学问题研究，即使科学知识论的研究也立足于实证科学的案例分析（case studies），而这恰恰是当前科技哲学研究生队伍的普遍弱点。所以，要有针对性地招收符合条件的学生定向培养，逐渐形成一个少而精的年轻队伍。

建议在中国自然辩证法研究会设立"俄（苏）科学技术哲学专业委员会"，形成学术中心，制定研究规划，定期召开会议，疏通和扩大与俄罗斯和西方同行的学术交往。应当重视信息资料的建设，更好地利用网络空间，可考虑在研究会的网站上设立专页。当年在龚育之先生倡导下，由孙慕天等人主持编辑出版的《苏联自然科学哲学丛书》虽然只出了三本，发行量甚小，但却产生了不小的影响，至今为人推重。希望新一代俄（苏）科技哲学研究者能够赓续这一工作，为中国科学技术哲学留下历史的足迹。

2015年6月30日

STS 研究的整体化趋势（研究纲要）

2013年10月26—27日在广西南宁召开了全国STS第四届学术年会，笔者应邀在会上做了学术发言。作为STS学术委员会的主任却无法对本学科的概貌做出清晰的说明，真是愧怍无地。但是，通过检索和钩稽，从西方STS研究的近期发展中隐约窥见了某种整合性的趋势，遂有此纲要，虽不敢说是独创，至少不是敷衍塞责吧！

STS（科学、技术与社会）从一开始就是多视角、多主题、多进路、多派别的研究域，近些年来，这一研究域出现了整合的趋势，值得密切关注。本文通过反思西方20世纪90年代以来西方STS研究的一些特点试图捕捉这一动向。

一、语境变化

技术作为生活方式

阿尔伯特·伯格曼（Albert Borgmann）的"三部曲"《技术和现代生活的本质》（*Technology and the Character of Contemporary Life*，1984）、《跨越后现代分裂》（*Crossing the Postmodern Divide*，1992）和《千年之交信息的性质》（*The Nature of Information at the Turn of the Millennium*，1999）：在技术越出责任限度语境下，主体如何把技术设计整合为美好生活。

技术作为历史矛盾

卡尔·米切姆（Carl Mitcham）的《对技术的沉思》（*Thinking Through Technology*，1994）：技术和技术科学对生活和世界所有方面的影响构成了我们这一历史时代的特质，它以接受和批判、是和否的辩证法，建构了人的处境。伯格曼持否定立场，提出能力和认知的双重衰退论；伊德（Don Ihde）持肯定立场，技术是生活环境和生活方式，在社会、伦理、政治和文化维度上起着决定性的作用。

技术作为人类命运

伊尔岗（Bernhard Irrgang）和科洛纳（Nestor Corona）的《技术作为命运》（*Technik als Geschick*，1999）：构建技术活动的伦理基础，使经济区域中的生活体现正当价值，保证人类的有效存续。

背景案例：普格华许运动（Pugwash Movement）；忧思科学家联盟（The Union of Concerned Scientists，UCS）；人工生命科学（Science of Artificial Life，AL）；影像技术（Image Technologies）。

二、理论前提

技术现象本体论

加斯东·巴什拉（Gaston Bachelard）的《科学精神的形成：对客观知识的精神分析》（*La Formation De L'esprit Scientifique*，1938）提出技术科学（technoscience）的概念，把现代科学理解为技术-现象（phiénoméno-techniques），即从技术上说明那些在实验室中探索的客体的事业。科学是技术—现象的纯化工作。

生存身体现象学

晚期胡塞尔（Edmund Husserl）在《欧洲科学的危机和超验现象学》（*Die*

Krisis der Europäischen Wissenschaften und Die Transzendentale Phänomenologie，1936）中强调生活世界（Lebenswelt）的概念，指出科学理念是生活世界中的理论和技术实践活动的产物，而生活世界中的技术现象是物的意义与人的生命意义共生。梅洛-庞蒂（Merleau-Ponty）:《知觉现象学》（*Phénoménologie Dela Perception*，1945）提出"肉身本体论"（ontology of flesh），我在即身在，个人意向之流通过身体被体验到，身体是主体和客体之间的第三项。

解释学建构主义

解释学的新进路把解释的前结构、对话性和视界融合用于科学实践和科学对象的建构。布鲁诺·拉图尔（Bruno Latour）与史蒂夫·伍尔加（Steve Woolgar）的《实验室生活：科学事实的建构过程》（*Laboratory Life: The Construction of Scientific Facts*，1979）提出，科学知识形成于实验室中的社会建构：在个体不同的前结构知识的基础上，通过交流、磋商、争论、反驳，对实验形成的科学陈述筛选、反思、批判、推倒、重组，以建立共识和公信，即科学事实。

三、观念整合

现实实在和虚拟实在

现实实在是在场，是从日常生活正在打交道的世界出发，就是海德格尔所说的"手"（ready-to-hand）。赛博空间创造了虚拟实在，伊德由此提出与物质解释学（material hermeneutics）相对应的视觉解释学（visual hermeneutics），所针对的是影视技术引发公众使用数字的、虚拟的、赛博的概念进行识别，"揭示了这些概念在塑造 e-社会方面的影响的本质"。通过建立"实践—知觉"的知识生产模式，通过物质性的技术实践，虽说是想象的，符码化的，但终究是在虚拟空间中实现了对世界的反思，完成了与世界的对话，"人与理解属于他们自己的世界休戚相关，'与世界密接'，以致最终根据他们的世界来解释自己"①。

同型描述和建构描述

传统认识论贯穿着表现的知识和非表现的知识之间的二元对立。表现的知识是同型描述（isomorphic depictions），是对客体的准确反映；非表现的知识是建构描述（constructed depictions）。伊德（Don Ihde）对直接经验和间接经验的划界是独特的：前者是直接的身体经验和对直接环境（人与物）的经验，后者则是以技术为中介的经验。② 技术改变了主体性的地位并改变了主体本身，使认识和行为的方式发生了根本变化，世界是"被解释了的实在"，我们则是"被设定了的主体"；如果说自然科学是"如其所是"，人文科学是"我思其是"，那么建构主义解释学则将二者整合起来。这不是表现型创造，而是释义性创造，真正体现了主体—客体的对话，是通过技术创意和赋义，而不是传统认识论的"孤立的自我应答"。集中表现为高度建构性的描述是依靠计算机进行的复合创造。

实在主义和工具主义

实在主义划定主体和客体之间的明确界限，按新实在论者的说法："我们所感知的具体事物中，至少有一些在我们没有感知它们的时候就存在。"③ 而工具主义按人所使用的认知手段的有效性判断客体，世界的意义完全是由人的价值决定的。伊德在《扩展的解释学》中，破解了这一二元对立，通过技术，一方面反思世界，另一方面自我解释，从而"影响到人作为技术使用者对自身和对世界的看法"。技术是转化某物的工具，是主体借此改变世界同时也改变了主体的地位。技术没有否定客体的实在性，也没有否定主体使用工具的

---

① Don Ihde. Technics and Praxis: A Philosophy of Technology. Boston Series in the Philosophy of Science, Vol.24, Reidel, 1979: 64.
② Don Ihde. Technology and the Lifeworld: From Garden to Earth. Bloomington: Indianapolis University Press, 1990: 15.
③ Barbara Mackinnon. American Philosophy: A Historical Anthology. State University of New York Press, 1985: 339.

能动性，而是作为两者的中介重构了主客体的关系，打破了黑格尔所说的二者的"漠不相关"。伊德说"技术是人工物和使用者的共生"①。

释义目标和伦理目标

解释是对话性的，具有历史设定性，是在前结构规定下通过对话实现的视界融合，以理解人的存在及其创造的意义，属于认知向度。伦理是规范性的，具有具体意向性，是在所选择的德性（善）原则指导下就某种给定处境为正确行为做出合理决策，属于行为向度。二者之间存在着休谟划界——实然和应然的区分，技术作为中介沟通了两者。人在充分和深入理解处境和引导人自身生活的指令之前，不能做出正确决策，其核心是深刻理解个人和他人的利益关系。技术包含了意义创造的整个生活域，形成了新的文化系统，通过STS的整体性理解，实现了对生命意义和世界意义的共生反思。近来兴起的数字解释学提出"数字人"（digital human）的概念，从文化学和社会学视角探索了技术活动的意义，指出由于现代人的主体性是信息技术的生活方式塑造的，只有通过技术释义伦理学才能正确把握生活世界的意义，制定出合理的行为规范。②

意向生存和具身生存

胡塞尔传统现象学把意向性视为人的生存活动的基本性质，我们的自觉行为总是被有所指向的意识决定的。意向确定了行为对象，对知觉做出分类识别，建构了意识对象，即实现了意义赋予和意义充实。但是，意向行为与身体无关，其哲学基础仍然是笛卡儿的身心二元论。梅洛·庞蒂深刻指出意向性生存之流是通过身体而存在的，我们就是我们的身体。他关于幻肢（phantom limb）的分析阐明了活体是作为整体的意向体。③伊德则从

---

① Don Ihde. Technology and the Lifeworld: From Garden to Earth. Bloomington: Indianapolis University Press, 1990: 73.
② Rafael Capurro: Digital Hermeneutics: An Outline in Elizabeth Buchanan and Carolyn (eds.). Proceedings Thinking Critically: Alternative Methods and Perspectives in Library and Information Studies. University Wisconsin-Milwaukee Press, 2008: 190—220.
③ Merleau-Ponty. Phenomenology of Perception. Translation from French by Colin Smith. Routledge Press, 1962: 108.

技术科学视域上，引进了具身关系（embodiment relations）的概念，建立了技术具身现象学。人的具身作用蕴含在人的一切实践之中，没有人体（nicht Leibhaben）和拥有人体（Leibhaben）是完全不同的，生理性和肉身性把我们和世界及他人连接起来，身体是我们存在的本质部分。正因如此，技术设计身体不应被遗忘，技术为身体所规定，技术又支撑了身体的延伸。技术与身体的统一构成了"此在之身"（here-body）。伊德断言："我们是我们的身体——但是根据这样的基本概念，人也发现了我们的身体具有惊人的可塑性和多态性，以致常常在我们和技术的关系中精确地显示出我们是技术中的身体。"[1] 近年来，计算机操作设计正从硬盘转向操作者的身体，计算机专家丹尼尔·费尔曼（Daniel Faellman）相应提出了具身系统（embodied system）的理念。

伊德领导的石溪大学（Stony Brook University，即纽约州立大学石溪分校）技术科学研究小组（TRG，The Technoscience Research Group），除本校学者外，国际学者参加研讨的有唐纳·哈拉维（Donna Harawy）、伊恩·哈金（Ian Haking）、安德鲁·皮克林（Andrew Pikring）、桑德拉·哈丁（Sadra Harding）；还邀请了彼得·加里森（Peter Galison）、休伯特·德雷福斯（Hubert Deyfus）安德鲁·芬贝尔格（Andrew Feenberg）和伯格曼进行评论。该小组所发表的成果代表了国际 STS 研究的整合性趋势。

2013 年 10 月 13 日

---

① Don Ihde. Bodies in Technology. University Minnesota Press，2002：138.

爱是基督教思想的总纲

我应西南大学宗教研究所之邀，参加 2011 年 3 月 26 日在重庆召开的 2011"爱与慈悲"第二届佛耶学术研讨会。我不是搞宗教学研究的，可能是因为我的家庭背景，也可能因为我是《后现代宗教》一书的译者，会议组织者给我出了个题目——《爱是基督教思想的总纲》，让我做主旨发言。我在 D. Griffin《后现代宗教》一书的译者序中说："神学是人类文化的一个重要组成部分……任何一种神学思潮都是某一历史发展阶段上时代精神的特殊投影，不能由于其为宗教神学而一笔抹杀之。"写此文时，特别翻出先父留给我的藏书，许多都是 19 世纪末和 20 世纪初的英文神学著作，距今一百多年了；但其中的一些思想仍然很有意思。七夕情人节之际，充耳盈目都是"爱"的颂歌，听听神学对"爱"的特殊诠释，也许别有一种意义吧。

一

提出爱是基督教思想的总纲这一命题，是有充分根据的，因为这正是耶稣的训示："你要尽心、尽性、尽意，爱主你的神。这是诫命中的第一，是最大的。其次也相仿，就是要爱人如己。这两条诫命是律法和先知一切道理的总纲。"（太 22：37—40）这也是使徒们一致认同的基本教义，特别是使徒约翰和保罗更是做过明确的经典论述。圣经学者认为，《约翰福音》和约翰书信对爱的阐述是圣经关于爱的教导的精华。基督教信仰的根基是对神的信仰，而约翰所提出的最重要的神学命题就是："神就是爱。"（约壹 4：7）保罗书信也被神学家称为"爱之篇"。保罗认为，爱就是基督的律法（罗 13：

10），是神的"最妙的道"（林前12：31）。他指出，在基督教义的三大纲领中，爱是最大的："如今长存的有信，有望，有爱，这三样，其中最大的是爱。"（林前13：13）保罗列举了人所能具有的各种优秀品质和卓越能力，但他认为什么都不能与爱相提并论。英国圣经学者马库斯·多兹（Marcus Dods）指出："保罗说明了没有爱其他东西都毫无益处，他称颂了爱的奇妙，从而阐述了爱的至高无上。"[1]

看来，说爱是基督教思想的总纲是没有问题的。美国学者托马斯·杰伊·奥德（Thomas Jay Oord）在其2010年的著作《爱本性的神学》中说："我们所有的人，通过读经，特别是诵读新约，都会看到：爱是中心，它至少是神的本性的一部分，而在圣经的叙事中起着中心的作用。"[2]一些现代著名神学家如内尔斯·费雷（Nels Ferre）、安德斯·尼格伦（Anders Nygren，即"虞格仁"）、古斯塔夫·奥伦（Gustaf Aulen）等，都把爱作为基督教神学的中心。

但是，并非所有的神学家都同意这种"爱中心论"。早在基督教初期，在381年君士坦丁大公会议上，纳西盎的格里高利主教（Gregory of Nazianzen）就在反对阿利乌派（Arians）的斗争中，对"爱中心论"提出异议。按照阿利乌派的观点，上帝是具有全部神性的造物主，基督只是神所创造的造物中最伟大的造物，兼有神性和人性，地位介于神人之间。格利高里认为，从这样的观点出发，把"神是爱"当作基督教的基本陈述，就是歪曲了圣父、圣子、圣灵三位一体的本质，忽视了父与子有着共同的基本属性，把创世、教会、救世（soteriology）基本神性从三位一体中取消了。在现代神学家中，反对"爱中心论"的首先是著名宗教哲学家保罗·蒂利希（Paul Tillich）。蒂利希基督教哲学的基本信条是"神是存在的基础和存在本身"，这样的神不能是人格的、责任的和动力学的，除非说存在的现实性就是生命，否则无法谈论存在本身就是爱。另一位反对"爱中心论"的神学大家是卡尔·巴特（Karl Barth）。按照巴特的人神异性论，神人之间具有"无限的本

---

[1] Marcus Dods. The First Epistle to the Corinthians. London：Hodder and Stoughton，1890：299.

[2] Jay Oord. The Nature of Love：A Theology. Chalice Press，2010：4.

质差异",人的一切思想、情感和爱慕与真正的上帝信仰毫不相干,神是自我认知、自我展示的,根据人性对神性所做的一切构拟,都是完全错误的。神的绝对天意比他通过耶稣基督的救赎行动所显示的更具有终极性。巴特保留了奥古斯丁和加尔文的"双重预定论"(the doctrine of augustinia-calvinist double predestinations),主张神的绝对天意既包括救赎——拣选,也包括惩罚——弃绝,前者是爱,后者却是憎。晚近反"爱中心论"的美国神学家米勒德·埃里克森(Millard Erickson),主张用神的"宏伟"(magnificence)代替爱作为基督教神学的主题:"神的伟大是凭借他的威力、智能和其他本质以及道德本性的超绝和光辉。"爱只是神的众多属性之一,要认识爱和神的创造、神的自由的关系,他甚至认为爱和公正是一种张力(tension)关系。[1]

二

在中文中,基督教所恪守和宣扬的爱,一律用汉语词"爱"来表示,犹如在英语中统用英文词 love 来表示一样。但是,按照基督教神学家,特别是圣经学者的研究,问题远非如此简单。

在圣经原典中,神之爱和人之爱是两类性质不同的爱。在旧约中,与父母慈爱和男女情爱不同的神圣的爱,用希伯来语的 hesed 来表示,这种爱不是对美貌、优长或好处的价值性情绪反应,而是神对人的无私、仁厚、坚定、永恒的恩典。而在新约中,涉及神的爱时,则用希腊语的 agape(αγαπη)表示,这个词的本意是出于原则、尊重和责任的感情,而不是因吸引或诱惑而产生的,因而特别适合于表达源于宗教感的爱。很多人相信,agape 这个词是基督教首创的术语。

从基督教史上说,爱的范畴内涵也经历了一个演变过程。

古代时期,在福音书和使徒书信中,对作为基督教核心教义的爱,做了经典的诠释。在使徒时代,希腊人用 eros(ερος)一词表示爱,在诗剧中 eros 是感性的甚至是低俗的,而在柏拉图的哲学中它则是进入理念王国的超凡努

---

[1] Millard Erickson. Christian Theology. Mich: Backer Academic, 1998: 80—82.

力。但是，基督教所说的爱，和这种世俗的爱迥然不同。按照尼格伦的研究，新约中与神相关的爱（agape）有四个基本规定：1.爱是自然发生的，是没有个人动机的；2.爱是价值中立的；3.爱是创造性的；4.爱是由神而来的引领。①

中古时期，奥古斯丁对爱做了新的诠释，他认为爱是最高的善，是永恒的超验的满足和幸福，因此它应当是 agape 和 eros 的综合。为此，奥古斯丁用一个拉丁词 caritos 表示这种综合的爱，强调它是人性上升为神性的过程，是把 eros 的热爱、爱恋等感情纳入其中而升华了的第三种感情。

近代时期，马丁·路德通过宗教改革，重新构建了爱（agape）在基督教思想中的正确地位。路德批判了奥古斯丁的 caritos，反对抬高和美化 eros 的自爱，而坚持神学中心（theocentric）的爱。人不是一个与神并列的力量中心，本身没有基督的爱，这爱必须从神那里降临。基督徒作为神人之间的通道，在罪的根基上，把神的爱从上面传送到他人身上，而对这爱的性质和形式并无贡献。

当代主流神学家大都坚持把人的爱和神的爱区分的观点。在这方面，克莱夫·S.刘易斯（Clive S. Lewis）关于四种爱的学说产生了广泛的影响。②刘易斯认为，人的爱有三种：第一种是爱慕，即 affection（στοργη），是期望无论在什么时候，某个人或某种东西能够属于我或与我亲近；第二种是友爱，即 friendship（φιλια），是两个或两个以上的人因拥有或分享共同的利益而产生的亲密关系；第三种是情爱，即 romantic love（ερος），是出自本能或感情的吸引。这三种爱虽然有不同的指向，但都是在人性中显示的，它们的发生不是自觉努力的结果。而第四种爱是神爱，即 agape（αγαπη），刘易斯用英语的 charity 译这个希腊词，相当于汉语的仁爱，这种爱不是由人性中产生的，而是神的最大恩典；同时，这种爱不能在人心中自发的产生，不是一个自我解释、自我推动的规范；爱植根于神的本性之中，要通过自觉的努力，信神和追随主耶稣基督，在救恩中体验，爱才会在蒙恩的人心中点燃。

---

① Anders Nygren. Agape and Eros. Translated by Philip S Watson. University of Chicago Press，1982：54.
② Clive Staples Lewis. The Four Loves. New York：Harcourt Brace，1960.

三

一个世纪以来，基督教神学家从各种角度对"爱中心论"进行论证，并通过这些论证，对基督教的核心教义做了深入的阐发。概括起来说，这些论证是在本体论、认识论和价值论三个维度上展开的，这就是说，它涵盖了宗教哲学的全域。

100年前，新教学者约翰·凯尔曼（John Kelman）在一本题为《朝生暮死和永世长存》的神学著作中，明确断言："最后和最高的爱是上帝的本质和至高无上的属性。"① 爱是神的本体论规定，这正是约翰命题——"神就是爱"的指归。基督教信仰的根基建立在"神爱世人"（约3：16）这一根本出发点上，神的爱是先在的，本原性的。约翰一再强调，爱出自于神："爱是从神来的"（约壹4：7），"不是我们爱神，乃是神爱我们"（约壹4：10）；"我们爱，因为神先爱我们"（约壹4：19），神的爱是坚定的、永不动摇的。"耶和华啊，你的话安定在天，直到永远。你的诚实存到万代。"（诗119：89—90）"耶和华的慈爱归于敬畏他的人，从亘古到永远。"（诗103：17）所以，循道宗的创始人约翰·卫斯理（John Wesley）说："爱是终结，唯一的终结，是神的每一特许的终点，从世界开端到万物的毁灭。"② 神的爱又是普遍的，爱的戒律就是爱神和爱人如己，而爱人则是效仿神对人的爱。神的爱不分善恶，耶稣说："要爱你们的仇敌，为那逼迫你们的祷告。这样，就可以作你们天父的儿子。因为他叫日头照好人，也照歹人；降雨给义人，也给不义的人。"（太5：44—45）神的爱也不分贵贱，耶稣特别关爱穷人、病人、寡妇、孩子那些遭人遗弃或被边缘化的人，就是今日所说的弱势群体或草根族群。他特地宣布，对他的种种关心和爱戴应当施与弱者："我实在告诉你们：这些事你们既不做在我这弟兄中一个最小的身上，就是不做在我身上了。"（太25：45）

有一点需要特别提出来讨论。在阐释神的本体论地位时，反"爱中心

---

① John Kelman. Ephemra Eternitatis. London: Hodder and Stoughton, 1910: 320.
② John Wesley. Works. Kansas City: Beacon Hill, 1986: T.5, 462.

论"的神学家把创造与爱分开，或者反对创造的动机性，或者把神规定为自在而非自为的本体。这与圣经对神性的启示是完全对立的。神创造世界是出于对造物的爱。《创世纪》第一章反复申明，创造出了天地万物，"神看着是好的"（创1：25）。显然，神是怀着对造物的大爱创世的。建设性的后现代神学对此做过深入的阐发，大卫·格里芬（David Ray Griffin）说："上帝并不强制，而是诱导。上帝不是单方面地创造万物，而是通过向造物灌输新的尊严感而促使造物自我创造。"而在所有造物中，人性是神的终极创造，是神的形象的重现，从而获得了一种包罗万象的意义。"这个包罗万象的意义是至圣者通过世界做到的事：创造美。"上帝作为"神圣的观照者"，他的创造活动是"对更一般意义上的美的鉴赏"①。其实，早在1932年过程哲学的创始人怀德海（Alfred North Whitehead）就说过，最高的理想包括感官美、理智美和道德美，而三者的统一是神圣美，这种最高的美"使宇宙之爱（Eros）得到最终的满足"②。怀德海这里说的"宇宙之爱"就是神爱，神在美的创造中展示了自己的爱，从而得到了最高的满足。

基督徒有信，有望，正是因为知道神的本性是爱，神是天父，有独特的父性，对造物有完备的眷顾，他了解人的需要，并有无限的关怀。所以保罗才说，信、望、爱这三样，"其中爱是最大的"。这是从神的本体论性质得出的必然结论。

但是，如何认识神的爱呢？人们常常从人的视域、立场和感情出发，去忖度神的爱，这是一种极端错误的认识论导向。20世纪初，新约注释者詹姆斯·丹尼（James Denney）就指出："给（神的）爱下定义是一件有风险的事情，特别是把基督那种超越知识的爱围限在人的概念域中的时候。"③这是因为，神爱不是科学研究的对象，它是超越的，不是由人而生，是圣灵将爱灌注到人的心中；人的认识方式是肉体的方式，不是属灵的方式，而"属肉体

---

① ［美］大卫·格里芬：《后现代宗教》，孙慕天译，中国城市出版社2003年版，第43页。
② Alfred North Whitehead. Adventure of Ideas. New York：Simon & Schuster Inc.，1961：13.
③ James Denney. The Second Epistle to the Corinthians. London：Hodder and Stoughton，1910：194.

的人不能得神的喜欢"（罗 8：8），亦即不能认识更无法得到神的爱。为要认识神的爱，必须与圣灵交通，保罗说："你们要追求爱，也要切慕属灵的恩赐。"（林前 14：1）所以，他的祝福是："愿主耶稣基督的恩惠，神的慈爱，圣灵的感动，常与你们众人同在。"（林后 13：14）认识神爱就必须走进神，只有首先爱神，"你要尽心、尽性、尽意，爱主你的神"（太 22：37），才能认识神爱并得到神的爱。基督徒做到了这一点，就超脱了天上地下的一切障碍，与神的爱融为一体，"因为我深信无论是死，是生，是天使，是掌权的，是有能的，是现在的事，是将来的事，是高处的，是低处的，是别的受造之物，都不能叫我们与神的爱隔绝；这爱是在我们的主基督耶稣里的"（罗 8：38—39）。

一位 19 世纪末的神学家乔治·吉兰德斯·芬德莱（George Gillanders Findlay）认为，人的爱当然也可以显示出英雄的品格，但不能和基督在十字架上的牺牲同日而语："当我们回归到基督本身的人格和在世时，我们颂赞无言而沉思他的爱的展现，我们就认识到这爱植根于永恒的深处……这是一次展示，拷问了每个关注这爱的人的灵魂，使我们的理性和我们人类的自满如此惶惑的是，我们发现：'他爱我，他为我牺牲了自己。'"① 因此，认识神的爱，最根本的途径是领悟基督的救恩，以蒙恩之心效仿基督，不仅知爱，而且通过行善去彰显基督的爱。救赎是神之爱的极致。保罗说："所以你们该效法神，好像蒙慈爱的儿女一样。也要凭爱心行事，正如基督爱我们，为我们舍了自己，当作馨香的供物和祭物献与神。"（弗 5：1—2）神学家们对基督的爱有一个相当一致的共识，那就是这爱集中体现于基督之死——"为我们舍了自己"。丹尼特别对"为了"一词做了考察，他发现新约中谈到基督为了世人而死时，这个"为了"希腊文是 υπερ，而不是 αντι，这两个词在希腊语中有很大的分别。περ 是出于一种绝对不可抗拒的深刻意念而去行事，αντι 则是有具体利益取向的行为。丹尼说："在十字架上，基督是用死着我们的死来服务于我们，而这种深刻关系外在于（世上的）所有服务、利益和福

---

① George Gillanders Findlay. The Epistle to the Ephesians. London：Hodder and Stoughton，1892：199—200.

利，基督通过他的死表明了'为了'的深刻含义。"① 基督的目的是使我们成为他："在我们认识他之前，我们是自私的，我们是自己在坏的意义上的终结，我们是我们自己。即使人为了他的家庭、他的国家或者他的目标所做的牺牲，不过也是自私的一种……在认识他以后，我们所理解的生命就不再是我们自己，我们有了某种价值，生命为我们提供了一种救赎，我们属于那个为我们死而复活的他。"②

爱是基督教所追求的基本价值，因而是基督教价值论的核心。爱是神的诫命，体现了基督教最高的伦理原则，是基督徒首要的行为规范，所以保罗一再重复说明爱就是神的律法。他从正反两面说明了爱是基督教的核心价值。保罗在《加拉太书》历数了遵守和违背神的诫命的种种表现：一方面，"情欲的事都是显而易见的，就如奸淫、污秽、邪荡、拜偶像、邪术、仇恨、争竞、嫉恨、恼怒、结党、纷争、异端、嫉妒、醉酒、荒宴等类"；另一方面，"圣灵所结的果子，就是仁爱、喜乐、和平、忍耐、恩慈、良善、信实、温柔、节制"。这是正义与不义的对立，而其分野就在于对爱的态度。所以保罗说："我们靠着圣灵，凭着信心，等候所盼望的义……唯独使人生发仁爱的信心才有功效。"接着说："因为全律法都包在'爱人如己'这一句话之内了。"（加5：19—22、5、14）保罗反复申明，爱人就"完全了律法"，所有的诫命，诸如不可奸淫，不可偷盗，不可贪婪，"或有别的诫命，都包括在'爱人如己'这一句话之内了"（罗13：8—9）。

现代主流的基督教神学家通过爱定义了神学自由。保罗曾说："就当恐惧战兢，作成你们得救的工夫；因为你们立志行事，都是神在你们心中运行。"（腓2：12—13）一方面基督徒要自己努力，做成得救的功夫；另一方面，立志行事又是由神先定的，这似乎是矛盾的，在神学上被称作保罗悖论，奥古斯丁因此否定了神学自由，这引起了长达千年的争论。从"爱中心论"的观点看，神无时不运行于人的心中，赐予人诫命、律法，要求人遵守爱的规范，这是先定的；但是否遵守这一戒律，效法神的爱去行事，则是每个人的自由选择，人

---

① James Denney. The Second Epistle to the Corinthians. London：Hodder and Stoughton，1910：195.
② Ibid.，196.

如何回报神的爱，决定了人能否蒙恩。弃绝神的爱就是罪，而罪是要受到惩罚的。违背爱的戒律就是投向魔鬼。神学家费伦·哈利戴（Fearon Halliday）在《天谴和惩罚》一书中认为，"罪的惩罚和不可避免的结果就是孤立"，作恶的人是自私的，自私的人彼此之间没有真正的共识，"他们厌恶别人，也厌恶自己，这是作恶的逻辑结果"，而这正是魔鬼的逻辑，因为魔鬼是不会向魔鬼示爱的。于是背叛了神的爱，也就被人的爱所抛弃，最后走上了绝路，因为"罪的工价就是死"[①]。

按照基督教的基本教义，只有充满爱的生活才是自由的生活。

2011 年 8 月 7 日

---

① Fearon Halliday. Wrath and Punishment. The Swarthmore Press，Ltd.，1919：139—140.

基督教神学论生命的终极价值
——信、望、爱与真、善、美

四年前，我在美国和几位同行讨论宗教感问题，产生了一个灵感，认识到基督教的神学纲领信、望、爱和文化的终极关怀真、善、美竟然是同一的。一直想系统论证这一想法，借参加江苏省"生命价值学术讨论会"的机会，实现了这一心愿。

如何认识作为文化的宗教，历来是一个有争议的问题。但是，无论怎么说，都不能否定宗教思想中包含宝贵的思想资源。有一个值得注意的问题是，宗教和宗教感不是一回事。是否信仰人格神，是宗教徒和非宗教徒的根本区别。但是，无神论者也可以有宗教感，对此做过最明确阐述的人是爱因斯坦。他认为所有那些在理论自然科学领域里"胜利前进中有过深切经验的人，对存在中所显示出来的合理性，都会感到深挚的崇敬，从而对体现于存在之中的理性的庄严抱有谦恭的态度"。他要求科学替宗教冲动清洗"拟人论的渣滓"，而对人以外的宇宙的无限性保持敬畏、狂喜和惊奇，这就是宗教感，它是"科学研究的最强有力、最高尚的动机"。在告别崇高、告别信仰、告别理想的拜金主义喧嚣中，走近宗教的庄严和神圣，也许会为净化心灵、挽救世道人心提供一个可能的选项。

如果说，基督教神学的核心是关于人的生命的问题，恐怕不会遭致神学家的反对，因为福音本质上就是关于永生的承诺。耶稣基督自己提出的信仰纲领就是："神爱世人，甚至将他的独生爱子赐给他们，叫一切信他的，不致灭亡，反得永生。""使徒信经"的落脚点也是"罪得赦免，身体复活，并且永生"。其实，宗教是终极关怀的精神体系，按格里芬（David R. Griffin）的说法，就是"集中注意力去关注那些具有终极重要性的生命特点"①。

一、生命尊严论

基督教神学建构了一个完整的生命价值论体系。基督教认为生命是神圣的，因为人的生命来自神，是神按自己的形象创造的，在整个世界上，只有人的生命是最宝贵的："人若赚得全世界，赔上自己的生命，有什么益处呢？"（太16：26）19世纪末的英国神学家芬德莱建构了福音伦理学（evangelical ethics）四原则，而首要原则是，"成为上帝的模仿者使人性成了生命的最高元素"，"在我们身上，爱、思想、意志把我们的存在提到非人王国之上"。② 要珍惜生命，热爱人生；戕害生命，玷污生命的尊严是犯罪的行为。

基督教主张人类生命二元论，一元是此岸的现世生命，另一元是彼岸的来世生命，与一些人的看法相反，基督教重视今生，这是基督教的原教旨，中世纪的禁欲主义是对圣经本义的歪曲。神学家凯尔曼（John Kalman）在《朝生暮死和永世长存》一书中指出："所有与民族和公众的人类福祉有关的伟大思想，当其被认同的时候，都回归到个人生命的领域"③，和人的日常生活有关，所以基督教并不排斥普通人的正常生活。凯尔曼把人的今世生命分成三种：

一是肉体生命。生命的意义是健康，耶稣生平尽心尽力地使人脱离疾病，许诺的是"勃勃的生命活力"。

二是情感生命。生命不是烦躁郁闷的心绪，要避免不可控制的感情之流，造成"生命的野性扭曲"；在基督中得到的是合理的自控，实现心灵的和谐和平安。

三是社会生命。生命的意义是爱和服务，人的社会精神生活应当从基督

---

① ［美］大卫·雷·格里芬：《后现代宗教》，孙慕天译，中国城市出版社2003年版，第34页。
② George Gillanders Findlay. The Epistle to the Ephesians. London：Hodder and Stoughton，1892：309，311.
③ John Kelman. Ephemra Eternitatis. London：Hodder and Stoughton，1910：21.

得到美好的领悟,"其中类的偏见和厌恶消失了,所发现的是共同的利益、权利和责任,欢乐和忧伤,它们对所有的人都是共同的;这是对价值的共识,人们真正的兄弟关系即在于此,这些就是基督精神本身"①。

但是,基督教更重视来生,即永恒的生命或永生。今生的生命是为真正永恒的生命做准备:"为自己积成美好的根基,预备将来,叫他们持定那真正的生命。"(提前6:19)今世生命的价值低于来世生命的价值,人们不能超越尘世生命所以不能获得永生。新教改革家加尔文(John Calvin)指出:"上帝深知我们自然地迷恋这红尘,所以让我们离弃对它的沉湎,提出充分的理由要我们超脱并使我们警醒,想到天国和不朽才是我们整个生命的最高愿望。……当我们看到人的计划、欲望和行动时,这看来不过是尘世的价值而已,我们是多么愚蠢啊!我们的心灵被财富、权力和荣誉的光华弄得眼花缭乱,而不能看到超越它们之上的东西。"②

二、生命救赎论

基督教神学从人的原罪论出发,提出通过基督的救赎获得新生的生命之路。基督是引往生命之路的主。基督说:"我就是道路、真理、生命;若不借着我,没有人能到父那里去"(约14:6);又说:"复活在我,生命也在我。信我的人,虽然死了,也必复活。"(约11:25)通过信仰蒙恩,是因信称义,所得到的是重生,从而获得了新的生命:"若有人在基督里,他就是新造的人。"(林后5:17)这样的人,有了"新生的样式"(罗6:4)。这样的生命"更丰盛"(约10:10),得到平安喜乐,而且发出"生命的光"(约8:12)。所以,芬德莱说:"十字架的救赎把自己的特性和精神烙印在整个基督教伦理学之上。"③

---

① John Calvin. The Institutes of Christian Religion. Grand Rapids, Michigan: Baker Book House, 1995: 273—274.
② Ibid., 171.
③ George Gillanders Findlay. The Epistle to the Ephesians. London: Hodder and Stoughton, 1892: 318.

作为神学，基督教教义当然自我定义为普世价值。但也有人认为，宗教并不包含（或至少没有明确阐释）真、善、美的价值要求。例如爱因斯坦就对宗教活动家提出要求说："在他们的劳动中，他们应当利用那些能够在人类自己的身上培养出来的真、善、美的力量。"① 但是，这种看法是不准确的。真、善、美是基督教神学的题中应有之义，是基督教神学生命价值理论的核心。美国学者斯蒂芬·麦金托什（Steven McIntosh）有一篇在网上广为流传的讲稿《真、善、美的自然神学》，系统分析了三者在神学价值观中的地位及其整合关系，指出："这里所表达的是，真、善、美作为人所共知的价值怎样在普世的进化中起到一种中心的作用"，并特别指出，这三者是自然神学的内在的规定。麦金托什说："整合的自然神学寻求在我们自身经验的内部发现精神在世界上的运动，亦即在对美的高尚欢愉内部，在对真理的惊异内部，在对仁爱的激情之中，实现了完美的生命体验。"②

基督教神学价值观的纲领是信、望、爱，"如今常存的有信，有望，有爱"（林前 13:13）。按基督教神学家的说法，这三个美德是基督教伦理中最神圣的原则，是超验的，与人世的价值无关。神学伦理学家西萨里奥（Romanus Cessario）认为："基督教教义首先考虑的是神学和神圣的美德，因为对它们的体验关系到对上帝的信仰。这就是信、望、爱的美德，它们在基督徒的生命中占据重要的地位。严格地说，神学美德没有人的类比之物，只有圣灵的启示力才在信徒身上将它们引发出来。"③ 这当然是神学家的看法。宗教是社会意识形态，归根结底是社会文化体系的组成部分，是人类社会生活的反映，因而与整个人类的价值取向必然存在着相通之处。我的观点是，基督教神学信、望、爱的纲领，与真、善、美的普世生命价值，无论在指向上，还是在规定上，都是一致的。

基督教的信和求真的价值要求是相关的。信神是信神所启示的道，《约

---

① ［美］爱因斯坦：《科学和宗教》，《爱因斯坦文集》（第三卷），许良英等译，商务印书馆 1979 年版，第 185 页。
② Steven McIntosh. The Natural Theology of Beauty, Truth, and Goodness. http://www.integralworld.net/mcintosh4.html, 2007.
③ Romanus Cessario. The Moral Virtues and Theological Ethics. University of North Dame, 1991: 3.

翰福音》开宗明义就说"太初有道",英文译成 In the beginning was the Word,"道"即神的话语。但是,希腊文原文是 εν αρχη ην ο λογος,道是 λογος,是神设定的规则、秩序、法度。这道对人来说,是必然的、前定的、强制的,因而被称作"真道";基督说:"我就是道路、真理、生命"(约14:6),道是认识、行为和人生的最高准则,信仰的目的是求得神所启示的真理。所以,从奥古斯丁以来,尽管基督教神学对信仰和知识(或理性)的争论众说纷纭,但有一点是肯定的,信的目标和指向是真理,神引导人走向真理:"只等真理的圣灵来了,他要引导你们明白一切的真理。"(约16:13)。加尔文深刻阐释了信仰与知识的关系,指出停留在欲望和感性的层面上,就不可能获得主的真理,找到得救的正确道路。他说:"我们必须记住,在信仰和道之间有着不可分割的联系,就像太阳和光线一样不能分开","信仰是神要给我们的知识,是从他的道所揭示的,信仰的前提是对神的真理的信仰"。[①]

　　基督教的爱是和向善的价值要求相关的。"神就是爱"(约壹4:8),爱是至善,是基督教神学思想的总纲。约翰·卫斯理(John Wesley)说:"爱是终结,唯一的终结,是神的每一特许的重点,从世界开端到万物的毁灭。"[②]弗莱彻(Joseph Flecher)也说:"没有什么东西是本有的善,但是最高的善,至善,summum bonum,所有终结的终结就是爱。"[③]基督教的爱不是普通的人之爱,不是 love,而是效仿神的爱,是 agape(αγαπη),它不是由自私或情欲产生的,而是如基督一样,是一种奉献,如保罗所说:"所以你们该效仿神,好像蒙慈爱的儿女一样。也要凭爱心行事,正如基督爱我们,为我们舍了自己,当作馨香的供物和祭物献与神。"(弗5:1—2)有了这样的爱,就有了在基督里面的兄弟关系,消解了偏私、忌妒、仇恨、纷争、杀戮,实现了普遍的和谐。所以"爱人如己"是善的最高境界,保罗因而说:"全律法"和"别的诫命""都包在'爱人如己'这一句话之内了"(加5:14,罗13:9)。

---

① John Calvin. The Institutes of Christian Religion. Grand Rapids, Michigan: Baker Book House, 1995: 144—145.
② John Wesley. Works, T.5. Kansas City: Beacon Hill, 1986: 462.
③ Joseph Flecher. Situation Ethics. Philadelphia: The Westminster Press, 1966: 129.

基督教的望是和臻美的价值要求相关的。基督教认为"得救是在于盼望",但所盼的不是"所见的盼望",而是"所不见"的盼望(罗8:24),那是神所许诺的最美好的理想,是福音所许诺的美。这美是和平安详,弥赛亚是"和平之君",基督是"赐平安的神"(腓4:9),和平是"圣灵所结的果子"(加5:22),耶稣的福音就是"把我们的脚引到平安的路上"(路1:79),所以哈特(David Bentley Hart)说基督的福音是"美与和平的无矛盾的结合"①。这美是纯洁鲜活,"告诉我们有活泼的盼望,可以得着不能朽坏,不能玷污,不能衰残,为你们存留在天上的基业"(彼前1:3—4),它永远生气勃勃,包含无尽生机。这美是荣耀光辉,神的"华美"和"威荣"使信他的人分享光辉:"神的荣美归于我们身上"(诗90:17);"基督是我们的生命,他显现的时候,你们也要与他一同显现在荣耀里。"(西3:4)但是,基督教神学定义的美,不是尘世的有限的俗美,而是天国的无限的大美,是永恒生命的神圣之美。所以保罗说:"为自己积成美好的根基,预备将来,叫他们持定真正的生命。"(提前6:19)哈特研究神学美学名著的主题就是"无限之美"(the beauty of infinite):"认识无限作为原初的和不朽的美。"② 基督教教义所说的"望",主旨就是对美好未来的盼望,是满怀激情的切慕和渴求,上帝将"永远的安慰并美好的盼望赐给我们"(帖后2:16),而基督正是美的"中保":"如今耶稣所得的职任是更美的,正如他作更美之约的中保"(来8:6)。通过基督信众成就了对神圣之美的期望。

※　　※　　※

马克思说:"宗教是人的本质在幻想中的实现,因为人的本质不具有真正的现实性。"③ 基督教关于信、望、爱的论述,可说是真、善、美的价值观的神学隐喻,虽然充满宗教幻想,但和人类文明长期形成的普世价值取向却是情意相通的。无论怎么说,人类社会的客观发展和人类精神的主观要求不

---

① David Bentley Hart. The Beauty of the Infinite: Aesthetics of Christian Truth. Grand Rapids, MI: Wm. B. Eerdmans Publishing Co., 2003: 5.
② Ibid., 5.
③ [德]马克思:《黑格尔法哲学批判导言》,《马克思恩格斯全集》(第三卷),人民出版社2002年版,第199页。

是指向倒退,而是指向进步,对理想未来的憧憬是人的类本性,人,也只有人是向未来汲取自己的诗情,所以荷尔德林才说"人诗意地栖居"。怀特海把人类的价值理想称之为"宇宙的爱洛斯(Eros)",他认为这种宇宙之爱是三种:理智的真、道德的善、感官的美,它是"最高理想"和"最终满足"[①],正是在这个意义上,基督教伦理学的生命价值论是不容忽视的思想资源。

工业社会是人文精神失落的时代,这种失落的本质是资本使人工具化,从而扭曲了人的类本性,马克思称之为人性的异化,并第一次深刻地揭示了"人的类本质——无论是自然界,还是人的精神的类能力——变成对人来说是异己的本质",结果是"他们中的每个人都同人的本质相异化"。[②] 马克思关于人的本性、人本性的异化和通过人类解放实现人性复归的理论,得到了广泛的共鸣和普遍的回应。法兰克福学派的社会批判,存在主义关于精神沉沦和本真跌落的反思,韦伯的"魅"逻辑(附魅—祛魅—返魅)历史重构,在某种意义上都是人的生命价值理论,所涉及的都是人的本质规定或人性的普遍本质。随着后工业时代的到来,一方面,由于信息革命对传统社会的颠覆,精神解放和个性自由的条件日臻成熟,人的个性化和自我价值实现的要求成为时代的主流趋势;另一方面,社会结构的多元化,消费主义的生活方式,大众传播的文化泡沫,在所谓后现代语境下面,造成对宏大叙事、普遍价值和终极关怀的解构。满足于小型叙事的公众,理想沦丧,信仰失重,出现"生命中不可承受之轻"。这是我们时代的精神危机。

今天,比起解决金融危机来,重新确立生命的真正价值是更根本、更深刻、更长久的任务,它关系到人类文明本身的可持续发展。

2012 年 8 月 20 日

---

① [美]怀特海:《观念的冒险》,周邦宪译,贵州人民出版社 2000 年版,第 13 页。
② [德]马克思:《1844 年经济学哲学手稿》,《马克思恩格斯全集》(第三卷),人民出版社 2002 年版,第 274—275 页。

生命的价值和终极关怀

这是我应江苏省医学法学学会、医学伦理学会和医学哲学学会2012年8月10日召开的"尊重生命,关爱生命,守望生命"学术研讨会之邀,所做的主旨发言。这个会是为纪念《赫尔辛基宣言》48周年和《纽伦堡公约》66周年而召开的。近年来,国内围绕普世价值的争论,使我十分困惑,我的一位敬爱的授业师曾撰长篇专论反对普世价值。对这一问题,我做了艰苦的思考。"吾爱吾师,吾尤爱真理。"我觉得在这样的原则问题上,旗帜必须鲜明。在今天物欲横流,社会生活严重泡沫化的时代,面对生命中不可承受之轻,呼唤终极关怀,重新反思生命的基本价值,是有良知的知识分子的历史责任。爰有此文。

价值论的重要理论先驱培里(Ralph Barton Perry)说过:"价值理论关涉的是人类生存和历史的一种特别普遍的特征。"[①] 但是,问题恰恰出在这里:有没有整个人类共享的普遍价值?这就是所谓"普世价值"(universal value)问题。

近几年来,随着中国政治体制改革的深入发展和对外开放的不断扩大,在与西方文化的交汇和碰撞中,学术界关于是否存在普世价值的争论一时成为热点,辩之者说有,攻之者说无,壁垒分明。撇开其间的一些与政治有关的敏感问题不谈,从哲学上说,普世价值历来就是价值论(axiology)的核心论题。

---

① Perry R B. Realms of Value: A Critique of Human Civilization. Massachusetts: Harvard University Press, 1954: Ch.1, 7.

说起来，这是一场古老的争论。在价值论中，反对普世主义价值观的优势传统是价值相对主义。古希腊智者派的普罗塔戈拉就提出过"人是万物的尺度"的著名命题，开了相对主义价值观的先河。相对主义价值论最有代表性的导向是情感主义（emotionalism），可以上溯到休谟。在《人性论》中，休谟认为对恶与德的价值评价"不是单单建立在对象关系上，也不是被理性所察知的"，道德邪正的唯一来源是"借它们所引起的某种印象或情绪"。① 在现代学者中，艾耶尔（A. J. Ayer）和斯蒂文森（C. L. Stevenson）是情感主义价值论的主要代表。艾耶尔指出："就它们不是科学的陈述来说，则价值陈述就不是在实际意义上有意义的陈述，而只是既不真又不假的情感的表达。"② 斯蒂文森认为相对主义价值论是一种元理论，它系统地使"好""证明"具有了"被认为好""被认为证明"的意义，所以评价取决于态度，而"态度是据以接受或反对某事的倾向，具有愿意或不愿意、赞成或不赞成、喜欢或不喜欢等特性"③。而20世纪初叶，由于实用主义成为美国哲学的主流话语，以效用为标准的价值哲学盛极一时，而杜威通过大量论著系统发展了实用主义价值观，他的研究甚至被誉为价值哲学的"哥白尼革命"④。杜威集中批判了终极价值或绝对价值：他把价值评价或价值判断作为价值哲学的核心问题，颠覆了事实与价值、手段与目的的二元划分（所谓价值哲学的两个教条），提出实验经验主义的价值论，主张根据具体情境确定价值评价标准，而以行为效果评定价值。

1909年，美国心理学家闵斯特伯格（Hugo Müstberg）发表《永恒的价值》一书，挑战相对主义价值论。闵斯特伯格认为实用主义价值论的要害是主观主义和相对主义："当然，有很多东西我们重视它们，因为你或是喜欢它们，或是因为它们对你的目的有用。但是，这些价值依赖于我们的特殊观

---

① ［英］休谟：《人性论》，关文运译，商务印书馆1991年版，第510页。
② ［英］A. J. 艾耶尔：《语言、真理和逻辑》，尹大贻译，上海译文出版社2006年版，第82页。
③ C L Stevenson. Ethical Fallibility. In R T DeGeorge（ed.）. Ethics and Society. London: Macmillan, 1968: 199.
④ 冯平：《译者序——价值哲学哥白尼式革命》，［美］约翰·杜威《评价理论》，冯平、余泽娜等译，上海译文出版社2007年版，第1页。

点。一个东西对我可能有用,而对我的邻居却可能没有;它可能被我们的社会群体所欣然接受,却不被其他国家或其他时代所接受。……每个东西都似乎依赖于个人的观点,依赖于个人的需要。……简言之,我们所谓的价值似乎仅仅意味着个人的满足,随时代、国家、群体和个人而发生变化。"① 闵斯特伯格要问的是,在这种变化的价值取向中,有没有不变的永恒目的?在言人人殊的价值偏好中,有没有普遍的共同的倾向?作为实证科学家,他论证永恒价值的基本论据是世界和过程的同一性。闵斯特伯格指出,自在的世界(self-dependence world)是在不断更新中自我实现的,因而也是自我指认的,无论存在着何种差异和变迁,终究贯穿着三重同一性:一是"每一部分在变换的事件中总是自我认同";二是不同部分在某种意义上彼此存在着一致性;三是在改变中属于自身的意义存在着连续性。独立于我们的世界要求我们从这三方面给予满足,闵斯特伯格称之为"三重纯价值",即"保守的价值,一致的价值,实现的价值"②。生命也是如此,整个生命过程总是通过一个个短暂的瞬间把某些东西保存下来,它超越了偶然的变化实现了生命的意义和本质:"如果生命不是别的而只是一种短暂的闪光,如果不是即刻超出自身,如果没有把超越飞逝体验的内容保留下来,生命将没有意义,而我们也就不会有任何可以称之为世界的东西了。"③ 这种自我连续性是永恒的,并且永恒地约束着个体的所有个别行为,这正是普遍价值的基础。

闵斯特伯格的观点遭到价值相对论者的激烈反对,杜威专门撰写了《评闵斯特伯格〈永恒的价值〉》一文进行反驳,他否定存在普遍价值的理由是同一性和差异性的关系,认为一切判断,一切信念,一切理想都依赖于具体情境,因此差异性、新颖性是绝对的,没有超越个体的普遍价值目标。杜威批评普遍价值论把经验世界的任何一种状态或一种因素归结为终极(ultimate),而"这种终极也就失去了一切区别或差异"④。当然,杜威正确地

---

① Hugo Münsterberg. The Eternal Values. Whitefish, Motana: Kessinger Publishing, 2007: 5.
② Ibid., 78.
③ Ibid., 75.
④ 冯平:《译者序——价值哲学哥白尼式革命》,[美]约翰·杜威《评价理论》,冯平、余泽娜等译,上海译文出版社2007年版,第79页。

指出价值和评价标准都是历史的和具体的，但是强调区别和差异并不能否定其中包含着同一性和普遍性。

这里触及唯物辩证法的精髓——个性和共性的关系问题。恩格斯指出："由于差异性包含在同一性中，才有真理性。"① 不能因为存在差异而否定同一，也不能因为存在特殊性而否定普遍性，这是辩证法的根本原理，适用于一切事物，当然也适用于价值。马克思肯定黑格尔的法哲学命题"在普遍利益中保存着特殊利益"②。恩格斯也曾指出，英国的民族性包含的矛盾正是把普遍利益和单个利益割裂开来："英国人没有普遍利益，它们不触及矛盾这一痛处就无法谈普遍利益；他们对普遍利益不抱希望，他们只有单个利益。"③ 确实存在着个人的利益和价值诉求，同样也存在着群体的、阶级的、民族的乃至全球的或人类的普遍的利益和价值诉求，这就是个性中存在共性，特殊中存在普遍，相对中存在绝对。毛泽东说："这一共性个性、绝对相对的道理，是关于事物矛盾的问题的精髓，不懂得它，就等于抛弃了辩证法。"④

可以不喜欢普世价值这个术语，但是不能否定在各种特殊的价值取向中包含着普遍的共性的价值诉求，而这一点正是由人类自身自然进化的道路、人类社会历史的必然规律和人类发展面临的严峻挑战决定的。

价值是人的需要和满足这种需要的客体属性之间的契合关系，其基础是客体属性符合人的需求的固有可能性，所以客观世界固有的属性和规律规定了价值域，是各种价值选择的基础。人类是客观物质世界的产物，所有的人都必须服从同一世界的固有规律，概莫能外，这就构成了人类的基本同一性。新本质主义科学哲学家埃利斯（B. D. Ellis）指出："在这个由因果力支配的世界中，为这种力所激发的事件使所展示的另一些事件成为必然，如果它是一个我们所想象的决定论的世界，那么任何两个内在地具有相同形而上学必然性的事件，都倾向于以相同的方式行动，在同一环境中确实必须按同

---

① ［德］恩格斯：《自然辩证法》，人民出版社1984年版，第91页。
② ［德］马克思：《黑格尔法哲学批判》，《马克思恩格斯全集》（第三卷），人民出版社2002年版，第21页。
③ ［德］恩格斯：《英国状况——十八世纪》，出处同上，第531页。
④ 毛泽东：《矛盾论》,《毛泽东选集》（第一卷），人民出版社1991年版，第320页。

一方式行动。"① 由于人类是在同样的自然进化道路上生成的物种，他们的生理欲望、心理状态、认知模式、感情倾向等等必然有类的共同性，正是这种共同性使人与动物区别开来。马克思说："有意识的生命活动把人同动物的生命活动直接区别开来。正是由于这一点，人才是类存在物。"② 而人的意识是在受同一客观规律支配的环境中产生的，它的内容、形式、结构、指向必然有其本质上的同一性，这决定了整个人类在价值诉求上的可通约性。

如爱因斯坦所说："我们胜过野兽的主要优点就在于我们是生活在人类社会之中。"③ 人的利益需求受社会历史发展规律的制约，虽然个人出于自由意志，会做出背离社会发展趋势的价值选择，但从总体上说，社会要想存在和发展，就必须以符合历史发展规律作为思想和行为合理性的根本标准。马克思制定的唯物史观的根本原理是：一切人类活动的第一个前提也就是历史的第一个前提是："人们为了能够'创造历史'，必须能够生活。但是为了生活，首先就需要衣、食、住以及其他东西。因此第一个历史活动就是生产满足这些需要的资料，即生产物质生活本身。"④ 促进生产力的发展，使社会成员能够得到足够的和更好的物质生活条件，必然成为人类全体共同接受的价值基础。爱因斯坦在思考普世价值问题时，看到在价值标准方面存在着巨大的差异，因而说："要对基本价值判断进行争论，是一件没有希望的事。"但是，他认为尽管很难有所有人都同意的评价标准，但有两个目标是人们"大概都会完全同意的"。他概括说："满足物质上的需要，固然是美满生活所不可缺少的先决条件，但只做到这一点还是不够的。为了得到满足，人还必须有可能根据他们个人的特点和能力来发展他们理智上的和艺术上的才能。"⑤

---

① Brian Ellis. Scientific Essentialism. Cambridge：Cambridge University Press，2001：287.
② [德] 马克思：《1844年经济学哲学手稿》，《马克思恩格斯全集》（第三卷），人民出版社 2002年版，第273页。
③ [美] 爱因斯坦：《社会和个人》，《爱因斯坦文集》（第三卷），许良英等译，商务印书馆 1979年版，第38页。
④ [德] 马克思：《德意志意识形态》，《马克思恩格斯全集》（第三卷），人民出版社 1960年版，第31页。
⑤ [美] 爱因斯坦：《自由和科学》，《爱因斯坦文集》（第三卷），许良英等译，商务印书馆 1979年版，第179页。

发展是人类社会的永恒主题，而发展的动力和条件蕴含着一系列基本矛盾，这就是发展问题。在当代世界，人口、资源、环境问题已经成为全球问题，是各个国家，各个地区，各个不同的群体和阶层的人们面临的共同问题。尽管由于自然条件、历史背景、经济状况、发展程度和社会制度的差异，人们对发展的理解、期望和路径选择不尽一致，甚至会产生尖锐的对立。但是，对人类所面临的挑战的严重性、紧迫性却有着基本共识，正是基于这样的共识，世界各国确定了应对挑战的共同方针。1972年6月5日，联合国人类环境大会通过了《人类环境宣言》，统一了认识，指出："为了在自然界里面取得自由，人类必须在运用知识同自然合作的情况下，建设一个较好的环境，为这一代和将来的世世代代，保护和改善人类环境已经成为人类一个紧迫的目标。这个目标同争取和平和全世界的经济与社会发展这两个既定的基本目标共同和协调的实现。"显然，这一目标关乎地球上每个人的根本利益，从而成为普遍接受的价值取向，最终以"可持续发展"（sustainable development）的纲领将其作为普世价值确定下来。[1]

人的本质是人学（homonology）的核心问题，其基本设定恰恰是人作为一个类具有区别于其他一切存在物的独特属性，它是整个人类共有的，所以事实上是肯定了人的生命具有普遍的共同价值。

在古典哲学家和启蒙主义哲学家中，对人类生命普遍价值的肯定是主流话语。亚里士多德坚持人寻求幸福的合理性，并且认为这植根于人的自然本性之中："如果我们能够发现人的'功能'（εργovoρ, function）"，我们就能够准确地测定幸福之所在。[2] 所以人不是走回自然，而是前进到自然，认识自己生命的真正价值，因为人这种动物"在理性和说话方面是独一无二的，并且具有分享道德价值的能力"[3]。启蒙学者继承了亚里士多德的传统，认为人的生命的独特价值就在于具有创造价值的能力。卢梭指出，人的自然本性就是自由的主体："以自由主动者的资格参与其本身的动作"，这是人的天赋

---

[1] John Mc Cormick. The Global Environment Movement. London: John Willey, 1995.
[2] Aristotle. Nicomachean Ethics. Translated by T Irwin. Indianapolis: Hackett, 1985: 1097b24—1098a20.
[3] Ibid., 1253a7—18.

能力——"自我完善的能力"①。康德把启蒙主义的人学价值论系统化了，他认为人作为唯一有理性的自由存在，有三种独特素质：1. 技术素质，是维持肉体生存的手段；2. 实用素质，是适合社会生存而遵守秩序的倾向；3. 道德素质，是自我克制不断完善的内在要求。人的生命价值是在自我创造和自我完善的动态过程中实现的，这是人的类本性："表现为一个从恶不断地进步到善，在阻力之下奋力向上的理性生物的类。"②

长久以来，在马克思主义的话语体系中，有一种流行的观点，认为马克思主义创始人反对普遍人性，在中国对"资产阶级人性论"的批判锋芒所向正是否定共同的人性。的确，不是别的学派，恰恰是马克思主义奠基人通过建立唯物史观，真正实现了人性研究的"哥白尼革命"。但是，这一革命并没有否定普遍人性的存在，也没有摒弃人类生命所具有的普世价值。作为彻底的辩证论者，马克思把个性共性的原理运用到人性问题上，肯定在千差万别的种种特殊的人性分化中，贯穿着人共同的"类本性"，因此从未一般地反对探索人的普遍本质。马克思说："人的根本就是人本身"③，"人本身是人的最高本质"④。应当指出，黑格尔已经以深邃的辩证眼光，定义生命是一个类过程（das Prozeß der Gettung），其内在的张力正是个体性和普遍性的矛盾："个体生命分散的个别性在类的过程中没落了；类自身回归于其中的那个否定的统一，一方面是个别性的产生，另一方面又是个别性的消灭，所以，它是自身消融的类，是理念自为之变的普遍。"⑤黑格尔最先提出生命作为"类过程"其价值是自为性，是追求自我本质、创造自我本质和实现自我本质的过程；但是，这是一个扬弃物的特殊性、个别性的过程，是一个"类化"的普遍性过程。只不过他把这个普遍的类看成是理念的实现。在这一点上，黑

---

① ［法］卢梭：《论人类不平等的起源和基础》，李常山译，商务印书馆1979年版，第82—83页。
② ［德］康德：《实用人类学》，邓晓芒译，上海人民出版社2002年版，第263页。
③ ［德］马克思：《黑格尔法哲学批判》导言，《马克思恩格斯全集》（第三卷），人民出版社2002年版，第207页。
④ ［德］马克思：《黑格尔法哲学批判》导言，《马克思恩格斯全集》（第三卷），人民出版社2002年版，第214页。
⑤ ［德］黑格尔：《逻辑学》（上卷），杨一之译，商务印书馆1976年版，第472页。

格尔并没有突破传统西方哲学人性论的唯心史观，即把人性看成是脱离社会历史的抽象规定。而马克思却把人性置于社会历史实践的基础上，做了深刻的历史唯物主义的分析，建立了马克思主义关于人的"类哲学"。马克思承认西方传统人性论把人定义为自由自觉活动的自为存在："人把自身当作普遍的因而也是自由的存在物来对待"，"使自己的生命活动本身变成自己意志的和自己意识的对象"①。但是，这种自为活动并不是抽象的思辨，作为类存在物，人的本质是：

第一，人通过实践实现了自我规定，而实践是主观见之于客观的改造世界物质性的活动："通过实践创造对象世界，改造无机界，人证明自己是有意识的类存在物。"②

第二，作为人的类存在基础的实践本质上是生产活动："生产是人的能动的类生活。"③

第三，人的类存在是社会性的存在："个体是社会存在物。因此，他的生命表现，即使不采取共同的、同他人一起完成的生命表现这种直接形式，也是社会生活的表现和确证。"④

人的生命价值是作为"类过程"而存在的，作为一个辩证范畴，作为普遍性，他本身就包含着个体的差异性，而其中的所有个体同样也包含着类的普遍性。马克思所概括的人的类本性，正是普遍的人性，而人共同的本质属性规定了人类生命自身的固有价值，这就是普世价值的深刻基础。

存在着普遍的人性，就必然追问人类生命的普遍价值。对此，古往今来的思想家其实已经给出了相当一致的答案。科学史家萨顿（George Sarton）明确指出："我认为，就我们可以看到的说，生命的最高目的是造成一些非物质的东西，例如真、善、美。……我不能为我的生命找到其他的意义，不

---

① ［德］马克思：《1844年经济学哲学手稿》，《马克思恩格斯全集》（第三卷），人民出版社2002年版，第272—273页。
② 同上书，第273页。
③ 同上书，第273页。
④ ［德］马克思：《1844年经济学哲学手稿》，《马克思恩格斯全集》（第三卷），人民出版社2002年版，第302页。

能为我的行动找到其他的动因。"①

为什么说真、善、美是人类生命的终极关怀？恩格斯认为，人的生活的基本问题"一是为了生存，二是为了享受，三是为了发展和表现自己"②，而为此必须在三个维度上选择合理的价值取向。按奥罗宾多（Sri Aurobindo）的研究，这三个维度是：理智的或知识的即真的方式；意志的或行为的即善的方式；心灵的或感情的即美的方式。奥罗宾多把这三种方式称作原初价值的"永恒形式"③。

认知价值的求真指向。这一指向是人与自然的关系，目的是认识和利用客观规律。按爱因斯坦的说法，为了人类的生存和发展必须做到的第一个目标就是"为维持全部人类的生活和健康所必需的资料应当由总劳动量中尽可能少的部分来生产"，这是生产力规律的本质。马克思用另一种方式表述了这一规律："社会为生产小麦、牲畜等所需要的时间越少，它所赢得的从事其他生产、物质或精神的生产的时间就越多。正像在单个人的情况一样，社会发展、社会享用和社会活动的全面性，都取决于时间的节省。"马克思称这一原理为"首要的经济规律"④。但是，只有在揭示自然规律的基础上，发现利用自然力的新方式，才能实现上述目标，所以科学成为社会进步的伟大杠杆，成为第一生产力。从认识论上说来，科学对人类进步的决定性作用就在于其本性和功能是发现真理，如爱因斯坦所说："相信人类的思维是可靠的，自然规律是普天下皆准的。"⑤

行为价值的向善取向。这一指向是人与社会的关系，目的是协调人与人的关系。人的生存和发展的基础是生产，而生产只有在人与人结成一定关系时才有可能，所以马克思说："生活的生产……立即表现为双重关系：一

---

① ［美］乔治·萨顿：《科学史和新人文主义》，陈恒六等译，华夏出版社1989年版，第9页。
② 于光远：《我的故事》，大众文艺出版社2000年版，第278页。
③ Sri Aurobindo. The Future Evolution of Man. Quest Books，1974：16.
④ ［德］马克思：《经济学手稿（1857—1858年）》，《马克思恩格斯全集》（第三十卷），人民出版社1995年版，第123页。
⑤ ［美］爱因斯坦：《科学和社会》，《爱因斯坦文集》（第三卷），商务印书馆1979年版，第137页。

方面是自然关系，另一方面是社会关系；社会关系的含义是指许多个人的合作"①。这种合作关系（交往关系）形成和运行的保证是建立必要的社会规范，首先是伦理规范，其宗旨就是善。按政治学家罗尔斯（J. Rawls）的说法，社会应被看作是"为了相互获益而从事的一次合作性的冒险事业"，为了使这种合作进行下去，就必须有相应的规则，以"正确分配社会合作的利益和负担"②，符合这些规则的行为就是善。当然，不同时代的交往关系有质的不同，但正如马克思所说："至于这种合作关系是在什么条件下、用什么方式和为了什么目的进行的，则是无关紧要的。"③因此，虽然善的标准也是历史性的，但就其指向说，都是为了约束、规范和协调人际关系，以保证"生活的生产"得以有效地运行。

情感价值的臻美取向。这一指向是人与自身的关系，表现了在人的对象性关系中人的本质规定全面而和谐的实现。马克思谈到美的本质时指出："只是由于人的本质客观地展开的丰富性，主体的、人的感性的丰富性，如有音乐感的耳朵、能感受形式美的眼睛，总之，那些能成为人的享受的感觉，及确证自己是人的本质力量的感觉，才一部分发展起来，一部分产生出来。"④在人的创造性的实践活动中，体现了对象被人化的合目的性，确证了主体在感觉、情感、性格、思想诸多方面的本质规定，通过对象化的活动体现了人的丰富性和和谐性，从而引发了喜悦、愉快、爱慕、崇高等情感，并在这一过程中，实现了人的本质规定全面而和谐的发展，进达于精神自由，使生命向理想境界升华，用马克思的话说就是："人以一种全面的方式，就是说，作为一个总体的人，占有自己的对象。"他因此把臻美称为"人的一种自我享受"。⑤

---

① ［德］马克思：《德意志意识形态》，《马克思恩格斯全集》（第三卷），人民出版社 1960 年版，第 23 页。
② J Rowls. A Theory of Justice. Mass., Cambridge: The Belknap Press of Harvard University Press, 1971: 4—5.
③ ［德］马克思：《德意志意识形态》，《马克思恩格斯全集》（第三卷），人民出版社 1960 年版，第 23 页。
④ ［德］马克思：《1844 年经济学哲学手稿》，《马克思恩格斯全集》（第三卷），人民出版社 2002 年版，第 305 页。
⑤ ［德］马克思：《1844 年经济学哲学手稿》，《马克思恩格斯全集》（第三卷），人民出版社 2002 年版，第 303 页。

当然，人性是历史的范畴，真、善、美的内容、标准和形式随着社会语境的更迭，不断地发生变化，因此具有相对性。但是，虽说在表述上往往不够明确，有时甚至带有意会性（tacit），从根本上说，真、善、美的定义域和指向性却是稳定不变的。绝对和普遍寓于相对和特殊之中，在这个意义上，真、善、美带有普世价值的性质。所以，爱因斯坦说："把美和手足之情带进生活里来，这是人的主要志向和最高幸福。"①

　　人是矛盾的集合体，有物性即兽性，是为本我；有理性即人性，是为自我；有灵性即神性，是为超我。工业时代以来，消费主义盛行，工具理性大行其道，沉湎于物欲使人异化；后工业时代的多元语境使人沉陷于小型叙事，告别英雄，告别信仰，告别理想，生命中不可承受之轻导致社会和人生的普遍泡沫化，出现从人性向兽性沉沦的下向世风。拯救世道人心，重拾经典话语，呼唤终极关怀，是人类文明可持续发展的时代主题。

2012 年 8 月 12 日

---

① ［美］爱因斯坦：《和平必须确保》，《爱因斯坦文集》（第三卷），商务印书馆 1979 年版，第 131 页。

忆如面

消逝的光影
——悼江天骥先生

确也有了些年纪，近来日渐疏懒，除了与手边工作相关的东西，各种刊物总是堆成小山，才"算总账"式地突击浏览一过。日前刚刚看到《世界哲学》纪念江天骥[①]先生的专栏，才知道先生已于去岁邈归道山。曾有幸亲炙的一辈师长健在的本已寥若晨星，如今又一位巨星陨落，我突然像失重一样，有一种无所凭依的空虚感。

其实，我只能算先生的私淑弟子，始终没有在课堂上正规听过江先生的课。不过，先生的大名却是早有耳闻，算来已经是50年前了。那时江先生似乎是以逻辑学家名世的。1957年，我刚刚到中国人民大学哲学系读本科，学的头一门课是先师王方名先生主讲的逻辑学。当时方名先生连续就形式逻辑问题发表了三篇论文，对流行观点提出质疑，引起毛泽东的关注。1957年4月10日在中南海颐年堂毛泽东接见了首都逻辑学界的学者，方名先生在座，毛泽东当场对他的观点和学术勇气表示赞赏。这事虽然没有公布，但在同学中却早已流传开了。1957年9月17日，我17岁，在大学听的头一节课正是王方名先生的"逻辑学概说"。课下同学们窃窃私语，说这位先生如何如何。这使我对逻辑学产生了兴趣，在翻阅关于逻辑学问题的争论文章时，看到了江天骥先生的一些论文。当时的某些论文火气很大，双方都很动感情，而江先生的文章却总是那么理性和平实，令人折服。当时先生似乎执教于北大，

---

① 江天骥（1915—2006），广东省廉江县人，当代著名哲学家，武汉大学哲学系教授，在逻辑学、分析哲学和科学哲学等研究领域造诣尤深，著有《西方逻辑史研究》《当代西方科学哲学》《科学哲学与科学方法论》等著作。——编者注

而北大哲学系的名家多半都在人大哲学系兼课，但其中却没有江先生。听说不久先生就转到武汉大学去了，我最终无缘在课堂上成为他的亲授弟子，也未曾在学生时代亲聆謦欬。不过那时倒是读过先生在《新建设》（1961年第5期）发表的论文《形式逻辑的性质和作用》。给我印象最深刻的是先生提出的"纯逻辑的正确性和客观的真理性并不总是一致的"这一论断，这涉及科学评价的双标尺——事实标准和逻辑标准。当时国内论者主要是论述二者的一致性，先生注意的却恰恰是二者的差别。记得文章特别引用了恩格斯《反杜林论》手稿中的一段话作为佐证，指出纯逻辑推演极易出错，原文是先生直接从1948年德文版《反杜林论》附录译出的。那时对江先生学问的渊博和治学的严谨真是佩服不已。

1978年以后，我国自然辩证法事业进入了繁荣发展期。现代西方科学哲学的思想成就中有许多东西对当时的思想解放运动颇有裨益，一时间翻译和评介西方科学哲学文本成为学术界的重要工作。江先生理所当然地成为这项事业的带头人之一，先生写于1984年的《当代西方科学哲学》一书，是当时若干同类著作中最精缜而且也是最有原创性的一本。我恰恰自1984年起为研究生开设西方科学哲学课，至今已整整讲了22年，于是先生的这本书就成了我的案头书，每有疑难，总是先到此书中索解。由于业界会议十分频繁，在各种研讨会上见到先生的机会也就多起来了。小子何德，竟有幸与先生两次亲密接触，听先生咳珠唾玉，留下了终生难忘的亲切回忆。

记得是1986年，由香港中文大学、中山大学和广东省社会科学院联合举办"世界科学哲学研讨会"，地点在广东中医学院。该院坐落在广州三元里，那是当年鸦片战争时期广州人民抗击英国侵略的遗址所在地，这加深了我对那次会议的记忆。会上江先生第一个发言，题目是《分析科学哲学的若干问题》。江先生的口音很重，听起来很费劲，但每到关键处他总是用英语重复一遍。由于使用的大多是本专业的术语，而先生的英语发音又非常地道，所以大致听明白了。

当时我们这些初学者感兴趣的主要是后逻辑实证主义的波普尔、库恩等人的"新潮理论"，而对逻辑实证主义作为西方科学哲学的思想源头这一点却认识不足。香港学者李天命博士在这次会上就说过，内地搞科学哲学的人分析哲学的底子太差。江先生认为，科学哲学有四个研究传统：分析的传统、存在主义的传统、解释学的传统和严谨的科学哲学，而分析的科学哲学是最主要的，尤其是在英美和北欧一直占主导地位。这次会议和江先生的报告对我影响很大，我曾下功夫补了分析哲学这一课，感到受益匪浅。

我在会上也应邀做了题为《苏联的西方科学哲学研究》的专题发言，介绍了我所概括的苏联学者对西方科学哲学的评价，将其归纳为五点：形而上学复兴、反基础主义、多元主义、历史进化主义、社会文化主义。这一发言有一点儿东西方科学哲学比较研究的味道，引起了与会者的兴趣。特别是华南师大的吴大基先生，更是赞赏有加。我私下猜测，这位吴先生和台湾"中央研究院"原院长、著名物理学家吴大猷是否同宗兄弟，但却不敢启齿问他。就在我发言的那天，大基先生找我，说他和江先生很欣赏我的发言，晚上要一起请我吃饭，问我能不能赏光。这对我来说真是太意外了，忙不迭地逊谢不已。大约晚6时许，两位年逾古稀的老先生带着我，打的在广州市内穿街过巷，到了一个十分偏僻的小巷深处。下车后，吴先生对江先生说："记得吧？就是这里。"看来，这是二老旧游之处。可惜慌乱之中忘记看招牌，至今连街名店名都不知道。小小饭店，里面只有七八张桌面，看起来很古旧，家具是檀色的，十分整洁。吴先生做东点菜，好像六七个菜吧，粤菜菜码不大，但极精致，我连一个也叫不上名来。一向自诩见过世面的我，生平头一次感到如此孤陋。喝的是老酒，吴先生善饮，江先生似乎也能喝一点，但酒量不大。二老开始问了一下我的身世，颇多奖掖之词。记得席间江先生说："他山之石，可以攻玉。世纪初，开放了一下，文化有了一次飞跃；中间又封闭了30年，这回再开放，期待着文化的新飞跃吧。"我的感觉是，两位前辈对世界文化没有任何地域民族的偏见，对我致力于苏联自然科学哲学的研究极尽鼓励之能事。我后来一直比较注意从东西方科学哲学中全方位地汲取营养，和江、吴二师的这次谈话有直接的关系。酒至半酣，二老谈起西南联大的旧闻掌故，并就当年各自的罗曼司开起了玩笑，我才知道两位先生原来是西南联大的同窗好友。

没有想到的是，10年后我竟然有了与江先生同室而居的幸运。那是1997年11月21—23日在武汉召开的"第八届全国科学哲学学术讨论会"上，地点是在武汉华中理工学院。我刚到会,就看见几个年轻人陪同江先生进来。江先生生于1916年,当时已是81岁高龄,和10年前相比,江先生苍老了许多。陪同江先生的几位武大年轻学子,似乎因有课无法在这里留宿,只能白天过来,晚上如何照拂老先生起居就成了问题。我忝列科学哲学委员会委员之职,算是会议中心组成员,当时也与闻此事。因我还未办住宿手续,我当即表示可以和江先生住一个套间,就便照顾老人。事情就这样定下来了。中心组会上,范岱年先生让我在头一天上午的会上发言。由于我带的论文是《新的边疆:从经济学哲学到科学哲学》,是刚刚涉足的一个领域,觉得没有多大把握,所以晚饭后急忙回房间,想准备一个发言提纲。没想到一进屋就看见江先生正在台灯下伏案劳作。一摞十六开的白纸,字迹很大,一页纸大约只有百十个字,中文中夹杂着大段的英文。没有任何参考书,完全是根据记忆写作。他告我明天第一个就是他讲,打算说一说"科学政治学"问题,当时我并不知道这一主题的深刻含义。直到近几年,美国爆发了索卡尔事件,围绕所谓科学元勘(science studies)激烈争论,我才明白了江先生思想的超前性。从晚上7点一直到10点,江先生差不多写了3个小时才睡下。我有一点择席的毛病,刚到一个地方睡不踏实。大约半夜12点左右,迷迷糊糊中听江先生叫我,我起来进到里间,连忙问江先生怎么了,他说了一句什么话,由于先生的浓重乡音,也由于一时慌乱,我竟没有听懂。他似乎也看出我没听明白,于是自己站起来,颤颤巍巍地朝外间走。这时我突然想起10年前在广州,他发言时中间夹杂的英语我们都听懂了,于是急中生智说,"江先生你用英语说"。他笑着说,"I want to drink boiled water that has been chilled",原来他是要喝凉白开。我赶忙到外间倒了一杯纯净水给他,他接过来说,"Thank you"。

五十载悠悠岁月,不才如我为学为文,能有一点心得,全赖先辈鸿篇巨制烛照愚昧,开启冥顽。每每想起江先生披着苍苍白发,在灯下奋笔疾书的形象,便为自己的疏懒深致惭愧。记得钱锺书先生辞世时的挽联中有这样一句:"老成凋谢,教吾辈空仰高山。"哲人其萎矣,哲人的哲思和风范将长留天地,光照人间。

2007年3月30日

如沐春风,恩泽长在
——忆恩师龚育之先生

与龚育之①先生(左)泛舟松花江(哈尔滨,1984年)

---

① 龚育之(1929—2007),湖南湘潭人,著名马克思主义理论家、教育家,中国科学技术哲学和相关学科的奠基人之一。1948年考入清华大学化学系。1952—1966年在中共中央宣传部科学处工作,参与创建中国科学院哲学研究所自然辩证法组,创办《自然辩证法研究通讯》杂志。1977后历任中共中央毛泽东主席著作编委会办公室副主任、中共中央文献研究室副主任、中央宣传部副部长、中共中央党校副校长、中共中央党史研究室常务副主任等职,长期分管党的理论工作,参与党的许多重要报告和文献的起草。曾任北京大学科学与社会研究中心兼职教授、中国自然辩证法研究会理事长、中国科学学和科技政策研究会理事长、中国软科学学会副理事长和中共党史学会会长。著作有《关于自然科学发展规律的几个问题》(1961)、《科学·哲学·社会》(1987)、《在历史的转折中》(1987)、《自然辩证法在中国》(1994),等等。其主编的《历史的足迹:苏联自然科学领域哲学争论的历史资料》(1990)是国内俄苏科技哲学研究领域的肇始之作。——编者注

因即赴美访学，无暇打理博客，颇有久违之感。6月12日，突闻恩师龚育之先生仙逝，哲人其萎，不禁潸然泪下。临行匆匆，谨此为祭。

　　多次听到龚育之老师罹病的消息，我想老师年纪大了，体弱多病当在意中，并未作意外之想。2006年12月23日我去参加纪念北京大学科学与社会研究中心成立20周年纪念会，听说龚育之老师来了，我与王玉平同志到休息室去看望，一年多不见，老师的面容苍白清癯，声音喑弱，果然是重病在身。我忙将刚出版的拙作《跋涉的理性》送上，告诉先生，这就是那本总结俄（苏）自然科学哲学108年历史的著作。先生接过书说："好啊！"紧紧地握了一下我的手，不知怎的，蓦地眼睛一湿，心里似有千言万语，却一句也说不出，谁想这一见便成永诀……

　　说起来，我不过是先生的私淑弟子，虽然20世纪五六十年代在京读哲学系时，应当有很多机会亲聆教诲，却一直缘悭一面。1978年7月13日，我在北京市委党校全国自然辩证法夏季讲习会上，第一次亲耳聆听了先生的学术报告《自然辩证法工作的一些历史情况和经验》。报告对苏联哲学界歪曲哲学和自然科学关系的教训做了透辟的分析。记得龚师引用《德意志意识形态》中的一句话说："思辨中止的地方，就在现实生活面前，正是描述人们的实证科学开始的地方。"（大意）他以大量历史事实雄辩地说明了自然科学的独立性和价值中立性，振聋发聩。正是这次听课后我萌发了研究苏联自然科学哲学的强烈愿望。没有想到，我的这个想法却得到龚师的大力支持。记得是在中组部招待所的一次自然辩证法工作会议上，我私下和先生谈了这个想法，龚师当即表示，你们黑龙江俄语人才多，与苏联有特殊历史关系，应当在这个领域多做一些工作。

　　那时我还年轻，颇有点初生牛犊的劲头，便满怀热情地干起来了。我在省研究会成立了苏联自然科学专业委员会，在哈师大建了研究室，招收了专业研究生，组织出版了《苏联自然科学哲学研究动态》。在此基础上，我向龚师提出召开全国苏联自然科学哲学讨论会的想法，并到龚师家去汇报，得到他的热情支持，并表示要亲自去哈尔滨参加会议。这次会议于1984年8月24日在哈尔滨马迭尔宾馆开幕，龚师的秘书高路同志先期到会，而龚师26日如期莅临，并在会上做了重要讲话，肯定了这项研究的特殊意义，指出苏联毕竟是以马克思主义为指导研究自然科学哲学的，与西方不同，其成败得失都有深刻的借鉴意义。这给了我巨大的鼓舞。没想到的是,当我陪龚师在松花江上泛舟时,他突然提出要到我家看看。其时,我虽离开了筒子楼搬到一室半的小屋中,但孩子幼小,家徒四壁,凌乱不堪,何以接待贵客。但龚师执意要去,我只好恭敬不如从命。龚师到我家小坐,看出我的狼狈,温厚地说:"艰苦也是一种财富。"在我送龚师出校门的路上,他一直拉着我的手,似乎很有感触地对我说:"中国的知识分子要关心政治,积极参与改造社会的活动,不能只躲在象牙之塔里面搞学问。"在此后漫长的岁月里,我不断看到和听到龚师在中国改革开放的伟大事业中奋力工作的辉煌业绩,常常会想起他的这段话。我觉得这是中国知识分子经世济用的优秀传统,龚师的这一教诲,使我对人生有了深一层的感悟。

龚师提议出一套"苏联自然科学哲学丛书",并将此事委托给我,这使我诚惶诚恐。由于龚师出面斡旋,当时的省长侯捷为此拨出一笔专款,并做了批示给予支持。为此事龚师亲笔致信给我不下五六封,并在北京召开了编委会议,龚师出席,会议决定由龚师出任主编,由我做常务工作。第一批选定三本书,第一本就是龚师的《历史的足迹》。此书是他从50年代初开始研究苏联自然科学哲学的各种笔记资料的汇编。看着那些泛黄的译稿、摘录和评述的纸页,我心底涌起一股热流,仿佛亲眼看到龚师作为学者辛勤耕耘、笔耕不辍的身影。龚师还亲自为丛书撰写了总序。遗憾的是,丛书初稿方定,我即出国访学。具体负责出版事务的年轻同志,无法与出版社抗衡,而那位责编出于利益考虑,坚持每本书只印数百册。

1989年9月,我回国后,携样书去京,在新华街中宣部见到龚师,向他面陈丛书出版情况。他细心地翻看版权页,发现印数只有几百本,面露不悦,用责备的语气说:"怎么只印了这么一点儿?"当时我心中的自责真是无以名状,这是我心中永久的痛,我实在愧对老师。我一直在想,有生之年,我一定要再版《历史的足迹》,以告慰先师。

如今龚师遽归道山,我有幸作为亲聆謦欬的后学,想起与龚师交往的那些温馨岁月,仍有如坐春风之感。龚育之老师对我的恩泽永生难忘,我将牢记龚师的嘱托,继续推进我国俄(苏)自然科学哲学的研究,不断用新的成果告慰先生于地下。

2007年6月24日

亲炙拾零

引 子

我一向不愿过多回忆往事，人生有限，宜抓住现在，拼抢未来，自传云尔，无益事也，这是我和某几位老友心意相左的地方。但余生也早，师门长老，音容笑貌，风范举止，真古之遗爱。岁月流逝，遗音杳纱，随着师长前后魂归道山，我心中的点滴光影，亦恐旋踵飘散。目睹时下以自怜自爱自恋为主题的时髦文字，如山样垃圾堆积在身边，使我艰于呼吸视听，不禁感激还有古希腊第欧根尼（Diogenes Laertius）那样的有心人，留下了《名哲言行录》十大卷；也有中国南朝刘义庆这样的好事者，留下了《世说新语》三十六卷——遗璧片片，让我们仰之弥高，不至于在市井的喧嚣中沉沦。钱锺书先生曾说："自传不可信，相识回忆亦不可信。"诚哉是言。且不说有意缘饰攀附，自我作古；或私情障目，为贤者讳；光是日久年深，这记忆就不可靠。但网罗旧影，并非宣修国史，不过如负暄謦欬，说天下三分；或白头宫女，忆天宝旧事。姑妄说之，姑妄听之。反正故老们的轶事比之网上那些"宝贝们"的红绿绯闻当然不能博哥哥妹妹们的眼球。管它呢，且写起来也么哥！

何思敬先生

何思敬先生1896年生，出身日本东京帝国大学，著名《资本论》研究者河上肇门下，左翼文化运动干将，任国立中山大学法科副主任时，鲁迅正就任该校文学系主任。他是延安大学法学院的领导，当时大量马克思主义典籍中译文的译者，曾任毛泽东重庆谈判的法律顾问，是新中国成立后首任政务院委员，后不愿从政，到中国人民大学哲学系任首任系主任，教授，1969年去世。

"拾零"把何老放在首位，因为他是我的老系主任，在"亲"老师（指中国人民大学哲学系本系在册老师）中，他最年长，并非因何老官最大。

我考入人大哲学系时，刚刚17岁，是对一切都好奇的年龄。系里开迎新大会，何老致辞。其实，他当时只有61岁，身材不高，圆胖而白皙的面庞。他讲话的主题是哲学正从理念变成伟大的实践，给我印象最深的是，他用浓重浙东口音的普通话，高声背诵马克思的一句话："哲学已成为世界的哲学，而世界也成为哲学的世界。"当时国内似乎还没有人引用过这句名言，我当然不知道出处，只是感到有一种高尚的东西，冲击着我年轻的心。不久知道，何老正在翻译黑格尔的《大逻辑》，而早在延安时，他就应毛泽东之邀译了克劳塞维茨的《战争论》，并给高级将领讲这本书。于是我又迫不及待地看了何老译的《经济学—哲学手稿》，当然并没有看懂多少。不过，与黑格尔和马克思都有关的一个关键词，德文是 Entfremdung，英文是 alienation，贺麟等先生都译作"异化"，独独何老译作"疏远化"。这个译法，看似直白，甚至有点像鲁迅所说的"硬译"，但日久年深，越来越觉得别有韵味。李白诗曰："大贤虎变愚不测"，老一代真深不可测也。无论如何，那时反正觉得能投到这样的大师门下，真是三生有幸。

一年后的1958年，"大跃进"运动来了。"拔白旗"指向了老一代学者，他们被称作资产阶级学术权威。别人不说，何老是1932年入党的老革命，连毛泽东都称赞他"有正义感，有勇气，有学问"，居然也在被"拔"之列。但大字报实在也没有什么好批的，只是一味指责他身居书斋，脱离实际。其实，背景是他对当时大学整天搞体力劳动、破坏正常教学秩序不满，编了一本"马克思主义经典作家论教育如何与生产实践相结合"的文献摘编，实际上是用老祖宗的话斥责当政者胡搞。我和好友李惠国对系里那些激进派的做法窃窃以为不然，两人嘀咕许久，决定去访问一下何老，名义是有些困惑向先生请教。当时我们在西郊，何老住在城内校本部张自忠路铁狮子胡同1号

（原段祺瑞执政府旧址，刘和珍君喋血的地方）。忘了是怎么联系的了，反正何老愿意见我们。那是一间拥挤的书房，到处都是书，何老的写字台上是成叠的手稿和堆放着的外文书。我们主要问他对那些批评的看法，没想到他竟说对他的意见都有道理，自己进城以后是不太过问政治了，一心想搞学问，并说了一句我一辈子都不会忘记的话："我沉浸在黑格尔唯心主义的大海中不能自拔！"那神情并不是痛苦和自责，倒是一种悠然神往的陶醉。我直到现在还在想，何老是不是非常向往那个黑格尔的"大海"呢？

又过了一年，何老调到人大马克思主义研究所任所长，不当我们的系主任了。我的遗憾是始终没有机会真正完整地听何思敬先生一门课。当年他在白色恐怖中，被誉为"摸着屁股骂老蒋"的斗士；在抗日战争的艰苦年代，他大声疾呼："乾坤一掷，乾坤再造。"微斯人，吾谁与归？

王方名先生

写我的亲老师，先得说给我上大学第一堂课的王方名先生。

法国作家都德的《最后一课》是脍炙人口的了，但是"头一堂课"同样使人终生难忘。我刚进大学门听的第一堂课，是王方名先生讲的，课程是"逻辑学"。1957年9月17日，方名先生由他的助教张兆梅老师陪着走进教室，他身材粗壮，硕大的头颅，华巅寥落，在我这个少年人的眼里，已经是一位蔼然的老者，其实当时他才41岁。他操着四川口音，劈头一句话是："逻辑译自希腊文 λογικος，词根是 λογος，也就是逻各斯，即与语言、思维、理智、规律有关的学问。中国最早使用逻辑一词的是章士钊。"于是，从逻辑学的各种名称说起，历数中印希腊、中古和近代的古典演绎逻辑及古典归纳逻辑的各派源流沿革，以数理逻辑和辩证逻辑的兴起作结。随之转入正题，辨析逻辑学的主题。我觉得先生一触及这一话题立即兴奋起来，似与对手辩论。他认为逻辑研究的不是思维的内容，而是研究思维的形式；思维形式分为思想形式和逻辑形式两种，思想形式与事实相关，逻辑形式与语言相关；思想形式关涉真假，逻辑形式关涉对错。先生脸泛红光，声音高亢，语流如注，言辞犀利，环环相扣，不像讲课，倒像是一场雄辩。我觉得有一种跃跃欲试的冲动，想跟着先生走上辩台，为他助威。我一生听课可谓多矣，但是这样的导言课却仅此一堂而已。半个世纪过去，重温当年的笔记，我才明白，方名先生讲逻辑学的导言就是铁一样的逻辑，难怪一下子就抓住了我这个站在逻辑学大门槛的少年的心。

　　第二天我就在学校出版社的门市部买到了王方名著《论形式逻辑问题》，是中国人民大学出版社刚刚出版的新书。打开一看，序言里写道，"中央一位领导同志刚刚接见了我们"，所以决心把自己的观点发表出来，就教于学界。不久就听到师兄们议论，说这位"领导同志"就是毛主席。由于正在开逻辑课，不免对当时国内关于逻辑问题的讨论关心起来，特别是《哲学研究》和《新建设》上的争论文章，几乎篇篇都找来翻看。这才知道，原来围绕形式逻辑学科性质问题的争论分为两大派：一派主张形式逻辑有阶级性，一派主张没有；前者人多势众，是主流派；后者只有周谷城和王方名两位孤军奋战。周老是毛泽东的老相识，毛鼓励他坚持己见，大胆争鸣，并说，人民大学有个王方名，观点和你相同。没想到，1957年4月11日，毛泽东在中南海颐年堂专邀周谷城、王方名谈逻辑问题，在座还有金岳霖、冯友兰、贺麟等人，还有我的另一位亲老师黄顺基。毛泽东表示赞同周、王少数派的观点，说："不能让自己的脖子上长别人的脑袋。"我这才明白先生的导言为什么讲得那么精彩。敢于提出问题，敢于固执己见，"虽千万人，吾往矣"，这才是学者的气象。科学开始于问题，这虽是多年后学了波普尔的证伪主义才知道的命题，但是，就在我上大学听的第一堂课上，就凸现了这个治学真谛。罗素说："哲学的价值很大程度上就在于问题本身。"方名先生是个真正有问题意识的学者。

　　后来，全国逻辑讨论会在人大第十教室召开，我趴在窗户上偷听，方名先生讲《论思维结构和推论的思维结构》，厘清形象思维的结构和抽象思维的结构，认为一个是想象的描述的，一个是推论的概括的。我虽听得囫囵半片，但觉得极富新意。这篇发言不久就在《新建设》上发表了，使我得观全豹，深藏于心。1979年，文学界在哈尔滨师范大学召开全国形象思维问题讨论会，我不知怎么也滥竽其间，并做了《形象思维与认识论》的发言，还得到了张松如（公木）教授的称赞。说起来，我的这篇文章正是在吾师方名先生的观点启发下成文的。那时还看过先生的另一篇论文《论思维史研究》（《学术月刊》1961年第8期），充满了奇思妙想，文中说他正在解剖现代思维的内部结构，经过几年的工作，目前已经得到二十多组思维分类，并介绍了其中的十组。读了此文，我有一种醍醐灌顶的感觉，真想找先生去"问道于斯"。但其时我已五年级了，先生不再给我们上课，颇觉求教无门。先生在文中说："'找寻'就要探索走去。走了一段，就算找到了一段"，这是"由羊肠小道到阳关大道的问题，它完全取决于这个'走'字"。这真是名家的经验之谈，我后来目睹多人，不是怨天就是尤人，结果一生一事无成，缺的就是方名先生说的这个"走"字，——不曾举步，遑论其他？

就是大一的时候，有一天好像是在讨论教改的全系大会上，由也是搞逻辑的副系主任方华老师主持会议。忘了是一个什么话茬，一位大二的师兄问方华老师："王方名先生怎么写了那么多好文章？"方老师笑笑，指着自己的脑袋说："他这个好使！"全场哄堂大笑。

离开母校，世事风云变幻，真是恍如隔世，有时师友重聚，免不了谈起方名先生，才陆续知道老师的坎坷命运。他少年投身革命，青年时代入党，参加抗日战争。新中国成立初期"三反"运动中，却因家庭出身牵累，其间涉及高层人事而长期蒙尘，连吴玉章老校长出面都无济于事，"文革"又遭大难。直到改革开放后才得平反，但旧稿尽失，夙愿难偿，心情之郁闷，可想而知。1985年就在纪念抗日战争胜利50周年那一天，方名先生倚在枕上溘然长逝。

许久以后我才知道，原来英年早逝的作家王小波正是王方名先生哲嗣，按过去的说法，他还是我的师弟呢！而以研究性问题不断造成轰动效应的李银河女士，当然就是方名师的儿媳了，这真是从何说起。

张素诚先生

按时间顺序，刚上大学，我最感兴趣的，除了逻辑学，就是高等数学了。

那时，我觉得一切都那么新鲜，17岁，那是个多么敏感的年龄啊。我们系好像知道我的心思一样，大一开的课兼顾文理，完全满足了我的求知欲。高中时，我对文理两类课同样痴迷，各科发展比较均衡，报考哲学系的一个重要原因就是招生简章上，特别强调了理科的课程设置。没想到，头一星期就开了数学分析，第一堂课的授课老师居然是科学院数学所副所长关肇直教授，他虽然只给我们讲了两个小时，但是却把我对高数的兴趣完全激发起来了。后来是周述歧先生给我们讲完了微积分课。没想到，不久又开了第二门数学课——非欧几何，授课老师就是张素诚先生。

张素诚先生是浙江人，浙江大学苏步青先生的得意门生，获庚款资助赴英，牛津大学博士；给我们讲课时，是中科院数学所研究员，后任《数学学报》主编，著名几何学专家。我不知道当时人大哲学系怎么那样厉害，竟把那么多大学问家请来给我们这帮哲学系低年级大学生讲课。不管怎么说，那天张先生精神抖擞地走进了教室。先生身材不高，圆圆的脸，神态俨然，不苟言笑，操着难懂的浙东萧山话。记得选这门课的人很少，只有二三十人，其中还有一些高年级的师兄旁听，因为他们不开这门课。但是，张先生根本不管这些，他开板就唱："过一点可以作几条已知直线的平行线？一条？为什么？"他在黑板上划着，从欧几里得第五公设的证明，引申到空间几何模型的假设性质，对抽象几何空间和现实物理空间的差别做了比较。然后说："康德讲空间，那是哲学家的空间；未来的哲学家们，不学几何学，怎么研究哲学？"坐在下面，我激动得不行，似乎心都在发抖，这个问题引起了我强烈的兴趣。后来知道，素诚先生与我们这一行渊源颇深，他在浙大时的系主任是中算史权威学者钱宝琮先生，钱先生对素诚师十分器重；而他去英国留学的推荐人，则是李约瑟。他在英国得的是哲学博士学位（当然，英国的哲学博士是广义的，包括理科基础学科），难怪请他给我们讲数学。我们这门非欧几何课共36学时，其实是个导论，但却为我后来读与引力论有关的哲学文献提供了必要的基础知识。有一段时间，我特想弄弄空间观念的发展问题，甚至打算把苏联几何学家卡甘的《几何学的历史发展》译成中文。可惜，课堂听的那点东西远远不够，忘了素诚师说的，现在这门课只是个引论，要登堂入室，还要学他推荐的参考书。我自知此生没有能力下那样的功夫，只好望洋兴叹，并因此不仅更深切地认识到学海无涯，也懂得了术业有专攻，不能自不量力，必须讲究能行性原理。

张素诚先生是国际知名的几何学大师，我知道的是，他在拓扑学领域关

于 A_n^2（n>2）多面体法形式的研究，被称作张素诚法复合形。这样的大数学家放下自己的研究，一请就到，给我们这样的毛孩子讲课，按今天的价值观，简直是天方夜谭。而素诚师讲课却严肃认真，一本正经，好像认为我们将来都能得菲尔兹奖似的。有一次在课堂上，一位同学可能是因为听不懂，一直没记笔记，素诚师从讲台上下来，走到他旁边，问："为什么不记笔记？"这位同学嗫嚅着说："我跟不上，没记下来……课后我找同学补上。"素诚师拍拍他的肩膀，神情严肃地说："我期待着！"多少年了，我有时会想，在素诚师那一代学者心中，学生真是他们的上帝。

大约就是在给我们上课的时候，苏步青教授见到他当年的学生张素诚，赠诗一首："三十年前在贵州，曾因奇异点生愁。为今老去申江后，喜见故人争上游。"苏老是国内几何学的泰山北斗，当时在上海复旦，所以说"老去申江"；见到自己弟子学术大进，喜不自胜。静心窃思，面对当年的师长，时至今日，我是否能给他们这样的喜乐？惭愧，惭愧，唯有继续奋力前行！

张厚粲先生

踏进大学校门听的第一门课是逻辑学，而第二门课则是心理学。想来系里认为心理学是哲学系学生的知识根柢，所以安排了一学期的课时。按当时人大哲学系的惯例，新开课的导论总是请一位该学科资深大家主讲，心理学也不例外。导论课是由北师大教育心理系主任彭飞教授讲授。但恕我不敬，这次课并未给我留下深刻的印象。倒是第二周换了一位女老师，她才是我们这门课真正的主讲教师。我一生听过课的女老师可谓多矣，但若问我一位女教师的形象应当是什么样子，我会毫不犹豫地说：就像张厚粲老师那样！

张厚粲先生当时是北师大教育心理学系的讲师。上课的时候，我只觉得她迈着轻盈的步子姗姗走来，微微颔首，用柔美圆润的京片子，甜甜地笑着说出自己的名字。她看上去很稳重，像是已逾而立之年；但又像阳光下绽放的芙蕖，涵蕴着蓬勃的朝气。修长高挑的身材，穿着一袭天青色的暗格薄呢套装，端丽清雅，亲切地看着台下，像是随时准备应我们的要求施以援手。我心里想，真不愧是心理学老师，还没讲课就让学生对她倾心了。

但我很快发现，厚粲老师的魅力其实不在外表，而在于她的授课内容。一个学期下来，心理学课12章，厚粲师讲了11章，64学时，全部内容贯穿着她的一句话："人的一切皆由主动性决定。"这是她整个讲课内容的红线，她是在讲人，是在塑造我们的人格，也是在美化我们的灵魂。厚粲师告诉我们：人的心理类型虽是先天遗传，但后天环境早已改变了它，"类型"云者，其实是先天禀赋和后天习得的"合金"，看你自己走的是哪一条生活之路；人的反射是第二信号系统的条件反射，有无限多级，这种潜能等待你去开掘，看你有没有这种自觉；人的感受虽直接源于外界刺激，但人面对这些刺激却有独立性，不会成为环境的俘虏，可以根据自己的兴趣、信念、目的掌控自己的感受，看你内心是否强大；人的行为是否成功与随意注意关系极大，心思浮动，飘忽不定的人，终究一事无成，但人有意志，能稳住心神，保持内心的宁谧，愈是清醒的人愈是专注，看你是否有这样的自控力……人不是动物，不能受本能欲望支配而恣意妄为，人美在心。就在那一学期，我系一位女生沉湎在私情中，最后自杀被救，终致退学。厚粲师显得特别悲悯，对我们说："要巩固建筑物，不要修补已经崩溃的楼宇啊！"那时我觉得，她真像慈爱的女神。

厚粲师博闻强记，显然有深厚的学养。有一次讲记忆时，谈到识记问题，我们请老师特别讲讲强化记忆的窍门。她随手在黑板上画了那个有名的遗忘曲线，然后说，根据规律和自己的体会，集中记忆不如分散记忆效果好。有实验表明，为记住一个资料一共复习24次，若每天复习8次共用3天，记忆率是18%；每天复习6次共用4天，记忆率是39%；每天复习两次共用12天，记忆率是53%。这番话我马上记在听课笔记上，现在翻出来看，想起当时的感受，觉得厚粲师全凭记忆，信口道来，真是既感且佩，觉得她又像智慧的女神。

课结束了，厚粲师也不会每周来人大给我们讲课了，我有点怅然若失，心里时常萦回着她的影子，总觉得这个老师身上有些什么东西和常人不同，大概是一种气质吧；虽然作为学生只是坐在课堂里听课，并没有私下的交往，但这种感觉却始终挥之不去。大概是两年后，张懋泽先生到我们班蹲点。张先生刚从莫斯科大学留学归来，我常缠着他讨教。那次好像是去颐和园春游，我顺便问起他是否和张厚粲老师相熟，并说起我的印象。懋泽师笑着说："你不知道啊，张厚粲老师是张之洞的孙女啊！"我顿时一震，想再说点什么，却说不出来。张文襄公虽是封建官僚，却是辜鸿铭所说的"儒臣"，饱读诗书，极有见地；姑不论其功过，仅《书目问答》一书和"中体西用"之论，就深深影响了中国近代历史的进程。他有一副联语"海到无边天是岸，山高绝顶我为峰"，可谓气冲牛斗。这样的家世，有流风余韵传之后人，夫复何疑。

厚粲师现在是国内心理学的宗师，曾任北师大教育心理系主任，心理学界领军人物多出门下。师虽年届八秩，仍出任国务院参事，国际心理学会执行主席。看报道，2006年11月23日在天桥剧场公演话剧《张之洞》，厚粲师以后人身份应邀出席。我还听说，她就青年人自杀问题，曾应某团体之请题词。厚粲师写道："珍惜生命，关爱健康，共享七彩人生。"我当即想到念书时她听到同学自杀时说过的话。啊，我的老师，您永远是美丽、慈爱、智慧的女神！

萧前先生

在我大学的亲老师中，私人过从最亲密的是萧前先生。古语说"近乡情怯"，我则是"近亲情怯"；与老师有那么多的日常交往，反而时时忘记反思先生的学术人格，以致竟有一种"亲而疏"的感觉，也许这是加缪所说的荒谬感之一种吧。2007年，我赴美访学，先听到龚育之老师遽归道山，不久又接到萧前师仙逝的噩耗。我随即写了回忆龚师的一篇文字《如沐春风，恩泽长在》；并且特别想好好写写我最亲密的授业恩师萧前先生，但是每当提笔却总是心如沸羹，竟至不知从何说起，蹉跎至今，仍然觉得茫无头绪。想起季羡林大师在《回忆陈寅恪先生》中的话："别人奇怪，我自己也奇怪：我写了这样多的回忆师友的文章，独独遗漏了陈寅恪先生。"答案是，对陈先生的回忆太珍贵、太神圣了，生怕玷污了这感情。以区区在下之平庸，当然不能妄然比附大师，但季老的话却使我明白了自己为什么如此踌躇：我曾多次伴随萧师左右，亲聆謦欬，但我有能力写出学者萧前的精神世界吗？身为弟子不能回报师恩，已属愧怍无地，倘因文字玷污了老师的高大形象，岂非罪莫大焉？但是，此次发表系列博文，如果再有意避开，且不说对不起恩师，也承受不住良心的重压。

我第一次注意到萧前老师的名字，是一件特殊的事情。我系高班的李德在哈尔滨市第三中学校时，就是我上一年级的学长，先我一年考入人大哲学系，我在中学时就很佩服他的学识。不幸的是，他于1957年被打成右派，他那本记录"反动言论"的日记被作为反面教材公之于众。日记中说到许多老师对他的无端指责，并表示强烈不满，唯独对萧师却用的是学术辩论的口气，似乎不是政治分歧，而是师生之间在学理问题上的争执。由于对李德师兄的关心，不免留意他在那场政治风暴中的每一件事，我当时就觉得有点奇怪。现在想来，这事其实曲折凸显出萧师的人品：他不做妄论，不以势压人；他那忠厚长者的口碑，确是其来有自啊！

当然，作为刚入学的新生，最好奇的就是系里的名教授，学长们议论得最多的就有萧师大名，说他是"中国的康斯坦丁诺夫"。这位康斯坦丁诺夫是苏联院士，以历史唯物主义的著作名噪一时。我当时知道的是，萧师曾于1955年发表了《关于我国新民主主义到社会主义社会过渡中的基础和上层建筑》的论文，在当时因中央党校领导人杨献珍的观点而引发的那场轰动学界的争论中，颖脱而出，备受关注。而且知道他曾是以专家身份在人大哲学系工作的苏联著名哲学家凯列的助手。由于低年级不开专业课，所以一直没有机会听到萧师的课。1959年，"大跃进"的狂热冷却下来，我却连续在《哲学研究》上读到萧师的两篇论文：《主观能动性和客观规律性》《唯心主义的认识论根源和阶级根源》，分明是总结"大跃进"运动违背经济建设规律的错误，清算其认识论根源。但不久，庐山会议召开，在"反右倾"中，许多人因为对"三面红旗"的态度罹罪；再以后，邓拓更因发表像《伟大的空话》一类文字，被当作"文革"祭旗的政治羔羊。我不知道当时萧师的遭际，只听说师母因为受到"反右倾"的冲击自戕身亡。就是那段时间里，我有一次在颐和园，偶然看到萧师手牵着他幼小的女儿，默默地在昆明湖畔徘徊，身上穿一件黑色的皮夹克，消瘦清癯，看上去那么孤独，我年轻的心不由得一阵颤抖。

真正听萧师的课是1961年，我已是大四学生了，是"辩证逻辑"课。恩格斯曾把辩证逻辑和形式逻辑比作高等数学和初等数学的关系，学界致力于辩证逻辑研究的人不多，而在国内哲学系系统开出这门课，大概我系是破天荒第一次。（据我所知，直到1980年才有7所院校编的《辩证逻辑》教材问世）授课老师排出最强的阵容：萧前、于光远、关锋、吴传启，领衔主讲是萧师。萧师时年37岁，挺拔的身材，油亮的波状乌发，白皙的面庞，高高的隆准，宽阔的额头，英气逼人。陈先达老师后来曾有诗回忆当时的萧公："玉树临风英姿爽"，确实十分贴切。萧师的开讲导言是《宇宙观和辩证思维方法》。他先说，不久前，他和一批学者去云南少数民族聚居区专门考察原始思维，收获很大；人类思维从低级到高级的发展是辩证的，马克思说："人体解剖是猴体解剖的钥匙"，研究辩证逻辑就是从事人体解剖。这使我意识到，这门课显然是最新科研成果的展示，我能在第一时间先听为快，真是一大幸事。萧师提出了一个重要的理论问题："哲学的作用不是去直接解决具体的实证问题，而是提供思维方法，按恩格斯的说法，科学已从哲学中分化出去，剩下的只有逻辑和辩证法；但是，恩格斯又说辩证法是宇宙的一般规律，这岂不是相互矛盾吗？不矛盾，因为思维和存在是同一的，我们只能在思想的逻辑和主观辩证法中把握宇宙的辩证规律。"可惜，由于当时学力不逮，没有理解萧师思想的深刻性；后来，通过长期的学术研究，我才知道，这正是对哲学本性的深刻揭示；哲学不是先验的原则，仅仅是启发性的智慧，或用当时萧师的话说，"哲学解决的是纯粹的思想方法问题"。想起后来我在苏联亲历的本体论派和认识论派的争论，以及西方对公认观点（received view）的批判，不能不特别叹服萧师思想的超前和深邃。多少年后，有一次我和萧师提起这门课，他说："课堂笔记你还留着？什么时候给我看看，那门课还是有点意思的。"我听课笔记的书法一塌糊涂，满纸涂鸦，怎能给老师看呢？只好说，我整理一下再给您看。回想起来，我这样搪塞老师，真是罪过。

师门五年，难忘师恩，虽然远离母校，却不免时时关注老师的行止。1963年7月16日《人民日报》发表萧师的文章《把哲学变成群众手中的锐利武器》，轰动一时，受到毛泽东的赞扬，被周恩来热情地称作"青年哲学家"。我觉得老师在实践自己的哲学观方面迈出了一大步。但是不久,"史无前例"的日子把萧师卷入了漩涡,听说他被诬为"黑手"而蒙难。改革开放了,萧师也已步入天命之年,但是他生命的高潮时代却刚刚到来。1980年,他在《红旗》上发表《论马克思主义实践观》,不久又在《哲学研究》上发表了《论实践的形式》,并主编了《实践唯物主义研究》一书,在国内率先提出了马克思主义是实践唯物主义的观点。这以后,他全力投入对改革开放的哲学基础的研究,始终旗帜鲜明地批判"左"的思想倾向。同时,特别关注马克思主义哲学教育,致力于辩证唯物主义和历史唯物主义原理教材的编写。他的这些工作,使他成为继李达、艾思奇之后,中国最卓越的马克思主义哲学的理论家、宣传家和教育家之一。他出任国务院学科评议组哲学学科的召集人,各大学为评学位点争相找他求助,可谓炙手可热。但对萧师的治学方式也有人颇有微词。直到最近,我的一位学生还问我:"萧前先生名满天下,但是他在哲学理论上的贡献是什么?"这是许多人提出过的问题。是的,萧师没有创立自己的哲学体系,并写出大部头的理论专著;但是,他坚持哲学的本性是启迪智慧,武装人的头脑,提出一系列极富启发意义的论题,并通过哲学宣传和教育推动社会进步,这难道不正是本来意义上的哲学家吗?苏格拉底没有留下任何著作,用著名传记作家斯通的话说,教学是苏格拉底毕生从事的行业,他从来没有做过别的工作,他的魅力在于他那"使别人变好"的力量。萧师正是这样的哲学家,萧师最关心的就是哲学如何为实践服务,他毕生从事的工作就是把哲学交给广大公众。1990年,几位朋友商议编一本关于方法的工具书,把哲学方法、各门学科的方法和生活中的一些常用方法汇聚一起,为学习和工作提供方便,取名《实用方法词典》,由我出任主编。我想起萧师一贯力主哲学的任务是提供思想方法,便敦请萧师为词典作序,萧师高兴地说:"这是好事啊!"几天后,就把一篇非常精彩的序文寄给了我。序言深刻阐发了方法和认识世界与改造世界的关系,认为自然经济时代的实践靠直觉和摸索,社会化大生产和科技进步时代离开方法则寸步难行,指出:"在近现代,所有在认识和实践上的突破,都来自方法",并提出了一个重要命题:"辩证唯物主义的力量就在于为我们提供了科学的方法。"我觉得这篇千字短序是一篇颇有分量的哲学文献,是萧师基本哲学观点的深刻昭示。1996年，萧师来哈，我请老师给我的研究生讲一次课，他说："我讲个题目——《只有实事求是才能解放思想》"，并说："现在光讲解放思想，离开客观实际往什么方向解放？"他在讲课中，深入阐明了解放思想是自由，实事求是是必然，这是基本的辩证法。萧师越讲越激动，突然呛咳起来，我在老师身边，请他喝口水，给他敲背，都无济于事；我急得不行，赶快宣布休息，跑到外面的药店，买来止咳药。萧师说，没事，接着讲。事后他告诉我，当时他想起近来一些令人不快的人和事，有些动感情。

其实，我和萧师的个人交往始于"文革"之后。一直到1979年，我才在成都锦江宾馆自然辩证法工作会议上再见到萧师，会间休息时，我趋前问候，报上名字，萧师马上说："我知道你这个学生。"我说："在校时我并未直接找过老师，您怎么知道我呢？"萧师说："我们系有两个牧师后代，一个是1956级的女生林锡安，父亲是福州的牧师；一个是1957级的男生孙慕天，父亲是哈尔滨的牧师，谁不知道啊！"我们都笑了。接着问起我的工作，我透露了想做一点苏联学者对西方科学哲学评介方面的研究，他立即表示支持，并说："不能忽略苏联，不能忽略哲学和科学的关系，教训太多，你年轻，这个领域不能放弃啊！"1987年，我主持召开全国第二届苏联自然科学哲学讨论会，请萧师莅临指导，没想到老师专程来到哈尔滨，并由我陪同前往兴凯湖畔参加会议。萧师在开幕式上致辞说，研究苏联要改变一下眼光，不能只盯着米丁等老派的人物，而是要特别注意60年代崛起的一代有改革思想的新人。萧师的学术眼光太犀利了，这正是研究苏联自然科学哲学的关键；以后我在这一领域的研究始终力图贯彻这一指导思想，它成了我那本《跋涉的理性》的主题。90年代初，苏联改革派哲学家的旗手斯焦宾来华，由萧师接待。萧师通知我到北京来，并请我帮忙搞一点翻译。可惜当时我正在满洲里，未能分身前往，辜负了老师的厚望，现在想起来仍然觉得十分遗憾。

陈先达先生咏萧师的诗句有"播火传薪启后世"，萧师对弟子的大爱是举世闻名的。1985年，我突然接到李德顺师弟的信，转达萧师的意思。德顺的博士论文选题是价值论，但因不懂俄语，要我帮忙查阅苏联关于价值论研究的资料，并随信寄来 Б．Г．库兹涅佐夫的两部著作《认识的价值》和

《现代科学与哲学》。我觉得这两本书很有价值，随即将其译成中文，并将译稿寄给德顺参考。翌年德顺35万字的博士论文《价值论的基础：价值，自由——马克思主义价值论引论》通过学位答辩，并成为国内价值论研究的开山之作。不久我收到萧师的信，对我的帮助表示感谢，同时说，你为此付出了这么多劳动，我已将译稿推荐给中国人民大学出版社，建议公开出版。1987年，这两部书果然问世并且收到出版社寄来的稿酬。翻出萧师当年的来信，看着那熟悉的字体和亲切的话语，仍然感到一股热流传遍全身，心里蓦地涌出一句话："忘记师恩就意味着背叛！"我曾于1978年和1992年两次把我的学生推荐给萧师，一个读硕士，一个读博士，萧师慨然接纳，其间有些事曾颇使老师为难，但他却宽厚地包容了，对我一字不提。

　　萧师不仅视我为弟子，而且视我为子弟，在萧师身边，我感受到了传统中国大学特有的那种师生关系。在我面前他把自己的真性情完全展示出来，使我特别真切地感受到一个哲人的人性光辉。1991年，萧师突然打电话来，让我给安排一个住的地方，并且说最好就在你们学校。那时哈师大还没有贵宾楼，只有一个普通的招待所，连单人间都没有。萧师来后，我说在附近找一个好一点的宾馆吧，他却执意不肯，我只好恭敬不如从命；他只是要求我每天中午送他去林大教工宿舍，并告诉我，他的堂兄萧前柱是林大教授，这次来有点私事要办。于是，我每天陪老师步行去林大，路上给我讲了他的许多经历：师原名萧前荣，1944年入西南联大物理系，和李政道是同学，参加了"一二·一"民主运动；1946年到台北大学任教，后经吴晗介绍到华北大学，以后转到人民大学哲学系，等等。（后来，我看到一些介绍萧师的文章，都未提到他在台北的这段经历。）几天后，萧师说："今天你也去见见我的堂兄吧，我这次来是堂兄给我介绍了一个人，是哈市防疫站的医生。"我惊喜地问："是未来的师母吧？"萧师笑着说，你帮我看看。那天，我看到了这位优雅端庄的新师母，心里真为老师高兴。老师多年独身，身边只有一个精神不好的女儿，真是情何以堪。在回来的路上，萧师幽默地说："她叫潘瑰智，什么瑰智，是桂芝吧？"但我看出老师十分满意。后来我和师兄张奎良约齐十位校友，给老师和师母庆祝了一下。几天后，师母一定要我去她家吃饭，我和奎良兄先陪萧师在松花江畅游，回到师母住处，开怀畅饮五粮液，弄得大醉。从此师母就把我当成子侄一样。有一次我去人大林园看萧师，一进门老师就说："师母听说你来，特地去采购，你今天留下吃火锅。"1996年，我骤接师母电报，告诉我萧师突发脑溢血，住进了中日友好医院。闻讯我当即乘飞机赴京赶往医院，幸好师母是医生，处理得当，抢救及时，已经脱离危险。萧师抓住我的手说："慕天，生死搏斗的滋味不好受啊！"看到乐观的老师，我不禁怆然泣下。

萧师说："如果哲学是一条长河，我就是这长河中的一滴水。"病后的萧师仍然坚持哲学思考，写出好些有分量的论文，并为自己仍能背诵经典著作而欣慰。由于脑溢血后遗症，左半边身子不灵，他自嘲说："谁让我反'左'呢！"听到我说在莫斯科买到原东德狄茨出版社出版的《辩证唯物主义和历史唯物主义》教材，他即嘱我把目录译出来给他看。有一次，谈到哲学的贫困，我随口念了爱因斯坦的一段话："哲学是其他一切学科的母亲，她生育并抚养了其他学科。因此人们不应该因为哲学的赤身露体和贫困而对她进行嘲弄，而是应该希望她那种堂吉诃德式的理想会有一部分遗传给她的子孙，这样他们就不至于流于庸俗了。"萧师认为这话说得很到位，马上叫拿纸笔，让我把这句话给他写下来。他说过："哲学就是我的生命。"我想起洪谦先生说过这样意思的话：有人是哲学专门家，把哲学当成职业；而哲学家是信仰他的哲学的哲人。哲人是真正的人，我看过萧师书桌前的座右铭："千教万教教人求真，千学万学学做真人。"萧师，不管这个花花绿绿的世界有千般诱惑，学生立志追随你的脚步，做真人，求真学，把你当作生命的哲学事业进行到底！

贺麟先生

大学五年，在老师中，讲课最多的是贺麟先生。按《拾零之一》立的标准，"亲老师"指"人大哲学系本系在册"老师，贺麟先生不能在亲老师之列；但当时人大哲学系颇特殊，似乎是为了建设所谓"东方莫斯科大学"的需要，尽可能调集学界耆宿，来充任一些主要课程的主讲。贺师当时已离开北大就职中国科学院哲学社会科学学部，但就西方哲学说，特别是黑格尔研究，国内学人中似尚无人能出其右。所以，我们1957级大三的黑格尔哲学便由贺师开设。

贺麟先生不是"在册老师"，但我却始终把他当作真正的亲老师，而这却不是因为他是著名大师而有意攀附。

1960年春天的一天，贺麟先生出现在人大第十教室的课堂上。师时年五十有八，身着灰黑色中山装，中等身材，头发花白，乍一看不过是个普通的老者。但见老师从皮包里拿出一摞讲稿，开头就说："按计划这门课应当包括四个部分：1.黑格尔早年著作，含《耶拿逻辑》和《耶拿现实哲学》；2.《精神现象学》；3.逻辑学，主要是《小逻辑》并参考《大逻辑》；4.应用逻辑学，含《自然哲学》和《精神哲学》。"贺师补充说："西方很多哲学家认为，1923年才出版的《耶拿逻辑》比他的《大逻辑》还重要，这虽是偏见，但也有值得思考的地方。不过因为学时限制，我们只能开《精神现象学》和《小逻辑》。"这样娓娓道来，那种常人的神态不见了，只见贺师目光如炬，声音清朗，舒缓的语流，深邃的哲思，睿智的警语，渊博的学识，真是字字珠玑。这样的课，每周一次3个学时，竟整整开了一年，总共120学时，成为我们老师中授课时数最多的，所以至少从授课量说，贺师当然是"比亲老师还亲老师"的老师。

韩愈有云："道之所存，师之所存也。"论者说，"道在即师在"是千古绝议。听贺师的课，就是闻道于斯。学界公认，熊十力的新唯识、冯友兰的新理学、金岳霖的新知识、贺麟的新心学，是中国现代哲学的四大原创。贺师创建新心学理论是在抗战期间，他讲的心是"逻辑的心"，即逻辑法则，是普遍规律；他讲的意是"行为之范"，即价值指针，是理想主义。其实，这就是贺师吸纳了西方哲学思想资源改造传统儒学所独创的"正心诚意"论。20年后，在新的语境下，尽管贺师确实自觉地向马克思主义靠拢，但我觉得他思想的这个主体并没有放弃，他的课对我影响最深的也正是逻辑的科学推理和生命的人性体验之间的有机统一。在贺师的课堂上，我每每觉得贺师是在讲他对往圣先哲的心灵体悟，是在向我们倾诉自己的心路历程。有意思的是，贺师上半年讲《精神现象学》，主旨是从人生经验阐释意识在历史上的各个形态，充满了真实的生命体验，是"万里寻亲"（贺师的原话），走向理想的精神境界,"获得精神的全部财富",进达于理想性,这是"由物求理"。下半年讲《小逻辑》,主旨是从逻辑范畴的矛盾展开,演绎辩证方法论,特别强调了概念是与特殊相结合、通过扬弃低级概念、经过对立冲突而实现的过程,从而进达于真理性,这是"由理求理"。有一次,讲到康德的纯粹理性和实践理性,贺师随口背诵康德的那句名言:"有两件东西给我以刻刻常新、刻刻常增的惊异与敬畏之感,那就是我头上的星空和我心中的道德律。"贺师接着说,这叫作:"位我上者,灿烂星空;在我心者,道德律令。"他停了一下,笑了笑,又说:"用我们中国古话说,就是上有日月星辰,内有天理良心。"这真是妙极了,我们情不自禁地鼓起掌来。后来,我不断回想起贺师的这次课,觉得把科学认识和生命体验融为一体,正是贺师哲学思想的精髓,这是他的道,也是他对自己整个人生的诠释。我此生治学做人力求谨遵贺师所指出的这一治学做人的金律,所以从传道和育人说,贺师同样是"比亲老师还亲老师"的老师。

听贺师的课,我总是早早到教室抢占靠前的座位,因为贺师习惯把专业词汇的原文写在黑板上,我眼睛近视,生怕看不清。贺师的讲稿很特别,不是笔记本,而是16开的散页白纸,远远望去,只觉得写得密密麻麻,字体极小。课间休息,我好奇地走上讲台看老师的讲稿,只见整个讲稿全是用德文写成,我惊诧莫名;不想贺师回到讲台上,我不好意思地说:"刚才有段话没记下来,想看看老师的讲稿。——老师,怎么全是德文呐?"贺师和蔼地笑着反问:"《精神现象学》是用哪种语言写的呀?"不等我回答,贺师就要我指出是哪段话没记下来,随即把那段话译给我听。原来,《精神现象学》还没有中译本,贺师是直接根据原文给我们讲课。事实上,贺师当时已着手翻译此书,译本直到两年后才由商务印书馆正式出版;贺师所写的《译者导言》正是给我们上《精神现象学》第一堂课导论的讲稿。中国首次系统开设《精神现象学》这门原著课的就是我们班,以后哪个学校还开过这门课不得而知,但即使开了,也不会是贺麟先生主讲了。在这方面,我始终是幸运儿。

贺师说:"科学家贵高明,哲学家重精神。"我的体会是,高明指的是在认识事物本质上所达到的程度,精神指的是在领悟生命价值上所进入的境界。贺师特别指出，恩格斯说《精神现象学》是精神的胚胎学，海姆说《精神现象学》是意识发展史（R. Haym：Hegel und seine Zeit），都是说精神像人一样有自己的历史和传记，是一个不断走向成熟的过程。半年的学习，贺师领着我们，在黑格尔指点的精神旅途的每一驿站上驻足，从古论今，以中喻西，引导我这样不谙世事的毛头小子，体会精神世界的博大和渊深：

——精神的第一要义是独立自由。精神总会突破地位、财富、权势的羁绊，扬弃对象化，超脱异化，实现自我创造。主人统治奴隶，而奴隶在替主人劳作的过程中，教养了自己，从畏惧，到操劳，到教养，到解放，"对主的畏惧，是智慧的开端"；主人在对奴隶的依赖中，反而失去了独立性，处处受制于奴隶。结果，奴隶成了主人的主人，主人成了奴隶的奴隶。贺师结论说："奴役他人的人是没有自由的。"

——人性的觉醒就是高举理想的旗帜。自我意识的张扬是从认识事物转向认识自己，叫作"向外格物穷理，向内明心见性"。由苦行到纵欲，然后发现自我意识，从而转向人本主义，认识到神即我，由此"我思故我在"，走向理性。"理性即意识确信它自己是一切的实在"，这就是理性王国，而凡是理想的即我们的。

——能动的理性忘我地献身公众事业才有快乐的人生。理性讴歌"生命是绿的"，寻求个人的快乐：或放纵情欲，如浮士德把自己交给靡非斯特；或以内心法则幻想主观浪漫的快乐，为琐屑的兴趣所左右。这样做，求乐反得苦，须知乐观不是观乐。肤浅轻易地活着，恬嬉苟安的乐观，是出于愚昧无知。乐观是信心观，是希望观，是对于世界的将来抱有信心；而人类最纯洁、最普遍、乐与思最不可分的感情就是仁爱。个人的快乐是孤立的，牺牲个人私利，从世界享乐，走向世界改善，再走向世界斗争，进达于绝对精神的王国，才有真正的欢乐。贝多芬的《欢乐颂》是歌唱永恒的欢乐："欢乐女神圣洁美丽灿烂光辉照大地，我们怀着火样的热情来到你的圣殿里，你的光辉能把人类重新团结在一起，在你温柔翅膀之下人类团结成兄弟。"

…………

这真是精神的跋涉，在这样苦难的历程中，有贺师这样的智慧老人指点迷津，我享受到的却是精神的盛宴。每到艰难晦涩之处，贺师似感觉到我们为巉岩崤壁所阻，立即会用文学的生动比喻、先哲的感人轶事或日常的亲切体验，解读哲理，就像架设了一条思想的索道，把我们接引到真理的峰顶。记得在讲《小逻辑》反思的规定时，先说"反思的直接性"构成了否定物的"长在及其漠不相关"，后说"在其建立起来之有中或说在否定中，才是自身反思的，与自身同一的本质"。这简直是天书，我想起列宁在读《大逻辑》的"量论"时写的批注——"这是引起头痛的最好办法"。但贺师口气一转，讲起一件生活小事：母亲和儿子手牵着手，在街上散步，怡然自得，母子作为两个性质相异的个体，互具差异性亦即否定性，但此时这种差异是固化凝止的，"长在和漠不相关"，母子对此没有自觉，所以是"反思的直接性"；突然，一匹马受惊狂奔，冲散了母子，母亲和儿子在失散后，都深切感受自己对对方的依赖，即在否定性中反思自身的规定，这是"建立起来之有"，是"自身反思的"，是本质的进入。贺师笑着说："庄子说，道在蝼蚁，道在稊稗，道在瓦甓，道在屎溺。哲学的道理既然是普遍性，无处不在，所以可以即物明理啊！"

贺师常引用朱熹的格言："虚心涵泳，切己体察。"啊，那些跟着贺师徜徉在哲学花圃中的美好时光，是我学识和学品与时俱进的岁月。先父在我18岁生日时，送我一套《俄语语法》作为礼物，亲笔题写了《圣经》上的一句话："愿你的智慧和身量一起增长。"我觉得自己在贺师的引领下，正走向崇高的精神王国。贺师最反对把哲学当作混饭吃的手段，他最推崇的哲人是斯宾诺莎，几次说起自己25岁时到美国奥柏林大学师从耶顿夫人（Mrs. Yeaton），在她家研读拉丁文原版《伦理学》的往事；他当时写了《斯宾诺莎哲学的宗教方面》一文，纪念斯宾诺莎逝世250周年，并因此获得了学士学位。贺师对斯宾诺莎的评价是："先生之学，亦诗亦哲；先生之品，亦圣亦仙。"他最喜欢文德尔班对斯宾诺莎的赞辞："Zu sterben fur die Wahrheit sei schwer, schwerer istes, fur sie zu leben."（为真理而死难，为真理而生更难）。当年，蒋介石曾对贺师优渥有加，多次接见，并请他到中央政治学校讲课，可谓有知遇之恩。但他却以真理为指归，一切从自己的良知出发。在出任北大训导长时期，贺师多次抗拒当局迫害进步学生的训令，并不顾自身安危，把许多受通缉的学生保护起来。1949年北平解放，国民党三次派飞机接贺师去台，也有人动员他去美国，均被贺师婉拒。先生说："我不愿意提个小包，像罪犯一样跑掉，也不愿意再与蒋有联系，就是到美国去也不会如学生时代那样受优待，何况我的爱人和女儿绝不做'白俄'。"

解放后，贺师积极参加思想改造，也写过许多附和当时主流话语的文字，许多人对此颇有微词，某准先锋新锐甚至哀叹贺师没能做出"清醒的选择"，以致失去了"人格和尊严"。贺师在腥风血雨的天地翻覆中所做的抉择，是是非非自有历史评说，不是几个坐在安乐窝中的奶油小生所能置喙的。似乎为了回答群儿的谤伤，贺师于1982年80高龄时，毅然加入了中国共产党。有人讥讽说："He is a toy figurine."（他是个玩偶。）但我却觉得这正是他理想主义精神的升华。80老翁，人生即将走到终点，如贺师这样功成名就、享誉全球、阅尽人间春色的大师，对权力、金钱、名誉自己全无所求。我觉得他的入党，是他的理想主义宣言，是他昭告天下的行为艺术。想起当年贺师高度评价马克思的博士论文，特别推荐我们阅读，而这篇文献的第一个译本（1962）正是贺师翻译的。先生所译的马克思献给岳父冯·威斯特华伦的题词，诗一样华美，我不知读过多少遍，每次读罢，都不禁热血沸腾："希望一切怀疑理念的人都能像我一样幸运地赞扬一个富于青春力量的老年人，这位老年人以对于真理的热情和严肃态度来欢迎时代的每一种进步；他并且充满了令人深信的、光明灿烂的理想主义，这种理想主义只知道能激动起世界上一切心灵的真理；他从来不为倒退着的幽灵所拖拽着的阴影所吓退，从来不被现代的乌云密布的昏天黑地所吓倒，相反地，他永远以神灵般的精力和刚毅坚定的眼光通过一切风云变幻而透视那在世人心中燃烧着的化日光天。您，我的父亲般的朋友，您永远是我的一个活生生的证据，显明地证明着，理想主义不是幻想，而是一种真理。"在这段贺师亲手翻译的文字中，分明浮现出他本人的伟岸身影，使我高山仰止。

1991年，就在贺师去世前一年，他发表了一篇论文，题为《哲学是理想的》。这是老师的天鹅之歌，是他的绝唱。理想主义永远是贺师的精神旗帜，他站在生命的终点，把这面光明灿烂的旗帜高高举起！

冯友兰先生

在我大学老师中,年纪最长的要数冯友兰先生了。芝生先生生于 1895 年,比我的老系主任何思敬先生还年长一岁。说起现代中国哲学,大概人们必然立即想到冯友兰先生,他无疑是当代中国哲学的一个符号;但是,他又是一个争议不断的历史人物,——这样的传奇学人竟是我的授业师,不能不说是我此生遭际的一桩重大幸事。有关芝生先生的各种回忆文章可谓汗牛充栋,本不容愚小子佛头著粪。但顷读先生高婿蔡仲德先生撰《冯友兰先生生平、著作年表》,竟未载我所亲历的有关芝生先生的二三事,足见一个人漫长生涯所涉之事何其多也,虽至亲亦难一一历数,这里略加补苴,当非蛇足。

还在中学时,就知道冯友兰先生的大名,但并未读过他的著作;先读的倒是其妹冯沅君(恭兰)与陆侃如伉俪的《中国诗史》,而且知道这位冯沅君先生就是鲁迅先生提到过的淦女士,并由此得知先生出身书香门第。

1958 年大一下学期,在燕园看所谓"双反交心"大字报,北大哲学系众位耆老几乎均遭炮轰,其中第一鹄的正是冯友兰先生,罪名是鼓吹抽象继承法,为唯心主义招魂。但真正见到芝生先生却是两年以后了。1960 年 10 月 13 日北京哲学会在北大礼堂举行学术报告会,由关锋讲孔子哲学思想,我有幸躬逢其盛,这张入场券我至今还保留着。那天下午两点,先是戴着绿眼罩的金岳霖先生走进来,接着好几位老先生陆续走上主席台,其中就有冯友兰先生。关锋的报告主旨是批驳孔子代表新兴地主阶级的主张,认为孔学是保守的奴隶主阶级的哲学。我们的中国哲学史课还没讲到孔子,所以对这场争论并不了然。谁知一个月后,冯、关二位竟同时成为我们年级孔子这堂课的主讲。原来 1960 年 7 月中共中央北戴河工作会议之后,开始反思"大跃进"以来"左"的错误,不仅经济政策,包括科学、文化、教育政策也都在进行调整,强调要贯彻"双百方针"。在这样的形势下,我系决定以孔子课为样板,让两种对立主张同时登台争鸣。上午由芝生先生主讲,下午则由关锋先生主讲。两个人的观点针锋相对。这是我第一次近距离看见冯师,真正成了他的学生。冯师操着浓重的河南口音说,孔学的纲领是"克己复礼为仁"。孔子主张"己所不欲，勿施于人"，"己欲立，而立人；己欲达，而达人"，这就把爱施之于各阶层的民众，所谓"仁者爱人"，"泛爱众"。这是对残酷压迫劳苦大众的周礼所做的根本修正，主张"齐之以礼"，把礼下到庶人。总之，他强调的是儒学的进步性。冯师有点口吃，但声调高亢，讲到动情处，常常俯下身子，然后突然挺起腰板，给我的感觉是，对自己的主张充满信心，而且对传统儒学思想有一种浓得化不开的感情。下午关锋先生的课却处处以冯师为靶子，说冯师离开具体的历史背景，孤立地进行抽象的逻辑分析，歪曲了仁的阶级实质。公平地说，关锋倒是对一系列历史事实做了深入的考证，观点明确，逻辑性很强，有一定说服力，并不是简单地打棍子；虽说如此，我却有另外一种异样的感觉，觉得他拿着一刻不离手的香烟，指指点点，言辞尖刻，锋芒毕露，似乎持有尚方宝剑，俨然真理化身。当时，在《哲学研究》上，不断出现署名撒仁兴的文章，这是关锋、吴传启、林聿时的笔名，三个人都是当时响当当的左派，那文风也同样含着一种霸气。"文革"初期，关锋以高炬署名发表《擦亮眼睛，准备斗争》一文，是江青授意的"文革"檄文，因此愈发大红大紫起来，随即进入中央"文革"小组，最后成为王、关、戚反革命集团骨干而服刑，看来绝非偶然。

  1961年大四时，冯师才真正给我们系统开课，课程是"中国哲学史史料学"。据钟肇鹏先生回忆，这门课先是在北大哲学系开的，后来又到人大给我们年级讲，大概是30多学时。1962年，冯师给我们讲完后，讲稿由上海人民出版社出版，题为《中国哲学史史料学初稿》。冯师时年六六大寿，红光满面，颔下长须飘然，穿着蓝布中式对襟棉袄，带着一副深度圆近视镜，有一种庄严的伟岸风范。孔子说："居处恭，执事敬。"冯师正是这样，我想这是他毕生秉持"内圣外王"的理想长期自我修养的结果。李慎之先生曾说，芝生先生有一种"圣贤气象"，而我每次听冯师的课时，总是孩子气地想，当年孔夫子大概就是这个样子。我曾把冯师的史料学课和梁启超在清华学校的讲义《国学入门书要目及其读法》做过比较，虽然基本内容大同小异，但冯师的课独特在于借题发挥，既有对传统文化的评点，又有对哲理的深刻感悟，还有自己多年的治学经验。这些话，含英咀华，使我终身受益。还在讲导论的时候，冯师劈头一句话就使我心头一震："我推荐给你们看的书,差不多都经历了百年以上的考验。"他说,自己从 7 岁开始读书,到现在已经读了 60 年书,经验就是 12 个字:精其选,解其言,知其意,明其理。其中最关键的是精其选:"书虽多,真正值得精读的并不多。大多数的书,其实就像报纸上的新闻一样,有些可能轰动一时,但是昙花一现,不久就过去了。"那么,怎样才能知道哪些书值得精读呢?冯师说:"对这个问题不必发愁。自古以来,已经有一位最公正的评选家,有许多推荐者向它推荐好书。这个评选家就是时间,这些推荐者就是群众。"于是,没有永久价值的东西被刷了下去,而有永久价值的东西经过历史的考验流传下来,成为经典著作。接下去,冯师话锋一转,提出读书的诀窍:"书不尽言,言不尽意,意不尽理。"书不能穷尽作者想说的一切,有许多意思超出了书中的言词,作者所传达的主观意义未必是客观真理。冯师风趣地说,不能把活书读死,而是要把死书读活,如此才不是"死读书,读死书,读书死"。听冯师的这门课,虽然对中国传统典籍的版本目录略窥门径,也是不小的收获;但对我一生产生决定性影响的,是冯师的这番精彩的读书论。在市场勃兴的今日世界,赶时髦已经成了新潮男女的生存方式,能够不为所动,到经典中求道,如冯师念过的那首禅诗所说:"我来问道无余说,云在青天水在瓶",超脱凡俗,使自己进入永恒,这才是人生的最高境界。

汤之《盘铭》说:"苟日新,日日新,又日新。"冯师在长达一个世纪的漫长生涯中,始终不断求索,在真理的路上艰难的跋涉。以 85 岁高龄,开始写作《中国哲学史新编》,毕十年之功,于 95 岁临终前全七册竣稿。这是生命的奇迹,也是一个哲人伟大人格的升华。冯师晚年应领袖之招参与梁效"批林批孔"写作班子,成为他生平"失落自我"时期的最大失足,至今为人诟病。90 寿辰时,梁漱溟拒不出席庆寿宴会,回函有意不属上款,以示轻蔑,明言"足下曾谄媚江青,故我不愿来参加寿筵"。据说,后来冯师曾登门告白,并以子见南子所说"予所否者,天厌之"自剖。对冯师的思想历程,我曾做过长久的思索。先生立身金箴是"阐旧邦以辅新命,极高明而道中庸"。在我亲炙的授业师中,冯师的使命感似乎最强,他怀抱着中国传统士人那种"经世济用"的自觉意识,"三史释今古,六书记贞元","与物冥而循大变",孤明独照,力图跟上时代,为生民立命;但在求索中,也暴露过人性的弱点，自己检讨说"附和一时流行的意思，以求得到吹捧，这就是伪"。但终于在晚年回归自我，发出"俯仰无愧怍，海阔天空任我飞"的生命最强音。在母校哥伦比亚大学授予冯师名誉博士学位的典礼上，哥大教授狄白瑞致辞称赞冯师："他忍耐，他永不失望，总是向着未来。"这使我想起哲学家 J. 奥斯汀的话："要成为一个伟大的哲学家，你就得犯一个重大的错误。"冯师之误是君子之过，"君子之过也，如日月之蚀焉：过也，人皆见之；更也，人皆仰之"。那些宵小之徒不过是一抔黄土，而冯师是巍然屹立的峻岭，永远令我们仰之弥高。

熊伟先生

50 年前的人大哲学系真是想办出点名堂来，直到大五下学期，还在开重头专业课，其中一门大课是"现代资产阶级哲学批判"。说是"大"，原因有二：一是这门课内容丰富，分量极重，系统讲授实证主义、实用主义、新康德主义、新黑格尔主义、新托马斯主义、存在主义、生命哲学、人格主义等哲学流派；二是讲这些课的老师，几乎都是国内研究这些学派的权威学者，例如讲实用主义的任华先生曾在哈佛师从美国著名实用主义哲学家刘易斯（C. I. Lewis），而讲生命哲学和新托马斯主义的庞景仁先生则是 1942 年巴黎大学的哲学博士，据说听过柏格森的课。这门课有点像今天的"百家讲坛"，快毕业了，对我这样的嗜学者来说，有此殊遇，真是福分。

在这些老师中，给我印象最深的要算熊伟先生。不过，在我大学五年期间，撇开讲座不算，正规开课的老师中，讲课时数最少的恰恰是熊师，他的课只有两次 8 个学时。那一天是 1962 年 5 月 7 日，熊师才 51 岁，正值盛年，方方正正的面庞，戴着黑边银镜，穿一件黑中山装，从皮包里拿出一叠讲义，在黑板上写下"存在主义"四个大字。然后用舒缓柔和的语调说："西方哲学的不同派别是资产阶级意识形态的不同侧面，思想角度各不相同：实证主义是知识的角度，实用主义是行为的角度，新托马斯主义是信仰的角度，存在主义是精神的角度。"这个说法从未听到别人讲过。24 年后，熊师说，他那时讲存在主义曾提"存在主义是无产阶级革命时期帝国主义垂死挣扎的哲学"，这是当时整个政治气候的反映，重点在"批判"。我们这门课就叫"现代资产阶级哲学批判"嘛，所以流行的政治话语是免不了的。

但是，我上课前早已知道，熊师是中国唯一一个海德格尔的及门弟子，所以特别注意听他讲自己亲身感受的海德格尔。果然，我在这8个课时中，还真听到了以后在其他阐释存在主义的（包括熊师后来的研究生们所写的）论著中，没有再看到的东西。熊师认为，存在主义的根本点是个体性，是从主体出发，其思想源于现象学，要把"是"勾掉（取消康德的"物自体"），而据守于现象却不说现象是什么，只说现象是怎样表现出来的，把作为名词的现象变成动词的现象——"现象怎样现象"。（熊师说，海氏喜欢把名词动词化，并随口讲了一段趣闻：他在德国看过一种类似中国相声似的幽默表演，两个演员插科打诨说："咱俩海德格尔一下吧？"）而个体就是我，我这个在者是能够在出一切在者的存在，是 Dasein，即亲在。亲在是在的中心环节。为什么呢？因为我不是个静止的东西，而要不断投向别的东西，亲在要求超越。熊师说，存在，ex-istence，这个 ex 就是"出来"的意思：一个超越是，亲在之我这个单子投向外界而与其他在者联系起来；另一个超越是，亲在之我超越现在投向未来。熊师说，海德格尔认为，一切在者都是"在出来"的在的结果，只有亲在才是能在出一切在者的能力。因此，在的本质就是在到能在上去。我后来啃过《存在与时间》，也读过一些解读海德格尔哲学的著作，但总觉得熊师在课堂上讲的这番话最为明了。同时，也愈益觉得熊师后来的弟子把 Dasein 译成此在，确实不如当初熊师译为"亲在"更贴切。

熊师说，海德格尔的课不是"予人知"，而是"启人思"，而且是诗意地思和诗意地说。思需诗方能说，何也？还在德国时，熊师就写过一篇题为《说，可说；不可说，不说》的奇文。语言是存在的家，在世即在家，所以我也说。说什么？什么都可说。但宇宙虽以我的身份为"可说"，却挂一漏万；宇宙以自己身份为"不可说"，却为万有。但宇宙之"不可说"即它的"说"，并非真的"不说"，这种"说"非普通之言说，即非概念之思，而乃诗之悟。熊师的这些渊深的哲思，我听的懵懵懂懂。直到几十年后，才略有所悟。马王堆出土帛书《老子》有"故道之出言，淡呵其无味"一语，所说的"道言"即宇宙自身之言，是能言而不言，即熊师所说的"不可说"。

庄子说"大言炎炎,小言詹詹",唐陆德明释"炎"为淡,释"詹"为"美盛貌"。大言者,道言也,宇宙自己的言说,淡出若无,为"不可说";小言者,人言也,以人的身份言说,繁复支离,为"可说"。不可言传的道言,是哲学之思,可以诗得而悟之。正如熊师所译海德格尔的诗所吟咏的:

> 其无言的遗言,
> 浩然保持于记忆中。
> 把真理道出:澄明,
> 恬然于不居所成。

有时,我常觉得造化对我不薄,竟能亲炙熊师,并以此上接海德格尔的"道统"。记得陈寅恪先生曾打趣当年清华梁启超先生的弟子,说他们是"南海圣人再传弟子,大清皇帝同学少年",因为梁启超是康有为(南海)的学生,而且这位任公先生还曾在宣统皇帝溥仪的"书房上行走"(帝师)。所以,我也可以忝列海德格尔的"再传弟子"了。熊师可算是基本上"述而不作"的古典学人,主要精力献给了教学事业。他总是说,和学生在一起是一种乐趣。他为学生入学、毕业、出书、留学不厌其烦地写证明信,转求领导,直到80高龄还年年为研究生开课。令人费解的是,这样一位学界耆宿,竟没当博导。熊师自己说,不带博士就多带硕士。他晚年翻译的《形而上学导论》,出版社竟要他出资助费才肯出。须知海学在中国一线单传,几乎主要是熊师之力。说起来,熊师真可算当代中国最委屈的哲学家了。

熊师的父亲是蔡锷将军的秘书长,被乱兵杀死于家中并割去首级;熊师时年9岁,有兵丁用刺刀挑开他的蚊帐,刀却未刺下去。熊师后来说:"这个九死一生、刀下留命的体会萦绕我一生,总觉得天下事没什么了不起。"秉此精神,熊师对亲在有深切的感悟,他说:"世界之大,机缘无尽,我在其中,自由至诚地抉择决断,自当符天地正气而得其乐。"他在讲自己学哲学的领悟时说:"由真正自己的决断,乃真正的自由。"我听说熊师80多岁以后,学生向他索书,他自己跑复印社,又亲自去装订室装订成册,再去邮局亲手包装寄出。每念及此,总是觉得鼻子一酸,心里有一种说不出的滋味,我现在也常常这样做。想起熊师所译的海德格尔的话:"这思正以它的说把不显眼的沟,犁到语言中去。这些沟比农夫用缓慢的步子犁在地里的那些沟更不显眼。"作为学生,我愿意像熊师这样,默默地犁这些不显眼的沟,而"恬然不居所成"。

于光远先生

在我大学本科老师中,从专业角度说,与我一生事业关系最密切的是于光远先生,因为他是中国自然辩证法公认的"祖师爷"。我在哲学的诸多分支中,选择了自然辩证法作为专业方向,当然有诸多理由,这里不去说它;吊诡的是,光远师虽是我的授业师,但我搞科学哲学却并不是受他的影响。我在本科时,自然科学哲学的相关课程并不是光远师开的,主要的一位老师是林万和先生,这位老师在中国自然辩证法史上,本应占有重要位置,却几乎被完全遗忘了,但这事以后再说罢。

我在中学时就知道光远先生大名,不仅因为他是《学习》杂志主编,我喜欢看那上面的一些文章,而且因为他和胡绳、王惠德主编的《政治常识读本》是我们中学政治课的教科书。

我真正成为于光远先生的学生,是因为1961年听了他的辩证逻辑课。我们那时人大哲学系的课程设置,出自何思敬先生的手笔,他设重课,聘名师,在当时的语境下,硬是在中国大学中打造出一个亮点,在某些方面,突破了时代的限制。光远先生和萧前先生等为我们开出的辩证逻辑课,就是中国哲学专业的一个首创。那天,光远先生的打扮颇另类,戴着一副墨镜,穿着淡黄色麻纱料的中山装,用一个精致草编扁筐装着讲稿,精神抖擞,腰板挺直,那派头很有点像高级将领。他分担的是第六、七章,讲辩证逻辑的方法,主要是抽象上升到具体的方法和分析与综合的方法。想来光远先生是专业经济学家,而这两种方法都是马克思在《资本论》中特别采用的方法,由光远先生来讲自然是再合适不过了。从这时起,于光远先生真正成了我的老师。

于师讲课的最大特点是独创性。他认为,从具体到抽象和从抽象到具体的方法所涉及的关键问题是"认识从哪里开始"?是从感性开始,还是从理论开始？于师明确指出，现实的认识从感性经验入手，但理论的分析必须从概念入手。认为科学研究从现实的前提出发，是常识的认识，但这种看法是错误的；理论认识要把握的是事物的本质，这就要求研究蕴含事物内在矛盾的概念细胞，而不能着眼于混沌的直观表象。大约同时，亦即1960年8月和1961年1月，在地球的另一端，波普尔在斯坦福国际科学哲学会议和英国科学哲学学会上，分别做了演讲，提出"科学开始于问题，而不是开始于观察"的著名命题，对于"先有H（假说），还是先有O（观察）"的问题给出了与常识实在论相反的回答。波普尔的这些观点收在1968年出版的《猜想与反驳》（*Conjectures and Refutations*）中，当时的中国当然没有人知道这些观点。到20世纪80年代，波普尔的思想传入中国后，我想起于师的这些观点，不禁想到一句英国成语：great minds think alike（英雄所见略同）。

于师讲的第二个题目是分析和综合。在马克思主义理论界，很少有人注意到这个问题的重要性，于师好像是最早从辩证逻辑视域上论述这一问题的中国学者。他把分析和综合视为解决个别和一般辩证关系的关键，分析是把握个别，综合是把握一般，而这个问题的解决是认识一切矛盾的根本途径。他还认为，虽然没有分析就没有综合，但分析必须以对事物的整体把握为前提，这种理论上的整体性认识，指导着分析活动。掌握了分析与综合的辩证法，就找到解开一般和个别之谜的钥匙，也就真正走进了本质性的认识，这是科学认识的真正秘密。辩证法就是认识论，不能离开认识去寻求虚无缥缈的自在的辩证理念，那是柏拉图。我一直咀嚼着于师的这些深刻的看法，后来，通过学习列宁的《哲学笔记》和毛泽东的《矛盾论》，终于弄明白了，为什么分析和综合是辩证法三要素之一，而且是辩证法的精髓。这使我意识到，学马克思主义还有另一种视角，后来在苏联读了伊里因科夫和所谓认识论派的论著，又反复比较西方后逻辑实证主义走下"冰峰"的哲学，愈发钦佩叹服于师的超前性。哲学是人的哲学，是从人观物，物物而不物于物。

我入学正值反右那一年，"左"的思潮主宰一切，马克思主义的词句被当作一切认识和活动的出发点和归宿。但是，于师使我看到另一种马克思主义。那时，我对马克思早期思想产生了浓厚兴趣，不仅读了《1844年经济学哲学手稿》《德意志意识形态》《神圣家族》，还从俄文版读到马克思22岁时写的《伊壁鸠鲁、斯多噶和怀疑派哲学笔记》，那是一个充满人性关怀的马克思，一个不受任何陈腐教条束缚的马克思，而于师正是这样的马克思主义者。由于参加了中国自然辩证法研究会的工作，使我得以走近于师，并有了直接接触。1979 年，在成都锦江宾馆自然辩证法会议上，劫后重逢，再次见到于师，他已是中国自然辩证法研究会的首届理事长了。自那以后，一直到 2002 年，每年总要在各种会议上聆听他大开大阖的放言高论。恩格斯在形容思想丰富时有一个词叫"盈盈欲滴"，而于师的思想不仅盈盈欲滴，而且不拘一格，总是出人意表，显示出学术大师的强烈自我意识。他曾说人要有十二"开"：开拓的精神，开通的思想，开放的路子，开动的脑筋，开明的态度，开发的干劲，开阔的眼界，开朗的性格，开导的方法，开诚的友谊，开创的局面，开心的情绪。我常想，能做到这十二"开"的，世界上能有几人？于师正是兼具十二"开"的超人。"文化大革命"中，于师被下放到宁夏五七干校，被戴上三顶帽子：走资本主义道路当权派、反革命修正主义分子、反动学术权威，属于"专政"对象。当时能读的书，只有马克思主义经典著作，于师却为后来写作经典作家《论资本主义经济危机》和《论自然辩证法和自然科学工作》积累了大量资料；同时，他竟然还编了一本《马克思恩格斯论喝酒》，介绍马克思因病戒酒的前夕特地大喝一通等趣事。记得 90 年代有一次在农科院开会，于师在开幕式上讲话，劈头就说："我最近要出一本书，跟出版社提出，我的书文责自负，要么照样发排，要么我把稿子抽回。事情是，我的文章中既有阿拉伯数字，又有汉字大写的数字，他们要求都改成阿拉伯数字，我坚决表示反对。但是他们根据国家出版局等七单位颁布的《关于出版物上数字用法的试行规定》，却硬是要我把所使用的数字一律改为阿拉伯数码。"我本来想听于师讲学科的前沿问题，而他竟讲起这样一件琐事，心想老师是不是年事已高，思维有点混乱了。没想到，接下去他却由此从两个方面讲出了深刻的道理。从科学上说，数字既表示大小，又表示准确程度。个十百千万作为位数，必须是可靠的，如 23576 中，2、3、5、7 作为万千百十必须是准确的，如果位数不准确，后面的数都没有意义。所以，写成 10000，前面的 1 和后面的 0，都必须是可靠的。但写成汉字一万，其意义是表示是一种数量估计，即量的大致程度，大致在九千到一万一千之间都可以;说"不怕一万,就怕万一",就是这种模糊说法;如果改成"不怕10000,就怕1/10000",岂不成笑话了。一些词组,如二倍体、三叶虫、十滴水、二氧化碳等等,当然也不能用阿拉伯数码表示。这说明,坚持科学的态度,对任何事情做科学分析,是何等重要,而我们常常忘记了科学态度。从政治上说,江泽民在党的第十四届全国代表大会的政治报告中,大量使用了汉字表示的数字,出版社并没有要求党中央把这篇重要文献中的数字一律改成阿拉伯数码。为什么中央领导可以不改,普通老百姓就必须改呢?这样的双重标准表明,政治对科学的干预仍然存在于我国社会生活的内在结构之中。于师话锋一转,尖锐地指出,自然辩证法的工作中心,仍然是倡导科学精神,在这方面,我们研究会任重而道远。于师这种独树一帜、挥洒自如的学术风格,总是使我有醍醐灌顶之感。有一次在饭桌上闲谈,他说:"我提倡开创国土经济学这门学科,有人说,国外没有;我说,他们没有我们就不能独创?学科名称干脆就从中文音译成英文,叫Guotuology!"

有些人认为于师的言论和行为背弃了马克思主义,至少是与主流观点相悖的。说这话的人要不是有意曲解于师的言行,就是根本不了解于师。于师是自然科学专业出身,1934年到清华物理系师从大物理学家周培源教授,毕业论文题目是《坐标系在引力场中的运动》,这使他接受了严格的实证科学训练。后来,于师投身革命,参加民族解放先锋队,是"一二·九"运动的骨干;"七七事变"后,他在北京郊区从日寇坦克履带下侥幸逃生,后来到了延安,一直站在革命的最前线,并成为杰出的马克思主义理论家。我几次亲耳听于师说:"我是一个不悔的马克思主义者!"但是,我觉得他是一个特别的马克思主义者——不知道这样说是否合适——他的马克思主义渗透着深刻的科学精神。1979年,十一届三中全会开过不久,中国自然辩证法研究会在成都锦江宾馆开工作会议。大会发言由于师主持,当时"人体特异功能"闹得正欢,四川又刚刚出了个唐雨"耳朵认字",轰动全国。会上北大一位姓叶的中年教师,登台介绍他们对"人体特异功能"的实验。不料,他刚刚讲了几句,于师就厉声说:"你不要讲了。"这位叶先生反问:"为什么?"于师说:"我们这个会不容许宣传伪科学!"叶大声说:"您没有参与科学实验,怎么能说是伪科学呢?"于师说:"我不用看,搞自然辩证法的不知道什么是经验论?"会场下面秩序大乱,有人大喊:"光远同志,百家争鸣嘛,让人家说话!"于师也提高声音说:"你下去,要不你就出去,我这里就是不给你发言权!"接着于师就推荐大家重读恩格斯的《神灵世界的自然科学》,说识别伪科学只能靠科学理性,不能靠经验,这是自然辩证法的ABC。忘记了这一点,就不配当自然辩证法工作者。后来许多年间,于师坚持反对伪科学,甚至与某著名科学家发生龃龉,并被某些科学骗子称作"四大恶人"之首。我有一位教授老友,是自然辩证法的资深学者,"文革"前就与于师多所交往;后来一度热心参加人体特异功能的研究,于师得知后,几次在会上点名批评,措辞严厉,见面也不打招呼,一点不留情面。这就是于师的原则性,他捍卫学术民主,鼓吹思想自由,但对反科学和反马克思主义的行径疾恶如仇,绝不妥协。

于师是著名经济学家,又是哲学大家,是中国科学院哲学社会科学学部委员(院士)中,唯一在世的。这样的大师,竟是我的老师,只能说是我年轻时的一种机缘。作为一种因缘,我竟和于师发生了极其亲密的交往关系。我不但参与了于师主编的《自然辩证法百科全书》的工作,为此书撰写了7个条目,而且和于师有了直接的接触。1996年11月3日,我收到了于师亲笔签赠的书《碎思录》,这是本颇特别的书,全书由100篇超短文组成,每篇不超过200字;各篇标题由著名科学史家戈革治印附在篇后;全书锁线装,在香港出版,是精美的艺术品。开卷后,第一篇就是《无时不思,无日不写》,这是于师的座右铭,这样的馈赠,使我心灵受到强烈的震撼。1997年8月19日,于师来到哈尔滨,时任省委宣传部部长杨光洪出面在和平邨设宴接待,于师提出要见经济学家熊映梧先生和我。我赶到宾馆时,于师的秘书胡冀燕女士在电梯里对我说:"于老到了就对杨部长说要见见你和熊先生。"来到餐厅,我向老师鞠躬致敬,于师说的第一句话是:"但愿寿长80万小时!"见我愕然,于师解释说:"就是活到91岁又95天。现代生活节奏加快,以年月计算失之过粗,以分秒计之,失之过细;以小时计,恰到好处。"于师能饮一点红酒,但谈兴甚浓。他说自己82岁,年纪尚轻;不久前成立太平洋学会,请他出任会长。"我告诉他们,"于师说,"我年轻不够资格,我给你们请一位会长,陈翰笙,今年正好100岁,生于1897年,是一位有望跨三个世纪的人物。"我知道这位陈老是哈佛博士,在欧美和苏联都声名赫赫的大学者,是蔡元培20年代聘请的北大教授。但使我震撼的是于师的精神境界,他告诉我们,活着要"言道,言志,言望",就是道理、志趣、希望,有了这三条,就能有真正的人生,因为"人的寿命应当以有充实内容的生存时间来衡量"。那天晚上我失眠了,躺在床上翻来覆去地想:我才57岁,我的道在哪里,志坚与否,期望又是什么?

2004年,小友王德伟的著作《人工物引论》付梓,嘱我作序。我以柏拉图《普罗泰戈拉篇》中关于普罗米修斯和爱比米修斯的寓言作引,讲到人的进化与生物进化的区别,引申到人工自然规律的探索问题。不想这篇序言被于师看到了,他随即写了一篇文字,说他虽未读德伟的这本书,但却全文读了我的这篇序言,并说把人工自然作为天然自然进化的结果进行深入研究,是对自然辩证法理论的重要发展,并问我是否同意他的观点。文章结尾还说:"孙慕天是我的小友,王德伟是孙慕天的小友,小友的小友也是小友了。"这篇文字收在于师的著作《我的四种消费品理论》中,当我和德伟读到这些文字时,激动的心情真是难以言表。

于师生于1915年,是我在《亲炙拾零》中提到的八位男老师中唯一健在的。①于师曾引用恩格斯的一句话:"有所作为是人生的最高境界。"这话我也引用过,但始终没有查到出处,所以只能说是从于师那里转引的。于师在最高境界中度过了自己壮丽的一生,他还在继续发出灿烂的光焰照耀着我们;在他的思想和人格的光芒下走向人生的最高境界,是我余生的愿望和幸福。

诸师群像

大学五年,听过许多老师的课,有些是系统开设的专业课、必修课、选修课,还有很多是讲座课。其中数位先生只给我们讲了几点钟甚至只有一个多小时,真如惊鸿一瞥;但他们伟岸的人格,隽永的哲思,渊深的腹笥,博

---

① 于光远先生于2013年9月26日逝世,享年98岁。——编者注

雅的风范，就像划过夜空的闪电，永远在我的心头辉耀。虽然我无缘长随他们左右，但甘泉一注，沁入心田，未敢或忘。虽雪泥鸿爪，却已成深埋于心底的宝藏，自不应所得而私，理当公诸同好，爰有斯文。

吴玉章校长

吴老是中国人民大学首任校长，我在 1957 年秋季开学式上见到吴老时，他已 79 岁高龄。吴老在党内五老中，仅比徐特立小 1 岁，是老同盟会员，辛亥老人，在我心里，他简直就是一部传奇。以后，每年开学式上，我都能看到老校长端坐主席台中间，白发皤然，慈眉善目。我印象最深刻的是 1961 年 9 月 14 日开学式上吴老的讲话。那年 10 月 10 日是辛亥革命 50 周年，吴老回忆起追随孙中山先生参加同盟会的经历，讲到四川保路运动的烽烟和 1908 年为熊克武起义运送军火的风险。吴老特别对我们说，当时留在日本的年轻革命者，受清政府和日本的双重挤压，处境困难，有的悲观绝望，有些人自杀了；但他觉得必须把责任担负起来，还在自己很小的时候，祖母就告诉他："设筵席容易，收拾碗盏难。有头无尾的人，是没有出息的。"吴老告诫我们：吃甘蔗要从尾吃到头，那样便越吃越甜；反之，从头吃到尾，便越吃越没有味道了。"先苦而后甘，恐怕是人生最幸福的道路。"现在想来，吴老是有意用这段经历来教育我们这一代青年，我至今清楚记得吴老讲话时那慈祥的面容和谆谆话语，老校长操着浓重四川口音说的那句"我在四川的时候"，常常会在我的耳边响起。毛泽东在为吴老祝寿时说："一个人做点好事并不难，难的是一辈子做好事，不做坏事……我们的吴玉章同志就是这样一个几十年如一日的人！"我班有三名同学 1956 年报考我们哲学系，因分数不够，被分到经济系。他们一心想转系学哲学，但却求告无门，最后想起找吴老申述。不想吴老看了他们的信，表示青年人的志趣应当尊重，并批示同意他们的转系请求，三人终于顺利地转入我们班学习。用现在的眼光看，这样的事是匪夷所思的。在中国高等教育乌烟瘴气的今天，我和我的同学每当想起这件往事，便无限怀念老校长作为伟大教育家的胸怀和眼界。翻出我 1962 年编号为 00039 的中国人民大学毕业文凭，看着校长吴玉章的蓝色大印，心底蓦地升腾起强烈的自豪感，同时也不由地问自己：我的一生是否无愧于我的老校长？

杜国庠先生

在我写的这十篇系列博文中，所提到的各位前辈学人和我没有真正师生关系的，只有下面要说的杜国庠先生。硬把杜老拉进来，是因为我亲耳听过他一席话，而且这番话对我的一生影响至深。古人有"一字师"之说，在有幸唯一一次亲聆杜老謦欬之后，我一直私下把自己当作杜老的私淑弟子，尽管无法得到守素先生的恩准。那是1960年初夏的一天，全国逻辑学讨论会在人大第十教室召开，我和同窗挚友李惠国君想去听会，但会场座无虚席，我们两个学生，根本挤不进去。好在是平房，我们便趴在窗台上偷听。不久，一位老者走了出来，踱步到我们身后，拍拍我的肩膀说："同学，你们是学哲学的吗？"听说我们是人大哲学系大三的学生，老人说："这些发言言不及义，你们年轻人不要学他们在地上爬，要像鹰一样在天上飞！"老人清癯的脸上，绽出笑意，深邃的双眼，望着远方晴朗的天空，那是和他的年龄极不相称的、非常清澈的目光，仿佛一直穿透到我的心底。过一会儿有人从会场出来招呼老人，喊道："杜老，杜国庠老师！"我才知道这就是有名的老一代马克思主义哲学家杜守素先生。杜老留日12年之久，师从日本马克思主义的早期传播者河上肇；他在中国革命最危难的1927年加入中国共产党，参加过左联的斗争，在郭沫若的三厅领导抗战文化工作；在国民党监狱中杜老坚贞不屈，英勇斗争。常听师长们称杜国庠先生为"墨者"或"墨者杜老"：这不仅因为他对墨经和名学的精深研究独步学林，被称作"墨名绝学"；而且因为杜老本人就是"摩顶放踵，以利天下"的典范，被誉为"真墨子"。我最喜读杜老《先秦诸子思想概要》中的公孙龙子研究，杜老解读"物莫非指，而指非指"，释"指"为客观的概念，使我有云翳顿开之感。看杜老的文章，才知道什么叫作"唯陈言之务去"。业内人士都知道，我国著名哲学家艾思奇最初就是杜老慧眼识荆，一手扶植起来的。后来得知杜老的《便桥集》出版，我立即买来，一口气读完。杜老在序中说，他愿做一座便桥，让青年人从他身上走过去。读了这些话，我仿佛又听到杜老在我耳边说："你们要像鹰一样在天上飞！"杜老对我说这话时是71岁，翌年即归道山。杜老，您说这话，是在给我们这些后学留下遗嘱吧！

侯外庐先生

先父藏书中，有一本侯外庐先生的《中国思想通史》第一卷，是1947年新知书店出版的，署名侯外庐、杜守素、纪玄冰著，后来知道纪玄冰即赵纪彬先生的笔名，解放后此书的各种版本就都署名侯外庐、杜国庠、赵纪彬著了。我高中时开始读此书，后来学中国哲学史，这套四卷五大本（第四卷分上、下两册）的大部头著作，加上《中国早期启蒙思想史》（后来并入《通史》作为第五卷）又成了指定教材。全套书我是一卷一卷配齐的，读时则是东一段西一段插着读的，有些章节读过多遍，而有的地方（如关于佛学的篇章）则是走马观花，浏览而已。我至今仍然认为，在中国当代学术史上，只有极少几本著作可以和这部钜制比肩。1960年春的一天，在人大一间大教室，侯外庐先生来给我们讲中国哲学史导论，这是我第一次也是最后一次亲耳恭听侯先生教诲。先生最显著的特点是宽阔的前额，身材相当高大，庄重端方，令人肃然起敬。先生讲课的主旨是中国古代"意识生产"的特殊社会基础，就是探究中国独特的生产方式（produktionweise）和社会构成（formation），这就是亚细亚生产方式。先生深刻阐释了他在这一问题上多年来锲而不舍的研究结论，将其概括为：中国走的是由家族到国家、家国混而为社稷的维新道路，是和西方"古典的古代"由家族到私产再到国家的革命道路分道殊途的。收敛式的中国文明和发散式的西方文明，二者的全部分野盖出于此。这次课是我个人学术思想发展道路上的一个重要关节点，外庐先生给我提供了一个基本的思想理路和概念架构，使我在考察文化思想生产及其演进的时候有了一种世界史的眼光。先生说，他的治学之路是围绕《资本论》的翻译进行的。1926年在去苏联途中滞留哈尔滨时，在街头书摊上购到英文版和日文版的《资本论》，从此日日读个不止，并决心把《资本论》译成中文。后来到法国苦学德文，3年间连卢浮宫、凡尔赛宫都未去过，穷10年之力译出第一卷，其中二十章是一个字一个字啃下来的。可是第一卷刚出版不久，王亚南、郭大力的全译本就问世了。"50年过去了，我为《资本论》奋斗10年，而奉献给人民的，仅仅是两个被历史扬弃了的译本。无名可言，无利可图,化名出书,分文无酬,坐牢下狱,在所不惜。"外庐先生说,他并不为此而"顾影自怜",正是这10年的努力,使他学习了西方哲学、经济学、莎剧、歌德诗作、机械学、数学、德文、法文,当然还有马克思主义和科学的研究方法。他说:"我体验到,将全身心的力量贡献给所爱的、所理想的事业时,甘苦尽在其中。"我粗粗统计,外庐先生一生撰写了23部专著,152篇论文,是中国思想史研究当之无愧的先驱和奠基人。他在《资本论》译稿的首页上写了一句话自励:"外庐有志为他人无志所为。"每当懒惰或灰心时,常常想起侯先生这句话,而他那拿着纸页高扬着头的伟岸身影,立即浮现脑际,于是挥去心头的阴影,坚持走下去。

艾思奇先生

在我们那一代哲学系大学生心中,艾思奇这个名字几乎成了中国马克思主义哲学的符码。所以,1960年秋季的一天,当我知道艾思奇先生要给我们做一次辩证法讲座时,不免有一种特殊的期待。那是给我们全系开的讲座,地点是人大新饭厅,会场座无虚席,鸦雀无声,显然大家心情都和我一样,等着享用一次哲学盛宴。我们哲学系学生有个习惯,好传播前辈学者们的轶事——当然,这恐怕是大学生的通病,古今中外,概莫能外——所以,我早就听学长们说过,艾先生讲课特别枯燥,甚至晦涩,听起来很费劲。虽然我早有思想准备,但课一开讲,我还是被思奇先生那一连串抽象的推理困住了,一个上午的课,竟连一个例子都不举。课的中心意思是,辩证法原理要深入地阐发和开掘,辩证法不是教条,但也不是实例的总和。我只有拼命记笔记,心想先记下来再说,回去慢慢琢磨。事后反思,艾先生在这次课中讲的内因为什么是根据、质变中量的扩殊、偶然和必然的辩证基础等等,都是他长期沉思得出的原创性论点,完全突破了传统理论的狭隘眼界,蕴含着深邃的哲理。特别是关于必然性和偶然性范畴的诠释,揭开了盘踞在我心底长久的疑团。思奇先生说,事物的根本矛盾以及和它相联系的某些重要条件,规定着发展的规律性,成为一定不移的秩序;同时事物还要受到其他多种多样的、大大小小的、直接或间接的影响,这些影响虽不能使必然秩序根本改变,但却会引起各种程度的摇摆和偏差,它们无限复杂多样,使必然秩序结合着可有可无、可以这样也可以那样的因素表现出来，这就是偶然性。他的课严谨得近乎刻板，没有多余的话，是纯粹的思想本身，但却不容置辩，使你诚意输心，彻底服膺。我再没有看见别人这样深刻而准确地阐释必然和偶然的范畴，而思奇先生对这对范畴如此关注，说来是有特殊背景的。50年代，思奇先生有一次在中央党校讲必然和偶然，举例说中国革命产生自己的领袖是必然的，而这个领袖是毛泽东不是别人则是偶然的，结果受到了严厉的批评。想来艾思奇先生一定在这次思想冲击中，更深刻地领悟了必然和偶然范畴的辩证本质。有意思的是，早在延安的时候，就流传一个笑话，说：有一个晚上，艾思奇开完会从窑洞出来，不知道有人在窑洞前挖了一道沟，结果失足跌了进去；但是他并不忙着爬出来，而是躺在沟里想，这次我跌进去究竟是必然性呢，还是偶然性呢？这简直是泰利士故事的中国版了。思奇先生端严方正，甚至有些古板，但却随和谦退，十分低调。在解放前漫长的岁月里，艾思奇先生那本《大众哲学》成了千万青年走进革命的最初指南；在延安抗大，多少干部听他的哲学课，接受了马克思主义理论武装，成为革命的中坚。新中国成立后，一次在人民大会堂的大型宴会上，许多部长级、副总理级的领导干部和解放军高级将领给艾思奇先生敬酒，并问询说："艾思奇同志，您怎么样啊？"艾思奇先生回答说："我能怎么样？我还不是艾教员？"他只和他的哲学生活在一起，患难必于是，颠沛必于是，富贵必于是，他永远活在哲思之中，永垂不朽！

吴江先生

我入人大哲学系时，吴江先生刚刚就任系副主任。先生生于1918年，当时不过39岁，浙江诸暨人，一口浙东普通话，瘦高的身材，精明干练。那年是1957年，是十月革命40周年。10月份在一次纪念十月革命的学术报告会上，吴师做了《无产阶级专政四十年》的专题学术报告。那时正值东欧波匈事件，苏共二十大否定斯大林，中共中央发表了《论无产阶级专政的历史经验》和《再论无产阶级专政的历史经验》的官方文献，吴师的论文显然是呼应中央的观点。记得吴师的论文极长，分上、中、下在人大校刊《教学与研究》上分三期连载。报告会上，几位老师上台点评，虽不乏赞誉，但也有人颇有微词。《教学与研究》主编王南教授是老资格的文学家，对吴师的文章不以为然，有几分不屑地说："不能说是独创吧，经典作家都谈过的嘛！"我想，吴师论文的口气，用今天的话说，有点和中央文献PK的架势，当然会引起一些人的反感。两年后，在国庆10周年的学术报告会上，吴师又提出"历史辩证法"的概念。传统上，正式的提法是历史唯物论，吴师偏偏强调历史辩证法，我觉得很有创意。看来，吴师的研究域是政治哲学，而我对政治哲学却不感兴趣，这虽然影响了我对吴师的亲近感，但我却强烈地意识到吴师是一位有个性、有棱角、不循规蹈矩的学者，心里是十分敬佩的。后来知道，吴师原名寿乃芳，20岁就到延安，长期在革命前辈刘澜涛手下工作。就在1957年，他以不愿从政为由来到我系从事学术研究。不过，1959年还是被调回《红旗》杂志社，在陈伯达、胡乔木、邓力群等人领导下当政治"秀才"，"文革"遭难，自在意中。三中全会前后，他是真理大讨论的重要推手，可是1982年却突然靠边站了。以后虽做过这样那样的工作，但总是有点特立独行，一些言论常常不合时宜。吴师是真正的学者，一生维护自由的智力，在真理的路上无畏地迤逦前行，用鲁迅先生称赞章太炎的话说，"这才是先哲的精神，后生的楷范"。做吴师的弟子，很自豪！

苗力田先生

1959年2月16日，苗力田先生开始给我们讲西方哲学史，这是一年的课，他承担了其中三分之二的课时，成为给我们讲课最多的老师之一。高大的苗师年届不惑，腿微跛，东北口音，课讲得极细，连爱比克泰德、库赞诺斯、特烈肖这样的哲学家，都一一道来。先生用功甚勤，读书极多，随口引用极琐细的史料，腹笥之丰，令人叹为观止。苗师曾和汪子嵩、王太庆等先生在中央大学师从陈康先生读研究生，以惊人的勤奋学会了英、德、俄、希腊、拉丁等多种外语。据说苗师在北大时，由于老一辈大师云集，分课时只能讲俄国19世纪革命民主主义者赫尔岑、车尔尼雪夫斯基等人的哲学。苗师特别强调从原著出发搞研究，告诉我们，不懂某位哲学家原著的文字就不写关于他的论文，他的原则是"要让材料自己说话"。苗师主张50岁以前是打基础的时期，要多读、多想、少写。我那时才19岁，少不更事，没有体会苗师这些话的深意。年齿日增，才后悔荒废了许多时间，少读了许多该读的书。记得15年前，幸遇前辈学者高清海先生，说起苗师主持译亚里士多德全集的事。高先生感慨地说："我不懂外语，但搞哲学不读原著岂不是自欺欺人？没办法，只好读译本。差不多十年光景，我总是拿着书，带上一瓶水和面包，去大教室读书，算是把主要的原著译本啃了一遍。唉，跟苗先生没法比呀！"苗师晚年的宏愿是让《亚里士多德全集》的中译本出现于中华大地，誓言"不让日本人专美于东亚"。1997年，在他主持下，从希腊文原文译出的400万字十大卷中文版《亚里士多德全集》出齐，这书成了纪念苗师的历史丰碑。我手头还有一本《黑格尔通信百封》，是20世纪80年代苗师从德文翻译的，是我经常翻看的。读到苗师那优美的译文，不禁想起王安石的诗句："沉魄浮魂不可招，遗篇一读想风标。不妨举世嫌迂阔，赖有斯人慰寂寥。"在熙攘逐利的世风中，跟着苗师的脚踪踽踽独行，我不再感到孤独，因为这是罗素所说的"良善的人生"。

黄顺基先生

我到人大哲学系时，黄顺基先生刚从工经系数学教研室转过来搞逻辑，我知道他原是复旦大学数学系的高才生，而且跟王方名先生一起受到毛主席的接见。那时黄师在攻数理逻辑，并没有从事自然辩证法的教学。刚进大学门，困惑很多。有几次黄师来听王方名先生的课，课间休息时，我便向黄师请教，算是相识了。那时他只有32岁，热情，谦和，很容易接近。大概是1957年11月份，我冒昧地到铁狮子胡同黄师家造访，请教专业课的学习问题。黄师嘱咐我，学哲学必须打好实证科学的基础，加强思维能力的训练，为此首先要学好数学和逻辑，告诉我要认真听现在正开的数学分析课。黄师还向我展示了他研究数理逻辑整理的大量卡片，装满了几个盒子，使我初次亲身感受了学者治学的艰辛和乐趣。那次访问给了我很大激励，促使我下大功夫去啃辛钦的那套莫斯科大学数力系教材《数学分析简明教程》。我的微积分课考试得了满分，这给我后来的理科学习打下了坚实的基础，终生受用无穷。改革开放后，黄师转到自然辩证法教研室，显然出于师生情谊，黄师时时不忘提携于我。1984年，我主持召开全国首届苏联自然科学哲学讨论会，黄师召集了人大、复旦、山大同行来哈参会，为我助威，并商讨编写关于新技术革命的著作。1986年该书题名《大杠杆》在山东大学出版社出版，被钱学森先生誉为"最完全"的新技术革命论著，《人民日报》《中国青年报》等报纸纷纷推出书评，好评如潮，连出两版，并于1996年获教育部优秀著作奖。我为此书撰写了第十二和第十五两章，是我平生得意之笔。1985年我应黄师之邀去烟台会稿，得与黄师盘桓数日，海天琼阁，诗酒歌吟，疑入蓬莱仙境。记得当时黄师嘱咐我等必须于5月5日下午4点前将修订稿寄给他汇总，以邮戳为准。回哈后为赶稿子，我曾一连4天昼夜兼程，衣不解带，5月5日那天下午3点，几乎是跑到邮局，赶在下班前将稿子寄给黄师。后来，在《大杠杆》出版后的聚会上，黄师说："只有慕天一个人是准时寄出的，你们都违约了！"我听出老师是在称赞我，心想这里只有我是您的亲学生，我当然必须谨遵师嘱。黄师对自然辩证法有坚定的信仰和深厚的感情。近年来，业内有人借历史上"左"的思潮对自然辩证法的滥用而否定自然辩证法的科学性，黄师十分忧虑。2010年中国自然辩证法研究会理事会上，朱训理事长讲话说，必须高举自然辩证法的旗帜。在晚宴的餐桌上，黄师和朱训部长同席，我叨陪末座。黄师特地站起来，给朱训敬酒，大声说："你今天讲得好，就是要高举自然辩证法的旗帜，我从你的话中看到了希望！"听说朱训部长是人大1951级的学生，黄师便拉我和在座的学兄李惠国同朱部长一起，合影留念。黄师2005年就已年逾80，但始终精神矍铄，兴致勃勃，他的座右铭是勤学、好思、敬业，至今仍以耄耋之年活跃在学术第一线。2004年我在镜泊湖主持召开科技进步与当代世界学术讨论会，黄师和我一起下湖畅游，绝无疲态。2007年我班回母校纪念入学60周年，黄师到会做了精彩发言，特别提到班上几个同学的工作，并点到我的名，说我们是母校的光荣，使我深切体会到他的拳拳师心。古人说，春晖寸草，思之令人泪下。

跋

写完16位师长的博文，对顾城说过的那句话"许多时间，像烟"，有了刻骨铭心的感受。那些飘逝的时光从我的心头掠过，有一种难以捕捉的无奈使我痛心不已。但这些巨人的足迹不会因为岁月的流转和尘世的喧嚣而被趋利者的沉沦抹掉，他们的精神是天际的霞光，永远在追求者的心底点燃希望的火炬。三年前，我在美国读到华理克（Rick Warren）的畅销书《标杆人生》，他为人生树立的标杆是基督。宗教理想我是尊重的，但总觉得和此岸的人生不够切近；而师长们却是矗立在我眼前的丰碑，时时处处规范着我，警戒着我，激励着我，鞭策着我。1912年鲁迅在日本师从藤野先生学医不过一年，24年后，鲁迅回忆说："但不知怎地，我总还时时记起他，在我所认为我师的之中，他是最使我感激，给我鼓励的一个。……他的性格，在我的眼里和心里是伟大的，虽然他的姓名并不为许多人知道。"鲁迅一直把藤野先生的照片挂在书房的墙壁上，在那篇题为《藤野先生》的名文结尾，他动情地说："每当夜间疲倦，正想偷懒时，仰面在灯光中，瞥见他黑瘦的面貌，似乎正要说出抑扬顿挫的话来，便使我忽又良心发现，而且增加勇气了。"我想，有这样的师长在，我此生必定不会沉沦。

虽说今天的青年在很多方面是幸福的，但凡事都是矛盾的。丘特切夫在其名著《西塞罗》中说："谁要是在多难的时刻来到世上，那是他运气好。"我的老师们正是在天地翻覆的时代，经受了血与火的洗礼，他们是风云儿女，他们那旷代的绝响、无畏的独语、大自在的歌吟是文明的一个不可复制的范本，是精神之光最绚烂的迸发。难得的是，我竟有幸生于他们健在的时代，而且得以进入一个能把他们中的一批佼佼者集合成为一个中国哲学"梦之队"的学府，畅沐春风，溉沾雨露，这种际遇在近五十年间，仅有一次而已。我是幸福的，这种幸福是当代青年无法企及的。

弗洛姆（E. Fromm）说，有两种人格：一种是市场型人格，为了换取接受而给予；一种是创造型人格，在真正的给予中寻求幸福。我的师长们是真正的创造型人格。今世之人，尤其是那些被物质享乐异化了的浮华一代，陷溺在"猪城"中，误以为生理欲望的满足就是一切，猥琐卑陋却自以为至乐。弗洛姆给当代人画像说："现代人是一个永无止境的消费者，他（她）'吸取'饮料、食物、烟卷、演讲、名胜、影视，把一切都消费了，吞没了。世界是他（她）的胃口的一大对象，一个大瓶子，一个大苹果，一个大乳房。"现代人的经济学就是"物资永远匮乏论"，现代人的价值论就是"（生理）欲求无限论"。新潮人物在人与物的鏖战中，和物质世界融合无间，却放逐了内心和人性。历史上，凡是这样的时代都孕育着文明的危机，覆亡前的罗马是如此，天宝时的盛唐也是如此。罗素说："人类唯一的历史教训就是忘记了历史教训。"要记住文明的教训，只有回归人性，在伟大人格的照耀下，找回真正的自我。"我已经说了，我已经拯救了我的灵魂。"在声色欲浪的泡沫翻腾中，这样的叙事是不会有几个人劳神一顾的，但是历来边缘话语的命运都是如此。王荆公是寂寞的人，他的诗安抚了我的心：

> 自古功名亦苦辛，行藏终欲付何人。
> 当时黮黯犹承误，末俗纷纭更乱真。
> 糟粕所传非粹美，丹青难写是精神。
> 区区岂尽高贤意，独守千秋纸上尘。

2011年3月5日—7月12日

苍凉的回声
——忆老汪

酷暑中，走在西校门的路上，遇见 M 君，告我本月 6 日汪立三[①]于沪上弃世，我心里突地一片苍凉……

回头望去，不远处就是干部一舍，当年的单身宿舍，40 年前我刚到师大，住进一舍 208 室。在二楼洗手间常见一位瘦瘦的男子，戴着大黑框眼镜，嘴里反复哼着一段旋律，即使站到小便池上，也不停嘴，然后哼着走上三楼，每次见到他都是如此。不久知道他是音乐系的汪立三，总去三楼女单身宿舍，找钢琴老师吴启芳。那时，吴启芳在练钢琴协奏曲《黄河》，每天反复弹其中一个高难度的乐段，使楼内的舍友不胜其烦。时值"文化大革命"，在那个焚琴煮鹤的时候，许多人都忙于"斗（逗）、批（劈）、改"（逗逗孩子，劈劈柈子，改善生活），竟有人仍然如此痴迷于专业，我不由地对这对恋人产生了好感。不知道老汪怎么知道我是学哲学的，有一次突然找我问："康德说美是判断力，这审美能力究竟是天赋的，还是经验的？"站在文史楼的走廊，他竟和我就这一问题讨论了一个多小时。

老汪执着，有时甚至显得笨拙。大约是 1972 年深秋，学校组织老师去

---

① 汪立三（1933—2013），四川犍为县人，我国当代著名作曲家。1948 年考入四川省立艺术专科学校音乐科，1951 年考入上海音乐学院作曲系。1957 年后曾到北大荒东北农垦总局文工团工作，1963 年调到哈尔滨师范学院任教，1986 年曾任哈尔滨师范大学艺术学院院长。中国音乐家协会第四届常务理事、黑龙江省文联副主席、黑龙江省音乐家协会主席。代表作品有：钢琴曲《蓝花花》《小奏鸣曲》《东山魁夷画意》组曲和《他山集》等。——编者注

农场劳动,任务是收白菜,每个人手持一把菜刀,各守一条垄,拿刀从根部把白菜砍倒。这活看似简单,其实也有点技巧,先要把白菜扳成一个30度左右的斜角,让菜根产生一定的张力,使一股寸劲儿挥刀一砍,白菜便应声而倒。我念大学时在京郊干过这活,其他老师看来也都是老手,垄虽甚长,但说笑中就干到了地头。老汪却惨了,只见他抱住一棵白菜,用力砍去,白菜却屹然不动,于是挥刀再砍,还是无效,无奈只好把刀当锯使,反复切割。蹲立不能持久,干脆坐在地上,挥汗如雨,一只泥手,把面孔涂成了京戏的花脸。大家在地头上喝水抽烟,看着老汪的狼狈相发笑,我却一阵辛酸,便起身接垄,到了垄中间他抬起头来,眼镜上蒙着雾水,半天才认出是我,惨然一笑:"是你呀,孙慕天!"1998年元旦,借佐书离校就任副省长之机,几位投契的同仁设宴相送,老汪几杯酒下肚,感慨起来,对着我说起这段往事:"那么多人就你给我接垄,你是基督精神,这叫人性!"随即话题拐到他被打成右派的往事,说自己这辈子就是较真。

老汪的较真使他像个迂夫子,而且迂得可以,迂得可爱。

老汪当年以钢琴和作曲双项第一被上海音乐学院录取,是大师贺绿汀的得意门生。他曾就冼星海《民族解放交响乐》的作曲法撰文大发议论,认为冼星海在曲中用168个"67i"向上冲击的音型象征对德国法西斯的168次冲锋是"形式主义",这使他罹罪成了"右派",下放到北大荒。酒桌上老汪狂言不止:"其实冼星海的《黄河大合唱》也有许多毛病,我不愿意说就是了。"我顶他一句:"不管怎样,黄河就是黄河,你老汪没写出来,艺术哪有那么多规矩?李白的诗也有那么多不合诗律的地方啊!"说归说,我还是佩服老汪的这股迂劲。有一次校学位委员会评硕士学位,一般论文都是由学位点答辩委员会通过,经系学术委员会审核,到校这一级不过是由各系通报一下一般情况,随即表决通过。那时论文不多,老汪竟逐篇翻阅,并指着一篇教育系的论文《杜威教育思想述评》说:"学位论文是研究,不能是述评;而且论文的文献只有七篇,全是教材和转述,一篇杜威的原著也没有。我不是搞教育学的,但是外行也能看出,这篇论文不合格。"大家这才认真翻阅起来,一致认为老汪说得有理,否了这篇论文。还有一回老汪坐镇牡丹江的钢琴考级,曲目是《蓝花花》,这首琴童几乎必弹的曲子恰恰是老汪大一时的处女作，而老汪却认为该区考生全都不合格，一个也没让通过，气得当地领导不给老汪买回哈尔滨的车票。20世纪80年代，刚恢复职称评定，老汪是第一批评上教授的，而他主持音乐系评教授时，竟明确表态说，现在音乐系没有一个够格的，引起强烈不满，他却依然固执己见。大家不免众口一词指斥老汪狂妄，我却懂得老汪的心思：他心里有个标准，他自己是按这个标准做过艰苦努力的，怎么能降格以求呢？

老汪是性情中人，感情澎湃，汪洋恣肆，性嗜饮，对酒则壮怀激烈。和老汪聚饮，是人生一快，但见他手到杯倾，如长鲸吸水，放言高论，妙语如珠。如果有人劝他吃菜，辄曰："以酒为主，兼吃别样"，实在是酣畅淋漓，真想大呼"快哉快哉"。他的钢琴曲如《东山魁夷画意》《在阳光下》，明朗，清澈，欢快，轻盈，如饮醇酒，陶陶然，飘飘然，常使我想起东坡《赤壁赋》的意境："饮酒乐甚，扣舷而歌之"，遗世独立，羽化登仙。

改革开放后，听说上海音乐学院有意请老汪回母校出任院长，当时的黑龙江省省委书记孙维本亲自登门挽留，也许老汪有"士为知己者死"之感，终于滞留塞北，而此后亦未见得到什么特别关照。此时一群"五陵年少"相继登场，银鞍白马，意气纵横，与老汪难免多有龃龉。年届七旬，学校对老汪并无留意，于是黯然退休，回到沪上；有女名多多，未继双亲之业，而夫人先去，孤寂无助，心事浩茫，情思郁郁，渐渐露出那下世的光景来，竟至两次中风，终因脑病而昏然辞世。晚年的《先知》等乐曲运思深沉，而意境空旷，浑如茫茫然白地无垠。所改旧作，多增慢板长音，落寞凄然，似平生的苍凉回声。"纨绔不饿死，儒冠多误身"，老汪晚景如此凄凉，"谁为为之，孰令致之"？常令我中夜叹惋。我至多是个音乐爱好者，不敢自称老汪的知音，但却可算他的亲密酒友；在人生的路口上，邂逅相遇，意气相投，虽然会少离多，倒比终日相处的各色人等知心多多。"青史几番春梦，红尘多少奇才"，老汪，但愿在那个世界能有佳酿让你终日开怀畅饮。

2013年7月24日

永恒的青春回忆
——忆振声

友人振声魂归道山倏乎十年，贴出这篇写于十年前的悼文为故人祭，也是对自己花季年华的凭吊。青春已逝，但心底的青春之火可曾熄灭？

我伫立在初秋的骄阳下面，望着街道上熙攘的人群，心中涌起痛彻心腑的懊悔：当我几次立意去看你的时候，尘世的喧嚣一再打搅了我；在你远行的路上，我未能去送别；而当你已走之后，我竟未来得及大喊一声："振声，你慢走！"阴差阳错，我误奔到任家桥的时候，才知道我错过了最后的机会，我的心碎了……

还是45年前，我初次见到你，那时我年方14，而你好像18岁。你给我的第一印象是其时正在看巴金的《雾·雨·电》，而那时我正热昏般地迷醉于古今中外各种文学作品之中。当课间休息时，你给荫棠取了一个"高尔础"的雅号，我不禁为你的幽默和文学修养吸引住了。好像是在一次放学的路上，你发起组织编辑壁报——《花坛》，也是由你去请杨庆云老师写发刊词："生活是温暖的湖。"那极富诗情而又十分浪漫的卷首语，一下子抓住了我少年的心。也正是这一句话，象征性地拉开了我审美人生的序幕。

啊，振声，你是热情的人生歌手，是青春的报晓者。在围绕《花坛》的事件中，你俨然是高一三班的"丹东"。你维护自由言论的权利，你大声疾呼个性解放，你的心和那个时代的精神息息相通。每一朵自由的精神之花都使你那样激动：看完电影《我们好像见过面》，你打算把周围的宵小之徒写进一个小品；看完《生的权利》，你为法庭上正义战胜邪恶的法律之剑所倾倒，曾立志报考法律专业。那时的你，如风如火，终日燃烧着，你年轻躁动的心在迎接着什么，期待着什么，在投奔向什么……

就在高考的前夜，当苏州二中来函串联时，围绕高考中的不公平竞争问题，引发了哈市中学生的骚动，哈尔滨市第三中学校理所当然地成了浪潮的中心。时年17岁的我，孤高自许，自恃天才，一心报考名牌大学，志在必得，不肯卷入旋涡。由于我们之间朝夕相处，形影不离，你因我之牵制，不能把你心中的积愫一吐为快，神情万分焦灼。这是我们之间唯一一次"政见"分歧。那是6月下旬的一天，三中高三同学聚会辩论，气氛紧张异常。高三四班的才子，以写散文诗闻名的张秋莹在走廊拦住你和我，说："现在关键看你们几个了，你们一出来，形势必然大变。"翌日，我们几人在大直街教堂月亮窗小屋计议，你与同谨坚持参与，我与荫棠反对，延训不说话，老穆不知何往。恰在此时，天降大雨，我们公决先睡觉。不想南柯一梦，醒来已是下午4时。一场大祸就这样与我们擦身而过。几个月后，看到当时的先锋人物纷纷落马，我们不禁倒抽一口冷气，暗自庆幸。但你那不安分的天性又能有几多侥幸呢？

啊，那个炎热多水的夏日！我们徜徉在太阳岛上。一个夕阳西下的黄昏，我与高三一班绰号叫"哈密"的同学，在极乐村下水，向太阳岛餐厅的方向游去，你在岸上步行跟着我们，你响亮的呼喊声和我们的划水声，交织成一首青春的圆舞曲。对岸的草丛里，水鸟起落，蛙声阵阵；田野上的落霞，如火如锦，我感觉到青春的心在激烈地跳动，在飞向远方，——啊，多么灿烂的青春年华，等待我们的该是多么美好的壮丽人生啊！

这个暑假的每一天都在我心中闪亮，那是青春的日子，火红的日子。8月的一天，妈妈为我们送行，按我年龄的数字，烧了17道菜。9月，中秋之夜，我们在南马路十五号的小院里，洒泪而别。同谨那低沉的"水草青青的大地"的歌声，飘荡在夜空。你登上车，从滨江站送我们到哈尔滨站。你下去了，一个人到长春东北师大中文系就读，我们则负笈京华，从此参商两地，天各一方。而我却预感到汇聚在你心中的青春之火，必将奔突而出，不是你烧毁这世界的一角，就是这世界烧毁了你。

那年冬日，我刚刚听完王方名先生的逻辑课，便读到你的信，嘱我到王府井为你买一副女式羊皮手套，我知你已堕入爱河。不久就收到了张葳的信,劈头一句便是:"我是一个热爱生活的人!"一年不到,便得知张葳退学回哈的消息。1961年冬我回哈度寒假,你们伉俪抱着小红来家做客,从此,你迅猛迸发的青春之火,似已消耗过量而渐渐冷却下来……

你步上了难以想象的坎坷之旅。在我的影集中,还有一张那时你站在松花江畔的照片,手放在衣袋里,凝望远方的一抹长天。我知道,你心中交织着巨大的矛盾,你无法忘怀青春的光明梦,而又没有能力挣脱这现实的沉重枷锁。我只听说你去了吉林市五中任教,而我则因政治上的浮沉和感情的挫折,弄得身心交瘁,无可奈何地回到哈尔滨,在建工学院谋一教席。当那场大劫降临时,我更是几乎被碾为齑粉,完全自顾不暇了。

1967年初冬的一个傍晚,我在哈尔滨建筑工程学院突然接到一封信,信封上赫然是你的笔迹,地址却是"吉林省蛟河监狱",而背面则是手写的毛泽东诗词的句子"雄关漫道真如铁,而今迈步从头越"。我抄起电话,拨通了张葳(其时她似乎是在红光中学),而她只是嗫嚅着说:"振声挺好。"1972年,形势开始松动,教育系统请我讲点自然辩证法,在铁路文化宫讲课时,我在台上收到一个纸条,上面分明写着:"故人入我梦,明我长相忆",落款是张葳,待中间休息我奔下台去找人时,她已悄然离去。

又过了两年,我已转到哈师大授课,一天下午刚刚下课,突然有人叫我接电话,话筒中竟是你的声音,我慌不迭地说:"你就在校门等我,我去接你!"当我跑上去校门的小路时,你正从对面逡巡走来。一别十载,你的头发已经斑白,对我凄然一笑,那笑容里还留着三中时代的淡淡的影子。那天晚上,我们一瓶老白干,一盘土豆丝,联床夜话,我听出你那不老的心声:你要在人生的路上,再与命运较量一次!

那几年——也许是我的感觉吧——分外寒冷,我们的心也是冰凉的,温暖我们的是从未淡化的友情。我不会忘记在老华梅的聚首,不会忘记你蛰居顾乡时那茅屋里的热炕。香喷喷的菜肴,甘洌的醇酒,绵绵的心语,暖热了一个又一个冬夜。你慨然说:"这是我的幸福日!"

岁月无情地滑过,当神州大地春回的时候,你凭借知识优势终于摆脱了重体力劳动,成了"白领阶级",并有了一处相当宽敞、设备齐全的住宅,而我也从你红润的面颊上依稀读到了那久违了的青春笑意。你热心于老同学的聚会，喜欢纵论天下大事，有一次甚至对我说，想重操旧业写点什么。我知道，你并未忘情于你所喜欢的文学事业。但是孩子们长大了，你为患足疾的小红设想，把房子留给她办托儿所，而与张葳到南岗赁屋居住；小兰考大学，你来找我到双城迎新宾馆，为女儿求一进身之阶。那一天，站在宾馆铁栅栏外面，看着你灼灼的目光，我深深为你的拳拳的父女之爱所感动。孩子有了安排，一切都安定下来，我想，振声，这回你终于可以安适地度过宁谧的余年了……

　　命运是多么残酷啊！一个夏日的早晨，突接你弟电话，说你夫妇双双惨遭车祸，张葳当场陨命，你侥幸逃脱大难，但也已身受重伤。我匆匆赶到省医院，你在朦胧中抓住我的手，哽咽着说："慕天，张葳比我轻……"我其时已知道真相，面对着老友肿得不成样子的面孔，真是百感交集，心里只想一个问题：命运为什么总是将噩运加于苦难的人呢？难道他所受的折磨还不够吗？我想起我家鹰鹰降生时，张葳和小红拉着车，送来500块蜂窝煤，这对于困窘的我真是雪中送炭，我知道，那是你对挚友的一片炽热的心啊！你把你火热的爱给予这冰冷的生活，而生活却用它严酷的冰冷回报你的火热，这是多么无情的命运逻辑呀！

　　你作为一个未亡人急剧地衰老下去了。我常想起燕妮逝世后恩格斯谈到马克思时所说的话："摩尔也死了！"你来的渐渐地稀少了，而每次几乎都是有事而来，所谓"无事不登三宝殿"，但每次来都呆得很久很久。你坐在那里，听我天南地北地胡侃，只是偶尔插上几句感慨的话，分明透露出重重心事。两年前的一次黄昏时分，在和兴三道街与你邂逅，我邀你到校内聚龙餐厅小酌，两杯酒过去，你喟然叹道："晚年，这就是晚年哪！"谁想到，这就是你我二人最后一次单独对酌了。

　　当雅曼告诉我你身罹绝症时，我似乎已有预感，只是没有料到来得如此之急。那次我们为你过生日，你拉着我的手，让我坐在你的身边，你的神情已显出濒危之象。但我仍期望还有些时日，容我略尽故友之谊，为你最后增添一点温暖。但身不由己的忙迫和不可饶恕的疏懒，竟使我失去了这最后的机会，一别之下，遂成永诀。我知道，在你弥留之际，一定会责我薄情。但振声，我也知你会谅我恕我，在你心中，我始终是个生性疏懒，恃才傲物，桀骜不驯，我行我素，而且总是要求原谅的老弟呀！

"自由之神所悲泣的这位歌者消逝了！"这是你最喜欢的普希金《致大海》中的名句。你是一位歌者，你是用心讴歌青春的歌者。你走了，没有给这世界留下什么。你是一个普通的人，古往今来，像这样的普通人之死，实在是太平常了。其实，就是伟大人物之死，最终又能如何呢？我们一起在高一语文课堂上背诵过陶潜的诗"亲戚或余悲，他人亦已歌。死去何所道，托体同山阿"，那时，死似乎离我们无限遥远，似乎是别人的事情。而今天，死神的巨手已降临到我们这一代人的身上，他正无情地向我们所有的人逼近。那么，在你离去时，我们这些后死者应该想些什么呢？

振声，每当夜阑人静，停笔沉思时，在我眼前总是浮现出你在松花江上荡舟时的身影。江水在你的桨下如明霞成绮，你脸上灿烂的笑容如岸上的春花，你粗犷的歌声飘过天际："你那青鸟在哪里……"说实话，我从未把那个青春的你，和后来那个被生活的风雨摧残得如凋零的秋叶的你，看成是一个人。每次重晤我都从你的音容笑貌中读出你心中的不甘，那个青春的你还活着，活在你的心底。从你身上，我明白了一个人生至理：没有一个人是真正老的，只不过人生的际遇把青春深深埋入心底罢了。

苏东坡有词曰："谁道人生无再少？门前流水尚能西，休将白发唱黄鸡。"写到此处，电视中正播放一个描写高中学生的片子《花季·雨季》，我突然觉得，我和你正在那一群中学生的队伍里，他们的一举一动，一颦一笑，正是我们青春的精灵在显现，也是世世代代青春的精灵在显现。我们这一代已经老了，正像他们将来也一定会如我们老下去一样。但是，青春的精神永在。我蓦然涌起一种感觉：我正在代表我们这一代人和现在的青年人比赛青春，这就是我给自己今后生活的最后定位。是的，新陈代谢是宇宙的不移之律，但是，古往今来，总有那样一些人，他们的青春生命是永驻的，他们的青春和整个生命所创造的业绩万古长青，永放光芒。雨果说的好："人生是短暂的，只有著作永存于世。"倘如此，我们还希求什么呢？振声，你的青春的火在我的心中燃烧，我将为你高举你曾举起过的青春火炬，向生活宣告：我们这一代人并非弱者，在人类的青春花圃中，我们永远是鲜艳夺目、光华四射的奇葩。啊，我的朋友，让我用我们的青春之歌为你送行：

像那春天的鸟群,
在天空自由飞翔,
像那奔放的江水,
流过了五月的山冈。
我们青年的队伍,
前进!
前进在祖国的大地上。
我们的生活,像春花一样美好,
我们的前程,像海洋一样宽广,
我们骄傲,我们歌唱,
我们沐浴着祖国的太阳!

            2007 年 3 月 14 日

灵魂击掌高歌——纪念孙慕天先生

忆黑格尔先生（译文）

2011年又到了，接到我2002级研究生V.V君的短信，突然想起那年新年我把早年译出的《忆黑格尔先生》[①]作为新年礼物，在元旦会餐时赠送给同学们时的快乐时光。这篇东西我上大学时就听先师贺麟先生说过，是篇名文，但迄今未见中文译文，我也没有找到英德俄三种文字的文本。还是在19岁那年，我在东安市场旧书肆上花一块五毛钱买到的一本日文版《黑格尔复兴》载有此文的日译；我的日文蹩脚之极，但对此文内容的渴想使我磕磕绊绊地硬是把它译了出来。现在把它公诸同好，并以此恭贺新岁。

这是我学生生活开始时的事情。有一天，我不经介绍，忐忑不安而又满怀自信地走进了黑格尔先生的房间。当时，先生正坐在一个很大的写字台前，带着繁忙的神情埋头在厚厚的杂乱堆积着的书籍和纸张中间。他那衰老的身躯稍稍有些弯曲，但是仍然可以看出他天生的伟力。黄灰色的衣服从肩上披覆着他屈缩的身体，一直垂到床底下，这一外貌不会使任何人感到崇高，也不会觉得有什么诱人的魅力。宁可说，他整个给人的一个引人注目的特征是那种在往昔的市民身上常常可以看到的质朴率真，而我对他的这个第一印象是永志不忘的。他的面目松弛，整个像死一样的苍白，无论怎样也看不出那冲破一切热情的光辉，倒是显示出夙兴夜寐汲汲于思维劳作的痕迹。

[①] 本文是H. G. Hotho著 *Vorstudien für Leben und Kunst*（《生活与艺术的研究》）中的一篇。Hotho是亲炙黑格尔的弟子，后任柏林大学教授，曾参与编纂《黑格尔全集》。本文为孙慕天先生转译自日文，日译者铃木权三郎，见《ヘーゲル复兴》（《黑格尔的复兴》），理想社，昭和六年版。日译文标题为《ヘーゲル先生の忆ひ出》。

无论是怀疑的痛苦，还是在异常的沉思中酝酿精神的暴风雨，他在四十年中孜孜不倦地思索、探寻和研究，这是罕见的；而他把在青年时代就已有幸发现的真理之芽，培育得日益丰硕、茁壮、严谨和坚强，这也是罕见的，——所有这些异乎寻常的努力，都在他的面颊、额头和口角上刻下了皱纹。这个深邃的心灵在睡眠的时候，容颜显出苍老、憔悴的样子，而一旦醒来，就立即表现出因自始至终的伟大和经过艰难的劳动而成就的思维的尊严，这种尊严是在他长期艰苦卓绝的努力中深深潜藏于他思想深处的。这张面孔看上去是何等威严啊！高耸的鼻子，广阔的前额，平展的脸，是多么有气势啊！高洁的忠诚，不论对大小事都是彻底的正直，只在真理中求得最后的满足，所有这些极其明确的意识，都生动地刻印在他的外貌上。其实，就在那时我已经在期待一场浓烈的激动人心的哲学对话。但是，令人吃惊的是，我听到的却是完全相反的东西。先生随便地谈起他最近从荷兰旅行回来的见闻，谈到城市的清洁，乡村的美丽富饶，青翠宽广的牧场，畜群，运河，塔式的风车小屋，平坦的大路，还有那里的工艺品，传统的风习，以及诸如此类的乡土话。由于这半个小时的谈话，我竟觉得似乎和先生一道亲自游历了荷兰一样。

但是，数日后在讲台上再见到先生时，一开始我几乎无法把他讲课的风貌和他内在的思想过程协调起来。先生垂着头，疲倦而又不快活地坐在那里，一边讲着话，一边不停地把对开的讲稿前后上下地卷动着。话语不时为咳嗽所打断，讲义是一段一段的，像是勉强连成一气似的，金属般的声音，一句一顿，好像每一句都恰恰是最重要的问题而必须加强语气一样，而且还夹带着士瓦本的方言，——他就这样断断续续地讲着。尽管如此，他的讲课整体上却以其真实和朴素强烈地不可战胜地吸引着人，使人感到深深的敬意和尊崇。由于我自己的贫乏，这个讲课的内容简直是无法理解的。可是，依靠热心忍耐，姑不论对这个讲课外在的缺陷习惯与否，它内在的优美毕竟在我眼前豁然明晰起来，看来是缺点的东西也统一于整体之中，而这个整体只有在其自身之中才有完美的尺度。

本来，一般认为讲话的流畅和雄辩，是消化和充分诵习所谈问题的结果。所以，只是形式上的娴熟所得到的不过是能言善辩而已，这不足为奇。

与此相反，先生的工作则是从事物的内在本质中揭示出强大的理念，同时还必须使听众觉得生动，为此就必须不断创造出一种新鲜活泼的表达方式。然而，要想直观地形象地表现这样的艰苦劳作和思想苦斗，若不采取先生讲课的那种形式而另觅他途，却几乎是不可能的。古代的预言家在语言上是极其苦恼的，他们在表述一种深刻思想时，无法做到既生动又雄辩；同样，先生也为表达方式这个困难问题而斗争着，但他却解决了这个问题。先生全身心地沉浸在问题中，专心致志地就问题讨论问题，而不顾及听众的精神状态，实际上这些思想也只是从先生内心中生发出来的。只是当大家对某一思想全都感到难以理解的时候，先生才踌躇起来。这时，他那铁一样的逻辑严整性缓和了，并用慈父般的关怀使这一问题变得容易理解。先生刚开讲就停顿了，变换着新的说法，沉吟着，边踱步边思索，似乎很难一下子找到恰当的词汇。一会儿，适合的语言终于找到了，而这种语言竟是如此贴切，一般地说是别人根本模仿不来的。它尽管与通常的用法不一致，但却是唯一正确的用法。接下去的叙述就都是先生那种独特的表达方式了，正是在这里表现出常人无法看出的最大完美。这样，我们才勉强弄懂讲义的确切含义，并开始专心期待后面的内容。然而，这种期待又落空了，接下来的不仅同前面的一样，而且正是在同一点上兜起圈子来。于是，我们那本已疲惫不堪的精神更加迷惘错乱起来，当我们后来警觉到这一点而再度提起精神的时候，讲课已变换了主题，就像是对我们注意力涣散的惩罚一样，已经根本无法把握课程的内在联系了。事实上，某种完成了的思想是通过表面上无意义的阶段慢慢地细致地深化着，它终于通过某种片面性的限制和区别的诸阶段，最后作为矛盾的理念而展开了。然而，这个矛盾也得到了解决，于是，那些极端对立的东西终于再被引向综合。就这样，先生既注意到重复以前讲过的思想，又由此出发在对立统一中改变着形式而展开了以后的思想；那奇妙的思想之流，随着自我冲突斗争，时而分裂，时而统一，有时似乎停滞，有时发生飞跃，一刻不停地不断前进着。但是，由于思想陷入这样的深渊中，并在这种无限对立中分裂开来，于是就造成了一种印象，仿佛在思想的进程中把已经获得的一切再度丧失了，而认识的最高权威似乎仅仅归结为对认识能力界限的默认，这是整个思想紧张的最终结果。然而，在这一现象的背后，伟大的独立理念正在内在的本底以其自觉的满足，平静而又不可遏止地运动着，完成着某种工作。在这以后，先生放大了声音，灼灼目光在听众身上扫过，静穆地放射着深刻信仰的光华，以简洁精炼的语言把握着万有高深的精魂。这时，先生的语言不但是明了的，而且绝无语汇不足之感，况且由于所说的是简单自明的真理，所以无论是谁，只要理解了它，都好像是经过自己思索而亲自发现的一样。但这样一来，前此我们所使用的思想方法就轰然崩塌了，因而此时再去看那种自在的未完成的认识状态，就好像回忆旧日的梦境一样，已经荡然无存了。

先生只是在回答平常的问题时才显得迟钝，好像无精打采似的。这类谈话总是不断变换方向，主题重复，有时还犯一点儿滑稽的小错误，由此就产生出各式各样的诘问。但是，一旦这个插曲结束，一切就再度完整而明晰地表达出来，我们对所有这些论题只有对其绝无仅有的生动性惊叹不已。先生无论是对超感性的抽象事物，还是对现象界的生动直观，都能支配裕如。他用各个事物来重现其整体联系，这样一种艺术还没有发现第二个人能够掌握。先生本着这样的理念，从总体出发，在表现了事物的全貌之后，则转向它的缺点和矛盾，并基于此种矛盾，或推翻原来的观点，或引向下一个阶段和形态。正是用这样的方法，他了然如画地描绘了时代、民族、事件和个人。所有这一切都表明，先生那洞察一切的目光，到处都深入到事物的本质，所以直到晚年，他那深刻的洞察力仍未失去其活力和生气。在这样的讲授中，先生丰富的语汇滔滔涌流，那与内容一致的独特语法如长河滚滚，而这些语言全都是新颖的、出人意料的、不可缺少的。它们赅洁地凝聚了思想的精髓而成为一个整体，把支离破碎、繁复蔓衍的各种问题有机地统一于其中，使人铭刻于记忆深处而永难忘怀。把这样的个别表达从整体中割裂出来，视之为独立的演变过程，那是根本不可能的。每个确定的思想形式，都是在特定的场合用单独的语汇表述出来的，融汇于这些语汇中的东西，是先生那种难以言传的特异心境和他进行叙述的精湛才能。先生衷心寄望于那些能够理解自己的、值得赞赏的杰出人物，而在同他们的论辩中，则以同样的力度显得那样辛辣犀利；而与此形成鲜明对照的是，他的爱和柔情又是怎样欢快地奏出他的美妙心音啊！在先生的讲课中，粗犷地野性地汪洋恣肆，混乱无序地交织着；流俗和滑稽既使人憎恶，又令人解颐；道德和善因其高尚的意境使人神往，但恶也以同样程度的嫌厌令人惊怖。美的事物被柔和的光辉照亮，深邃的真理在他的言说中更显得高深莫测，而崇高则超越一切限制巍然耸立，同时那神圣的形象使人体验到永恒的敬畏。但是，面对这样一个完美的体系，要想分清究竟是先生支配事物，还是事物支配先生，却是难乎其难的。这是因为，尽管是卓越的天才，也无法消除体系内部的斗争，而要实现自己本来的意图，还必须付出艰苦的努力。

  以后的两三年中，我在先生的忘年交和友人中间，分享到了许多幸福。时至今日，在我看来，先生仍然是绝无仅有的人。所以者何？就是因为他有一种完全宽容的性格。先生的秉性和他的哲学是若合符节的，他的内心和他的思想浑然一体，他的愿望和他根据道德和原则建立起来的科学信仰是完全一致的。先生自己的行为确凿地表明了这一点。而且，先生是第一个完成了这样一种事业，那就是应当根据严肃的思想训练，去从总体上把理性作为工作着的神的表现去认识，并且把它看作是通过前此各阶段而去反思自我实现之途的东西。同时，理性的和平则以先生那种交汇万物的思想映像而表现出来。纵然我能够找遍世界每个角落，恐怕也不能在世界任何地方再看到这样虚怀若谷的人了。没有什么事情会刺激先生起而反对，他对弱者的攻击非难总是一笑置之。只有那种无知的高傲和颠倒黑白、一知半解、厚颜无耻的态度，才使先生屡屡感到愤怒。而且，对自己经过高贵的努力、克服了重重困难所赢得的胜利，先生是自觉到的，因此，对那些表面承认这一学说权威而实际上却对它有意轻慢的人，他就感到被刺伤而心中不悦。这是因为，先生性格的一个特点就是对坚定的理念独立性保持最高敬畏。在宗教思想上，先生对保持中庸国体观念的英国宪法原则抱有好感，而且认为一般说来妥协这个基础是不可缺少的。先生从各个方面为贵族和诸侯的各种世袭特权辩护，不仅如此，他对社会等级、阶级、显贵等世袭特权也表示礼仪上的尊敬。由于先生认为阁僚和官吏应该是人民所了解的，所以他承认政治言论及新闻出版自由是不可废弃的公民权利这一要求。同时，先生从来就特别厌恶一切带头煽动闹事的人。他认为，常见的各种喧嚣不已的德意志激情政治，由于其感情暧昧不明，政见变幻不定，因而是违反理性状态的，带头搞这种政治的人是不可宽恕的敌人。事实上，那种一己的心境，旋生旋灭的主观见解，任性和狂热，早在青年时代就已被他丢弃了，取而代之的是以坚定的意向对待那些关于人生的确定的、合乎规律的、实际的一切，这是先生衷心服膺的。尤其是，先生和歌德一样，深刻领悟到那种涵盖了自由习俗、和睦风尚的伦理，这种伦理是心情、感性、冲动、愿望、欲求等等同必然的理性存在的综合，它被用来取代那种陷于苦斗而在精神上只是半途而废的主观道德。

先生的思想和行动是那样一种真实的存在，它的基础是在自身中包含丰富的分化发展的普遍存在和主观的、个别的存在的统一，这种统一在所有的生活关系中再现出来。与此相反，在先生那里，一时之间良心、行为和独断的主观自由也单向地发展起来了，所以，对他来说，与其说从思想上毋宁说是从感情上，抛弃了不可剥夺的人权这一近代观念。因而先生既是温柔宽厚和忠实的丈夫，又是严厉而心地温存、深情款款的父亲。先生认为，结婚就是为了结婚本身，而不应当是为了恋爱，在他看来，恋爱中的倾心、迷醉、效忠等等，婚后就会自然成为强大的羁绊。由于这样严正的秉性，先生对现代感情所具有的动摇、矛盾、变态等纷乱的倾向是冷眼默对的。不过先生也理解现代感情倾向所出现的分裂，理解对这类外在表现所采用的描写手段。而当人们的混乱和动摇是出自复杂的内心要求时，先生总是表示同情并给予支持。这是因为，以先生那样丰富的内心世界，对人们内心潜藏的智慧和心理分裂是不会感到陌生的。否则先生对艺术的爱好怎么会老而弥笃呢？事实上，在艺术方面，先生也开辟了自己独特的天地。先生以广阔的视野透视了贯穿于各个时代诸多领域的种种作品所包含的一切。无论是他熟黯的题目——诗，还是建筑的美，他都一一探索了其中的奥妙，做出了有价值的结论，雕塑也没有被放过，而对绘画尤有天才的眼光。在音乐方面，先生的听觉和精神也能自然地把握所有的优秀作品。从一开始，先生就给予东方艺术以适当的地位，后来，由于熟悉了中国、印度、阿拉伯化波斯的表现方式，就更有根据地高度评价了东方艺术。先生把希腊的雕刻、建筑和诗歌看作是艺术中的艺术，对希腊艺术中美的理性实现叹为观止。反之，对中世纪艺术，除了建筑以外，先生一点儿也不喜欢，特别是文艺复兴以前的那些还没有认识到要模仿古典艺术的作品。这种作品的形式植根于一种偶发的野蛮性，那外在的混乱，内心狂热，对魔鬼的虚幻的憎恶，令人目不忍视的灾难和苦闷，顽固的宗教感而对人世却毫无教养，以及这种精神所表现出的无尽的矛盾之网，——凡此种种，都被先生视为绊脚石。反过来，一种作品如果显示出多方面的生命活力，带着爱和优美生动的微笑，先生就会深深地迷恋于其中。因为先生首先要求表现深刻的内容，同时也重视内外形式的典雅。先生也会流露出一些喜剧性格，但他的诙谐也是有限度的。至于对那些最新形式的讽刺，先生对其本质竟是如此缺乏认识，而没有能力去欣赏，以致使人感到这和先生那一向善于把握事物本质的风格是格格不入的。

先生抱着上述种种信念，多年来深居简出，默默地构筑着学问的大厦。他是那样的严肃刚直，骤然看来令人生畏，因此堵塞了庸俗的吹捧。先生自己并不隐讳这一点。对信赖他的近邻，先生总是友好相待，他们中的许多人虽然过从不多，但他们辞世时先生必去诀别。凡是不畏劳苦，忠实追随先生前进的人，他对他们总是保持着深挚的爱。即使他们有朝一日功成名就，先生仍然使他们分享他那不变的恩惠。

黑格尔先生从少年时代起，就始终不渝地埋头研究各种学问。中年以后，一段时间里，他和席勒一样，过着几乎和修道院一样的与世隔绝的生活；但是，就在这个时期，他内心正孕育着对外界生动生活的渴求。而一旦从这种隐居生活中摆脱出来，生活却把他推进到严格的学院生涯之中。尘世的困扰从各方面压迫着他，而他虽然已开始明确认识到必须对各个领域实行全面的变革，但对自己是否具有进行这一包罗万象的改革的能力却缺乏自信。先生缓慢地前进着，直到壮年时才得以深入到思维的深处，这反而在不知不觉中把先生造就成坚忍不拔的人。我接触先生之初，他的主要著作已经出版，声名鹊起，至少是处在外在的幸福之中。先生以其安谧和平给人极为亲切的印象，他虽然体质不佳，却没有内心的忧虑。散步是先生的日课，若看到散步中的先生，那真是太愉快了。看上去，先生不大健康，步履也仿佛有些蹒跚，但实际上他比我们这些年轻人远为快活，也强壮得多。哪一次登山都少不了他，在他看来养怡之福是延年益寿的妙方。乍一看来，谁也不会想到，他这样的年龄，内心会潜藏着那样雄健的精神。在交谈中，他尽量避开——当然不是直接——学术上的讨论，而宁愿拉家常和谈些市井趣闻。不过，先生认为谈这些话题也不应当仅仅是为了消遣。对那种始而痛骂继则激赏，初时摈弃转而回护的滥调，先生像一位严厉的裁判，总要一针见血地戳穿其实质。在这种时候，先生生气勃勃，口若悬河，如果是同他并肩而行，他几乎总是冲到前面。他时走时停，由于爆发出欢快的大笑，身体猛烈地摇动着。如果先生那些包含着艰深矛盾的话语得到理解和回应，他会立刻表示同意。他每个用语，每个意见，每个观点，都表述得极其有力。在音乐会和剧院里，先生同样也是一位愉快的伙伴。由于高兴，他不拘形迹前仰后合地鼓掌，高谈阔论，开着玩笑。在这种场合，只要能使人开心，即使谈些琐事，他也不去责怪。特别是对他所偏爱的歌手、女演员、诗人，他同他们总是情意相通的。对于事务，在决定取舍时，先生有敏锐的感觉，他是正确的，但也是固执的；而且由于他是经过深思熟虑的，所以孟浪操切的人常常使他大失所望。同时，一旦就某一问题做出决定后，他总是信守不渝。不过，先生对实际事务虽然不乏识见，但实行起来却不易做好，而且越是琐碎的事，他越是感到无计可施。再有，先生和那些与自己性格不合的人，几乎无法相处，特别是和那些缺乏信仰的人，这关系到先生所崇奉的真理和他所景仰的神圣事物这一深刻信念，所以对这种人失望尤甚。我们只是在先生心绪好的时候才劝他接近这样的人。但是，在亲近的人团聚在先生周围时，他那种独特的美好友情，清楚地表明先生的确是卓然不群。先生嫌恶巧言令色，他有庄重大方的绅士风度，并且伴有得体的幽默，而在正式场合恰到好处地显得端方严肃；同时，他那不变的好情绪，使他周围的人都本能地受到感染。先生同女性也相处得很好，在同她们熟稔之后，他往往戏谑地对其中最美丽的表示倾倒。这表明，当他渐渐步入老年而趋向于持重的时候，仍然保持着愉快的青春气息。先生在埋头钻研中度过了青年时代，过着彻底的隐居生活；而在晚年，却喜欢寻求社交伙伴，而这就要把他那深邃的思想同他人的平庸观念协调起来。先生常常喜欢接触普通公众，而且使他们感受到一种特别的友爱。反之，在出席公开会议时，先生却与矫揉造作的态度大相径庭，真实地表现出天然的威仪和崇高。对那些前来寻求帮助和指导的人，他不吝时间地同他们交谈，给予忠告，对他们的言行进行检查和验证。柏拉图在《会饮篇》中曾赞赏说，苏格拉底在欢饮酒酣的时候，仍然清醒如常，举止合度。夜阑人静，宾客们大醉或退席，而他却留下来继续与阿里斯多芬和阿哥特恩，大杯痛饮，纵谈哲学问题。等到众人酒醒后，他与他们迎着黎明的曙光步行到利奥科姆。一天过去了，直到黄昏才回家。事实上，在迄今为止我所见到的所有人中，黑格尔先生是展现了这样愉快的生命欢乐的唯一的一个人。

1977年7月27日译讫，2003年12月31日修改

教无涯

书 信 集

写给2000届研究生王彦君的两封复信

彦君:

一别经月,世故惊涛,益增白云苍狗、白驹过隙之感。人生聚散,是一种感情经历,隔亦美也。

阅历即财富。负笈南国,增加了生命的一个坐标系,这是人生的劳伦兹语境转换。从中观察、比较、品味、体悟,心灵会有一次提升。我很佩服贵校前辈学人陈寅恪先生的历史眼光,他认为中国历史上的三次文明高峰均来自文化大碰撞:周秦的文化大冲撞(自启已降华夷混杂),而有两汉;魏晋南北朝的文化大碰撞(所谓"五胡乱华"),而有隋唐;宋元辽金文化大碰撞,而有明清。历史如此,人生亦如此。当然,文化语境的转换,伴随失落、失重、失意、失语,这是新飞跃所付出的必要成本,又何必耿耿?

治学之路,见仁见智,关键在于适合自己。但有一点,我觉得却是古今攸同的,那就是学问可分两类:一类是以资料考索为主者;一种是以立说悟理为主者。锺书先生有言曰:"资料加添,有如除不尽小数多添几位者。"时下言学,所谓原创性,大抵在倡导立说悟理,但立说悟理必有所说,一凭资质禀赋,心灵洞见,一凭博学多识,思路广阔。前者属于胚种(germ),后者则为土壤。所谓"以其生知之资,志其困勉之学",成功者盖如是。

我觉得人生有两难。一难是永葆青春,孟子所谓"不失其赤子之心",岁月磨蚀,童心渐失,这是人生最大悲剧;二难是矢志不移,古人云:"靡不有初，鲜克有终"，世上锲而不舍者能有几人？

做一个"很我"的人，但绝不封闭自己，向生活学习，向逆境学习，向对手学习，向异己学习，在陌生环境中发现美、欣赏美，而又不"和其光，同其尘"，这是一种最高的人生艺术吧！

来信谈到鲍·米·凯德洛夫（Б. М. Кедров），我觉得的确是一个值得研究的伟大学者（великий учёный）。他和埃·瓦·伊里因科夫（Э. В. Ильенков）掀起的"认识论转向"，是社会主义史上一次了不起的哲学事件，而这和当时正统社会主义体制模式下，反体制思潮的兴起有直接关系，同时和当时国际上后工业社会时代的滥觞（即对工具理性的不满）也是相呼应的。你是否注意到，凯氏大概在1947年前后思想有一个大的转折。当时他是《哲学问题》的主编，挨了批。二战后，他思想的转变轨迹也许是一个切入口。我还觉得把凯氏和伊里因科夫联系起来研究，更有兴味。关于伊氏，1983年《哲学译丛》1、3两期，宣燕音、柳树滋、李树柏有突出译介，可惜国人思想滞后，未引起注意，今日已时过境迁，成为隔日黄花。不过思想的果实是不会被埋没的，作为思想史上的探宝者，其乐趣不会比进入阿里巴巴的山洞稍逊吧？

两周前因建东北亚研究中心，曾与俄驻华大使馆四号人物斯塔尼斯拉夫·阿·莫拉夫斯基（Станислав А. Моравский）邂逅，纵谈甚欢。我想明年搞一次对苏联解体前与当前俄罗斯自然科学哲学的研讨会，时值良日，松江碧波依旧，北国长天，江花似火。如你能回来，泛舟纵酒，青春作伴，当为人生一快。

望你珍重

师 慕天

2000年10月24日

彦君：

从去年9月28日到今年2月9日，我一直忙于搬家，先是系由文史楼搬往老主楼，后是我家从19栋迁往31栋新楼。由于"万事不求人"的生活信条，我只是和你师母业余操作，一个四壁皆秃的毛坯房，改造成方便、适用而又有个性化美学品位的新居，真是历尽艰辛，光是各种材料市场我就跑了三十余次。为工人做午饭四十一顿，其间你师母累病三次，一次几乎住院动手术，而我顽健如故，且各种活动、讲课、文章一样也未耽误，再一次显示了为师的"魔鬼"风采。

如今我已迁入新居一个多月，电话、电脑均已复位，原号码、地址均一仍旧贯，安居并正在"乐业"，可谓苦尽甘来也。

说这些是告诉你，这么长时间音书断绝，你也找不到我，是"良有以也"，事出无奈，尚希鉴谅。

现在我仍是三个方向出击：一是教学、讲课，你的五位师妹论文修改在即，二年级马上开题；二是社会活动，到处找我讲座，应付媒体，参加会议、评审、咨询；三是学术研究，《新先验论》正拟开笔，整理《苏联自然科学研究》的稿子，打算明年付梓。总之，与你在时的我无什差别，如一首苏联歌曲所说："从前是这样，现在还是这样。"

唯一的差别是，对人事更加淡漠，工作着是美丽的，但可勿涉及人事。这个时代，使我日益感到世情险恶，"悬隔"或"疏离"，实在是唯一的遁逃数。我只求工作本身，与工作之外、之上的人际关系尽量隔绝。电影术语谓之"淡出"，诚是言也。

近日学术界就学风不端和体制内学问的危机多所议论，几年前你我师生所论今日已浮出水面，北大王铭铭事件只是冰山之一小角而已。当前，各种学术评比仍在大肆喧嚣，评院士、评学位点、评博导、评学位、评奖项，评课题、评优模，评××……铺天盖地；什么SCI、一级刊物、核心刊物、国际权威机构、世界名人，不绝于耳。有几人能安下心来，"十年磨一剑"，真正致力于"名的事业"？

传时长安殿试，张榜公布中第名单，独张继名落孙山。"冠盖满京华，斯人独憔悴"，他落寞地来到苏州，于一凄冷的深秋之夜，泊于城外寒江，于失眠中吟出千古名篇《枫桥夜泊》。千年之后，那一长榜上的衮衮诸公，早成粪土，唯"夜半钟声"名句在历史的夜空中长久回响。这就是公正的历史！

纸短意长，就此打住。

师　慕天

2002年3月27日

写给2010级研究生孟威的两封邮件

孟威：

阅件已迟，甚歉。我现在几乎封闭起来了，抓紧干事，实在是因为过去浪费的时间太多了，为许多不值得的人干了许多不值得的事。"悟已往之不谏，知来者之可追。识迷途其未远，觉今是而昨非。"——吾岂为五柳先生乎？其实想想也不必过分执着，只要能大体做完几件有意义的事，不虚度此生，也就是了。我本年度计划写的几个东西，看来不会搁浅。明年当能抽身完成《新先验论》。

做学问急不得。我意你一要选定大目标（终生目标）；二要抓紧补齐基础知识，年轻不把工具拿到手，今后治学处处受限（所以苗师[①]说50岁前少写东西）；三要在阅读中不断思考，在摸索中探路，自己开拓新门径。

我刚发的斯塔恩贝格学派综合内外史，极有创意，国内迄无人知。我马上要贴出此文的另一姊妹篇，是论科学发生学的社会结构学派，其实也是同一个学派，不过背景更广阔些，也是苏联学者写的。你可用心体悟。

比较科学哲学稿，毋庸急急，慢慢弄吧。科瓦雷的《伽利略传》是阅读重点，关于评论科氏的最新论著，应当多多留意。我手头有一读书笔记，惜未整理出来，有暇颇想校阅一过，录成电子版，否则也是浪费。上次所说《德国唯物论史文集》，是学术传记著名作者古雷加所著，其人写过《康德传》《谢林传》《黑格尔传》等，均脍炙人口。但原文系俄文，注释几乎全系德文，当年刘孝廷君曾起意整理此稿，终因文字障碍作罢。我想在写作间隙自己一点一点边录电子版边校改，大约明年即可送去付梓，你不必为此操心了。想起当年在农村油灯下译此书，忽忽半个世纪，而今中国学术迥非当日，业界之浮躁，日甚一日。陈寅恪慨乎言之："所南心史，固非吴井之藏；孙盛阳秋，同是辽东之本"，能把真正有价值的东西留给世界，毁誉淹塞，又何所虑耶？熊十力暮年曾说："太孤太闷，无有少年及中年人能和我谈所

[①] 苗力田。——编者注

学者，这个苦比任何种苦为最大。"今日网络时代，独处陋室可通天下，自比漆园老人幸运多多也。

希望下月能返哈谋一良晤。

愚师
2011年10月15日

孟威：

思想者的苦与乐，并不与世界同步。思想和世界之间似乎有三种关系：一条是平行线，一条是渐近线，一条是交错线。三条道路都有道理，但今天走前两条路的人是绝大多数，第三条道路要被世界遗弃，是条险路，谁肯走呢？我倒不是说举世皆醉我独醒，而是觉得今天的信息时代巨大的弊端恰恰是信息灾难，当下是否有一种"唯信息主义"的危险？我不想被淹没在信息的大海中，所以只好在自己的林中路上踽踽独行。顺便说，"唯信息主义"一词是我发明的，算是冯芝生先师所说的"非常可怪之论"吧。

"世界4"的理论可发挥之处甚多，盖符码世界光怪陆离，吾人初识，未发之覆自当多于1、2、3也。但这一领域基础在符号学，其认识论本质既非反映、描述，亦非断定、解释，而是"表征"（sign or represent）。我意唯有抓住这一点切入，才能打开走进世界4的门扉。想想符码的魅力和魔法，想想它之所以把今日世界搅得周天寒彻，岂非盖出于以一虚拟符码指代物、人、形、思、事，搞得人晕头晕脑，如堕幻境？你如有意涉足此域，非熟读符号学不可。尤其是艾柯（Umberto Eco）的那本《符号学理论》（*A Theory of Semiotics*）。我曾以董说《西游补》鲭鱼精的"青青世界"为喻，是为幻部，"乃大颠倒"，所以效马克思"商品拜物教"杜撰出"符码拜物教"，实欲借此点题。工大有人不解此意，胡搅蛮缠，不可理喻，思想没有交汇点，所以迄今置之不理以此。

柯瓦雷（A. Koyré）需从科学史论和科学哲学角度研究，关键在于"内史"二字。外史一直是强势话语，而内史本是辩证法的本义，却长期被看作唯心主义而为教科书的马克思主义所摒弃。挖掘科氏内史论的思想资源，梳理一下科学发展的内在结构学要素和动力学要素，看看能否找出内外史相互联结和互动的纽带或渠道，是这一研究的真正着力点。我之所以把爱丁堡学派、斯塔恩贝格学派、米库林斯基一并提出来，目的之一就是想勾画出一个宏阔的视野，给科瓦雷找到坐标定位。有一个人物叫魏因加特（P. Weingardt）做过沟通内外史的尝试，很值得注意，国内没有一个人提到过，你不妨查查。

这是生僻的冷学问，研究这些东西是"顶臼玩狮"，费力不讨好。但治学初衷在于兴趣，他人观感如何，何足道哉！你要在微博上发一条漂亮男裤的信息，马上应者云集，而我们这一套是"马语者"之言，别妄想在当下中国找到几个知音，自鸣得意可也。

我几日内返哈，感谢同学们的关爱。贱辰我真想借此与同学们会会，不要搞什么形式，聚在一起谈谈说说即可。日子不必在 19 日当日，提前错后几天均可，订好日子请短信告我时间地点，我自会如约而至。

回哈有各种人等着，我如临深渊，惴惴其栗。"当还不尽文章债，欲避无从事务麻"，刘半农先生此语良有以也。

愚师

2011 年 11 月 12 日

关于考博的一封信

J. X. 君日前来函询问考博的事，其实近几年不断有人为此事找我。对 J. X. 君我是了解的，在回复她的时候，想到了许多带有共性的问题，这里就是我对这些问题的思考，也许对莘莘学子们有所助益。不揣鄙陋，披露于此。

我刚刚回来，因为有一大堆事情要处理，一直未腾出手来回信给你，诸希见谅。你是个清纯、阳光的女孩，积极、乐观、向上，三年立雪程门，既为师生，亦如知友，虽然劳燕分飞，在我的心中留下的明丽光影依然分明。

你不愿过庸碌的生活，想逃出当下浮华喧嚣的世风，追求高尚的人生境界,令我欣慰,不枉我当年的寄望。时下的年轻人无非三种:第一种是野心派,想当大官要权,想当大款要钱,想当大腕要名,但这些不会从天上掉下来,于是许多人或投机取巧,或玩出位,企求用非常的手段一夜蹿红,结果大多数碰得鼻青脸肿,大失所望,顶多退回到出发点。第二种是屌丝派,满足于平庸生活,自爱、自恋、自嘲,在小妻子(男子)、小孩子、小房子、小车子、小日子中了此一生,什么国家命运,人类前途,统统与己无关。满足于这样的生活虽然无可厚非,但像你这样志存高远的人却不能说青春无悔,最后随着年华老去,会因碌碌无为而度过灰色的后半生。第三种是理想派,他们中有的守着人类文明进步的优秀传统,以古圣先贤为楷模,追求崇高的精神境界,要凭自己的努力,做出创造性的业绩,为社会造福,使自己的生命进入永恒;也有的尽管没有那么远大的抱负,但却能献身自己挚爱的正当事业,有高尚的情趣,乐此不疲,孜孜以求,锲而不舍,生活有明确的目标,活得充实,有成就感,也在某一领域为社会做出有益的贡献。这样的人找到了生命的意义,得到的是真正的幸福,他们懂得"有所作为是人生的最高境界"。

不过,时下由于市场原则对精神生活的冲击,多数人似乎已投身于第一派或第二派:告别理想,告别信仰,告别英雄,在"生命中不可承受之轻"中彷徨,而对第三派嗤之以鼻。但历史自有其铁的必然性,她正在选择理想派。有一批热血青年,他们的理性、清醒和脚踏实地的努力,正使他们崛起为中国的脊梁,他们是民族的希望。我想你一定想跻身他们之中。

在我看来,考博不过是一种手段,即使考不上博,也不应放弃对理想的追求。不能说考不上博士就是人生的失败。其实,不是博士的人有许多是真正的才俊之士,英英髦彦;有博士学位的人中,也有一些庸庸碌碌,甚至欺世盗名之辈。说到当下中国博士学历教育的状况,也实在令人气为之沮:大师的一代已经过去,而目前把持学术资源的却有许多(当然不是全部)是浪得虚名之徒,跟他们其实学不到多少东西。而且学风日下,等而下之,竟至有些"乌烟瘴气的鸟导师"招学生要凭附加值,或金钱,或权力,或美色,总要得到某些好处。所以首先要考察一下你投考的这位导师是否属于这类学霸、学匪、学痞。

当然，多数导师还是正派人，但有的受体制束缚，各种硬指标限制了择生的范围，他自己也不一定作得了主；有的被体制驱赶，忙于各种事务，疲于奔命，不会对招生和培养投入多少精力，有的学生三年没见过导师几面。这种情况尤其在"名导师"中相当普遍。

肯定地说，有很多导师确有真才实学，他们是爱才的，这在一些有志青年面前展示了一片光明。但是，就人文科学说，报考者必须有真才实学，不仅基础扎实，而且对所报专业有广博的知识，涉猎过相关的主要经典文献，对本学科的进展如数家珍。现在还有一个硬件就是外语，你的几个学兄学姐专业课成绩极佳，但就是因为英语不过线名落孙山。当然，还要了解你所报考的导师的研究方向、学术风格、性格特点，等等，导师也是有个性的人。

最后，抄一段我非常喜欢的话，是鲁迅先生说的，看了可以长志气，用先生自己的话说就是"令人神旺"（注意：先生特别强调过，不是"神往"，是"神旺"）："无论是古是今，是人是鬼，是《三坟》《五典》，百宋千元，天球河图，金人玉佛，祖传丸散，秘制膏丹，全都踏倒它"，"青年又何须寻那挂着金字招牌的导师呢？不如寻朋友，联合起来，同向着似乎可以生存的方向走。你们所多的是生力，遇见深林，可以辟成平地的，遇见旷野，可以栽种树木的，遇见沙漠，可以开掘井泉的。问什么荆棘塞途的老路，寻什么乌烟瘴气的鸟导师！"

祝你前进途中充满阳光，我的关爱常在你的左右。

2012 年 10 月 18 日

致我的一位彷徨中的学生

我的一个研究生，刚刚走向生活，语境转换使他突然失重，一片茫然，来信求助。作家科克多（J. Cocteau）说："只有年龄才能给我们指路。"老马识途，遂有此信。

我看莫泊桑的话是对的："人生从来不像意想的那么好，也不像意想中那么坏。"你现在的处境当然极不理想，但却是不得已而求其次，在偶然中，带有一定必然性；能随遇而安，积蓄能量，徐图进取，是每个猛进之士必经之路。尽有一些托父兄荫庇的某二代走捷径飞黄腾达，但他们的人生大抵最终是一堆泡沫，不值得艳羡。我最鄙视整日怨天尤人、牢骚满腹的所谓"愤青"。有人一生抱怨生不逢时，到老一事无成，还在终日愤愤不已，成了"愤老"，实堪鉴戒。戴高乐将军的话最给力："面对变故，性格坚强的人只会挺身自救。"儿时先父常对我说："记住所罗门王戒指上写着的话：一切都会过去。"咬牙挺住，迎着飞沙走石，呼啸着前进，才是英雄之所为。

　　就你的际遇说，当然比时下那些"天之骄子"差多了：中国的转型制造了一代纨绔，脂粉香娃，膏粱餍饫，可是他们是垮掉的一代，行尸走肉而已，何足道哉？苦难是人生的财富，"文章憎命达"，蚌病成珠。我年轻时最爱读的书中，主人公多是这种通过苦难走向胜利的艰苦卓绝之士，如《马背上的水手——杰克·伦敦传》中的杰克·伦敦，《牛虻》中的亚瑟，他们至今仍在激励着我。阿·托尔斯泰的《苦难的历程》题词是："在清水里泡三次，在血水里浴三次，在碱水里煮三次，我们就会纯净得不能再纯净了。"其实，你所受的这点磨难，与天地翻覆时代那种血与火的炼狱相比，不过是癣疥之疾。记得当年我做记者时采访因救荒火造成上百名知青牺牲的事件，在一个年仅16岁的北京姑娘遗下的日记扉页上，读到她写的四句话："投身大时代，迎接大风暴，经受大考验，做出大贡献。"我的心灵受到了强烈的震撼，那一代人已被遗忘，但和今天的"高富帅""白富美"相比，究竟谁代表未来？黑格尔说："人格的伟大和坚强只有通过矛盾对立的伟大和刚强才能衡量出来，心灵从矛盾对立中挣脱出来才能使自己回到统一，环境的互相冲突愈多愈艰巨，矛盾的破坏力愈大而心灵愈能坚持自己的性格，也就愈显示出主体性格的深厚和坚强，只有在这种发展中，理念和理想的威力才能保持住，因为在否定中保持他自己，才足以见出其威力。"这话说的是何等的好啊！不要顾影自怜，自怨自艾，无病呻吟，惶惶不可终日。挺起身来，拿出点英雄气概，做个顶天立地的男儿。

　　你最大的敌人是你自己。人的自由在于掌控自己，而关键在于驾驭人的欲望。我喜欢卢梭的话："谁的能力大于欲望，谁就是强者。"生而为人，孰能无欲？问题在于不放纵本能，在高尚的目标面前矢志不移。有所作为是人生的最高境界，诗意地栖居，无愧无悔地度过美好的人生，是对幸福的唯一选择。

工作着是美丽的，享受每一天的生命吧！

寄望于你的师
2013 年 11 月 24 日晨

写给刘孝廷、万长松、白夜昕和王彦君的一封邮件

孝廷、长松、夜昕、彦君：

现将《科学技术哲学研究的另一个维度——中国俄（苏）科学技术哲学研究的回顾和前瞻》一文寄上。动念写这篇东西已经好久了，一方面是其他事务缠身，另一方面主要是由于没有考虑成熟。长久的思索终于有了这样一个结果，主要是有几层考虑：一是梳理既往此项研究的主要历程、重大事件、主要成果和当前形势；二是揭明俄（苏）科技哲学的真实情况、特殊地位、独特优势、最新趋势；三是展示当前国内这项研究的发展势头，让这个特殊的科学共同体集体亮相，引起注意，作为全面回归的信号；四是澄清对俄（苏）科技哲学研究的流行偏见，算是刊发广告。我有意安排了这样五个段落：国内研究的历史叙事；苏联内部改革派代表的立论突破；技术哲学所表现的新俄罗斯科技哲学思潮的前沿性质；当前对有俄罗斯特色的科哲范式的最新探索；作为另一维度的俄（苏）科技哲学在当代这一领域研究的不可取代性。除了主题建构考虑外，也特别凸现了长松、夜昕、彦君的主要贡献，所根据的也是他（她）们提供的文本。孝廷的发问是楔子，是对题旨的概述，极端重要；虽然孝廷近年来疏离了这项工作，但我觉得他做提问人是最佳选择，他的"世界 4"也是不可多得的资源。这令我想起柏拉图对话集中的克利托、欧绪弗洛，不禁莞尔。回想 1984 年马迭尔会议，近年已经整整 30 年了，龚师魂归道山也已 7 个年头，"望崦嵫而忽迫，恐鹈鴃之先鸣"，我确实有一种紧迫感。如果借此文的契机，近年年内无论早晚，能有一次稍

具规模的会议,也许此前那种人自为战的局面将会改观。我正在多方争取支持,对重出"苏联自然科学哲学丛书"并未死心。我这个年龄已经是"行到水穷处,坐看云起时",但对自己肩负的历史责任却仍未敢或忘。"落日的时候仍有闪电",但愿我的闪电还能照亮你们的心灵,在你们身上激发出灿烂的光华。

此稿我早已答应《自然辩证法通讯》,诸位阅后如无大问题,请孝廷与《通讯》李斌联系,交王大明亦可。

如果近年能在杭州梅开二度,演绎"再生缘",青梅煮酒,与诸君重聚,定当浮一大白。

孙慕天
2014 年 6 月 27 日

一张 A4 纸[①]

写给 1999 级研究生庞晓光

晓光：

  锺书先生有言曰："以生知之资志困勉之学。"此所以成也。阅晓光此文，令人顿觉此言之不虚，聪明而又勤奋，其结果只能是——success！

  1. 此文是我近 20 年所带硕士生中最优秀的论文之一。论文所涵盖的文本相当全面，重要代表没有重大阙失，主要人物均有论列。对各派观点得失的评论公允得当。立论坚实，论据有力，在现代化定义与共性化规律的概括方面有独到见解。论点明确，思路清晰，语言准确流畅，行文有气势，有宏阔的眼界。

  2. 关于后发国家两次现代化并举的必然性应做深入分析，这是本文一个盲点。

  3. 文章的多数资料引自二手文献，美中不足，今后尽量立足于原始文本和经典文本。

  4. 作者通过三年学习，理论水平有飞跃性的提高，学术潜力很大，应有自信，在学术研究道路上走向更高的目标。这是一个相当出色的起点。

师
2002 年 6 月 6 日 晨 3 时

[①] 孙慕天先生从 2002 年起，用铅笔批改完每篇学位论文之后，会继续用铅笔在一张 A4 纸上给学生写上若干论文评价和毕业赠言。——编者注

写给 2002 级研究生孟玮

玮玮：

改完此稿，感慨殊深，这虽是我 20 年来改过的第五十篇（恰好是第五十篇）硕士论文，但就许多方面说，却是有特殊意义的。

这是一篇开拓新学术边疆的论文，你勇敢地接受了挑战，以一种可贵的魄力，建构了一个相当严谨的体系，有理论，有经验依据，有独到的原创性反思，实在可喜。

柏拉图说，凡事开始之点为最难之点，恰如中国成语所说，万事开头难。你敢于吃螃蟹，迈出了可贵的第一步，这是使我深为感动的。

三年来，我们师生亲密相处，那些逝去的日子，如洒满阳光的春日，永远辉跃在我们记忆的夜空。当哥伦布在茫茫大海中艰难航行的时候，他意味深长地说："我们处于什么方向不要紧，要紧的是我们正向什么方向前进。"我们正向什么方向前进？一个光辉灿烂的、黄金的未来！

师

2005 年 4 月 18 日

写给 2002 级研究生栾广君

君君：

你的《怀疑论稿》已经改讫，停笔凝思，浮想联翩，三年师生过从的件件往事涌上心头，真有不能已于言者。

这篇东西堪称佳作，在我历来的学生论文中可算上上之选。

1. 你懂得你所要写的东西，有些地方懂得很深入，很透彻。哲学在某种意义上说就是理解亦即领悟，这是令我惊喜的。

2. 文章每有创见，有未发之覆，灵气闪现，偶有惊人之语，这是才气。

3. 态度认真，有一定功夫，经过反思和建构，是精心打造的，这是时贤

一张 A4 纸

们已大半丢弃了的学风。

我的修改有三个着力点：一是你未全读懂的地方，这属于解读和破译；二是表述和行文不确切的地方，这属于修订和匡正；三是增添和补充一些论述和材料，这属于增色和锦上添花。

阅后天已破晓，遥望曙色，想起我心中的这个 girl，她的才情和美丽的精神世界，使我对生命充满热爱，也觉得一切都得到了报偿。

师

2005 年 5 月 24 日 拂晓

写给 2003 级研究生吴琼

琼琼：

论文阅过，觉得立论严谨，内容翔实，资料典型，与现实结合紧密，而且文笔流畅，表述清晰，用语准确，基本上达到了写作的目标。阅后甚感欣慰，从师三载，悉心向学，态度认真严肃，在关键时刻能把持住自己，实属难能。你无疑是一个自律甚严的好姑娘。

由于时间紧促，吴老师已细心阅过，我主要是啃几个难啃的"硬胡桃"，你的论文就不能逐字逐句地修改了。但最后一章，我觉得有一个重要纰漏，就是关于"和"与"同"的辨析与当代女性主义的相通之处。我知你对此十分生疏，仓促之间，我捉刀代笔，为你写了此节。

还有一层意思是，师生三年，情深谊长，临别之际，无以为赠，此三页文字给你留作纪念吧。

你是老师钟爱的学生，兴思及此，有无限惜别之情涌上心头。

师

2006 年 5 月 7 日 夜

写给 2003 级研究生张秀宏

秀宏：

　　论文改讫，觉得差强人意。你对论文主题做了长期深入思考，掌握了丰富的文献，提炼出了不少有原创性的论点，对科学与宗教关系的历史分期，对后现代思想家整合二者的尝试，对这些尝试的三大阙失和误读，都有深入的挖掘和精当的概括。三年学习，你的理论思维能力有了实质性的提高，已迥非昔日"吴下阿蒙"，这是我十分欣慰的。

　　主要修改处着眼于：

　　1. 划界问题：科学与信仰属于精神的不同向度，文章虽有所区分，但行文中常常含糊起来，把信仰纳入认识论范畴。后现代主义者批判的是工业社会，针对的是唯科学主义和技治主义，文章常常对后现代定位不清。如此种种，在修改中均一一厘清。

　　2. 补苴阙失：如后现代代表人物托伦斯（T. F. Torrance）、爱因斯坦、马克思、恩格斯、列宁等大师的重要论述，一些经典性的观点和史实等。

　　3. 修订提法：由于理论观念的模糊影响，用语和制定命题时常有种种失误，表述不准确，概念错误，用词不当，比比皆是，改不胜改，但已尽量一一厘清。

　　阅后掩卷，思绪奔涌。师生三载，情长谊深，无以为赠，仅以此修讫文稿留君，权作惜别之念。狄更斯说"我们前面什么都没有，我们前面什么都有"，我们有的是希望。是的，希望在前头，仅此而已，仅此已足。

师　慕天
2006 年 4 月 8 日　子夜

写给 2004 级研究生苏丽娜

娜娜：

　　论文改讫，亦觉"意犹未尽"……

一张 A4 纸

文章对事实与价值二分法的历史追溯是清晰的，对二者关系的论析是中肯的，对价值标准的理论建构有新意，对两种标准在现实中的错位的反思也是深刻的。文章行文理念清晰，作者对主题理解准确，论述有力，显示了较好的学术功底。

宏观较佳，微观则嫌不足。

1. 几个关键问题的论述尚不到位，如外部证实中与实在的符合一致和与事实的符合一致的关系问题，内在完备的本体论基础问题等等。

2. 一些段落泛泛而谈，了无新意，如生态、伦理价值一节，基本上属于老生常谈。

3. 多处提法和历史概述不准确，甚至频有一些硬伤，属于知识性错误，系知识基础不牢所致。

三年师生，情深谊长。你的明朗热情的性格、纯真美好的心灵、欢乐轻灵的少女身影，将始终留在我的心中。改这篇文章，已不是"体制内"的工作，而是为师者的一片心意。惜别之际，无限惆怅，愿我们的师生感情山高水长。

师

2007 年 5 月 25 日 凌晨

写给 2008 级研究生刘志超

志超：

按惯例，我的学生在完成论文后，都会拿到我写的一张 A4 纸。想不到，倏忽三年，又到了给你写这页纸的时候了。犹记三年前在明岛海鲜的一夕初聚，真令人情何以堪。

此文题目生僻，本难驾驭，你竟能演绎成文，主旨明确，论证有力，逻辑严谨，文从字顺，真是大不易事。其间关于智慧的论述，颇富新意，其五点规定，确能发前人未发之覆，实勘嘉许。个别不确之处，已一一改过，就我的眼光看，应属上乘之作。

从论文联想到三年相处，对你的美质我私下十分期许。你为人有原则，强于自律，正直端方，宽宏开朗，豁达磊落，理性清醒，好学深思。此次论文写作，显示出扎实的根柢和活泼的心智，极有灵气。

从为师者的眼光看，一是更要有自信，要充溢着强者的锐气，敢于胜利；二是要志存高远，应当树立更高的目标。取法乎上，仅得其中，切记。

有情、有义、有德，交友要交你这样的人，亦师亦友，而今惜别，嗟夫。

慕天
2011 年 5 月 18 日 拂晓

写给 2010 级研究生李铁钗

铁钗：

按我多年的习惯，每改完一篇学生的学位论文，总要最后附上一张 A4 纸，写几句话，作为纪念，当然仅限于我带的研究生。按体制的规定，你不是我亲带学生，但在我的心里，你却是我"最本来意义"上的学生，所以破例写这张纸。

我从来蔑视各种无理的制度、规定。我认为做人一要有理性，二要有感性。清醒的理性使人永远走正道，堂堂正正地做人；丰富的感性使人常怀热烈的爱心，以审美的理想走过艰难的人生旅途。你是一个纯洁的女孩，有天使一般的心灵，在我心中，你是非常美好的。我所寄望于你的是，要自信，要奋斗。人是要有一点精神的，只有怀抱着希望，不断进取的人，生活方是美好的。

有所作为是人生的最高境界。

师 慕天
2013 年 4 月 1 日

一张 A4 纸

写给 2010 级研究生孟威

孟威：

　　按我的传统，又到了给你写这张 A4 纸的时候了。古人说，人生识字忧患始，由于学会了用概念思考，人才因反思而知道"在"的烦忧，也正因为自觉地在艰难困窘中寻求出路，才有了生的意义和对理想的憧憬，于是生出欢乐来。三年程门立雪，你我师生在共同的思考中走过一段充实而美丽的人生旅程。我称道理性，但我更珍爱诗情，我喜欢尼采的话："啊，天地间有多少事情只有诗人才梦想过啊！"

　　你是一个有胸怀的青年，而且有担当。有光辉灿烂的前途在未来，也有坎坷和失败在前面。也许，走得越远，升得越高，也就越苦越难，而最难的就是和这世界的疏离，被冷遇还好，被打扰却难以忍受，还是尼采的话："我们越是上升得高，在不解飞翔的人眼里便越显得渺小。"怎么办？随他们去吧！

　　愿你在理想的天空高高飞翔。

　　惜别

师　慕天
2013 年清明　午夜

写给 2010 级研究生陈传珂

传珂：

　　按我多年的惯例，改完论文要给自己的及门弟子写上一张 A4 纸。既是叮嘱，也是纪念。想不到在我 50 年的教学生涯中，这最后一张纸是写给你的，这也是一种缘份吧。

　　从这篇论文看，你的天赋颇高：理智明晰，有洞察力，眼光深邃，也有魄力，所谓胸有丘壑。这是很可贵的资源，要善于利用，找到发挥主体优势的空间，做出有益的事情。

　　人的自然起点不同，这是人生最大的无奈。对先验境遇只好听之任之，问题在于此后的选择和自励。生活之中有哀在所难免。古人说怨而不怒，这已很难做到，而更难的是哀而不怨。抱怨、牢骚、伤怀、自怜，统统无济于事。你如能放下小我的私怨，以博大的胸怀和宏阔的眼光去看这世界，会找到生命的坚实根基的。生活永远是美丽的，有所作为的人生更美丽。

　　惜别

师　慕天

2013 年 5 月 25 日　夜

一张 A4 纸

我爱你们

今年是我招收研究生整整30年，不久前我的第25届研究生毕业离校了，师生情谊，山高水长，临别依依，不禁回思这种感情给我的整个人生带来的深刻印痕。目睹今日学界师生关系百态，我和学生们却是君子之交淡如水，但真水无香而其香弥久。在辞师的酒桌上，突然心潮奔涌，遂即席赋诗一首，居然成章，思绪缠绵，言不尽意，遥致散在四海的学生们，以表达我无尽的思念。

> 我爱你们
> 没有太多的承诺
> 像飘逝的清风
> 在你们的心头掠过
>
> 我爱你们
> 没有太大的期望
> 像山中的小花
> 在你们的身外开放
>
> 我爱你们
> 没有太深的惆怅
> 像幽蓝的月光
> 在你们的眼前闪亮

灵魂击掌高歌——纪念孙慕天先生

我爱你们

没有太久的追忆

像洁白的云朵

在你们的头上升起

       2013 年 7 月 12 日

给 2010 级研究生王小宁推荐的婚礼音乐曲目

1. ［德］门德尔松：《乘着歌声的翅膀》
2. ［奥］莫扎特：《D 大调哈夫纳小夜曲》
3. ［意］威尔第：《茶花女·饮酒歌》
4. ［德］门德尔松：《婚礼进行曲》
5. ［俄］柴可夫斯基：《天鹅湖·王子和白天鹅双人舞》
6. ［德］贝多芬：《献给爱丽丝》
7. ［波］巴达捷芙斯卡：《少女的祈祷》
8. ［法］瓦尔德退费尔：《溜冰圆舞曲》
9. ［德］门德尔松：《A 大调春之歌》
10. 《高山流水》（古琴曲）
11. 《友谊地久天长》（苏格兰民歌）
12. ［德］贝多芬：《欢乐颂》

曲目说明

本曲目的顺序是有寓意的：《乘着歌声的翅膀》是象征新人的爱情生活充满诗意，婚礼是召唤大家和新人一起向理想的王国飞翔。哈夫纳小夜曲是莫扎特应萨尔茨堡市长之请为市长女儿婚礼所作的曲子，是我对这次婚礼的祝愿。饮酒歌是《茶花女》中欢乐场面的高潮，代表参加婚礼的亲朋好友的快乐心情和美好祝愿。接下来门德尔松的《婚礼进行曲》与婚礼开始瓦格纳的《婚礼进行曲》不同，在西方，瓦格纳的曲子是在婚礼开始新人入场时用，而门德尔松的曲子则用于饮毕香槟仪式即将完成时，此曲雄伟嘹亮，象征典礼胜利成功。柴科夫斯基的《天鹅湖》主题曲《王子和白天鹅双人舞》是芭蕾舞的经典配曲，抒情优美，我用此曲隐喻新婚夫妻燕燕于飞，鱼水和谐，爱情甜蜜，两情相悦。贝多芬的《献给爱丽丝》是替新郎代言，表达他对新娘的欣赏爱慕和美好祝愿。巴达捷芙斯卡《少女的祈祷》是世界上所有钢琴少女最心爱的曲子，表达了少女渴望幸福和纯洁美好的心灵，放在这里当然是新娘取瑟而歌，在新婚时刻倾诉自己对未来的心愿和憧憬。瓦尔德退费尔的《溜冰圆舞曲》充满青春活力，是所有宾客在分享新婚夫妇的幸福时，表达自己欢乐愉悦的心情。另一首门德尔松的《春之歌》是在婚礼的尾声歌颂生命的春天，祝愿我们的生活永远像春天一样生机勃勃，生机无限。最后选用中国古曲《高山流水》和《友谊地久天长》是新婚夫妇向所有的来宾致意，高山流水，得遇知音，我们之间的感情山高水长。最后在《欢乐颂》的乐曲中依依惜别，寓意是我们要超出个人的狭小天地，让我们一起投入伟大的时代和人类进步的事业。

说实话，我不喜欢瓦格纳，而且他那首《婚礼进行曲》本是给歌剧《罗恩里格》写的一部混声合唱，歌剧表现的是新婚夫妇受别人挑拨，最后参商两地，寓意不佳。但此曲抒情庄严，所以作为婚礼入场式的格式曲目已经约定俗成。我觉得在中国不必遵守西方的规矩，所以婚礼入场式我用的是门德尔松。但你却不必如此，大家都熟悉瓦格纳，而且都不是我这样的人，那曲子好听，所以入场时还是用瓦格纳吧，把门德尔松放这儿，"和国际接轨"，也很有品位的。

音乐播放一定要轻柔。中国人的习惯是婚礼要火爆，结果来宾彼此说话都听不见，震耳欲聋，像街头卖手机、租光碟小店的当街高音喇叭一样，俗不可耐，大煞风景，所显示的是当下小市民的庸俗，你千万别学他们。如果有献歌的，也最好别弄那些俗气的流行歌曲，拿肉麻当有趣。

2014 年 8 月 15 日

孙慕天先生微博八十则[①]

第 1 则 2011-1-1 00：56

现在是 2011 年刚过一小时，感慨系之，诗兴勃发，得四韵以博同好一粲：

孤鹜悄吟醉落霞，楼台灯火竞奢华。苍松又沐曈曈日，新绿强如剪彩花。

第 2 则 2011-1-2 09：22

年年听维也纳新年音乐会，今年感受更强烈。弗朗兹·威尔瑟·莫斯特（Franz Welser-Möst）对音乐的生命有一种特别的领悟，炽热而温柔，且飘逸轻灵，不像 2007 年的老祖宾·梅塔（Z. Mehta）那么沉重。那支《告别之声》简直是天籁。这是心灵对美的呼唤。海德格尔说人是向死而生，那是就 body 而论，从 mind 说，人如荷尔德林所说，是向诗而生。

第 3 则 2011-4-4 06：55

清明死亡之节，我却想起陶潜的诗："亲戚或余悲，他人亦已歌。死去何所道，托体同山阿。"祭奠本为生者，伊壁鸠鲁说的好："死不是死者的不幸，不幸乃是生者。"追思以抚慰我们的心灵，学习前人，继承遗志，是后死者的本分。今之人借死人作秀，甚而借死发财，岂不知古有明训："祭思敬，丧思哀。"呜呼！

[①] 孙慕天先生从 2010 年 12 月—2017 年 11 月，在"快乐的 Aliens"新浪微博共发表了接近 1400 条微博信息，这里选编了极有特色、极富教益的八十则。——编者注

第 4 则　2011-5-4　07:41

"五四"请来了德赛二先生,是中国现代一切进步的起点;半个世纪后我们又请来了"马"先生(market,市场),而这位先生的性格有点难于捉摸。亚当·斯密早有预感,他说还得请一位"莫"(moral,道德)先生帮忙管住老马,可是这位老莫很难一步到位。所以老马恣意妄为,让人头疼不已。

第 5 则　2011-6-15　07:47

又一届学生答辩走了,这是我的第 22 届研究生,从正式建学位点算刚好是第 20 届。晚上师生聚餐时,周巍端来蛋糕点上蜡烛说:"老师,许个愿吧!"我百感交集。同学们问:"老师许的什么愿啊?"我说:"是一朵花,叫毋忘我!"临走在大厅的钢琴上,我给他们弹了一首《友谊地久天长》的曲子,哦,魂断蓝桥!

第 6 则　2011-6-16　20:18

人生充满无奈,如果像浮士德那样终于满足了一切愿望,就得把灵魂交给摩菲斯特了。所以,哥德尔发现了不完全定理后,感慨地说:The meaning of the world is the separation of fact and wish.——世界的意义就在事与愿违。

第 7 则　2011-7-1　00:08

一个英雄民族的 90 年,不是几个宵小诋毁得了的,这与什么"左右排队"无关。作为一名有 46 年党龄的老党员,我仍然为跻身这个队伍而骄傲。听够了靡靡之音,终于又听到了召唤信仰和理想的雄壮旋律。毁灭一个国家必先毁灭她的历史,告别英雄主义的民族是自杀。年轻人,警惕那些蛊惑你们心灵的大小骗子啊!

第 8 则　2011-8-7　05:36

我们谈的是社会大思潮,不是个人生活方式问题。不错,世界是由一个个小"爱巢"构成的,但今天"宅"在巢里玩物丧志的人大有主流化的趋势,中国当前的启蒙就是唤醒这些人走出小"宅",位卑未敢忘忧国。中华民族到了最危险的时候，不能告别英雄主义，这是有识者的历史责任。不都是英雄，但要有英雄气！

第 9 则　2011-8-31　08:00

在某种意义上，又回到了文明的早期：我们从知识的耕种者和创新者，退化为数据丛林里的狩猎者和采集者。

第 10 则　2011-9-10　07:11

老师是小小的一块肥皂，社会是大大的一个染缸；老师用几年心力把学生的心灵洗净，社会一夜之间重又把它染黑。得天下英才而教之，不亦乐乎？而得钻营之辈而教之，不亦悲乎？孔圣人再生亦当徒唤奈何。人之患在好为人师，难怪古人称师为"人之患"。我当了近半个世纪的老师，愈觉今之为师难矣哉！

第 11 则　2011-11-9　06:26

读好书，交好友，喝好酒，人生一快！

第 12 则　2011-11-30　09:28

在我看来，中国的转型应当是"三内一体"：内需、内陆、内心。发展方式转向内需，空间布局转向内陆，自不待言。而国民素质转向淡化外在物质诉求、提升内心精神境界，这才是中国未来成败的关键。

第 13 则　2011-12-10　09:14

青春不是生命的一个阶段，而是精神的一种状态。所以罗曼·罗兰说："30 岁——有人才开始，有人已经老了。"我喜欢古龙小说《边城浪子》里的一句话："一个人心里只要还有爱和希望，他就永远都是年轻的。"

第 14 则　2011-12-23　09:09

节日联翩而至，酒宴是免不了的。读近年出土的"清华简"有《尹（饮）

至》一诗，不禁莞尔。这是周武王写给毕公的，时当伐纣后的庆功宴上。全诗24字，最后一句最有意思："嘉爵速饮，后爵乃从。"好酒快喝，后一杯跟上。这是公元前1048年的事，3000年了，酒场上的"酒嗑"延续至今，酒文化真是源远流长！

第15则　2012-1-5　09:07

人的一生就是一连串的悖论：童年时急于长大，长大后又想返老还童；牺牲健康去换取金钱，然后牺牲金钱去换取健康；对未来充满忧虑，却忘了现在即将成为未来；对过去充满怀念，却忘了现在就要变成过去；活着的时候似乎从来不会死去，死了以后却好像从来未曾活过。

第16则　2012-2-3　08:40

记得阿·托尔斯泰（A. Tolstoy）有句话大意是说：年轻时认为，美丽的异性、称心的工作、无数的金钱都应当是自己的侍从，召之即来。如果演绎他的这番话，可以说：年长时觉得，这些东西顶多是平等相处的伙伴，不能强求；年老时懂了，它们不过是邂逅的过客，随聚随分。

第17则　2012-2-8　16:07

"大道其夷，而民好径。"真理和正义虽然是正道，却充满艰辛，因此人们还是喜欢抄小道，走捷径。但是，倘若一种体制保障甚至鼓励取巧者，反过来打压欺凌辛劳的创造者，那么奉行这个体制的社会必然败亡。现在，种种巧伪人的骗术大行其道，骗子们的粉丝更是浩荡成军，沛然莫之能御，我辈只有徒唤奈何。

第18则　2012-3-8　10:14

丁玲《三八节有感》发表于1942年3月9日，整整70年过去，今天人们仍然"有感"，足见妇女仍是问题。波伏娃（Simone de Beauvoir）的名著《第二性》是女性的屈辱史，她的名言是"女人并非生而为女人，是变成了女人"，这种屈辱在市场勃兴的今日中国尤甚，令人难堪。

第 19 则　2012-4-4　06:55

清明祭亡灵,想起当年身为记者采访兵团 40 师 38 团扑救山火牺牲百余名知青的事件。有位北京姑娘,年仅 18 岁,姓吕,被火烧得只剩下一个皮带钩。翻看她的遗物,日记上贴的全是北京的风光照,扉页上赫然写着四句话:"投身大时代,迎接大风暴,经受大考验,做出大贡献。"

第 20 则　2012-4-26　06:46

1998 年北大百年校庆,记者采访北大最年长教授年已百岁的陈翰笙,陈无语,记者以为其已老耄昏聩便提示说:"您只说希望北大越办越好即可。"陈答:"我不能那样说,我要说愿北大办得像过去那样好!"具体希望是:一是教员不要兼官;二是教员要有著作;三是教员要爱学生;四是教员要通外语。

第 21 则　2012-5-4　07:24

1919 年 5 月 4 日,那个时代中国的中心既不在中央政府,也不在地方军阀,权贵富豪一起失语,中国的中心是在北大红楼和《新青年》编辑部。当一种伟大的精神引领着民族呼啸前进时,古老的民族顿时年轻了。上午应邀给大一学生讲《有所作为奉献社会》,"五四"烟云在心中回荡——今日中国谁来高举"五四"的青春火炬?

第 22 则　2012-5-8　08:41

尽管很多人反对,但我基于个性共性的辩证法坚信存在普世价值。基督教讲信望爱:信是持守真理,是求真;爱是践行道德,是向善;望是憧憬理想,是臻美。看来文明的真谛永在人心,是不会磨灭的。科学史家萨顿(G. Sarton)说:"权力和财富已经消失,留下来的只是真善美,这是从混沌中提炼出来的永恒的赤金。"

第 23 则　2012-5-9　09:02

经济价值至上的时代当然始于市场勃兴。市场是文明的最大推手,也是文明的最大杀手,难怪亚当·斯密写完《国富论》后写《道德情操论》来补救。今年哈佛的迈克尔·桑德尔（M. J. Sandel）推出新著《金钱买不到什么》（*What Money Can't Buy*），说市场会"毁灭所涉及事物的价值"。人类正在打响保卫真善美的战斗，这是最后的斗争。

第24则　2012-5-12　07：58

教育核心是"识"，即认识，含知识、胆识、见识三维：知识是信息材料，胆识是精神力量，见识是思维方式。画家李可染认为学艺精髓是"可贵者胆，所求者魂"，没有胆识和见识就失魂落魄，艺术如此，科学亦如此。今之大学，拼了学位，少了学识，丢了学品，毁了学问。不跟风坚持走自己的路的莘莘学子有福了。

第25则　2012-5-13　07：22

人的脸上可以有皱纹，心灵却不能有皱纹，这是人生的第一原理。

第26则　2012-5-19　07：19

当代人有的已经不是焦虑，焦虑虽然烦躁纠结，但仍有一个追求解脱的自我，心灵还是自主的；时下成群的人有的是后现代理论家杰姆逊（Fredric Jameson）所说的"耗尽"（burn out），——把自己身心投入到无聊的琐事中消耗殆尽，存在的意义就是放逐意义，这是吸毒式的幻游，自我失落了，人也泡沫化了。

第27则　2012-6-18　08：40

永恒有多久？我说不出，其实连两分钟有多久，一直也并不了然，直到用微波炉热牛奶，设定之后才知道，这两分钟原来那么长。慨叹之余，心中悔恨无以名状，——这一辈子过了那么多两分钟，能干多少事啊，可惜好多都虚耗掉了！

第28则　2012-7-7　07：56

青春的格言是"从来都不淡漠"，爱的反面是恨而不是淡漠；失去兴致和激情，生命的火炬就熄灭了。没有理想和希望地活着是苟活，所以托尔斯泰说："为活而活就不必活。"

第29则　2012-8-6　06：47

思想着是美丽的。思想是一种高尚的享受，但思想生产却是痛苦的。思想生产是艰苦的思维劳作，深刻的思想饱含千般愁绪，众生忧苦，艰难时世，兴衰治乱，每一朵绽放开来的思想之花，都是血泪浇灌出来的。

第30则　2012-8-22　06：05

中国传统美德的精华是：在人与自然关系上，天人合一；在人与人关系上，和而不同；在人生理想上，内圣外王；在自我修养上，自强不息；在终极关怀上，乐天知命。

第31则　2012-9-9　10：17

出身学生，又教了一辈子书，面对教师节，究竟学了些什么，教了些什么？想来想去，就是一点：为人要自立。一空依傍，卓然独立，是有所作为的人生，也是人生的最高境界。伊壁鸠鲁两千年前就说过："自给自足是最大的财富，自给自足的最大果实是自由。"对任何人的依附都是不幸。

第32则　2012-9-29　06：53

英语新词 nomophobia 译作"无手机焦虑症"。据统计有53%的人在手机丢失、没电、欠费时，焦虑不安，据说其心理压力程度相当于去看牙医拔牙。这是现代社会人性扭曲的典型表现，是马尔库塞所说的"物品作为自己生活灵魂的中心"。知道什么叫异化吗？这就是。

第33则　2012-10-15　14：21

据说陈寅恪先生上课前总说："前人讲过的我不讲，近人讲过的我不讲，外国人讲过的我不讲，我自己过去讲过的也不讲，现在只讲未曾有人讲过的。"这样的大师风范已不可睹，现在能听到不走味的"前人、近人、外人"

的真货就算差强人意了，其中若有点"未曾有人讲过的"，更属难能，实为今日学子难得之福。

第 34 则　2012-10-19　18:21

马克思 17 岁时说过："只有从安静中才能产生出伟大壮丽的事业，安静是唯一生长出成熟果实的土壤。"这似乎和一味鼓吹斗争的教条大相径庭。我读到这句话刚好也是 17 岁，半个世纪过去，慢慢体会到只有内心宁谧，无所萦怀，涤除玄览，淡泊明志，才是治学的真境界，这就是老子所说的"无之以为用"吧！

第 35 则　2012-10-23　09:03

岁岁重阳，今又重阳，老年也和青年一样渴望幸福。但桑榆之福在哪里？曹操说："烈士暮年，壮心不已"，但空负壮心无力壮行，徒增沮丧，是晚年的最大悲剧，何幸之有？仍能有所作为才是垂暮之年的最大幸福。圣伯夫说老年的雨果"落日时仍有闪电"，壮哉！

第 36 则　2012-11-23　15:37

日前庆生，见到阔别已久的学生们，原来围着我叽叽喳喳的小女孩好些已为人母，面显老态，不由地想起朴树的那首歌词："她们都老了吧？她们在哪里呀？幸运的是我，曾陪她们开放。她们都老了吧？她们还在开吗？她们已经被风吹走，散落在天涯。"几天过去，心下仍然唏嘘不已。

第 37 则　2012-12-1　07:56

荷尔德林那句"人诗意地栖居"是脍炙人口的了，说的是诗情是人的本质规定。但人心中的诗情也是个变量，至少常常会随着年龄而减退。法国诗人缪塞（A. de Musset）就说："年轻时都有诗情，后来却成了普通人。"所以，人是否年轻不是看生理年龄，而是看你还剩下多少诗情。

第38则 2012-12-6 09:11

古人有三不朽：立德、立功、立言，而立言是指"为天地立心，为生民立命，为往圣继绝学，为万世开太平"，这是宏大叙事，卑微如我，岂敢有此奢望？但求有所言说均能不曲学阿世，不做违心之论，于愿已足。我欣赏卡夫卡的话："我写作是为了缓和我和现实的紧张关系"，这叫作骨鲠在喉，一吐为快，如此而已。

第39则 2012-12-12 09:40

20年前，李泽厚慨叹"这个世纪末是个无梦的世界"，而当下人们更是只顾眼前了。令人高兴的是，习近平总书记刚一接任就大声疾呼"中国梦"。人是唯一诗意的存在物，梦是人性的本真，所以蒙田（Montaingne）说："为一个梦想而舍弃生命，这就是对人生做出的最恰当的估价。"梦兮归来！

第40则 2013-1-2 09:57

跟女儿一起听维也纳新年音乐会是第二十次了，弗朗兹·威尔瑟·莫斯特（Franz Welser-Möst）梅开二度，还是那么优雅、高贵、华丽、细腻，下半场竟给了我一种空灵、缥缈的感觉，也许是因为一上来就是那首《天体乐声》（Sphärenklänge），接着又是《金星的轨道》（Hesperusbahnen），难怪黑格尔说"音乐是天国的语言"，真是此曲只应天上有。

第41则 2013-1-9 12:04

简单性是美的基本规定，朴素是美的极致，真水无香嘛。消费时代却以富丽堂皇为美，富有才帅才美，于是竞相炫富。《道德经》共五章讲朴，见素抱朴是老子的最高理想。亚瑟·威利（Arthur Waley）释朴为 uncarven-wood-quality，即未经雕琢的本色之木，倒是深得"清水出芙蓉，天然去雕饰"的本义，凸显了美的真髓。

第42则 2013-1-19 11:01

突然领悟到中国文化所讲的"天良"二字何等深刻：天者天理，是客观规律；良者良心，是道德规范。康德说："有两样东西给我以刻刻常新、刻刻常增的惊异与敬畏之感，那就是我头上的星空和我心中的道德律。"他1788年说的这番话中国人两千年前就说明白了，天理良心比英语conscience（良知）和德语Gewissen（良知）高多了。

第43则　2013-5-6　06：38

对生命最可怕的误读是认为一切都还来得及，拖沓延宕不啻慢性自杀。公元前7世纪的希腊七贤之一皮塔科斯教导说："什么是最好的事情？赶快把手头的事做完。"

第44则　2013-5-25　07：30

人们总是到外部世界寻找快乐，而所找到的乐趣既有限又空疏，常常是强颜欢笑；其实真正的快乐是在自己内心之中，这就是为什么诗人帕斯拉特（J. Passerat）要说："不解自得其乐的人永无快乐。"

第45则　2013-6-1　07：18

生理上远离童年是成长的无奈，心灵上远离童年却是对自己的背叛，盎格鲁—撒克逊诗人阿尔昆（Saint Alcuin of York）说得好："自由就是天真无邪。"一切那些还有童心的成年人，儿童节快乐！

第46则　2013-7-11　07：37

《三余论草》的作者徐宗文说，该书写于"审稿编辑之余，开会出差之余，吃饭饮茶之余"。想想自己，几十年真正热衷的几项研究却是成于"政治运动之余，职场打拼之余，生计奔波之余"，不禁黯然神伤。正业偏在体制外，这是学人的真正悲哀，难怪有人说："在我们这儿要搞点真学问得等到60岁以后。"

第47则　2013-7-21　06：26

"天下熙熙，皆为利来；天下攘攘，皆为利往。"——不幸的是，这句两千多年前的古语竟是当今时代的写照，金钱已成为越来越多的人唯一的信仰。能否走出金钱至上的误区决定着人类未来的命运。早在1797年作家勒赛-马尔奈加（Lezay-Marnézia）就说过："黄金时代就是黄金不能主宰一切的时代。"

第48则　2013-8-11　07：53

王林事件使气功之辩再次登场。传统上对此类问题争论的反对派称"山羊"，维护派称"绵羊"，这次看来与20世纪80年代不同了，"山羊"似乎占了上风。当年有政界大老元戎、学界泰山北斗支持"绵羊"，使"山羊"们噤若寒蝉，而于光远师却坚守科学阵地，勇敢无畏，在反伪科学的斗争中，他不愧是伟大的"山羊"。

第49则　2013-8-14　07：38

群居的时候容易失去自我，默然独处才真正面对自己的内心。在这个喧嚣的时代里，守住独立的人格诚属不易，我们不妨自问一下："我身上还剩下多少属于自己的东西？"天才的德语诗人里尔克（Rainer Maria Rilke）提醒我们："只有一件事是必不可少的：孑然独处。"

第50则　2013-8-22　08：31

遇到危险害怕是人之常情，而面对危险的表现却可以鉴别人性。德国浪漫派作家里希特（Jean Paul Richter）指出："胆小者在危险前害怕，卑怯者在危险时害怕，勇敢者在危险后害怕"，说的好深刻。

第51则　2013-9-1　04：26

所谓坚强，就是能够自控，永远坚持原则而不失去底线，因为真正能够把握的只有我们自己；所谓明智，就是善于适应，随时调整认识以跟上时代发展，因为根本不受控制的正是客观实在。王夫之说："不畏心之难操则健，不疑理之难从则顺。"沃夫纳格（marquis de Vauvenargues）则说："性格应该坚定，思想应该灵活。"

第52则 2013-10-5 07:55

总有人质疑我执意蛰居塞外,似乎未能跻身庙堂即虚度此生。愚钝如我不敢自比南雷、亭林、船山各位先贤,但俯仰无愧怍,志存高远,义利之辨,则未遑稍让,也不愿与混迹大邑上庠的欺世盗名之徒为伍。尼采的话令人宽慰:"我们越是上升得高,在不解飞翔的人眼中我们便越显得越渺小。"

第53则 2013-11-7 09:04

早年读鲁迅语"绝望之为虚妄正与希望同",不解其意;及长,渐渐懂了:人生际遇既是大概率的又是小概率的,有些事情不由自主,有些事情成败由人,——不能灰心丧气,也不能随心所欲。这就是为什么第奥根尼要说"希望是在人心中最后死去的东西",而毕达哥拉斯却说"别对毫无希望的事抱有希望"。

第54则 2013-11-15 08:26

偶然读到记者加比(A. Capus)的话"穷者需要谋生,富者则要打发时光,这是最难解决的两个问题",联想到一个更深刻的问题:要效率,必因竞争致分化,动乱频发;要公平,则因均一失活力,逸豫怠惰。所以公平和效率是古今中外一直无解的文明悖论,中国特色社会主义如能有所突破,中国就决定了人类的未来。

第55则 2014-1-26 09:11

儿童在游戏中毫无功利之心,因此康德认为游戏是审美的最高境界。为真理而献身于学术也是如此。所谓名山事业,藏之名山传之后世,仍未能免俗。戴东原说:"学者当不以人蔽己,不以己自蔽,不为一时之名,亦不期后世之名。"我总觉得把 play boy 译成花花公子不妥,其实应译为"玩童"。做一个玩童足矣。

第56则 2014-2-10 09:42

偏见比无知离真理更远,哲学的使命就是不断地打破各种偏见。伦理学家尚福尔（Sébastien-Roch Nicolas de Chamfort）说："无论谁打破了偏见，哪怕是一个偏见，都是人类的造福者。"而公众心中根深蒂固的偏见是历史进步的深层障碍，改造社会心理要比哲学革命困难得多，但是实现中国梦的最大难点就在于此。

第57则　2014-3-7　08：41

我生平最讨厌的事就是填表，也许只有办证堪与之比，总觉得是把鲜活的生命塞进一个个的框框里，好像身陷囹圄，也许是所谓心灵的囚笼吧？

第58则　2014-5-22　09：44

《阴符经》说："不狂不痴，不能成事。"投身事业要有股疯劲，无所顾忌，特立独行；待人接物要有股傻劲，舍己为人，以德报怨。如此疯傻是超人，舍此疯傻是庸人，而庸人倒很容易变成真正的疯子和傻子。正是在这个意义上帕斯卡说："人完全有必要疯傻一些，谁想不疯不傻，那就以另一种方式变疯变傻。"

第59则　2014-6-11　08：36

我们这一代人，身历中国两千年未有之大变局，沐风栉雨，被洗礼，被塑造，被工具，被扭曲，而有的同辈人却还在赶末班车追逐商品大潮。对我自己来说，最需要的是彻底的心灵救赎。

第60则　2014-6-20　06：46

我自幼养成了自己动手的习惯，在漫长的岁月中，一直自己烧饭，洗衣，甚至缝补，不想近日读作家埃蒂安纳（C. Etienne）的书竟找到了根据："谁服侍你都不如你自己伺候你自己"，不禁大乐。

第61则　2014-7-15　07：04

爱与年龄无关，把爱看成是青年的专利是对人生的严重误读。随着年龄的增长，爱从私爱变为大爱，宽广、深沉、浓烈、炽热，更完全地展示了生命的本质。爱是生命的根,是永葆青春的唯一秘诀。马尔克斯说得真好:"认为因衰老而失去爱的想法是多么错误,我们是因为失去爱而衰老而不是与之相反。"

第 62 则　2014-7-21　07:52

当前儿童教育最可怕的陷阱是商家编出来的一句魔咒——不能输在起跑线上。我的一个学生给小女儿排定的一周课表是:英语、书法、游泳、钢琴、芭蕾、数学、体操,周日休息。我问孩子:"你最喜欢什么?"孩子说:"我喜欢死!"看着孩子木然的表情,我恍然大悟:不是输在起跑线上,而是根本站错了起跑线。

第 63 则　2014-8-10　08:02

近日研究静的哲学,读到海德格尔的话"苦难的洪水愈涨愈高,人类仍然愈来愈肤浅",而他却退居托特瑙(Todtnau)山上的小木屋,"因为孤独几乎是完美的"。我想起陈独秀的诗:"闭户弄朱弦,江湖万余里。"——是不是思想者都有一种崇高气氛带来的寂静?

第 64 则　2014-9-10　22:09

人活着可能一生匍匐在地,也可能高高飞翔,差别在于是否如哲人罗素所说的"为知识所导引并被爱所贯注",就是说要有理智和激情两个翅膀。折翅的鸟儿是飞不起来的,作家尚福尔(Sébastien-Roch Nicolas de Chamfort)的话说得更实在:"明智使人长寿,爱情使人活得有意思。"

第 65 则　2014-10-24　09:16

偶翻 13 岁的笔记,有一段抄自一部小说的话:"一个人应当永远不满意自己。失败时永远不要埋怨环境,只埋怨自己。不要停住,不要安于小成,不要变冷淡了,不要让心灵老了。不要受生活中轻易获得的小小快乐的引诱,宁可要不易获得的更大快乐。生活里有近景和远景,决不要满足于近景。"深夜默思,心潮澎湃。

第 66 则　2014-11-2　08:37

在讨论现代化的思想渊源时,有所谓"三大源头论":古希腊的理性观念,古罗马的法制精神,古希伯来的宗教信仰。就全球的未来发展说,这里有个阙失的环节——中国的伦理规范。令人忧虑的是,礼仪之邦的道德传统在今日的莽莽神州还剩下多少呢?

第 67 则　2014-11-5　09:50

社会越是现代化,生活越是复杂化,想想从早到晚做每件事要付出的附加劳动,真要重估一下什么是生命的杀手。《人民日报》倡导最简主义生活方式,我倒是想起爱因斯坦的话:"物理上真实的东西,一定是逻辑上简单的东西。"那么,生活上美好的东西,一定是欲求上简单的东西。

第 68 则　2014-11-27　12:39

"哲学是什么"一直聚讼纷纭,近日有时贤概括哲学的八种涵义,使人更加不得要领。但先师贺麟先生却界定过哲学不是什么:"哲学的知识或思想,不是空疏虚幻的玄想,不是太平盛世的点缀,不是博取科第的工具,不是个人智巧的卖弄。"想一想时下以哲学"大家"相标榜的名流,有多少人能通得过这"四不"标准的检验?

第 69 则　2015-1-20　10:56

身心的健康,事业的成功,生活的幸福,从根本上说,取决于是否能战胜内心的阴暗面,从而保持远大的理想,美丽的诗情,昂扬的斗志。诺贝尔文学奖得主皮兰德罗(L. Pirandello)因此说:"我所求的,是逃避我自己。"

第 70 则　2015-1-26　13:18

心甘情愿的工作才能做好,兴致勃勃的学习才能学好,可惜我们总是要违心地去干种种厌烦透顶的事情。刘半农 90 年前的元旦赋诗说:"当还不尽文章债,欲避无从事务麻。"真希望能从被迫陷身于其中的事务中解脱出来,还我自由身,能像拉伯雷说的"做你愿意去做的事",那该多好。

第 71 则　2015-1-30　09:44

格拉德威尔（Malcolm Gladwell）的《异类：不一样的成功启示录》（*Outliers: The Story of Success.* Penguin，2009）在众多庸俗不堪的励志书中，也是"异类"，值得一读。书中提到"1万小时法则"：练琴1万小时是独奏家，8000小时是演奏员，4000小时是辅导老师。华罗庚早就说过："天才由于劳动，聪明在于积累。"

第 72 则　2015-2-9　08:56

爱因斯坦在致马兰高尼的信中说："我越来越喜爱孤独，一个随着年龄与日俱增的习惯。"由于自己年华老大，慢慢体会到同样一种心情。近日由于工作需要，读到海德格尔对孤独的诠释，顿觉醍醐灌顶，他说，在孤独中，"思想者和诗人用人类的精神财富来支持存在"，孤独使人接近伟大，所以孤独几乎是完美的。

第 73 则　2015-2-18　10:12

乙未新春，年华逝水，望崦嵫而忽迫，恐鹈鴂之先鸣，唯愿如克拉克（Ronald W. Clark）评罗素时所说，"落日时仍有闪电"。言不尽意，特撰春联一副，谨此恭颂网友羊年春节诸事顺遂：

昔在今在岂能永在独爱晚晴老去夕阳惊闪电

忧生乐生唯不轻生共迎晨曦新来春雨润芳华

横批——诗意栖居

第 74 则　2015-2-27　12:36

自我意识的觉醒是文明划时代的进步，马克思在博士论文中高度评价伊壁鸠鲁正在于此。但自我意识是双向的：正向的自我意识是自尊、自信、自省和自强，负向的自我意识是自闭、自恋、自虐和自炫，——今之人以自我为中心，专门发展负向的自我意识，这是一条自毁的绝路。

第 75 则　　2015-4-1　17∶53

有位青年写信求杨绛先生帮助他从内心的苦闷和纠结中解脱出来，杨绛先生的回信归结为一句话："你读书太少而想得太多。"读书可以净化灵魂，使人从猥琐鄙俚的心态中超拔出来。但问题是怎样读书，那种颜玉金屋和猎奇求乐式的读书当然不在此列，前辈文人施蛰存认为，弃功利的纯粹读书才可以滋养青春。

第 76 则　　2015-7-3　08∶23

今年 7 月 1 日是改革的思想先驱顾准百年诞辰，想起 20 世纪 80 年代初读顾准时所受到的精神冲击，重又翻出《顾准文集》，那些火一样的话语重又在我的心头燃烧起来：批判"更多地是反对既得利益集团"，"民主，不是靠恩赐，民主是争取来的。要有笔杆子，要有用鲜血作墨水的笔杆子"。可惜现在没几个人知道他了……

第 77 则　　2015-7-14　07∶38

爱因斯坦说过："物理上真实的东西一定是逻辑上简单的东西。"我看不仅自然科学如此，社会科学同样如此：真理一定是简单明了的，海德格尔称之为"澄明"（Lichtung）。读国内学术新锐的文章则反乎是：简单问题复杂化，明白问题糊涂化，浅显问题深奥化，常识问题神秘化，——结果是离真理越来越远。

第 78 则　　2015-11-20　09∶43

昨日贱辰，填一小令题《乙未贱辰寄梦》调寄《如梦令》，以书慷慨：
尝听桃园歌凤，犹见暴风惊梦。一意弄潮头，何惧天摇地动？地动，地动，日落更知情重。

第 79 则　　2016-6-12　06∶25

《三体》气势恢宏，天海伟观，确实是科幻文学的新突破。但理念上使我难以认同：让地球家园万劫不复，把宇宙智慧生命世界定义为"黑暗森林",读后令人沮丧。我近日闭关静养,静中思动,动笔写起《太阳系的重生》,一发不可收拾。愿我们的地球母亲美丽安康,愿世界充满爱,当然这只是我这个庸人的梦。

第 80 则　2017-1-28　10:24

爱尔兰作家巴克莱(William Barclay)《花香满径》(*Daily Celebration*)中说,幸福的要件是:有希望,有事做,能爱人。愿丁酉年幸福满满,欢乐前行。

关于基础学术修养的一个书目[①]

哲 学 类

1. 杜任之主编：《现代西方著名哲学家述评》，生活·读书·新知三联书店 1980 年版。

此书分流派介绍了西方主要哲学家，作者均系著名专家，且有若干老一代权威学者，对各位西方学者所处语境，思想倾向，理论体系，均有深入接受和评价，缺点仍是有左的思想影响。

2. [英] 布莱恩·麦基编：《思想家——当代哲学的创造者们》，周穗明、翁寒松译，生活·读书·新知三联书店 1987 年版。

此书系名著，系统介绍了现代哲学的主要流派，而且联系到各流派的社会上下文。

3. 樊波、崔伟奇：《二十世纪西方十大哲学家》，新华出版社 1990 年版。

此书主要是简要介绍影响最大的十位当代哲人的哲学观点，重点突出，言简意赅。

---

① 孙慕天先生给其辅导的研究生推荐的夯实学术基础的阅读书目，划分为 5 类，并给出了每本书的推荐理由。——编者注

经 济 类

1. ［英］J.R. 沙克尔顿、G. 洛克斯利编著:《当代十二位经济学家》,陶海粟、潘慕平等译,商务印书馆1992年版。

此书介绍"二战"以后世界主要经济学家,包括6位诺贝尔经济奖得主,是一部名著。

2. 朱绍文:《经典经济学与现代经济学》,北京大学出版社2000年版。

此书是位资深经济学家对经济学的反思性著作,功底颇深,而且立足于马克思主义,与时下赶时髦的曲学阿世之作大异其趣。

3. 茅于轼:《生活中的经济学》,暨南大学出版社1998年版。

茅先生是持独立见解的学者,此书角度独特,是极好的经济学补充读物。

4.《公共论丛:经济民主与经济自由》,生活·读书·新知三联书店1997年版。

本书是中外学者关于经济与社会关系问题的论文集,观点各异,许多属于先锋性的边缘话语。

5. 厉以宁:《经济、文化与发展》,生活·读书·新知三联书店1996年版。

这是厉先生的一本论文小集,多为从经济学观点出发,分析当前中国社会敏感问题的专论。

社会及文化类

1. 美国信息研究所:《知识经济:21世纪的信息本质》,王亦楠译,江西教育出版社1999年版。

在时下坊间流行的各种趋时滥造的所谓知识经济论著中,本书是少数有价值的严肃作品之一，理论坚实，见解独到。

2. 谢立中、孙立平主编：《二十世纪西方现代化理论文选》，生活·读书·新知三联书店上海分店2002年版。

本文选收录了关于现代化理论的几乎所有重要文本，极具文献价值。

3. ［英］安东尼·吉登斯：《社会的构成》，李康、李猛译，生活·读书·新知三联书店1998年版。

吉登斯是近年来作为西方主流思潮的第三条道路的主要理论家，对西方发达国家政治领袖有深刻影响。

4. ［美］布鲁斯·罗宾斯：《全球化中的知识左派》，徐晓雯译，中国社会科学出版社2000年版。

这是一本西方内部对当代资本主义持批评态度的左派代表作品。

5. ［法］雅克·德里达：《马克思的幽灵》，何一译，中国人民大学出版社1999年版。

此书是一个西方后现代主义者对马克思主义文本的独特解读，是影响颇大的一本畅销书。

6. ［美］塞缪尔·亨廷顿等主编：《文化的重要作用——价值观如何影响人类进步》，程克雄译，新华出版社2002年版。

亨廷顿（Samuel P. Huntington）是著名的"文明的冲突"论的提出者，本书是他和别人共同主编的一本文集，主旨是论述文化观念对社会发展的决定性影响。

科学技术类

1. ［荷兰］E. 舒尔曼：《科技时代与人类未来——在哲学深层的挑战》，

李小兵等译，东方出版社1995年版。

本书分析了各种流派的技术论，探讨了科技进步与人类命运的密切关系。

2. 刘树林：《基因、纳米、网络经济》，湖北人民出版社2001年版。

本书介绍了当代科技发展的高技术三家，探讨了这三项技术给未来人类社会将会造成的革命性影响。

3. 龚育之等：《科学的力量》，河北教育出版社2001年版。

此书是对龚老师的访谈录，龚先生是我的授业师，毕生以提倡科学精神为己任，书中贯穿了他对科学的理解、信念和热爱之情。

4. ［美］卡尔·萨根：《魔鬼出没的世界——科学，照亮黑暗的蜡烛》，李大光译，吉林人民出版社1998年版。

卡尔·萨根是极负盛名的美国科学家，也是一位坚定的科学斗士。此书是反伪科学的名著，功力甚深，读来兴味盎然。

5. ［英］阿利斯科·E.麦克格拉思：《科学与宗教引论》，王毅译，上海人民出版社2000年版。

本书是讨论科学与宗教关系的学术性著作，作者对二者均持肯定态度，观点别具一格。

6. 严金海：《中国20年伪科学现象透视》，华南理工大学出版社2001年版。

本书剖析了改革开放以来，国内发生的6个伪科学的重大案例，进而对伪科学的本质进行了学理性的透视。

国学类

1. 章太炎：《国学略说》，上海文艺出版社2001年版。

章太炎，字炳麟，著名国学泰斗，早年师从清代学术大家俞樾。此书为章氏晚年为中等水平听众准备之讲稿，深入浅出，就小学、经学、史学、子学、文学分类概述，全面、系统、精炼地介绍了国学概貌，是初学中国传统典籍的最好向导。

2. 钱穆：《国学概论》，商务印书馆1997年版。

钱穆（1894—1990），字宾四，著名国学大师，曾任西南联大教授，台湾"中央研究院"院士。此书系作者当年为中学生讲授国学之教材，上迄孔子，下至民国，举凡经史子集，考覈源流，钩玄撮要，多引原典以示门径，是初学国学者之津梁。

3. 曹伯韩：《国学常识》，生活·读书·新知三联书店2002年版。

作者系著名语言学家，书成于1947年，为普通读者研习国学之入门书。按语言文字哲学、历史、科学、文学、艺术等现代学科分类，对我国各领域代表性学人、源流、派别、观点、成就意义论列，适合当代青少年阅读。

爱之炬

在冰峰上不断攀爬的伟大智者
——胞兄孙慕天教授千古

孙慕义
（东南大学）

我与慕天（右）

那美好的仗我已经打过了，当跑的路我已经跑尽了，所信的道我已经守住了。从此以后，有公义的冠冕为我存留，就是按着公义审判的主到了那日要赐给我的；不但赐给我，也赐给凡爱慕他显现的人。

——《提摩太后书》（4：7—8）

> 红尘冉冉长安路。
>
> 看风度、凝然去。
>
> 唱彻阳关留不住。
>
> ——张孝祥《青玉案》

这是一个突兀、痛楚而悲咽的长夜,松花江的冰排尚未消融,那紫丁香的苞蕾,还隐没在襁褓中;人类思想与精神的绞杀正酣而尚未,那股炽烈的文化战争硝烟依然袅袅。清明——2019年4月5日9点16分,惊悉我最亲密的胞兄、我的人生和事业的引路人——中国当代俄(苏)科技哲学事业的奠基者、优秀的科技哲学学者、著名哲学家孙慕天教授溘然长逝。乘风归去也,天外醉流霞。这位笔耕不辍的人,这位一路上不愿投宿驿站的思想者,把他的一生,都无保留地献给了捍卫真理这一伟大的事业,教书育人,散朴思拙,勤勉和善,儒雅谦逊,达观豪放。

这是中国学界的一个重大损失!是一场生命与事业的"过程与实在"的断裂!

其实,他一直在爆发着,直到他最后的一个笔耕的深夜;他曾经燃烧出熊熊的大火;如今,了然化作春水长天。他是我们"头上的星空",曾指引我"心中的道德律"令。我们共识共感于人类"身体与灵魂真理"的追求,你周三还为你手头的书稿疾笔,还在微信中与我热聊你未来另一新的"跋涉"路径,而就在那一刻,你,戛然停在中途;从此,我再也收接不到你在这个世界上发出的独有的——鼓舞人心的、个性的、深情的、那种带有质感的应答和充满磁性的回声了……

夜难寐,泪倾盆——

莫名的失落与孤独感裹挟着我,这片空灵的精神和意志的栖居之地,本来等待着我们这位大哥,用你那浓烈似火的、熊熊燃烧着的、具有穿透力的珠玑良言,再次传达充满激情的呐喊和演绎宇宙大化的招叫;而如今,去了,天翁去梵尚之天国,离前尘之地狱。我们还在,尽管我们也终有一日随之接续着驾鹤递归,尽管我们都将在有内容地活过一次后,虽未竟整全或散朴不足,但有了像天翁这样的智者在我们前面,我们则能归乡自如而得以心安。

你是一座巨峰，你是一片充满宝藏的森林，你是一派阳光，你是一首永远唱不完的长诗！高洁，火红，生机无穷！

哥哥呀！多想再一次与你共饮，再一次把酒问天，持杯论道，观松江波涛，搏击人生狂澜——如今，兄弟我只有垂垂雨泪。

比你先一年归去的、断定虚时间奇点和边界的爱因斯坦第二、你无限激赏的斯蒂芬·霍金，他留给我们一句话："宇宙既不创生，也不毁灭结束。它就是存在。"

你依然存在！

你另位钟情并常常乐道的、从儒道狭义到佛老之境的侠之大者、你当然这一次就可以寻见的查良镛余言惠及："人已到至境，就无可无不可了。"

如是之，我们活着，我们更应以你为榜样、通过苦行来寻求一个纯净的心灵，不只是回顾或检省亚当堕落的伊甸园，而是把伊甸园作为天堂，我们要用一种清洁精神，赎回金色的秋天，安贫而乐道。

伊曼努尔·康德一再警谕我们："向更恶的堕落不可能不间断地持续；因为在这种堕落的某个程度上，人类自己就会把自己消耗殆尽。"因此，对你的追记和怀念，可以让我们在纠错中梦想：在这个世界于火中毁灭之后，万物复兴，建立一个更新了的世界。你还永远留给我们这一句话，"既然禀赋中的善的这种分量的增加必须通过主体自由来进行，但为此目的的主体又会需要比它往常所拥有的更大的善库"，人生不是把西绪弗斯的石头推上山，最后为了让它再滚下来，而是在行动中，一直、不断地向着更善进步。

人的灵魂本被包围于身体，但常常被永不满足的属地的欲望所侵扰和纠缠，而灵性未必能被完全败坏，它支撑着理性的部分，控制欲望和激情；道德将实施劝告、回归控制和节俭，保持清贫，那是一种特有的高尚而深刻的喜乐，因为当无限地放纵身体的贪欲，就将灾难临头，一旦邪恶的事物缠身，人就会远离光明坠入无边的黑夜，到那一刻，美德的拯救将是非常艰难的。那就需要把人的整个身体推入圣洁的水中，洗去罪恶的污秽，重新立于高洁的坚不可摧的律法的磐石之上，经受炼狱和心灵的痛苦争斗，最后使自我得以新生。

大哥，在天上和地上，让我们共同守住阳光！

梭罗在 1842 年 10 月 21 日的《日记》中写道:

  光简直都具有了道德的意味。最强烈的光（就像恒星和我们的太阳）在自然元素中无可争议的超群绝伦。在一切生命产生的某个阶段，光无疑是和热一起出现。光引导生命萌芽，生命力存在于光和热之中。

你如今，在光中，休憩，按你说的：黄昏时仍有闪电！
天堂里更有真正的笑声！
只是深刻、高蹈的哀恸！只是在我们享有你真理和信念的光辉照耀的同时——
即如是，我们更要信、要望、要爱。
天翁千古！

弟 慕义大哭
2019 年清明

灵魂击掌高歌——纪念孙慕天先生

一道黄昏的闪电，化作永恒的彩霞
——"真正的天才是用信念之火焚烧自己的疯子"

李玉白

不愿正视，不愿相信——但这是真的！

愿意相信，你在安睡——但这是假的！

巨星陨落，黄昏闪电，夕阳彩霞——化作永恒！

天南海北，学生齐聚，泪如雨下，痛哭失声！

——你付出的是：怎样的心血，怎样的真情？！

——回报的又是：怎样的热爱，怎样的敬重？！

强精神：你是精神动物。你漠视疾病，伤痛！活在强大的精神世界中！

强能力：天才和大众的差距。你把你当成救世主，承担了非人的工作量，像魔鬼一样一刻不停。

强怜悯：悲天悯人。你说"不会拒绝"是你的天性。即使躺在重症病房，还要为学生做事情！

可你也是血肉之躯啊！怎经得起这么无限的燃烧，无穷需求，无偿的使用！

你的家人又需要有，多么强的能力去承受：一面是理解支持包容，一面是怕太累伤身体心疼——这种无奈和矛盾的心情！

常人在拼命地追求：生命的长度。

而你却活出了生命质量的最宽度！

"宁做转瞬即逝的玫瑰,不做万古的青山"是你的座右铭。
你是七彩的玫瑰,浴火的凤凰;
理念之花,在灿烂辉煌中得以燃烧重生!

豪爽是你的性格,浪漫是你的本性!
"唯饮酒——辩证法方可不死,不慕天——太阳系焉能重生!"

你远去了,化作一片祥云,化作一段彩虹……
你远去了,化作无数玫瑰,化作天堂笑声……
你远去了,无牵无挂,无伤无病……
你远去了,你成为人们心中永远的丰碑和思念……
你远去了,你是亲人无法接受的事实和悲痛……

相信神的法则:
"神的儿子"[①]必然不能是庸人的活法;
"神的儿子"必然没有生死——必然永恒!

妻
为纪念五七而作

---

① 因他是牧师父亲为求子祷告三年才出生,故被称为"神的儿子"。

为父孙慕天三年祭有感而发诗两首

孙瞰鹰　孙天鹅

时光不老

秋风拂过山岗，红叶飘落他乡。
冬雨挥洒惆怅，夕阳西下神伤。

孤魂凄然北望，坐怀独饮风霜。
流年不老岁月，故人依旧书香。

故人不散

人去人还
君不在
梦中把酒

秋月冬雪
情不断
谁与言欢

忆慕天

李惠国

(中国社会科学院)

2019年春节我与慕天(右)在北京最后一次相聚

一

"黑龙江河水流向远方,西伯利亚风儿为它在歌唱,大森林在黑龙江旁沙沙响,江上滚滚翻白浪,白浪,多自由啊,多雄壮。"这是孙慕天在大学时期最喜欢唱的歌,他用男高音唱出舒缓、悠扬、婉转而深沉的曲调,体现出他对黑龙江的深沉的爱。自由和雄壮是他一生为之奋斗的理想追求,他追求思想的自由和精神的雄壮。也正是为了追求思想的自由和精神的雄壮,他上大学时才选择学习哲学专业。我与慕天的第一次接触是从这首歌开始,大学五年,我们成了形影不离的同窗好友,从此友谊相伴终生。在我的脑海里,这首歌已成为慕天的标配,一想到慕天,他的音容笑貌就会同这首歌同时呈现在我的眼前和耳边。

那是1957年9月初,刚到中国人民大学哲学系学习的某一天下午,我拿着脸盆去盥洗室洗衣服,一进门,就看到一个英俊的小伙子在边洗衣服边深情地唱着歌,这歌声的动人的旋律和歌词,深深地吸引了我。于是就开始了我们的第一次交谈。接着年级新生通过俄语考试,分为俄语学习快班和慢班,我与慕天都分在同一个快班里,接触就更多了。我们两人的宿舍仅隔一个房间,还在同一个政治学习小组活动。由于思想、兴趣、爱好的相近,逐渐地成为了形影不离的好友。在第一学年的课程里,我们比较喜欢的课程是高等数学、逻辑学和心理学。1958年,贯彻"教育与生产劳动相结合"的教育方针,我们年级到北京第三建筑工程公司工地劳动,我们两人在同一个工人师傅指导下干活,与工人师傅结下深厚友谊,工人师傅说,我们是工人阶级的知识分子。后来,学校要大办工厂,由于我的家庭生活背景,使我比较熟悉医学微生物学,于是我与慕天商量提出创办细菌肥料厂的倡议,年级领导让我们俩进行调研和筹备工作。我们就去了中国农业科学院和北京农业大学等单位访问并收集资料,没有钱乘公交车,全是步行,为消除疲劳,就边走边讲故事,唱歌,背诵古文,我们俩共同喜欢背诵的是王勃的《滕王阁序》。这项工作刚准备做培养基实验时,全国就掀起了全民大炼钢铁运动,全都投入到炼钢铁运动中去了。1958年秋,康生传达毛主席指示,搞哲学的都要到农村去"滚一身泥巴",人民大学

慕天(左)和我1957年游颐和园

哲学系全体学生到四季青和石景山人民公社，北京大学哲学系全体学生和教师到大兴县黄村人民公社，参加办人民公社运动，在农村一待就是七个月。在农村，我们亲历了人民公社化运动的全过程，办公社食堂、托儿所、深翻地、大炼钢铁、办"红专大学"、诗画满墙、田间地头学哲学等一系列活动。在这里我只做事实陈述，不做价值评判，党中央在后来的一系列文件中已经有明确结论。当时，作为年轻的大学生，我和慕天等同学虽然心里不时产生疑问和矛盾，担心影响了专业课学习，但在行动上还是积极参加人民公社和"大跃进"运动的，真诚地向农民和工人学习。凡是需要文化知识的工作岗位，最艰苦的工作岗位，都由我们大学生承担下来。公社食堂管理员、红专大学（实际上就是扫盲班）教师、幼儿园教师、民兵教练、政策宣传员、卫生员、哲学教师、帮助农民画画、写诗、唱歌等工作全由我们大学生承担起来。下乡前，年级领导指定我作卫生员，为此，1958年暑假我在医院培训了一暑假。我作为卫生员，劳动过后，晚上还要背上药箱去各村同学住处看望同学们。慕天住在廖公庄，我住在什坊院。有一天晚上，慕天突然踉踉跄跄地走进我住的屋子里，有气无力地说："李惠……我难受……"，就倒在炕上了。我一摸他的额头很热，一量体温39（摄氏）度，嗓子发红，看来是重感冒，打了一针退烧剂，他就在我们村住了一夜。7个月的农村生活经历，虽然耽误了专业课学习，但使我们深入了解了我国农村的实际状况，获得了基层实际工作经验，增长了做群众工作的才干。1992年秋，我们年级在京聚会纪念毕业30周年，我们回访了田村、什坊院、廖公庄和龚村。我们什坊院的房主田大娘的孙女已担任田村农工商公司的经理，热情地接待我们。大家又分别拜访了当年住过的农户，如亲人久别重逢。慕天还带着他的女儿让她体验农村的生活。

尽管当年在执行教育方针上全国普遍受到"左"的思潮影响，但是人大哲学系领导头脑还是清醒的，特别是在中央下达"高教六十条"和"科研十四条"文件以后，1960年、1961和1962年，我们在学校的后三年，系领导精心组织安排教学活动，尽量想办法把失去的学习时间补回来。安排校内外名师授课是哲学系的一贯做法。在校期间，著名数学家关肇直和张素诚研究员给我们讲授数学的内容、方法和意义，以及非欧几何；贺麟教授讲授了一年的黑格尔《小逻辑》课程；现代外国资产阶级哲学批判课程，分别请熊伟、陈元晖、郑昕、仁华、张世英等做专题讲座；艾思奇、孙定国等做过马克思主义哲学讲座；关锋做过中国哲学史的方法论讲座；肖前、关锋、吴传启三人开设了"辩证逻辑"课程。校内著名教师也都担任一线教学工作，苗力田讲授西方哲学史；石峻、杨宪邦讲授中国哲学史；马奇、齐一讲授美学；肖前讲授辩证唯物主义；李秀林讲授历史唯物主义；马克思主义经典著作选读课也分别由最有研究的教师任课。

人大哲学系当时是五年制不分专业，但是到了四年级，不少同学都开始确定了各自的专业方向，慕天给自己确定的专业方向是西方哲学史，自然辩证法始终是我的兴趣所在。从三年级开始，慕天自学英语，我自学德语。从四年级起，我开始学习并翻译俄文版的《物理学史》，有些课程我不感兴趣，就在课堂上坐在后边看俄文版的《物理学史》，慕天坐在我前面帮我打掩护。

我们五年的学习生活还是丰富多彩的，慕天和我都参加了系合唱团。在农村期间，李瑰学姐带领慕天和我等组成文艺宣传队在田间地头演出小节目。1959年，在北京举行支援土耳其人民反美爱国斗争的大游行中，李瑰、慕天和我在天安门前自编自演了活报剧，慕天扮演美国总统艾森豪威尔，我扮演美国国务卿杜勒斯，李瑰扮演白宫女秘书，剧照竟然出现在北京高校活动的展览会上。年级组织的游颐和园，爬八达岭长城，参观雍和宫等活动至今还是我们聚会时的话题。学校经常在文化广场和大饭厅放映电影和举办音乐会。北京人艺剧院、天桥剧场、北京展览馆剧场、五道口剧场等成了我们的文艺课堂，《十三陵畅想曲》《文成公主》《胆剑篇》《蔡文姬》《武则天》《中锋在黎明前死去》（阿根廷）这些话剧成为我们课余议论的话题。歌剧《小二黑结婚》《货郎与小姐》（苏联）、《依万·苏萨宁》（苏联）等的曲调成为我们在盥洗室里洗衣时的咏叹调，至今我还记得慕天和我一高兴就咏唱："我交了好运气，我为幸福唱歌曲，像那斟满的酒杯一样，快乐充满我心里。"我和慕天还喜欢聊文艺作品，我们共同看了科幻小说《陶威尔教授的头颅》，散步时我俩就谈大脑移植手术，自编科幻小说。我们学生的生活当时并不枯燥。

1962年春天，我们年级组织了去八达岭旅游，在火车上，我们唱过的一首歌，歌词是，"车厢里满载着年轻的朋友们，奔向那灿烂的前程。到北方去，到南方去，到祖国需要的地方去"，它表达着我们当时对毕业后生活的憧憬，和服从祖国需要的决心。毕业前，召开了毕业鉴定小组会，总结五年来学习和思想上的收获，相互间提出对今后的希望，我和慕天在一个毕业鉴定小组。系领导和学生党支部共同研究了对每个同学的毕业鉴定，并写成书面初稿，分别发给每个同学征求个人的意见。这项工作十分认真细致，并温暖人心。系里还决定在双反交心运动中学生写的交心材料一律从个人档案中拿出来销毁。

1962年我们大学毕业，正赶上国民经济开始三年调整，教育部的高等院校毕业分配工作方案下达得较晚，学校7月13日开始放暑假，待9月份开学返校后，进行毕业分配。慕天7月13日就乘火车回哈尔滨了，我留在学校继续翻译《物理学史》。暑假刚开始了五六天，哲学系接到北京大学发出的招考研究生的通知文件。北京大学与中国科学院哲学所联合招收自然辩证法专业四年制研究生，大学理科和哲学专业应届毕业生可以报考，考试科目为数学物理化学综合试题、哲学和外语三门，导师为于光远和龚育之。同时，北京大学哲学系招收历史唯物主义专业研究生，导师为冯定。在北京大学、复旦大学、武汉大学和中山大学设立考场。考试时间为8月上旬。系办公室立即通知了在校同学，并电报通知已回家的同学。我也给慕天发了电报，告诉他，我已报考，希望他也报考。慕天和已回家的同学因为时间紧迫，往返费时都没有报考。8月底我接到了录取通知书，9月初，我就去北京大学物理系学习了。10月13日人大哲学系公布了毕业分配方案，慕天分配到哈尔滨建筑工程学院。1966年，开始了"文化大革命"的十年动乱时期，屠格涅夫说过："没有一种不幸可与失掉时间相比"，我们整整十年，失去了开展业务工作的最美好

孙慕天（左）和我1962年
春游八达岭长城

的时光。1976年9月8日，我从大庆出差到哈尔滨，这是我与慕天毕业以来第一次相聚。当晚我在慕天家里品尝慕天夫人做的佳肴，我们深谈了一夜。我们盼望上海帮（"四人帮"）在半年之内倒台。第二天一早，慕天送我到火车站。9月9日毛泽东主席逝世，10月6日，"四人帮"倒台。

1979年，我和查汝强（中国社会科学院哲学所自然辩证法研究室主任，中国自然辩证法研究会第一任秘书长）等去哈尔滨讲学，与慕天再次相会，我和查汝强都希望慕天也从事自然辩证法教学与研究工作，并就此形成了共识。

二

哈尔滨的自然辩证法教学与研究工作对我国自然辩证法事业的发展做出了重要贡献，哈尔滨工业大学和哈尔滨师范大学是两个著名的自然辩证法教学与研究基地。谈及对哈尔滨的自然辩证法教学与研究工作贡献最大的人，学界公认的是，前有哈工大的关士续，后有哈师大的孙慕天。在20世纪50和60年代，李昌任哈工大校长时，哈工大就已经在全国率先开展了自然辩证法的教学与研究工作。"文革"后，关士续曾任黑龙江省自然辩证法研究会理事长。孙慕天自20世纪70年代末起，逐步在哈尔滨师范大学创办了自然辩证法教学与研究的一个重要基地。从这里走出了一批优秀的自然辩证法教学与研究人才，活跃在全国各地和各个领域。这里还办成了全国唯一的俄（苏）自然科学哲学研究的中心。

孙慕天在自然辩证法教学与研究领域辛勤工作40年，桃李满天下，著作等身。他曾任中国自然辩证法研究会常务理事，黑龙江省自然辩证法研究会理事长，黑龙江省政府科技经济专家顾问委员会委员，哈尔滨师范大学远东科技与社会发展研究所所长，哈尔滨师范大学马列教研部主任等职。在我国自然辩证法研究领域，20世纪50和60年代，对国外的研究主要关注的对象是苏联，翻译和介绍了许多苏联自然科学哲学方面的研究成果，凯德洛夫、凯列等学者还来中国访问讲学。在苏联学习哲学的留学生陆续回国，在大学和研究机构工作。苏联的大学哲学教科书也译成中文作为大学的教材，苏联哲学一时间曾成为中国哲学教学与研究的显学，成为中国学习的榜样。但从 60 年代中期起，至整个"文化大革命"期间，又把苏联的哲学和社会科学当成为修正主义作为批判对象。从 70 年代末开始，我国对国外的研究完全转向于欧洲和美国的科学哲学和科学社会学的译介。波普尔、库恩、拉卡托斯等的著作流行起来，不再有人关注苏联和俄罗斯学者的研究了。孙慕天注意到这种情况，根据黑龙江的特点，决定哈师大自然辩证法的教学与研究工作侧重于俄罗斯和苏联的自然科学哲学的研究，他几十年如一日地潜心研究俄（苏）自然科学哲学，他的著作《跋涉的理性》（科学出版社 2006 年第一版）是填补近 40 年来科技哲学界的学术空白之力著。此书对苏联时期和俄罗斯近期一百余年自然科学哲学的历史做了系统的梳理和描述，并且进行了理性地审视，探讨了其经验和教训，还把俄苏自然科学哲学与西方科学哲学做了比较研究。他继续潜心研究 15 年，2020 年科学出版社出版了《跋涉的理性》第二版，可见此书具有怎样的社会效果和影响。1990 年，黑龙江人民出版社出版了《苏联自然科学哲学丛书》三卷，其中《历史的足迹》（龚育之、柳树滋主编）、《苏联自然科学哲学教程》(孙慕天、张景环、董驹翔译)、《辩证世界观和现代自然科学方法论》（孙慕天、李成军、申振钰、张景环译）。丛书的出版对苏联时期自然科学哲学的研究具有总结性的意义，特别是孙慕天等翻译的两本书代表了苏联时期自然科学哲学研究的最高水准，并引起人们对后来俄罗斯自然科学哲学研究的关注和兴趣。孙慕天的《孤鹜落霞》（高等教育出版社 2009 年版）一书，精选了他几十年研究哲学的 60 篇文章，分为天、地、人三编结集奉献给读者。他在《自序》中写了书名"孤鹜落霞"的缘起，回忆他母亲讲的王勃的故事，使我回想起在大学时期，我和慕天一起背诵《滕王阁序》时的情景。他还提及我俩在 1960 年的一段往事。阅读此书，不仅有曲径通幽、豁然开朗、酣畅淋漓之感，而且想起屈原的"驾青虬兮骖白螭，吾与重华游兮瑶之圃"的情景。他写到"本书以天、地、人分篇，不是有意造作"，"我觉得今天我们不妨认为天、地、人是指自然、社会和人生"，"近些年来，我陆续把自己对天、地、人相通的感受写下来"。此书以晓畅的文字记录了他对整个哲学的理解和阐释。文如其人，此书的思路和文风体现出孙慕天的品格。

孙慕天晚年，在视力退化和做了心脏搭桥手术的情况下，还在关注着对俄罗斯科学哲学的研究事业。担任了《俄罗斯科学技术哲学文库》（科学出版社）和《俄罗斯科学技术哲学译丛》（浙江大学出版社）的主编。2019年我们最后一次见面时，他与我说过，他特别放心不下的是俄罗斯科学技术哲学研究人才的培养。他说，现在大学生中选择学习俄语的人越来越少，俄语在我国已成为小语种，整个学术界没有几个人懂俄语，今后研究俄罗斯科技哲学的前景堪忧。他希望哈尔滨师范大学这个俄罗斯科技哲学教学与研究中心能够继续长期保持和发展下去。老同学晚年的心境我是十分理解的。我相信孙慕天的学生们会承续他开创的事业，进而发扬光大。

2019年的春节，慕天来京，我们在京的大学同学欢聚一堂。慕天还是那样的活跃健谈，我们相约秋天慕天再次来京，为他庆贺80大寿，岂料4月份，噩耗传来，慕天竟在睡梦中仙逝。我痛失同窗好友，科技哲学界在北方的一颗明星殒灭了。长歌当哭，我当时写下了这样的文字：

痛悼孙慕天挚友

呜呼慕天　驾鹤西航　吾心实痛　学界哀伤
愁云低徊　惨雾茫茫　松柏肃立　松江默淌
同窗五载　共读华章　情如手足　苦乐同享
勤奋学习　思想开放　砥砺意志　实践理想
八十春秋　业绩辉煌　著书育人　桃李芬芳
学究天人　闻多识广　苏俄研究　铸就所长
云山苍苍　江水泱泱　德业流风　山高水长
言有穷兮　情谊无疆　泪语凝噎　伏惟尚飨

（乙亥年清明时节）

孙慕天曾对我说过，他的学生也是我的学生。如今他的不少学生已成为科技哲学界的中坚，成为我的学术界的同仁和朋友，还有他的不少学生活跃在其他领域，都卓有成就。慕天的在天之灵应该感到十分欣慰。前接到孟玮同学来函告诉我，为了纪念孙老师，同学们整理了老师生前未发表的文章和学生们写的怀念文章，计划出一本纪念文集，并约我写一篇怀念文章，我感到十分荣幸和欣慰。仅以此文纪念我的同窗好友，并感谢同学们的盛情邀请。

2022 年 6 月 25 日

春风化雨育桃李，凌云健笔煜学界

李醒民

(中国科学院《自然辩证法通讯》杂志社)

光阴"若白驹之过郤，忽然而已"。在新冠疫情反反复复、没完没了之际，日月似乎也运行得格外迅疾。不知不觉间，孙慕天教授（1939—2019）隐化已三年有余。记得先生仙逝之时，我曾抚今追昔，百感交集，千头万绪、千言万语化作一首七言诗：

> 妙语连珠名师孙，凌云健笔惊四邻。
> 熟识哈市论苏哲，再晤密山展雄文。
> 镜泊把酒邀星月，黑河畅怀涤身心。
> 卅载如梦一闪念，犹记湿地情谊深。

那个时候，就想写篇纪念性的文章，无奈总是联翩浮想刚上心头，却又剪不断理还乱，只好抱憾搁笔。谁知这一拖竟是三年之多。最近，先生的学生拟为其师编辑、出版纪念文集，诚邀我写点文字。作为将近40年深交的老友，我再也不能让遗憾继续下去了，遂慨然应允，以了数年的夙愿。

先生长我6岁，可算是一代人吧。同代人本来就没有代沟，更谈不上什么隔阂，加之多年多次交往，可谓相见甚欢，晤谈骋怀，情投意合。不管是参加学术会议，还是共赴饭局，我们坐在一起总是直抒己见，口无遮拦，海阔天空地神聊，有时竟聊得不知今夕何夕。先生给我印象最深的有两个方面：他是后学之良师，也是学界之翘楚。在我的记忆里，先生讲演时口舌生花,妙语连珠,眉飞色舞,激情四射,恰似"落霞与孤鹜齐飞,秋水共长天一色"。我想,他在给学生上课时肯定也是这样潇洒自如,娓娓道来,如春风化雨,滋润心田。他的学生肯定与我灵犀相通,人同此心,心同此评。先生操觚染翰之时,如椽之笔汪洋恣肆,扬葩振藻,璧坐玑驰,蹙金结绣,使拜读者无不有"浩浩乎如冯虚御风,而不知其所止,飘飘乎如遗世独立,羽化而登仙"之感。不管是研读先生匠心独具的鸿篇巨制,还是翻阅先生随心率性的隽永短文,除了给人以思想的启迪和知识的增进外,也给人以十足的美的享受和精神的愉悦。写到此处,老杜的诗句蓦然跃入脑海:"此曲只应天上有,人间能得几回闻。"借此形容先生的文辞,真是再恰当不过了,好像这是绝代诗圣千年前专门为先生量身定作的。

  在我的心灵深处,认准的只是这样一个单纯的道理:思想和道德才是具有永恒价值的东西①,唯有思想和人格才能万古不没②。先生的学术生涯和人生历练,就是有思想的章采和有人格的文德之化境。正如我的"学界与学人"一诗所言:

    学苑贵创新,揽胜赖天真。
    人格须卓立,思想应不群。
    好高起平地,骛远秉本心。
    章采遗后世,文德留余温。

  面对先生,我最佩服的就是其思想和人格。他的思想章采以苏俄科学哲学、新整体论等研究为代表,尤其是前者,在国内学术界首屈一指,在俄国同行中也赢得好评。这已是不刊之论,有他的诸多论著佐证,无须我过多置喙。至于他的道德人格,亲朋、学生、同事已述备矣,也用不着我画蛇添足、多此一举了。

---

① 李醒民:《思想和道德是具有永恒价值的东西》,《中华读书报》1999年3月3日,第15版。
② 李醒民:《唯有思想和人格是万古不没的——〈力学的进化〉中译者后记》,《民主与科学》2020年第5期,第73—76页。

在这里，我仅想回顾一下我与先生相识的经过，以及其间发生的一些逸闻趣事。查阅有关资料，首次与先生见面，极可能是1983年9月4日至9日在北京香山双清别墅召开的"第三届全国科学哲学学术讨论会"[①]上。此后30多年，我们几乎年年在学术会议上以文会友，或在私下相聚中切磋琢磨。与先生从倾盖如故到相知恨晚，从彬彬有礼到无所顾忌，还是归因于他亲自发起或参与组织的5次学术会议——这些会议都在其故里黑龙江召开。我之所以选择这5次会议当作陈述的要点，一是这些会议是先生操办的，二是我与先生接触较多，三是我留下的印象很深，四是正好与上述的七言诗遥相呼应。

1984年8月25日至30日，先生在哈尔滨举办"全国首届苏联自然科学哲学学术讨论会"，会后我以双笔名发表了这次会议的报道。[②]先生在大会以《苏联的科学技术革命论及其实践对策》为题做学术报告，由此我了解到先生对苏俄科学技术哲学用功之勤，研究之广，水平之高，造诣之深。我本来对苏俄自然辩证法或科学技术哲学素无研究，好在当时刚刚译完苏联自然辩证法大家凯德洛夫的《列宁与科学革命·自然科学·物理学》[③]，顺便写了篇论文《简论凯德洛夫的科学革命观》提交会议，聊以自慰。先生除了要组织学术交流议程外，还得管理和协调各种会务杂事。会议食宿在哈尔滨中央大街马迭尔宾馆，会务组安排得井井有条，照顾得无微不至。但是，买火车票却是最令人头疼的事——要知道当年交通可没有现在这么发达和便捷。为了保证与会者在哈愉悦、离哈顺利，先生风风火火、瞻前顾后、忙上忙下、马不停蹄，为此赢得"拼命三郎"的美誉。此次会议，使我对先生的人品和学问萌生了钦敬之情，树立了学习的榜样。会议期间还有一个小插曲，叫人忍俊不禁。记得有天下午，大家在太阳岛游览后，纷纷跃入松花江尽情畅游。临近傍晚，刘珺珺老师一行五六人上岸时，不知什么误会所致，衣物不翼而飞。没辙了，他（她）们只好面不改色心不跳，身着泳衣打赤脚，沿着中央

---

① 李醒民、黄亚萍：《记第三次全国科学哲学讨论会》，《自然辩证法通讯》（1983）第5卷第6期，第72—75页。

② 关钟、扈丁：《全国首届苏联自然科学哲学学术讨论会简介》，《自然辩证法通讯》（1984）第6卷第6期，第75—76页。

③ Б. М. Кедров. Ленин и Научные Револющии, Встествазнание, Физика. Москва: Издательства Наука, 1980.

大街"招摇过市",一路引来众多惊异而惶惑的目光。这一逸事在科学哲学界一度传为佳话。

"全国第二届苏联自然科学哲学学术讨论会"①于1987年9月10日至14日在黑龙江省密山县(今密山市)召开。我记得很清楚,我是在9日下午由牡丹江转车去密山的。车行半途,只见朗月高照,夜色朦胧,四野静寂得令人惊诧、战栗,只有轮轨单调的咔嗒声。赶赴住地时,已是深夜23时。先生久候多时,热情招呼,欣喜之情溢于言表。在次日的全体会议上,先生发表讲演《苏联自然科学哲学研究的历史与现状》,其资料之丰富,分析之透辟,议论之风生,观点之新颖,令人叹为观止。我也向会议提交了论文《覆车之辙,不可不鉴——从凯德洛夫的代表作看苏联自然科学哲学研究的僵化思想和简单化做法》。会余外出游览,兴凯湖的浩渺,中苏边界的神秘,虎头地下工事的顽固,乌苏里江的大美,给我留下难以忘怀的印象。先生的精心安排和周到运筹,使得与会者交口称颂不虚此行。

2002年8月17日至21日,"第八次科技进步与当代世界发展全国中青年学术研讨会"②先后在哈尔滨和牡丹江镜泊湖召开。先生是会议主持人之一,也是最活跃的参与者。17日上午,我以《批判学派的由来和研究》为题做学术报告。18日下午,会议迁移到镜泊湖龙泉疗养院继续举行。幽美的湖光山色激发了专家的灵感,熊熊的篝火晚会燃起了学子的热情,致使学术讨论异常深入,争论辩难格外热烈。我的《镜泊湖龙泉宾馆》一诗记录了其时的奇境和盛况:

> 如此静谧今难寻,镜泊龙泉涤我心。
> 青山若黛缄私语,白云似簇游无音。
> 旷远蓝天眠湖底,浩渺绿水去畸痕。
> 世外桃源放高论,惊飞野禽隐林深。

---

① 孙玉忠:《全国第二届苏联自然科学哲学讨论会在黑龙江召开》,《自然辩证法通讯》(1988)第10卷第1期,第72—73页。
② 会议秘书组:《第八次科技进步与当代世界发展全国中青年学术研讨会纪要》,《自然辩证法研究》(2002)第18卷第10期,第79—80页。

这次会议给我印象最深的一幕是，有天晚上饭饱酒酣之后，大家纷纷登上望湖楼楼顶平台，凭栏四顾。是时，皓月当空，繁星灿灿，水波不兴，万籁俱寂。先生及其学生周东启老师触景生情，仰天长啸，齐声朗诵苏轼的《赤壁赋》。兴尽之后，先生与我穿越茂林修竹，沿着石子小径，高一脚低一脚地相伴返回住所——当时社会资源和学校经费都相当有限，与会者一般都是两三人同住一间客房。此刻，"桑柘影斜春社散，家家扶得醉人归"的诗句不由自主地冒了出来。晕晕乎乎地洗完澡后，俩人躺在床上漫无边际地胡扯神侃，不知聊了些什么话题，也不知何时沉入梦乡，亦不知东方之既白。

"第十次科技进步与当代世界发展全国中青年学术研讨会"①于2004年8月4日至8日先后在哈尔滨和黑河举行。先生在大会做了《论苏联自然科学哲学的历史地位》的报告，我也以《科学哲学的论域、沿革和未来》发言。黑河是我国边陲重镇，在20世纪80年代改革开放初期曾有"南有深圳，北有黑河"之说。在参观爱辉历史陈列馆、乘船游览黑龙江、考察俄罗斯布拉戈维申斯克（海兰泡）时，我与先生不时碰面，间谈不已。

2006年8月15日至17日，在被誉为"天然百湖之城、绿色油化之都"的大庆市，举办了"第十一次科技进步与当代世界发展全国中青年学术研讨会"②。对于先生和我来说，这次会议堪称温馨之行、幸福之旅。据说，先生前前后后共招收100多位研究生，是名副其实的研究生连连长。这次会议，追随先生而来的学生将近一个排，是历次会议中最多的一次。你想想，学生对先生发自内心的尊敬、爱戴、钦仰，先生能不感到温馨？那种众星捧月、绿叶映花的感觉，只有桃李满天下的老师才有，先生能不感到幸福？先生的学生庞晓光也来参会，在我名下就学刚好一整年。报到那天，我们一到会议住地金三角宾馆，头等大事就是拜访先生。那个欢快的场景，那个投机的言谈，那个活跃的气氛，那个和谐的心境，真是可遇而不可求。不用说，旷远

---

① 吴永忠、李杰：《第十次科技进步与当代世界发展全国中青年学术研讨会纪要》，《自然辩证法研究》（2005）第21卷第5期，第109—110页。
② 庞晓光：《第十一次科技进步与当代世界发展全国中青年学术研讨会会议纪要》，《自然辩证法通讯》（2006）第28卷第6期，第105页。

无垠的东北大平原、壮美兼具优美的湿地风光使人流连忘返,大庆铁人的奋斗和奉献精神、与会者融入自然放飞自我的情怀,令人刻骨铭心。何况还有学问的切磋,思想的交流——先生在大会做了《比较文化、比较哲学和比较科学哲学》的讲演,我也就《科学与人的价值》发表了自己的一得之功、一孔之见。

先生出身书香门第,自幼饱读诗书,博览中外名著。学成之后,又特别努力勤奋,专心致志于学术研究。先生成为德高望重的名师、铄古切今的学者,实乃题中应有之义。先生功成名就,是扎扎实实学出来的,是踏踏实实干出来的,是实至而名归;而不像当今某些学界中人,是靠大吹大擂吹出来的,大轰大鸣轰出来的,大捧大拍捧出来的。先生一生没有白活,没有枉来世上走这么一遭。先生完全可以心安理得,含笑于九泉之下,远离乱耳之丝竹、劳形之案牍,高枕安寝,永久地歇息了。

作为先生的同道和良友,我还是为先生小有惋惜。一是先生在80年代为何不来北京求职?要知道,先生早年毕业于中国人民大学哲学系,1980年代正是先生年富力强、才华横溢之时,而北京的众多学术机构和大学个个人才匮乏、青黄不接,家家求贤若渴、虚席以待。也许是先生留恋养育自己的肥美黑土地,也许是先生不想远离亲朋浪迹天涯,也许是先生不愿失去已有的学坛和人脉?假如先生当年能够立足、扎根于北京学界,肯定会生产更丰硕的学术成果,产生更深远的学术影响,毕竟北京是全国的文化中心和学术中心,是世界的科学和人文荟萃之地。二是在眼下的中国,先生享年虽说不上短暂,但绝对不是高寿——我觉得高寿应该年逾九旬。先生当然是老人了,可是思想和心灵依然年轻,有说不完的话题,写不尽的文字。倘若先生能够在人世多待一二十年,无疑能够畅抒雅怀,挥洒珠玑,笔走龙蛇、频现佳作,给人间留下更多精美的精神食粮——这也是先生烈士暮年的雄心壮志。先生赍志而殁,怎能不让人扼腕叹息!在此,我要为先生坦露天妒英才之怨,直抒壮心未央之憾。不知先生在彼岸世界以为然否?

不过,话说回来,先生有幸在世创造了自我的思想,丰富了人类的文化。仅此一点,先生就没有虚度人生,就没有枉做一个读书人——须知唯有思想才是伟大的，唯有文化才是恒久的①。站在历史的长河来看，生命的价值和人生的意义在于独特的创造和贡献，而不在于平庸的过活和长寿。有所创造和贡献，即使未足终天年，也不负来人世一趟。不创造，不贡献，光知道索取和享受，就是度百岁乃去，也是苟且偷安——除了消耗或浪费地球宝贵而有限的资源外，又有何益？我的近作《为先生逝世三周年而作》，表露的正是这个意思。在此不揣简陋，我愿把它奉献给先生的在天之灵，也愿与先生的学生和亲朋分享我的感悟和情意：

生死虽常态，彭觞仍不齐。
留取邕文在，何须寿期颐！

---

① 扈丁：《追寻生命的永恒——傅伟勋教授与〈世界哲学家丛书〉》，《中国图书商报》1998 年 12 月 18 日。李醒民：《最伟大的是思想，最恒久的是文化——〈批判学派与民国时期的科学论〉作者后记》，《民主与科学》2022 年第 2 期，第 74—77 页。

从相识到挚友：慕天兄和我的 40 年

计育兴

（哈尔滨师范大学）

我与慕天（右）

记得我和慕天兄第一次见面是在哈尔滨师范大学干部一舍门前，因他媳妇怀孕待生，他背上背着小儿子，忙着制作蜂窝煤呢！

1964 年我从哈尔滨师范大学化学系毕业留校，在哈师大教务处，任职教学研究员。慕天兄1962年毕业于中国人民大学哲学系自然辩证法专业。

慕天兄与我的缘分还得从中国自然辩证法研究会的成立说起。中国自然辩证法研究会是在1977年由著名科学家提议，中国科协申报，1978年1月2日经邓小平等中央领导同志批准成立起来的。此后，全国各省各高校相继成立了自然辩法研究会相应的组织。1978年，黑龙江省率先成立了以于书亭为理事长的黑龙江省自然辩证法研究会。专业的敏感，让慕天盼望已久的自然辩证法的春天真的来了！他约我商谈，要在哈师大组建自然辩证法团队的事儿（正是本文开头的一幕），我听后深深感觉到，这是他思考良久的决定，他有着一整套完整的构想。

不久后，慕天兄约我在哈尔滨师范大学筹备了成立自然辩证法团队。

第一步，慕天兄推荐我去中国人民大学跟他的老师黄顺基教授进修恩格斯原版《自然辩证法》。

第二步，1980年在哈师大化学楼114小教室，开办自然辩证法选修班20人，为自然辩证法团队培养教学科研人才。

学校批准后，由教务处向数、理、化、生和政教等系下发通知，遴选自然辩证法选修班学员，条件是各科成绩在85分以上的毕业班学生，自愿报名。最后在化学系、生物系和政教系，成功遴选了符合条件的学员：化学系的张明雯、周东启、沈佐锋、管关金等；生物系的潘仁、董国安、常凤滨等；政教系的陈洪良、刘玲玲、唐燕、吴刚等。一共选收20名学员，进入选修班学习至毕业，这些同学都是"文革"后第一批1977届本科毕业班学生。开设的课程有：恩格斯《自然辩证法》、科学技术史、西方自然科学哲学、化学史……

第三步，1980年10月，慕天兄将从哈尔滨建筑工程学院毕业的李春泰，调入哈师大参加自然辩证法团队。至此，孙慕天——科学哲学、计育兴——理科化学、李春泰——工科房建的三位不同专业的教师，正式组合成哈师大自然辩证法教研室苏联自然科学哲学研究室。1982年1月，1977级学生毕业，同时自然辩证法选修班两年结业，政教系陈洪良、化学系张明雯、生物潘仁留校任教。

自然辩证法作为一门学科，同样经历了逐步发展、成熟的过程。1981年，教育部把自然辩证法课列为理工农医研究生的公共必修课，本科高年级选修课。用时一年多时间,全国汇集约 1500 多位哲学和自然科学教师,入围自然辩证法教研团队。

同年,哈师大自然辩证法教研室为理科研究生和本科生分别开设了《自然辩证法》必修课和选修课。1984 年,以孙慕天为导师的团队,开始招收自然辩证法专业硕士研究生,我协助慕天兄进行了申报、获批、接收、报名、出题、考试、面试等招生、录取、迎新的一系列工作。这对慕天兄和我是一项崭新的工作,都得重新学习。1984 年 7 月,哈师大第一届自然辩证法专业开始招收研究生,录取了 5 名新生。1987 年 7 月,5 名硕士研究生如期毕业,授予硕士学位,董国安、孙玉忠留校任教。

1984 年暑假,由哈师大苏联自然科学哲学研究所主办,中国自然辩证法研究会在哈尔滨马迭尔宾馆召开"全国首届苏联自然科学哲学学术讨论会"。中国自然辩证法研究会理事长龚育之、副理事长钟林到会指导。

经过近 10 年努力,建成了哈师大自然辩证法教研室,苏联自然科学哲学研究室,两室主任孙慕天,副主任兼党支部书记计育兴,成员:李春泰、陈洪良、张明雯、潘仁、董国安、孙玉忠,还有资料室主任兼专职俄文翻译聂英健,共 9 位。

1988 至 1989 年,慕天兄赴苏联哈尔科夫大学和列格勒大学高级访问学者。同年,全国高校要求青年教师去学习班补习本科课,俗称"回炉班",潘仁去哈师大生物系助教班、陈洪良去华东师大助教班学习,张明雯脱产读研。对我信任有加的慕天兄,赴苏访问后,将他担任的科研主任、教研室研究室主任和所有教学工作,都委托我来代理、代办、负责。1989 年 4 月,吴永忠老师从南京东南大学调入哈师大自然辩证法教研室。

1990 年 5 月,我由于身体不适,在哈尔滨医科大学第二医院检查,检查的病理报告显示:患膀胱癌-II 期了……这真晴天霹雳,猝不及防,由于教学科研行政等工作太忙,没有一点思想准备,癌症病疼的折磨反反复复,逼我逐渐进入"癌症患者'角色'",我不情愿地离开奋斗 10 多年的科研教学岗位,踏上了漫漫的抗癌康复之路。艰难的抗癌过程中,我得到了慕天兄和马列部同仁的帮助、理解、支持和资助,慕天兄等同仁多次到医院探望,鼓励我!记得有一次,慕天兄刚走到病房门外,就止不住的潸然泪下;不仅如

慕天兄亲笔信

此，他还为我的安心养病和改善住房条件，给校长亲笔写信反应并积极促成问题的解决。

在那个生活都不富裕年代，慕天兄带头为我捐款。在以慕天兄为首的马列部和研究所对我癌症康复的帮助、支持、理解与资助下，我用了10年时间，膀胱癌康复成功。后来，我用专业知识来总结自己和康复者们的经验和教训，写成36万字的《癌友自医创新路》一书，成为众多癌友康复的榜样和受到癌友家属的好评。此书得到了慕天兄的鼓励和支持，并为此书作序：

《癌友自医创新路》序

这是一本用生命撰写的书。作者本身是癌康复者。在与堪称生命第一杀手的恶性肿瘤长达十多年的顽强抗争中，他把自己当作科学研究的对象，尽可能以客观的眼光，采用科学的方法，对疾病进行观察、分析，甚至有意设计特殊的实验，寻找癌症发生发展的经验规律以及攻克治癌难关的有效方法，进而努力根据祖国医学和现代医学理论做出科学的阐释。作者原来的专业是化学，后来专门研究科学哲学，具有严格的科学精神，并能坚定地遵守实证科学的规范。

因此，本书首先是一部严肃的科学著作，这和仿造那些专以神秘的思辨妖言惑众的伪科学赝品是有霄壤之别的。巴仑（R. Baron）曾经深刻地指出:"在我们作为医生考虑病症的方式同我们作为病人体验病症的方式之间,存在一个巨大的鸿沟。"也许这是作为实证科学的医学与其他实证科学的一个重大区别。问题在于,在现代医学实践中,医患之间的沟通渠道并未建立起来。

本书作者突破了单一角色的屏障,以患者和医生一身而二任的特殊身份,去充当临床实践和医疗理论研究的认知主体,这是很有意义的尝试。

就此而论,本书提出的一些观点具有独特的科学价值,应当引起医学专家的重视。医学的对象是人,而人则是生物性和社会性统一,正因如此,医学注定是一门自然科学和人文科学交叉的综合性学科。医学必须考虑各种社会因素、特别是精神因素在病理上和治疗上的重大、有时甚至是决定性的影响。

古人说:医者,意也。这是古人对医学具有社会性质的天才直觉。图姆斯(S. K. Toombs)认为:"医生和病人是在不同的世界境遇中理解病症经验,每一方都相应地确定经验的主题。病症虽被假定为他们之间的一个共同'实在',但实际上它却代表两种截然不同的'实在'。本书特别强调了现代疾病谱系的社会学特点,指出认识生活习惯、生活方式、环境污染以及心理因素致病的重要性,这表明,作者对现代医学理念的转变和新医学模式的兴起是有深刻了解的。1977年,美国医学家恩格尔(G. L. Engel)提出"生物心理社会医学模式"(biopsychosocial medical model),就是从生物学、心理学和社会学三个方面的结合上综合考虑人类的健康和疾病。

本书在这方面显然是有超前性的,实属难能可贵。有人说过,医学由自身的特殊性,从来都和哲学有着不解之缘。医学真正是检验辩证法的试金石。

本书作者多年从事自然辩证法的教学研究工作,深有心得。他在患病和治疗与康复的漫长岁月里,一方面深刻地领悟了辩证法的真谛,另一方面又把辩证法当作认识工具去分析医疗过程中的错综复杂的矛盾。他探讨了癌症发病和治疗、康复过程中的结构性矛盾,诸如内与外、身与心、治与养、正与邪、退与进、和与战、整与分,等等;他还分析了癌症病程、治疗康复以及临床心理的动力学机理，并对这些过程的阶段推移做出了辩证的模式建构。在这个意义上说，本书又是一本深刻的医学哲学著作，也是自然辩证法应用于医学领域的出色的案例分析（casestudies）人作为自然的存在是脆弱的，生老病死，自然之律，不可违抗。但是，人还是"思维着的精神"（恩格斯语），人能认识必然而获得自由，因此人又是强大的。

本书作者作为有科学精神和正确而坚定信仰的人，面对所谓"绝症"做出了唯一正确的选择，那就是以乐观豁达的精神境界和实事求是的科学态度去与之斗争。他以令人叹服的顽强毅力坚持了这一选择，战胜了癌症，创造了生命的奇迹，这本身就是本书价值的证明。与时下某些邪教轻视生命的谬说相反，作者显示了对生命的无比热爱。哲学家波普尔（K. Popper）说得好："如果我们在宇宙中随意选择一个地方，那么在这个地方发现生命的概率将是零或接近零。"作者珍惜生命，因为他懂得创造性的人生将使我们生活的这个星球变得更加美丽，也正因如此，他才把自己特殊的人生经历转化为思想财富，并把它奉献给他所热爱的世界。这是一首多么辉煌的生命赞歌啊！

作为作者多年的同事和朋友，有幸能应作者的邀请为本书作序，可说是与有荣焉。衷心祝愿作者生命之树常青！

孙慕天
2001年6月15日

1999年正值慕天兄耳顺之年，虽然到了退休的年龄，他却一直耕耘在挚爱的教学与科研岗位上，直到8年后才从形式上退下来，但工作的惯性使然，一直工作着……1984至2000年，共招硕士生12届，慕天亲自培养研究生43名，成为中国新一代自然辩证法事业的核心力量。

慕天兄与时俱进，年近耄耋仍善用新媒体手段，时常使用微信电邮等工具，对学生们提出的学术上的、历史中的，包括工作生活上的各种问题，答疑解惑。他始终是同仁、学生的良师益友，对学生们有求必应、尽心尽力，深受学生们的拥戴和百分之百的尊崇。不仅如此，慕天兄还著书立说，著有《新整体论》《边缘上的求索》《孤鹜落霞》《理性的跋涉》等多部专著。

《跋涉的理性》一书是慕天兄40年学术生涯的代表作，对横跨百余年的俄（苏）科学哲学的历史做了全面地回顾和反思，这是一部全面总结苏联自然科学哲学奠基性的文献。

慕天兄是我国俄（苏）科技哲学研究的开拓者。1980年代，首先在哈尔滨师范大学成立了全国第一个"自然辩证法选修班"；全国第一个"苏联自然科学哲学与社会研究所"；主持召开了第一届"全国苏联自然科学哲学学术研讨会"；主编出版了第一套《苏联自然科学哲学丛书》；编辑出版了第一本《苏联自然科学哲学研究动态》期刊，还有他的系列论文《苏联自然科学哲学研究动向》《科学哲学在苏联的兴起》《开拓认识论研究的新领域——论科学认识论在苏联的发展》等，都成为这一领域的奠基性文献。慕天兄和他的团队同心协力，把20世纪80年代俄（苏）科学技术哲学的研究推到了新高度。慕天兄为此做出了卓越贡献。

人生中总是无法预料明天和意外，哪个先到！

前一天晚上还学生群聊中与大家讨论问题……

第二天，2019年4月5日清明，凌晨3点，心梗突发，慕天兄猝然离世……

慕天兄就这样不辞而别了……

但是，他思想著述仍然活跃在众多研究后继者的心中，发扬光大……慕天兄的《墓志铭》应是：

对事业，无私奉献，一丝不苟；

对同仁，胜过亲人，呵护有加；

对学生，教授有方，严格要求；

对自己，率先垂范，舍己为人。

挚友慕天兄，每到清明首先想起你……

同仁挚友　计育兴

2022年6月，于北京

悼念孙慕天先生

张明雯
（哈尔滨师范大学1984级）

不敢、也不愿意相信，我们所敬仰的、永远不知疲倦、永远充满青春活力的老师——孙慕天先生竟然会与我们不辞而别！听到这个噩耗，真是令人痛彻心扉、头裂心碎！

在先生离去之后的这些日子里，心情始终不能平静，先生的音容笑貌、先生的谆谆教诲，多年来追随先生学习、工作的情景一幕幕一件件始终萦绕心头。

我是下乡10年的知青，我们这一代人，生在新中国、长在红旗下，亲身经历了共和国的曲折和苦难，也亲眼目睹了改革开放40年的伟大发展和变迁。应该说，我是幸运的，非常感恩。

在经历了"文化大革命"的十年动乱后，1977年恢复高考，我有幸成为第一批考入大学的学生。在我还是个化学系的本科生时，一次偶然的机会聆听了孙慕天先生的学术报告，他的儒雅博学、他的翩翩风度和他那种不凡的精神气质，令在那个如饥似渴寻求知识年代的我们——刚刚考入大学的青年学子们成了他的"追星族"。那是个资讯不发达的年代，记不清是哪位同学传达的这个消息：孙慕天老师开设选修班，要在全校理科生中招收20名学生。当时，1977级有很多同学报名，我幸运地被选中。

记得孙先生为我们上选修课，化学楼的教室冬天潮湿阴冷，但师生双方的热情却十分高涨。先生那时刚刚40岁出头，正值当年，先生站在台上侃侃而谈，坐在下面的我们听得兴致勃勃。有时下课的时间已过，大家似乎全然不知。从那时起，先生便引领我们开始了哲学领域的精神远征。在这个漫漫的征途上，不仅让我们拜见到哲学史上的各路哲学大师和思想家，聆听到在英美一统天下的分析哲学家的各种哲学论战，还领略到欧洲大陆上那些唯我独尊的现象学家们的怪论奇谈。20 世纪 80 年代初的中国，改革开放刚刚揭开序幕，文献资料十分缺乏，西方科学哲学的著作国内更是很少能够见到，何况是地处边远地段的哈尔滨。所以，先生的课，对我们来说，每次无疑都是一次精神圣餐，课后的我们还会经常议论一番，总是感觉意犹未尽，接着又期待着下一次课的到来。

就这样，带着对孙先生的崇拜，走向这个领域。为了跟随孙先生继续学习，我报考了他的研究生。为了考他的研究生，我开始自学俄语。"十年动乱"高考废除，恢复高考后教师队伍青黄不接，英语教师更是十分缺乏，化学系本科开设的是日语，孙先生招收研究生时限定只招收英语和俄语语种的学生。为此，我用了一年多的时间自学了黑龙江大学本科俄语专业的教材，值得庆幸的是，在全国研究生的外语考试中，我的俄语竟然考了 70 多分。当然，这要感谢我的母校东北师大附中，在那里的初中三年为我打下的俄语基础非常扎实。研究生毕业后，又有幸在先生的身边工作，也确定了我后来的终生职业和研究方向。

后来，在先生的课堂里还了解到了苏联，了解到苏联的历史、文化，苏联的科学和技术以及苏联的自然科学哲学。先生以他敏锐的哲学目光，及时地捕捉西方科学哲学研究领域和苏联学术界出现的变化势头。当时的我对哲学还懵懵懂懂，只是个站在哲学的门外、雾里看花的"儿童"。30 多年前，先生在哈尔滨师范大学创立起一个研究苏联自然科学哲学问题的学术共同体，他在这里培养了一代又一代学生。苏联自然科学哲学问题研究属于"冷"学问，作为他的开门弟子，从 1984 年读他的研究生起，我就进入了这个学术共同体，开始了在这个边缘地带里的精神远征。虽然，自己在这个领域里耕耘多年，但是在这个哲学的远征中，自己仍然是一个走在途中的初探者，深感力不从心，键盘上每每敲出的文字，常常不满意地被一键删除，每一篇论文和成果几乎都反复经历这样的痛苦。有时怀疑自己的能力，有时也会后悔当初的选择。哲学是一种智慧，是一种思维的方式，甚至可以说是一种灵性的领悟。我从理科思维转向哲学思维的这个过程并不一帆风顺，其中经历过许多的痛苦挣扎。正是先生的鼓励和他的不懈追求感动着我，促使我在这条寂寞的路上不断地坚持，不断地努力。

记得 2009 年先生 70 大寿时，我们在哈尔滨举办了全国孙慕天学术思想研讨会，很多学者参加了这次会议。当时让我在会上做先生学术思想的主题发言，我是既感到荣幸，又忐忑不安。先生的研究成果非常之多，而且几乎每一项研究都具有明显的开拓性质，我担心概括不全不准。先生驾鹤西去，我从自己的 QQ 空间翻出当年的发言稿，重温那时的自己与我们科技哲学的研究生们分享先生学术思想的快乐。所以今天，此时在这里也想与大家分享。我知道与 10 年前相比，可能概括的更是不全不准了，但这是自己对先生那个时期学术思想的理解，也是我对先生的悼念和缅怀。

先生的学术思想可以用六个字概括："三开拓""六原创"。三个领域的开拓性工作：（1）苏联自然科学哲学；（2）整体论哲学；（3）比较科学哲学。六个方面的原创性成果：（1）潜蕴性联系；（2）基础与主导范畴；（3）世界4；（4）科学创新的科学哲学研究；（5）科学动力学化趋势；（6）经济学哲学。

苏联自然科学哲学研究

孙先生从 20 世纪 70 年代末开始系统研究苏联自然科学哲学，而后在哈尔滨师范大学创立起全国第一个研究苏联自然科学哲学问题的学术共同体，连续主持召开两次全国学术会议，使哈尔滨师范大学成为研究苏联自然科学哲学的中心。苏联自然科学哲学问题研究属于"冷"学问，他却在这个边缘地带里培养了一批又一批学生。随着苏联的解体，研究曾一度中断，先生从 2003 年开始，在国内重新启动了该领域的研究，带头恢复了对苏联（俄罗斯）自然科学哲学的研究，重新梳理了苏联自然科学哲学的研究进展，研究了苏联解体后新解密的档案和西方学者的最新研究成果，主持召开了全国会议，取得了一系列成果。先生个人连续发表《自然辩证法的两桩公案》（2003）、《李森科现象及其历史教训》（2003）、《论苏联自然科学哲学的历史地位》(2005)等重要论文,并且组织共同体成员在《自然辩证法研究》上发表了系列文章,他自己出版了核心论著《跋涉的理性——苏联的自然科学哲学》,使国内沉寂了十几年的苏联自然科学哲学研究重新焕发生机。

《跋涉的理性——苏联的自然科学哲学》一书对横跨108年的苏联(俄罗斯)自然科学哲学的历史发展做了全景式的展示,研究了自然科学哲学领域的思潮演进和重大事件,重新评价了一系列重大的学术公案,总结了处理自然科学、哲学和政治关系方面的教训,反思了学者走入误区的原因。书中特别注重苏联与西方科学哲学的比较研究,探索了马克思主义导向在自然科学哲学研究领域的优势,对国内科学哲学领域的研究提供了有益的启示。

整体论哲学

现代整体论思想是一种新的思维方式,它源于量子力学的发展。整体论哲学要求人们冲破集合论的视界,打破常识,改变传统的经典认识。这宣告分析哲学的时代已经终结,整体性思维方式正在迅速兴起。当我国哲学界出现讨论整体论哲学和西方哲学文化转向研究的热潮时,先生在1991年就已经发表了《论科学发展的"动力学化"趋势》的论文,1995年又出版了《新整体论》一书。也就是说这两个热点问题,先生先于国内同行十几年、甚至将近20年前就已经关注和研究了。在1988—1989年间先生在哈尔科夫访学期间就认识到,传统的辩证法只讲现实性联系,需要通过物质的、能量的、信息的交换建立起由此达彼的通道。辩证法是关于联系的学说,而联系是二元的,不仅有现实性的联系,还有潜蕴性联系,两种都是客观联系。但是对这个重要的问题,迄今为止一直被哲学家们普遍忽视。先生1996年就在他的《新整体论》一书阐述了这一论题,并指出这个本体论命题也是认识论的。先生从量子力学的EPR悖论出发,从"现代整体论的发展、集合与整体、量子与整体、整体的哲学观"等四个方面阐述了新整体论。《新整体论》是孙慕天教授经过长期思考和研究的一个国际性合作项目,它立足于对人类整体性思想的梳理,创造性地发现和提出了潜蕴性这一重要范畴,由此建立起富有当代风格和学术典范的新整体论,代表了国际上科学和哲学交叉研究在这一领域的最高水平。先生的思想已经受到我国学术界的高度关注。20世纪90年代末，中国社科院罗嘉昌教授和武汉大学的桂起权教授就曾经撰文对此做过评价，颇多赞誉。进入21世纪以来，国内学术界兴起了整体论研究的新热潮，《新整体论》一书重新引起学术界的兴趣。中国社会科学院著名学者金吾伦教授连续发表2篇文章高度评价书中的观点，认为是当代世界关于整体论的三大派别之一，并以"实体整体论"为之冠名。北京师范大学刘孝廷教授也在《光明日报》上发表评介，称之为"预成论的整体论"。科技部有关人士认为整体论思想对制定我国科技发展规划有重要的方法论价值，特邀先生赴京做了关于新整体论的专题学术报告。坚持学术研究的独创性，努力建立学术个性，这是先生的一贯主张。不为一时一事的得失所动，坚持在边缘上求索，这是先生的一贯所为。《新整体论》正是体现了先生的一贯主张，经受了历史的检验，得到国内外学术界的认可和赞誉。

科学创新的科学哲学研究

先生在2002年第1期《自然辩证法研究》上发表封面主题文章《作为科学哲学的创新概念》，率先把创新问题纳入科学哲学的研究范畴，界定了科学发现和科学创新的定义域，这一工作引起了学术界的广泛兴趣，并引发了学术争论，成为学术界创新问题讨论的主要引发者之一，开辟了科学创新的科学哲学研究的新方向。而后在国内重要刊物发表的一系列论文，比如2003年《自然辩证法研究》第9期上推出的《科学发现的创新意蕴》等都是在此基础上进一步的探讨，从中都可以看到孙先生这一思想在国内引发的影响。

比较科学哲学

在科学哲学中建立比较科学哲学分支也是孙慕天先生率先提出的，他指出，当前国际交流和文化交汇已成不可阻挡之势，一个比较文化的时代正在到来。在人文科学中，通过比较研究已经形成了一系列成熟的学科分支，比如比较经济学、比较政治学、比较史学、比较语言学、比较文学、比较人类学、比较文化学，等等。当时，在科学哲学领域中的比较研究，由于西方中心主义作为主流话语的限制，还仅限于哲学的主题比较，与人文科学的其他方面的比较研究已经大大滞后。孙先生把建立比较科学哲学的分支这个工作看作是时代赋予我们的使命。他认为，比较科学哲学的研究可以包括4个方向：哲学主题的比较；哲学思想发生和演变的语境比较；哲学的民族性的比较；通过比较揭示思想活动的规律。孙先生身体力行，他在自己的《跋涉的理性》中对苏联和西方科学哲学就进行了比较研究，并且发表了专门的文章论述构建全面的比较科学哲学是一项重要任务，推进了比较科学哲学在中国的研究。

论基础和主导的范畴

先生的《论基础和主导的范畴》一文是2004年发表在《自然辩证法研究》第11期上的封面文章，他在这篇论文中提出了非常重要的一对范畴：基础和主导。

先生指出，西方传统辩证法思想是结构辩证法，只对双方进行要素分析，研究两者的地位（主与次）和作用（和与仇）关系；中国传统辩证法是功能辩证法，提出了矛盾双方在功能上的不对称问题，即阳刚阴柔，熊十力先生据此建立了"翕辟生变"的宇宙生化论。先生则认为，根据中国辩证法的思想资源，应该重新建构功能辩证法的理论，其中核心范畴就是基础和主导。这对范畴深刻地说明了矛盾的动力学机制。先生详细地论述了这对范畴在实践中的普遍性和矛盾双方功能不对称性的普遍性，指出只有把结构辩证法和功能辩证法结合起来，才是完整的辩证法理论。但是长期以来没有得到系统的阐释，在马克思主义哲学中没有得到应有的位置。在理论上和实践上引起了许多思想混乱。先生对这一对范畴进行理论建构，并把其列为原因与结果、现象与本质同等重要的唯物辩证法基本范畴，打破了长期左右我国马克思主义哲学研究的苏联模式的范畴体系，是走出传统思想牢笼的探索和尝试。他的论文发表后在国内引起很大反响，并获得了黑龙江省哲学社会科学论文奖一等奖。

世界 4

我一直觉得先生的"世界 4"理论非常有趣,现在的我们已经被各种符码包围,深陷其中,却感觉不到,认识不清。先生给了我们答案,给了我们警醒。

波普尔把物理世界、主观意识世界和客观知识世界划分为世界 1、2、3,是个重大的理论创造,先生是从波普尔"世界 3"理论出发,提出的"世界 4"理论。他提出随着信息时代的到来,符码世界已经分化出来了,成为一个独立的世界,可以与世界 1、2、3 并列地称为"世界 4"。他指出,在当代世界,人们生产、交换、消费符码;而且自从网络空间出现后,人们的生活空间二元化了,过去在现实所完成的大量工作,现在已经转移到虚拟空间通过符码操作来进行。符码是重要的资源,具有经济、政治、文化和其他种种社会价值,其作用是难以估量的。有人提出,无法把符码世界从"世界 3"中区分出来。孙先生认为其实不然。"世界 3"是客观知识,而客观知识,无论是科学、艺术,甚至是宗教,其性质都是反映性的,总要以某种方式、在某种程度上反映现实原型;而"世界 4"却是表征性的,而不是反映性的。符码与其指称的对象并无任何反映关系,仅仅是表征对象的一个代号而已。他的这一原创性思想在国内引发了学术争论,成为同年在杭州召开的"21 世纪的知识论"全国学术讨论会的主题之一,连绵数年对此文的讨论还在继续。先生认为,今天符码在社会生活中的作用日益增大,其负面影响实在令人瞠目,甚至出现了符码拜物教倾向,因而先生提出这个问题。先生考虑的不仅仅是出于理论思考,而是出于对当前出现的一些消极现象的反感,从中可以看到先生心中饱含着的忧患意识和中国知识分子的一种情怀。

先生还有许多其他方面的研究工作,在国外引起反响。

他翻译的美国著名学者格里芬的《后现代宗教》一书是公认难度非常大的学术名著,先生所表现的学术功力受到普遍赞誉,原书作者格里芬特地从美国寄信对先生表示感谢。

另外,先生在科学与信仰国际学术讨论会上的研究成果,也受到国外学者的关注。2007 年，美国波士顿大学、旧金山大学等邀请他赴美进行了学术访问和交流。

先生所推进的苏联与俄罗斯自然科学哲学研究已经引起俄罗斯广泛的关注，俄罗斯科学院哲学研究所首席研究员布洛夫、圣彼得堡大学教授索尔达多夫都来函表达学术合作的意向。

先生多年来笔耕不辍，始终坚守学术的独立性和原创性观念。他的每一篇论文、每一次讲演、每一次在全国学术讨论会上的主题报告都有原创性的思想，我在这里就不一一赘述。

在历史的长河中，我们都是过客。在这个偌大的世界上我们实在渺小，实在是微不足道，什么都留不下。正如著名科学史家萨顿所讲："权利和财富已经消失，留下来的只是一些非物质的东西——理想，或是体现它们的纪念物"，"留下来的只是科学家们所赢得的真、善、美，这就是赤金，是从混沌中提炼出来的永恒的喜悦。别的东西则永远地消失了"。2010 年我退休了，来到了温州大学，也算是开始了人生的新征程。虽然在距离上离先生远了，但是从我进入这个学术共同体到现在将近 40 年，而我在先生身边的时间有 30 多年，亲历先生 30 多年的风雨历程，先生始终在这里坚守。30 多年弹指一挥间，竟然辗转而逝，在这期间我们经历了很多的事情，我们的国家发生了翻天覆地的巨大变化，我们的思想和观念也发生了巨大的改变。但是，有一个唯一没有改变的东西：那就是先生传承给我们的，那种对真、善、美理想的追求，对科学史和科学哲学探索的激情以及做人的原则和底线。

去年暑假没能见到先生，今年春节的时候他说过想我，本来约好今年暑假回哈尔滨相聚，未曾料想先生竟然梦归天堂，不知道先生那一夜经历了什么，而我却留下了永远的遗憾！玉忠师妹告诉我，先生走的时候很安详，这也给我不安的灵魂带来了一丝丝宽慰。我知道、我们都知道——永远不知疲倦、永远充满青春活力的孙慕天先生不会死！他永远活在我们心中！

敬爱的先生，您安息吧！

2019 年 7 月 10 日，于温州

理性跋涉探幽谷　边缘求索终一生

孙玉忠

（哈尔滨师范大学马克思主义学院；哈尔滨师范大学1984级）

　　我与老师相伴35年，35年的时光叠映出老师的四个形象：博学强识的学者，挥洒自如的教者，严厉率真的长者，热爱生活的思考者。

　　爱因斯坦在他晚年所写的自述中曾经写道，人们到了晚年所写的回忆往往充满了对现实的思考，任何回忆都会染上当前的色彩。这就是本文题目的由来，孙门子弟都知道，这是源自先生的两部重要的著作《跋涉的理性》和《边缘上的求索》。在先生生前，孜孜以读主要是为了获取知识和思考，而如今却深深感受到，这两部著作恰是先生一生不懈求索求知的人生写照。真是文如其人，令人顿生感慨。

　　先生一生在他所从事的各项事业中都取得了极大的成就，学生望其项背无以企及，没有达到先生的宏大和力度，终是感觉到不能把握先生完整的精神世界。于是，决定不以先生一生的贡献和成就的梳理为主，而是从我记忆里的"第一次"中慢慢展开。

　　与先生的第一次接触是在1983年的10月份，这次陌生的接触完全改变了我的人生路向。那个年代，信息匮乏且传输渠道极少，我曾一度无知的认为读书至大学毕业已经是学习的顶峰了，直到这一年物理系的教学法专业开始招收研究生。当时系里的老师动员大家积极报考，我因为学习成绩还不错，得到了很多老师的鼓励。当时很感激这份厚爱，更珍惜这个机会，于是决定报考，并开始复习外语。10月中旬的一天，系里安排我们听报告，集体排队进入江南校区的大礼堂。报告会由后来成为学校党委副书记的李国梁主持,先生主讲,内容是当代科学技术革命的发展现状及趋势。先生的报告完全为我打开了一个新的世界,从不知不觉地被吸引,到跟随报告内容的兴奋,最后是无以复加的膜拜。最难忘的是先生报告即将结束的一段话,先生讲道:"科学技术革命正在发生,它必将改变人类社会。要想在这次革命中立于桥头,必须要有哲学的反思。恩格斯给我们做出了很好的榜样,他写作的《自然辩证法》总结了19世纪自然科学的发展,创立了辩证唯物主义自然观。当今的科学技术的发展同样需要这样的工作,这是时代赋予我们的使命,也是当代青年应该为之努力的,希望有志青年都来学习自然辩证法。"激情热烈的掌声经久不息,情绪被点燃的我几乎没有经过任何思考,毅然改变了报考专业,决定跟随先生投入到心目中最神圣的事业中。

与先生的第一次面对面交流是1984年5月末的研究生入学复试。在复试中知道,这是先生首次招收研究生,于是,这个第一次则有了不同的意义。这次复试也是有些波折。毕业前夕,学校流行肠伤寒,本市的学生全都回到家中。当时没有电话,我在家中得不到任何消息。两周后返回学校,时任辅导员的李铁军老师到教室中通知我,让我明天到化学楼一楼参加研究生入学复试。她还特意嘱咐我要表现好一些,因为要不是我回家通知不到,复试早该进行了。当时的我对复试是怎么一回事全无了解,不过倒是免除了该有的紧张。复试当天,我第一次近距离观察到先生,先生穿着天蓝色的中山装(这在当时可是非常流行的),袖口已经磨损,头发自然弯曲,精神气质极佳。先生一开口就鼓励我要有青年人的理想和朝气,勇于时代担当。先生很和蔼,但先生说话时却让我顿时感受到一种无以企及的高度和深深的仰慕,对老师一生的敬畏由此开始。

对问题的专注和教师责任的执着是先生非常值得学习的特点。就在这次复试中,先生在黑板上画了两个图,是有关物理学气体定律温度和体积变化关系的坐标图。然后先生让我判断哪一张图是错的,我看到第一张图的曲线连到了坐标原点(零点),直接说出第一张是错的。老师问为什么,我回答是不符合热力学第二定律。老师点了点头,告诉我为什么复试要先让我回答这个问题,"因为在你初试的试卷中,在回答有关19世纪蒸汽动力机的发展历史时，你只提到了热力学第一定律，而没有回答热力学第二定律"，先生说道："我当时就想，如果我今后再看到这个学生，一定要让她知道这个分析上的不足，把她的认识补充完整。"先生一生对学术的执念和对学生的诲人不倦，从这个小的事件中充分显现出来。

我非常荣幸地成为了先生第一次为专业硕士生讲课的聆听者。入学的第一学期，先生为我们开设"自然科学史"课程，第一次课讨论的第一个人物就是哥白尼。先生的导读启发我们思考三个问题：哥白尼科学贡献的评价；哥白尼历史地位的形成；恩格斯对哥白尼革命的评价。还清晰地记得，我向老师提出的第一个问题是，列宁的《哲学笔记》中有关本体论、认识论和方法论三者一致的阐述。先生底蕴丰厚，剖析入理，成为我崇拜的偶像。时至今日，每每回忆起先生给我们上课，无不为先生的视野开阔、底蕴深厚、理论站位之高和激情四射所折服。脑海里挥之不去的是先生的习惯性动作，以手指代替梳子去拢起他自然弯曲的头发，同时另一只手则不断的抚试自带的蓝色水杯。

与先生的第一次喝酒是1985年的元旦，地点是化学楼的113教室，先生和教研室的计育兴老师、张明雯（也与我同届是先生的开门弟子）老师、潘仁老师、陈洪良老师，以及给我们授课的毕光华和于恩滋两位老师都来参加我们的活动。先生兴之所至，带头唱起了歌。老师为我们演唱了《欢乐颂》，伴随着先生"欢乐女神，圣洁美丽，灿烂阳光照大地"的歌声，大家欢快地跳起了舞。大家正沉浸在欢乐之中时，先生突然孩子般的开始不依不饶起来，说欢乐虽然不是年轻人的专利，但年轻人不该没有贡献。先生提议，学生们不仅要唱歌，还要伴舞。我年龄最小，只能先来。我当时唱了一首英文歌"You are My Sunshine"，配的是上小学时学会的舞蹈《北风吹》，先生看后兴奋异常，说我是中西合璧、土洋结合。当天的高潮来自师兄董国安，他一脸窘相的说不会歌伴舞，只好哼着小曲扭起了东北大秧歌。先生大悦，于是全体师生围起来跳了一圈又一圈。

当然，学习的过程并不总是那般快乐。自认为我是被先生批评最多的学生之一。总是惹先生生气，不仅内心不安，时至今日我仍觉得这是最愧对先生的。先生不能容忍的是学生在学习上主观不努力。1986年冬日，先生给我们每个人都布置了读书任务，并要求在年底上交四篇读书论文。当时学校除了晚饭时间短暂供电外，其他时间都在停电。我自认为理由充分，特意到先生家中请求先生宽限半个月。不想先生十分生气，严厉地批评道："做什么事没有困难，如果没有困难要人干什么。凡事都找客观理由，你将一事无成。"边说边用手拢起散落在桌子上的小蜡烛，足足有六七个，告诉我，"当你也攒够了这个数，再来说话"。先生的批评影响了我一生，每当我遇到困难时，先生的话总是在我耳畔响起，"你尽力了吗？"

先生主持召开第一次全国会议是1984年7月在哈尔滨马迭尔宾馆召开的"全国第一届苏联自然科学哲学问题研讨会"。和先生的缘分真是不浅，这也是我有生以来参加的第一次全国性的学术会议。中国自然辩证法研究会的主要领导龚育之、钟林、申振钰、顾媛等悉数到会。这次会议，用龚育之的话说，是我国全面恢复苏联自然科学哲学问题研究的一个标志，全国各地的学者聚在一起集中讨论苏联自然科学哲学问题，本身就是极有意义的事情，我国的苏联自然科学哲学问题研究将以此为开始进入到一个新的阶段。

与先生学习、共事的35年，也是先生事业发展最为旺盛的时期，作为学生，最为荣幸的是，我总是先生成果的第一批阅读者和受益者，见证了先生事业的辉煌。先生一生学术贡献甚多，主要研究领域集中在：一是俄（苏）自然科学哲学，代表作如专著《跋涉的理性》《边缘上的求索》，论文《科学哲学在苏联的兴起》《苏联自然科学哲学研究的历史和现状》《苏联自然科学哲学研究的新转折》《论苏联自然科学哲学的历史地位》等；二是比较科学哲学，代表作如论文《比较文化、比较哲学和比较科学哲学》《论科学动力学的两种趋同——西方和俄（苏）科学哲学的一个比较》《李约瑟难题与基督教文化》《文明的理论和对现代文明的反思》等；三是整体论哲学，代表作如专著《新整体论》，论文《从集合概念到整体性范畴》等；四是文化哲学，代表作如论文《走出现代经学的牢笼》《启蒙·解放·创新》《文化的二元性与教育内容和目标的双重性》等。先生的原创性成果集中在4个方面：（1）潜蕴性联系；（2）基础与主导范畴；（3）世界4；（4）科学创新的科学哲学研究。

先生的译著同样不凡。先生精通英、俄、德、日4种外语。也是国内极为少见的在俄文、英文和日文都有译著出版的学者。1989年，我有幸参与了先生的第一批译著中的部分工作，这批译著共有四册，包括 И. Т. 弗罗洛夫主编的《辩证世界观和现代自然科学方法论》，С. Т. 麦柳欣主编的《苏联自然科学哲学教程》，М. З. 奥米里扬诺夫斯基等的《现代自然科学中的哲学思想斗争》和库兹涅佐夫的《现代科学和哲学》。遗憾的是，当时由于资金问题，只有前两部译著公开出版，后两部译稿以内部资料的形式印刷了少量小册子。尽管如此，这四部译作对当时的苏联自然科学哲学问题的研究来说，起到极大的推动作用。先生译著中非常值得一提的是大卫·格里芬的《后现代宗教》，这是国内公认的翻译难度极高的著作，先生高质量的翻译成果不仅得到了国内学界的高度赞誉，而且，原书的作者大卫·格里芬也专门来信向先生表达敬意和感谢。

  先生不仅是博学强识的学者，还是挥洒自如的教者。从 1984 年 9 月到 2011 年 7 月，先生为历届硕士生开设的课程有：自然科学史、西方哲学史、科学认识论、西方科学哲学、语言哲学导论、比较科学哲学、比较科学史。听过先生讲课的人都有一个共同的感觉，先生是在用自己的生命讲课。每一次课中，从老师的精心准备、神采飞扬的讲述，倾情投入的思考等都能够感受到先生对事业的神圣追求。在这里，请允许我用"最后"来代替"第一"，因为这个最后非常令人钦佩。先生最后一次为本科生上课是在 2010 年，为 2009 级科学教育本科生讲授"科学家与科学名著选读"。这时的先生已经 72 岁高龄，仍然站立在讲台上为自己的事业奉献着。

  先生既严厉又率真。第一次和先生外出郊游是 1985 年的 6 月份。那时天已经比较热了，阳光很足，晒得我们都不想继续待在外面，直嚷嚷着要回房间。先生却在这个时候说了一句话，"这 light（阳光）是 очень（非常）厉害"，语句中夹杂着一个英文和一个俄文单词，大家愣了片刻，随即哄堂大笑。于是再也没有人张罗回房间，而是一路兴奋的继续游玩。走着走着，前面出现了一个滑梯，有两米多高。先生兴致很高，要打滑梯玩，说："要是让我这个'老头'先上，你们年轻人何以为年轻人，谁第一个上，老师请吃冰棍。"我当时也是年轻气盛的时候，被老师的冰棍诱惑，立刻冲了上去。当我从滑梯上下来时，地面上却不见了先生，一抬头，先生正在滑梯上往下滑呢。欢快的笑声至今挥之不去。过去的年代照相不方便，没有留下一张照片，留下了无法弥补的遗憾。

先生是热爱生活的积极思考者，先生一生撰写了大量集人生感悟的文章，在已经出版的《孤鹜落霞》中，先生的以"天""地""人"为主题，从《人择原理》起始，至《梦比真实更真实》收官，共计60篇短文。窃以为，这是先生一生的最高创作，是先生一生思考的精华所在，故斗胆妄为的将此书视为先生最有意义的著述，排在第一位，也算是又凑上个"第一"。因为先生在这部书的《自序》中写道："哲学与其说是知识，不如说是智慧；我不否认哲学的知识内涵，但它的主旨是对世界人生的领悟。"哲学家应该是什么人，在先生看来，"作为哲人，必有独到之处，超常之思，特异之行，因而为世界所不容自在情理之中，所以比之'孤鹜'当无不可"。当然，哲人也不是孤独的，因为"在思想的天空中，智慧之鸟也是与落霞齐飞的"。先生的思考不止如此，先生一生发表了近1400多条微博，是对生活思考的继续。2010级的硕士生孟威等人已经按照"思至美""忆如面""教无涯""爱之炬""边缘志"分类整理。先生生前非常喜欢文学家孙犁的一段话，"彩云流散了，留在记忆里仍是彩云；莺歌远去了，留在耳边的还是莺歌"。先生虽然永远地离开了我们，但留下了追求人生、事业的真善美的精神，值得我们永久地继承和怀念。

2019年7月26日，于哈尔滨

真人哲人仙人
——怀念恩师孙慕天先生

李 东

(哈尔滨工业大学管理学院；哈尔滨师范大学 1986 级)

清明时节惊悉我的恩师仙逝！！！
难以置信难以置信难以置信！！！
清明时节雨纷纷
孙门弟子已断魂！！！
语言空乏！！！
语言无力！！！
此刻的心情
只有
苍天可悟！！！
去年，11 月，我的生日，
恩师送给我一段话：
"梦比真实更真实！"
是啊！
你是在梦中走入天堂的，
那里更真实！！！
只是，真实的实在残忍！！！
恩师，你在尘世的"烦"与"痛"

都已化为天使的歌唱！
那歌声我已听见，
分明是在为我，
为我们——你的弟子们
唱响的英雄的欢乐颂！！！
你还对我说：
"愿你把浪漫主义进行到底！"
是啊！到底！到底！到底！！！
可你却已经把浪漫主义
写在了天堂！！！
但留给我，留给我们的身影
就是那浪漫主义的旗帜！！！
"对于灵魂，
不能这么说，
你来自尘土
必归于尘土！"
恩师！一路走好！！！
你的灵魂就是
天边最亮的一抹晚霞
启示着我
在追求真实
在将浪漫主义
进行到底的征途中
勇敢无畏地跋涉！！！

灵魂击掌高歌——纪念孙慕天先生

2019 年 4 月 6 日

忆孙老师

张百春
（北京师范大学哲学学院；哈尔滨师范大学 1986 级）

一

哈尔滨师范大学数学系毕业后，我有幸成为孙老师的弟子，攻读自然辩证法专业的研究生。在我们那个年代，考硕士并不是一件很容易的事。所以，一入学我就立志做学问，以孙老师为榜样，从事严肃的学术研究。硕士一年级，听了孙老师几门课，受益匪浅。一年后，我被国家教委选派去苏联留学。出国前在北京语言学院（现在的北京语言大学）培训一年，学习俄语。

1988 年 10 月初，我来到苏联的列宁格勒大学（现在的俄罗斯圣彼得堡大学）哲学系攻读副博士学位。我选择的专业方向是自然科学中的哲学问题（即科学哲学），被安排在辩证唯物主义和历史唯物主义教研室（苏联解体后改名为本体论与认识论教研室）。教研室为我指定的导师是索尔达托夫（А. В. Солдатов）教授。

除了俄语课之外，没有其他的必修课。不过，我还是去哲学系听了一些课。尽管语言上还有些障碍，但大致内容还是可以听懂的。令我感到迷惑的是，课堂上听到的内容似曾相识。难道这是我来苏联要学习的东西吗？

1989 年初，我才知道孙老师也来苏联了，他在哈尔科夫进修一年。冬去春来之际，孙老师来信说，他要到列宁格勒来。得到这个消息，我很兴奋，非常期待能在异国他乡见到孙老师。而且，当时我在专业学习方面有点迷茫。

孙老师在列宁格勒期间，我的俄方导师索尔达托夫邀请我们去他家里做客。饭桌上，孙老师和索尔达托夫一起确定了我的（副）博士论文题《科学中的存在问题》（后来我对题目稍做了修改，最后的题目是《科学与哲学中的存在问题》）。

索尔达托夫为孙老师安排了一次讲座。孙老师让我担任现场翻译，我勉强答应了。这是我平生第一次担任现场翻译，尽管我觉得几个月下来语言方面已经适应，但是，依然非常紧张。孙老师用中文讲，我翻译。可是没翻译几句，就翻不下去了。于是，孙老师直接改为用俄文讲了。孙老师手里拿着俄文的讲座提纲（手写的），这是他提前准备的。孙老师讲完后，还有个问答环节，他也应付自如。孙老师能用俄文讲课，这是我以前从未想到过的。我自己从高中就开始学习俄语，后来大学、研究生阶段的外语也都是俄语，而且还在北京语言学院培训了一年俄语。但是，来到俄罗斯后，还是张不开嘴，听力也急需提高。因此，孙老师的俄文水平让我感到震撼。在这次失败的翻译经验之后，我暗下决心，一定要好好学习俄语。

我住在圣彼得堡大学哲学系的学生宿舍楼，在瓦西里岛上的舍甫琴科大街。孙老师住的地方离我不远，一天下午，我陪孙老师去看波罗的海。步行路过一个旅馆 Прибалтийская，孙老师看到旅馆的名字就说，这是"波罗的海滨海酒店"。我平时一直称之为"海边旅馆"。这个酒店现在还在，我后来（2012年）还曾经在那里住过，这个细节永远留在了我的记忆里。酒店背后就是波罗的海，我们顺着海边散步，我聆听孙老师的教诲，具体内容已记不清了，但是，一些印象是很深刻的。首先，孙老师对苏联当时的处境非常有兴趣。他给我讲了在哈尔科夫的一些故事和遭遇。刚来几个月，孙老师对当时苏联人的生活就那么了解，包括物价等细节。他告诉我，苏联的书很便宜，要多收集专业书籍和资料。其次，孙老师对当代苏联科学哲学非常熟悉，如数家珍。我记得他给我讲我的导师索尔达托夫及其导师所属的列宁格勒派，还有明斯克派等。苏联科学哲学领域的这些流派，我自己从未听说过。他还向我讲述他的合作者伊万·扎哈洛维奇·采赫米斯特罗（后来我们在列宁格勒的一次学术会议上见面，他对孙老师的学术评价很高），似乎他们早就相识了。最后，我感觉孙老师对苏联和苏联的文化非常熟悉和热爱。

在他的讲述中，我觉得他根本不是刚来几个月，而是曾经在这里生活很多年，他对苏联充满情感。我当时非常羡慕，什么时候能像孙老师那样熟悉苏联和苏联文化。

海边人很少，只遇到一伙人，大约有五六个，都是大高个子，让我们帮他们照相。一问才知道，他们来自南斯拉夫，那时还没有解体。

二

孙老师在列宁格勒时，正赶上苏联最高苏维埃第一次全国性的选举。尽管当时人们对苏联解体还没有任何感觉，但是，动荡不安的情绪在民间已经出现，一场深刻的社会变革正在酝酿之中。

在和室友们交往时，我接触到了科学哲学之外的东西，甚至是当时占统治地位的苏联哲学之外的东西——传统的俄罗斯哲学，主要是所谓的白银时代的宗教哲学，一大批俄罗斯哲学家的名字开始进入我的视野。非常巧的是，传统俄罗斯哲学家们曾经被禁止的著作这时开始陆续出版，我最先接触到的是别尔嘉耶夫和索洛维约夫等人的著作。

在作为社会主义国家的苏联，市场是个很陌生的东西。在繁华的涅瓦大街上，在一些角落里偶尔可以看到"地摊儿"，甚至有书籍售卖。很快我就发现一个书市（在著名的斯莫尔尼宫附近），每周六、日开放，我在这里淘到了很多好书。书市占了两层楼，每次开放都是人满为患。书摊上大部分书都是侦探小说、一些小报，以及算命（包括中国的风水）方面的书，再有就是一些光怪陆离的杂志之类。不过，也有那么几个摊主卖比较严肃的书，包括哲学方面的书和杂志，还有苏联时期的地下出版物。我在书市上认识了几个摊主，他们可以帮我弄到我想要的任何书，书市成了我购书的主要渠道。苏联的计划经济在图书销售方面有具体的表现，一本书在出版发行之前需要预定，出版后要根据订单到书店领取。在规定日期内，如果有人未及时领取，那么这些剩余的书就可以对外出售，但需要排队（通常是在书店开门之前在外面排队）。有时候排到了，书已售罄。

1990年，骚动的情绪在列宁格勒大学哲学系也开始出现。大家都在讨论要取消"科学共产主义"等课程，要求开设"俄罗斯哲学"课。

1991年底，苏联解体，列宁格勒改名为圣彼得堡。社会变革影响了人们生活的方方面面，在哲学界的最突出表现是，哲学研究立即摆脱了官方意识形态的束缚，获得了解放，准确地说，官方意识形态一夜之间消失了。曾经占主导地位的马克思主义哲学一下子成为了和其他哲学流派并列的一个流派。当然，人们并不是立即就适应这个处境的，苏联官方哲学的影响至今依然还在。不过，哲学研究的多元化趋势已经不可阻挡。以前被禁止的著作开始大量出版，以前禁止研究的题目现在公开在研究。

我按部就班地撰写学位论文，1993年6月份通过答辩，年底回国。我是坐火车回国的，因此，我在俄罗斯淘到的书基本上都带回来了，尤其是俄罗斯宗教哲学方面的书。当我在北京安顿好后，我的朋友（我的书暂时存放在齐齐哈尔的这位朋友那里）用火车把书运到北京，这些书装满了整整一个一吨的集装箱。

1994年，我开始在中国石油大学（北京）人文学部任教，给硕士研究生开设"自然辩证法"课。但是，在学术研究方面，我已经把全部精力用在俄罗斯哲学研究上了。

1996年夏天，我去哈尔滨开会，见到孙老师时，向他汇报了我的情况。这是我回国后第一次和孙老师严肃地谈起我的学术研究现状。我如实说明了我的学术兴趣已不在自然辩证法领域，而是转到了传统的俄罗斯哲学研究，甚至对东正教充满浓厚的兴趣。我当时非常忐忑，不知道孙先生会如何反应。但是，完全出乎我意料的是，先生的反应是那么的自然，似乎早就知道了我的学术兴趣发生了转向一样。我只记得他嘱咐说，哲学各领域的研究是相通的，要充分利用自己在自然辩证法方面的积累。

随后，我又去俄罗斯进修一年（1996—1997学年）。这次我是在莫斯科石油学院进修，但这里只有一个哲学教研室，为各专业的本科生和硕士生开设哲学课，我基本上无事可做。在哲学教研室有一位姓谢利万诺娃（В. И. Селиванова）的老师，她在莫斯科大学哲学系兼职讲课。她推荐我去莫斯科大学哲学系进修部听课，在一年的时间里，我在莫斯科大学哲学系听了1000多个学时的课。我完整地参与了两个培训班，一个是关于人学的三个月的短训班，这个班结束后，紧接着开始了下一个培训课程，就是全国高校哲学教师培训班。讲课的老师都是非常著名的哲学家，包括弗罗洛夫院士、斯焦宾院士等。每位老师大约讲三到五次课，课程设置几乎涵盖了哲学领域的所有方向。如此集中的、高强度的听课训练，把我的专业俄语水平提高了一个层次。首先，我掌握了大量的哲学术语和基本的哲学思想和论题，尤其是对当代俄罗斯哲学界的现状有了较为清晰的了解。其次，我彻底克服了看俄文想汉语的问题，这是我在俄罗斯留学五年都没有很好地解决的问题。最后，我的研究方向彻底确定和巩固了——俄罗斯宗教哲学和东正教。

2000年，我的关于东正教研究方面的专著出版了（《当代东正教神学思想》）。2002年，我调入北京师范大学哲学系工作，这时我的专业已经是宗教学了。

2009年冬天，我回哈尔滨参加孙老师70大寿聚会，但是没有来得及和孙老师深聊。后来与孙老师的见面机会很少，但我们见面谈话的内容完全变了。我们谈的最多的是《圣经》。他对《圣经》的了解绝不亚于专业学者。当我读到孙老师关于基督教方面的一些东西时，觉得他是"从内部"研究基督教，而不是像一般的基督教研究者那样，始终处在"外部"。在宗教学研究领域，这个所谓的"参与立场"特别重要。

三

2018年9月18日，非常意外地收到孙老师在微信里发出的加好友邀请。于是，我们就有了微信联系。看了先生的微信，感觉内容很丰富。看到小天鹅（老师的女儿）的孩子都满地跑了，我非常惊讶。在我读硕士期间，天鹅还是个小孩子。先生也慨叹："时光逝水，世故惊涛，多少年过去了啊！"我们相约，找个时间聚一聚。是的，我非常期待一次和孙老师的相聚，想听一听他在宗教研究方面的高见，以及他在精神探索方面的坎坷道路（精神探索方面没有坦途）。

可是，2019年4月5日，在微信里，我收到了孙老师仙逝的消息。我一时不敢相信，经过求证后，才默认了这个事实。

我很晚才知道，孙老师是牧师之子。于是，我开始猜想，孙老师的"童子功夫"里，必然包含了对精神生活的追求，只不过是残酷的现实压抑了孙老师的精神追求，好在孙老师的天赋在其他领域表现出来了。科学哲学，尤其是苏联科学哲学，几乎是当时条件下孙老师能选择的最好的研究领域，这个选择是成功的。但是，在我看来，科学哲学（自然辩证法）仅仅是孙老师学术研究的一个领域而已，这个领域并不能完全涵盖先生的全部精神探索。实际上，孙老师是位百科全书式的学者，具有文艺复兴时代学者的气质。在今天，这样的学者已属罕见。

在苏联时期，科学哲学曾经是最有独创性的领域之一，在今天的俄罗斯哲学界，它也是最活跃的领域之一，依然没有丧失自己的意义。但是，今天的俄罗斯哲学的明显特征就是多元性。在苏联解体后的近30年时间里，俄罗斯哲学发生了巨大变化，哲学已经"回归自身"。哲学家们彻底摆脱了一切外在干扰，尽情地呼吸着哲学研究的自由空气，潜心研究自己喜欢的哲学问题。哲学领域不再有禁区，哲学研究的各个领域都取得了重要的进展。今天的俄罗斯哲学不再为任何意识形态服务，而是恢复了自己的精神探索的功能。俄罗斯哲学的这个精神维度尤其值得我们搞哲学的人关注。

最近十几年，我一直在密切关注当代俄罗斯哲学界的发展动向。其中的一个主要原因是我在当代俄罗斯哲学界有很多朋友，在与他们的交往中，我感受到了当代俄罗斯哲学界发生的巨大变化。我发现了一批具有独创性的哲学家，其中有些人甚至是在苏联时期就开始了自己独立的哲学探索之路。在俄罗斯哲学界出现了很多新的理论、学说和学派，俄罗斯哲学家对西方哲学的研究有其独立的、非常独特的传统，所取得的成就为西方哲学界所认可。传统俄罗斯哲学（主要是宗教哲学）的现代价值已经获得广泛承认，就连马克思主义哲学也实现了"华丽的转身"。为了跟踪和研究当代俄罗斯哲学，我再次争取到一次去俄罗斯进修的机会。2019年9月初，我来到莫斯科，在俄罗斯科学院哲学研究所进修半年。一个全新的俄罗斯哲学展现在我的面前，今天的俄罗斯哲学不同于西方哲学，也不同于东方哲学，更是与苏联哲学不可同日而语。这才是本来意义上的俄罗斯哲学，它令我着迷。献身于这样的哲学研究，是件非常幸福的事。

在与孙老师的接触中，我总能感到他对苏俄文化的热爱，也可以说是迷恋。用中国的俄罗斯文化研究圈子里的一句话说，孙老师有"俄罗斯情结"，而且是很重的"情结"。要认识他的这个"情结"，精神探索的指向是个不可忽视的元素，孙老师的精神世界是极其丰富的。

孙老师的形象在我的心目中发生过转变。在我读研期间，孙老师是个严肃的导师，我们见面只谈学术，他似乎从不开玩笑。但是，后来我发现，孙老师还是很善于交际的，而且酒量很好。有他在的场合，从不会出现冷场，而且，他总是成为大家关注的中心。再后来，年轻学弟学妹们经常提到孙老师俨如慈父般的温柔。孙老师甚至还能歌善舞，兴之所至，也会诗兴大发。孙老师的这些方面都是我不熟悉的，很难说哪一个形象最符合孙老师。只能说它们一起才能构成孙老师的完整形象。

孙老师在精神追求方面，尽管形成文字的东西不多，但是在孙老师的遗产中，应该占有自己的位置。

现在我终于明白了，为什么当孙老师得知我离开苏联科学哲学领域，转入俄罗斯哲学领域后，他的反应那么自然、冷静，甚至当他得知我研究东正教时，干脆和我聊起了圣经。其实，这一切都没有超出孙老师的学术视野。

所以，作为孙老师的弟子，我们不但要整理和推广先生在科学哲学领域所取得的成就，而且还要继续先生在精神道路上的追求和探索。在我看来，这是先生遗产中最重要的部分。

孙老师把我带到了俄罗斯研究这个领域，我一直没有离开，也不会离开。

感谢孙老师！

孙老师千古！

2019 年 10 月 22 日，于莫斯科

循着跋涉的理性　继续理性的跋涉

万长松

（江南大学马克思主义学院；哈尔滨师范大学 1991 级）

　　先生把"苏联自然科学哲学"或曰"俄罗斯科学技术哲学"作为自己学术生涯的重要研究方向并在此方向下著书立说、杏坛育英不是偶然的，这和先生的人生经历和学术背景密切相关。先生这一代人出生于倭寇入侵、内忧外患之旧中国，成长于朝气蓬勃、蒸蒸日上之新中国，对待与祖国接壤的这个世界上第一个社会主义国家、伟大导师列宁的故乡——苏联抱有及其复杂的感情，正像先生在"自序"中写的"先是爱，接着由爱转恨，后来又由恨转为惊……"[①] 总之，每当看到这个国家甚至想起这个国家，先生总是要百感交集、难以释怀。20 世纪 50 年代，风华正茂的先生考入中国人民大学哲学系，学习的是苏联专家讲授的原版的科学和哲学，尽管敏学好问的先生对当时烦琐的苏联主流哲学充满了厌恶，但他还是在凯德洛夫等人的著作中找到了一丝智慧的霞光。苏联自然科学哲学既不同于西方科学哲学，又不与烦琐僵化、鹦鹉学舌式的主流哲学同流合污的研究内容和治学态度，给先生留下了深刻印象。以至于当"科学的春天"来临、先生的才智得以自由挥洒之时，就下定决心把苏联自然科学哲学这一"冷"学问作为自己耕耘收获的学术田地并一如既往地坚持四十余载。

　　与先生不同，出生于珍宝岛枪声、成长于"备战备荒"氛围中的我，从

---

① 孙慕天：《自序》，《跋涉的理性》，科学出版社 2006 年版。

小就对那个仅一江之隔的"苏修""北极熊"充满了恐惧和神秘感，直到升入初中学习俄语后才对这个陌生的邻国有了初步的了解。1987年，我被保送到哈尔滨师范大学生物系学习，除了巴甫洛夫生理学和奥巴林生命起源理论以外，对苏联的了解就是中央大街上越来越多的俄罗斯人和戈尔巴乔夫的风云变幻。直到拜师于先生门下，在先生的导引下我才对《哲学笔记》《唯物主义和经验批判主义》等经典著作有了深刻的理解。而当先生把我的硕士论文题目定为《后苏联科学技术哲学问题研究》时，当我用笨笨磕磕的俄语去翻译《哲学问题》《哲学科学》和《共产党人》等期刊上的那些原文时，我才知道，我这一生就与自然辩证法分不开了，我的硕士、博士学位都是凭借在俄罗斯（苏联）科学技术哲学方向上的研究成果取得的。而这一切，显然都是在承先生之恩露，传先生之薪火。

但开风气不为师

"但开风气不为师"是胡适先生经常借用的龚定庵名句，虽然先生撰文借以阐明自然辩证法的社会责任，但作为新中国，特别是改革开放以后自然辩证法界的一代名师和"才子"，先生却做了许多"开风气"之先的"名山事业"，至少对于苏联自然科学哲学而言，先生开创了若干个先河。

第一，在自然辩证法学科中首创"苏联自然科学哲学"之研究方向并在此方向上培养硕士生、博士生十余人，在国内创建了第一个研究苏联自然科学哲学的学术共同体。

先生是从1978年开始系统研究苏联自然科学哲学的，开始只是做一些译介工作，介绍了苏联学者尤莉娜对波普尔的评价文章[①]。1980年，在《苏联近年来自然科学哲学问题研究的一些情况》一文中，先生在国内首次介绍了20世纪60年代末到70年代初这一阶段苏联自然科学哲学研究的动向。之后，先生又撰写了《苏联自然科学哲学著作出版情况》[②]《苏联自然科学哲学问题

---

① 孙慕天：《苏联哲学家对卡·波普尔的不同认识》，《自然辩证法学习通讯》1981年第2期。
② 孙慕天：《苏联自然科学哲学著作出版情况》，《自然辩证法报》1985年第12期。

研究动向》①《苏联自然科学哲学研究的历史和现状》②等一系列介绍和评价苏联自然科学哲学研究成就的文章。先生把苏联自然科学哲学70年来的发展划分为三个时期：摸索时期（20年代—50年代中）、调整时期（50年代中—60年代中）、转折时期（60年代中—80年代）；详尽介绍了三次全苏自然科学哲学会议（1958、1970、1981）的内容和主题变化，即从某些具体自然科学观点的哲学解释，转向科学认识论和科学逻辑方法论，再转向对自然和人在自然界中的位置进行探索和思考。苏联自然科学哲学注意力的转移再次表明科学哲学问题是哲学家和自然科学家共同的事业。决不能把哲学的推论强加于这种或那种具体的科学问题，但是，唯物辩证法对解决各门科学的基本问题却做出了自己的贡献，它在现代科学认识中履行着重要的启发性功能。此外，先生还把苏联自然科学哲学的研究特点归纳为联盟性、党派性、时代性和组织性，这为我们研究和理解苏联自然科学哲学提供了指南。在具体问题上，先生率先介绍了苏联学者对"前提性知识"或曰"科学研究的规范和理想"（норм и идеал）所做的别开生面的研究，认为前提性知识是经验和理论之外的"第三种知识"，包括基础部分和基准部分。而后者又包括作为本体论原则的世界图景和作为认识论原则的思维方式③。此外，苏联学者关于物质的进化和层次结构理论、关于科学发展动力学的内外史综合论、关于科学解释中的理解问题等成果都是先生最早引介到国内的，这些成果已经成为国内学者研究西方科学哲学的重要参照系。直到2005年，先生还在撰文呼吁国内自然辩证法界加强对苏联自然科学哲学的研究，"殷鉴不远，就在苏联之世，不接受苏联的思想教训就会重蹈覆辙；苏联人已经成功完成的东西理应继承和发展，不应装作不曾存在而去做无谓的重复工作"④。而且，先生的铮铮警告也得到了国内学界有识之士的回应，认为"苏联的自然科学哲学问题研究成果是中国自然辩证法的又一源泉"，列宁的《唯物主义和经验批判主

---

① 孙慕天：《苏联自然科学哲学研究动向》，《自然辩证法研究》1985年第3期。
② 孙慕天：《苏联自然科学哲学研究的历史和现状》，《北方论丛》1987年第6期。
③ 孙慕天：《第三种知识论纲》，《自然辩证法通讯》1996年第1期。
④ 孙慕天：《论苏联自然科学哲学的历史地位》，《自然辩证法研究》2005年第4期。

义》等著作哺育了一代又一代中国自然辩证法学者①。

20世纪80年代以来,在龚育之的大力支持下,苏联自然科学哲学研究的建制化工作也取得了显著成就。先生先后主持召开了两届(1984、1987)"全国苏联(俄罗斯)自然科学哲学学术研讨会",主编出版了第一批《苏联自然科学哲学丛书(1989—1990)》。1987年,先生在哈尔滨师范大学创立了全国第一家"苏联科技哲学与社会研究所"(现为"远东科技与社会发展研究所"),编辑出版了《苏联自然科学哲学研究动态》学术期刊。1991年开始招收这一方向的硕士研究生,如今,孙玉忠、万长松、白夜昕、王彦君等昔日的研究生已经成长为我国新一代研究苏联(俄罗斯)自然科学哲学的中青年学者。2016年11月,"全国俄罗斯科学技术哲学学术研讨会"在浙江大学召开。为了进一步推动俄(苏)科学技术哲学发展,会议决定编撰《俄罗斯科学技术哲学文库》(科学出版社出版)和《俄罗斯科学技术哲学译丛》(浙江大学出版社出版)两个文库,77岁高龄的先生不仅亲自出任这两个文库的主编,而且分别为这两个文库撰写了《总序》。他高度评价了近年来俄(苏)科学技术哲学研究取得的成果:

> 从新中国成立开始的中国俄(苏)科学技术哲学研究,已经走过了半个多世纪的历程。21世纪以来,在俄(苏)科学技术哲学研究领域,新一代人已经成长起来,他们无论在目标上,在学识上,还是在眼界上,都有了更高的起点,已经开始回答我在上面所提出的那些新的学术问题。近些年来,他们从新的角度,采用新的方法,特别是通过与俄罗斯学者的直接对话和交流,全面推进了这项研究,成果斐然。值得注意的是,他们的研究几乎是与新世纪俄罗斯科学技术哲学的发展同步的。②

2018年11月,先生出席了在浙江大学举办的第二次"全国俄罗斯科学技术哲学学术研讨会",这也是先生出席的最后一次学术会议。79岁高龄的先生在论文《新时代的历史回声——新俄罗斯哲学与科学哲学一瞥》中揭示了转型后新俄罗斯在对待俄(苏)哲学和科学哲学遗产的态度的分化,分析

---

① 徐炎章:《自然辩证法史:学科建设的基石》,《自然辩证法研究》2009年第10期。
② 孙慕天:《总序》,万长松《歧路中的探求——当代俄罗斯科学技术哲学研究》,科学出版社2017年版。

了三种正面的进路,即"继承发展式""选择利用式"和"反思修正式"。并且表示,他撰写的《跋涉的理性》姊妹篇——《迷思后的清醒》已经杀青,该书也是《俄罗斯科学技术哲学文库》的重要组成部分。这篇论文和这本书是先生为俄(苏)科学技术哲学研究挤出的最后的乳汁。回顾历史,展望未来,先生因其远见卓识、艰苦创业、扎实工作、百折不挠的精神,特别是凭借一批极具分量的论著已经成为这一领域的奠基人和学术泰斗,标榜中国自然辩证法史册。

第二,首先阐发了 20 世纪 60 年代中叶以来苏联自然科学哲学研究重心由本体论向认识论和科学逻辑转移这一重大变化,系统论述了科学哲学在苏联兴起的原因、表现、意义和对我们的启示。

正如这个学科名称所表现的那样,"自然科学哲学"本意是研究自然科学中的哲学问题。比如,1958 年 11 月召开的全苏第一届自然科学哲学会议的中心议题就是"提高自然科学的理论水准,促进加速解决那些最重要的科学问题"。当时苏联学者们注意力主要集中于物理学、化学、生物学等学科中的哲学问题上。然而,从 60 年代中叶开始,苏联自然科学哲学发生了重大的转折,①随着科学哲学在苏联悄然兴起,科学认识论、科学逻辑和科学方法论的研究开始成为研究的重点。②这一转折,既是苏联社会自上而下对世界范围内方兴未艾的新技术革命浪潮下东西方差距感到震惊和反思的结果,也是苏联哲学界企图挣脱意识形态对自由科学思想束缚的长期努力的结果。在内外双重力量的推动下,对现代科学认识,特别是科学理论知识进行逻辑—认识论分析已经是哲学面临的迫切任务了。这次研究中心的转移,不仅打破了自然本体论的垄断地位,而且形成了苏联科学哲学的几个研究传统:一是以凯德洛夫为代表的科学史—哲学方向;二是以科普宁为代表的科学逻辑—方法论方向;三是以斯焦宾为代表的科学知识结构—发生学方法论方向,亦称"明斯克学派"。上述研究标志着当代科学哲学的苏联学派已经形成了。苏联学者讨论的问题不仅涵盖了当时西方科学哲学讨论的所有论题,而且在深度上和广度上有所突破。可以说,"科学哲学在苏联的兴起和科学哲学在西方的革命

---

① 孙慕天:《苏联自然科学哲学研究的新转折》,《自然辩证法报》1987 年第 12 期。
② 孙慕天:《开拓认识论研究的新领域》,《北方论丛》1989 年第 5 期。

性转型，是20世纪中叶世界哲学史突起的双峰"①。

此外，先生还从唯物史观出发，指出科学哲学在苏联的兴起不仅具有重大的政治史意义，而且具有深刻的思想史意义。这次研究重心的转移首先是一场重新认识自然科学哲学（包括马克思主义哲学）的本质和功能的思想解放运动，而在马克思主义诞生以后，至少在苏联还没有过如此大规模、社会性的集体理论反思。传统的官方意识形态提倡一种"无人的哲学"，试图建立君临具体认识之上的"科学宪法"；而如今，哲学被从"科学之王"的宝座上推了下来，对科学只是起到规范和调节的作用。其次，也更为重要和超前的是，有一些学者已经开始认识到自然科学哲学的人文化转向。旧的自然科学哲学完全抹杀了社会的人和文化的人在科学认识中的作用，这是对实践唯物主义的曲解；而如今，新的自然科学哲学特别突出了人在科学认识中的主体地位。当然，在自然科学哲学研究中真正贯彻这一路线，实现自然科学哲学的人文化转向，还是80年代中叶以后才发生的。②但是，60年代苏联学者的这种超前性毋庸置疑地表明，苏联自然科学哲学作为哲学的改革派，始终是走在时代前列的。回望历史，对苏联哲学史上这一段创造性的思想大解放不仅当时国内学者一无所知，甚至号称"苏联通"的美国学者格雷厄姆也鲜有提及，而先生所做的开创性工作的价值就在于此。

第三，在国内首倡开展比较哲学特别是比较科学哲学研究，并以科学动力学为例，进行了西方和俄（苏）科学哲学的比较研究。

比较文化研究源远流长，近代特别是现代全球化的进程促进了比较研究的发展。比较哲学是比较文化的一个方面，先生把比较哲学研究归纳为四个方向：哲学主题的比较，哲学思想发生和演变的语境比较，哲学的民族性比较和通过比较揭示思想活动的规律以启示未来。先生开宗明义："应当创立一个新的科学哲学分支——比较科学哲学（Comparative philosophy of science）。"③这是因为和上述一般比较哲学研究相比，科学哲学的比较研究目

---

① 孙慕天：《科学哲学在苏联的兴起》，《自然辩证法通讯》1987年第1期。
② 孙慕天：《科学认识论研究的社会—文化导向——对一种国际性哲学思潮的比较分析》，《北方论丛》1990年第2期。
③ 孙慕天：《比较文化、比较哲学和比较科学哲学》，《自然辩证法研究》2007年第1期。

前仅局限于各流派哲学观点的比较，而在其他三个方向上的比较研究尚未充分展开。先生特别强调：西方科学哲学和马克思主义科学哲学（自然辩证法）的比较研究是一个亟待拓展的领域，而西方科学哲学和俄（苏）科学哲学的比较研究是这一研究的一个重要侧面，更具有特殊的意义[①]。

开展比较科学哲学研究具有鲜明的时代性。其一，和整个文化研究一样，研究科学哲学也必须有全球眼光，不应画地为牢，对不同民族、不同国家、不同社会制度、不同意识形态的研究成果进行综合比较，择其善者而从之。其二，通过和西方科学哲学的比较，有助于我们更深刻地认识科学与哲学的关系，更合理地为哲学的功能定位，从而更准确地认识科学哲学的性质。其三，也是更为重要的是，如何使科学哲学这个具有"伟大过去"的学科在新世纪焕发青春，使中国科学哲学的研究不再是"炒冷饭"，先生古稀之年开拓的比较科学哲学研究，为中国科学哲学的未来发展指出一条明路。

上述三点仅仅是先生在苏联自然科学哲学领域的"开风气"之勋业，尚不包括"世界4""符码拜物教"等其他惊世之作。然如同陈寅恪对王国维的评价一样，"先生之著述，或有时而不章。先生之学说，或有时而可商。惟此独立之精神，自由之思想，历千万祀，与天壤而同久，共三光而永光"。先生曾谦逊地谈到此境界"虽不能至，心向往之"。但在学生看来，先生不仅以此为座右铭，而且身体力行，用自己几十年一以贯之、锲而不舍、特立独行、卓尔不群的研究，践履了一名老自然辩证法工作者"在营造理想的精神气质中，为社会进步开辟道路"[②]的社会责任。

从我之说者即是我的学生

孟子曰："人之患，在好为人师。"先生自弱冠及学，未长而为"人之患"，生徒日众，难免言多有失。但先生自忖从无私心，唯求全而已。至于

[①] 孙慕天：《论科学动力学的两种趋同——西方和俄（苏）科学哲学的一个比较》，《自然辩证法通讯》2007年第3期。

[②] 孙慕天：《但开风气不为师——论自然辩证法的社会责任》，《自然辩证法研究》2003年第12期。

听者是藐藐,还是恨恨,从来在所不计,唯求师心无所憾也。陈寅恪大师感慨道:"从我之说者即是我的学生,否则即不是。"诚然如此,为何钱锺书先生又经常陷入"弟子之青出者背其师,而弟子之墨守者累其师"的两难境地呢?可见,自古以来师徒之间或遵或违就是一个难题。然而,与陈公的孤傲和钱公的苛刻相比,先生显然在这个问题上要豁达得多,先生在给我的信中写道:"其实师也罢,徒也罢,唯服膺真理而已矣,而真理又是靠历史才得彰显的。此意日久自明。"当年读先生上述诤言时未及而立,不甚了了;如今已过"知天命"且做"人之患"亦二十五载,愈发感慨先生所言极是。如今我亦已著书立说,招纳门徒,然每每翻阅先生之大作、新作,仍自叹弗如!今生虽不能做到"青出"而光耀师门,倒也全无"背师"之嫌隙,力求在追随先生的过程中尽量推陈出新而少"累师""辱师"罢了。

我从先生之说纯属偶然。1990年11月初的一个下午,我独自走在大礼堂通往旧主楼的甬道上。当时的心情就像那天的天气一样,阴冷、晦暗,刚刚得知准备报考的生物系"遗传学"专业不招收俄语考生时,我的情绪低落到了极点。一个高大的身影挡住了我的去路,是教生物系本科生"自然辩证法"选修课的老师,也是高我十届的生物系董国安学长(董老师因患不治之症早于先生三个月辞世)。详细了解我的情况后,他积极地向我推荐"科学技术哲学"专业,也就在那天,我第一次得闻先生的鼎鼎大名。难忘那些个滴水成冰的冬夜,同寝室的同学都已放寒假回家,收音机里传出了海湾战争爆发的消息。我蜷缩在被窝里,机械地背诵着《自然辩证法》"导言"。功夫不负有心人,我最终以优异的成绩(只记得"遗传学"得了93分)考进了马列教研部,成为哈师大获得科学技术哲学硕士学位授予权后招收的第一个研究生。

难忘师生朝夕相处的三年时光。在文史楼一楼那个略显昏暗的教室里,尽管只有我和闫喜凤两个研究生,但先生还是上满了每一个课时,每当下课时,我们都要擦去写满黑板的板书。自然辩证法原理、科学认识论、西方科学哲学、苏联自然科学哲学、语言哲学引论……几乎每一门学位课乃至一些选修课都是由先生亲力亲为。直到今天我自己也做了研究生导师,才体会到当年先生的付出与坚持是多么伟大和难能可贵。就像鲁迅回忆藤野先生一样,每当我想偷懒、敷衍,想投机取巧甚至沽名钓誉时,眼前总是浮现出当年先生走在主干道上那急匆匆的身影和飘在风中花白的头发,耳畔总是响起先生讲述康德"头上的星空和心中的道德律"时激动的声音。先生是才子,但他从不抱怨怀才不遇。在共和国最阴暗的岁月里,先生拿着微薄的工资、住着简陋的筒子楼,一边生火做饭照顾孩子,一边背着德语单词。先生天资聪慧、出口成章,但先生的才华更是来自后天的勤奋,通晓英、俄、德、日几门外语在当代学人中已不多见。先生是大才子,但先生从不恃才自傲、目空一切,与之相反,在先生身上经常会找到慈母般的柔情和孩童样的天真。先生很豪爽、真性情,但先生从不粗俗、更不媚俗,先生的穿着谈吐总是大方得体,既不落伍也不赶潮。先生很高雅,似阳春白雪、幽谷空兰,但先生从不故作清高、故弄玄虚、佯做不食人间烟火,先生兴起之时的豪饮始终让我难望项背。先生是良师更是益友,先生的学识、人品、风骨直至举手投足早已似涓涓细流,淌入了学生的血脉,化作了学生的做派。

2000年11月,我以头名成绩通过了东北大学科技哲学专业博士研究生初试。复试时,当陈凡老师得知我的硕士导师是孙先生时,几乎毫不犹豫地就录取了我,而且把唯一一个公费的指标给了我,这让我第一次感受到出身名门的荣耀。我的博士学位论文是《俄罗斯技术哲学的历史演变和逻辑分析》,这是国内第一篇以"俄(苏)技术哲学"为主题词的学位论文。凭借硕士论文的研究基础和在先生那里的严格训练,我不仅顺利地通过了答辩,而且被评为东北大学当年唯一一篇文科优秀博士论文,并且论文收入"东北大学技术哲学博士文库"正式出版[1]。2005年1月,我来到了梦寐已久的清华园做博士后。有一次曾国屏老师向他的博士后、博士生、硕士生推荐先生的《保卫实在》[2]一文,一向眼光颇高的他评价道:此文作者和此文用词都"很重"!当时那种自豪之情今天都难以按捺。尽管最后我是以产业哲学为方向完成了出站报告[3],但获得第39批中国博士后科学基金资助的题目却是《中—俄技术哲学比较研究》,无疑,这又是"从先生之说"顺理成章的产物。过

---

[1] 万长松:《俄罗斯技术哲学研究》,东北大学出版社2004年版。
[2] 孙慕天:《保卫实在》,《自然辩证法研究》2002年第12期。
[3] 万长松:《产业哲学引论》,东北大学出版社2008年版。

去人们常说"我的朋友胡适之",但有一件小事也能说明先生的朋友遍天下。2008年12月,我到石家庄参加晋升正高职答辩,一个现在我也不知道名讳的评委看过我的材料后问:"你知道孙慕天吗?"虽然表面上我故作平静:"当然知道,他是我的导师。"但在心里,惊叹、感激、自豪、惭愧、思念之情早已五味杂陈。

不狂不痴,不能成事

太公曰:"知与众同者,非人师也。大知似狂。不痴不狂,其名不彰;不狂不痴,不能成事。"先生认为,痴狂对举,将其视之为成功的条件,是古今至理[①]。回望先生半个世纪的治学之路,可谓著作等身、功成名就。然痴而不迂,狂而不妄,既是先生成功之秘诀,也是先生传道之精髓。在我看来,所谓痴,就是对自己所从事职业、专业的专一、执着甚至痴迷,追求卓越、精益求精,虽历经千回百转、功名利禄,始终保持一份淡泊宁静和拳拳赤子之心;所谓狂,就是一种建立在理智、严谨、充分占有真理或对事物的深刻认知基础上的自信心,就是与人云亦云、随波逐流格格不入,言人之所不能言、不敢言的创新精神。在先生门下时有两件小事可以佐证。

我是自有硕士学位授予权后点上招的第一个研究生。既然是大弟子,先生对我极其"厚爱",在为人处世和学做人方面没少让先生费心,有些"佳话"至今仍在师弟师妹中流传(想想当时对先生还有些"恨恨",真是少不更事啊!)。当然,在学业上我还是不敢马虎的,课下做的读书笔记几十篇,先生生前都精心保存着。由于我要用到大量的原文资料,少不得把自己译的东西拿给先生看,每次先生都认真批改并加以批注。当然,笑话是免不了的。比如,把"пойти навстречу кему-чему"翻译成"走在前列",其实是"面向"的意思,诸如此类不是一处二处,而是比比皆是。先生告诉我:"学外语,要抠住每一个词,一词之误,意思常常会完全颠倒。"想想当时若不是先生严格把关,我难免也会把"蒋介石"译成"常凯申"而留下世人笑

---

① 孙慕天:《不狂不痴,不能成事》,《孤鹜落霞》,高等教育出版社2009年版。

柄。先生进而批道:"译者三事:信、达、雅。这当然是翻译的最高美学境界,但我以为也是做人的境界。信者诚也,为人应诚实正直;达者,通达直朴,光风霁月,为人应有潇洒豪迈的气魄;雅者,优美高洁,要使人生成为最有美学意蕴的艺术品。古人云'道德文章',没有崇高的人生境界,就没有具有历史意义的创作。即使是优秀的译文,也间接传达出人生的消息。"先生最后嘱曰:"人生之路,漫长修远,自珍自重,好自为之。"

还有一次是毕业论文即将付梓之时,我自认为修成正果、踌躇满志,然先生在论文的修改意见中写道:"……上述这些问题显然表明作者已经力不从心,功力不逮。看来,要独立驾驭这样的宏大课题,一步到位,拿出合格成品还要经过艰苦努力。切不可自以为是,觉得元气已足、臻于化境,因而自误。"面对即将走上工作岗位的我,先生嘱曰:"人生面临的诱惑太多,永恒的东西往往会在日常的欲望面前被短视者所抛弃,而懊悔则是在遥远的生命的秋天。春华秋实,这是一切生命的真谛,这个简单的事实却最易忘记。"先生最后告诫:"语言难以尽意,理想其实是行动。"

而今,先生已经驾鹤西游,然高山仰止,音容宛在。没有恩师的引导,我不可能走上自然辩证法研究的学术之路;没有恩师的指导,我不可能在俄(苏)科学技术哲学研究领域耕耘收获;没有恩师的训导,我不可能以诚惶诚恐、如履薄冰的心态去面对学术研究;没有恩师的劝导,我不可能去除心浮气躁、顾盼左右,以平和、平静的处世态度面对物欲横流的社会大潮。君子有所为有所不为,君子以自强不息,咬定青山不放松,任尔东西南北风。先生超然、洒脱、豪放、飘逸的人格魅力是弟子终生解读不完的大书。

"基础性"知识
——孙慕天先生哲学思想对社会研究的启示

刘 军

(西安交通大学社会学系；哈尔滨师范大学1992级)

2019年清明节凌晨，哈尔滨师范大学孙慕天教授突发心疾，溘然长逝，令笔者悲痛不已。孙先生是一位学术精湛的科学哲学家，他才华横溢，精通多种外语，在科学哲学、哲学基础领域都有创造性成果。孙老师教学认真，爱生如子，桃李满天下。他特立独行、愤世嫉俗，为后学树立了"求真务实"的榜样。笔者有幸曾经师从孙先生攻读科技哲学硕士学位，亲身受教，受益终生。笔者工作后虽然从事社会学研究，但是未忘先师教导的"批判精神"和思辨理性。在先师的感召下，随着"后天"阅历和学力的加深，"先天"笨拙的笔者近几年才终于悟到国内外"前沿"的社会网及关系研究（乃至实证研究、社会科学研究）的"肤浅"之处，而这离不开笔者对包括先师所著《新整体论》在内的哲学著述的研习。在笔者看来，《新整体论》不应仅限于哲学"圈子"，更应普及开来，因为其中的思想完全可以对社会科学起到方法论引领作用，尽管"专家"已经无暇顾及哲学著作了。

孙慕天教授的学术思想丰富精深，其"潜蕴性联系"等思想为社会科学带来了挑战和启示。鉴于他著述宏丰，本人结合他的"新整体论"以及其他论著，完成了近两万余字的研习报告。限于篇幅，本文仅结合他的几篇学术论文，辨析国内外当下"前沿""主流""流行"的社会研究（乃至一般社会科学研究）中的问题，研讨先师的"边缘"思想向"主流"社会科学研究提出什么挑战，带来何种启示。这些批判性文字不单是为了纪念先师，更旨在传承其精神和思想。批判性文字会得到"少量"同情，更能招致"大量"批判。不过，"批判本身"未必畏惧批判，因为"有死"且"必死"的"向死而生之人"如果"求真悟道"，就无惧批判！笔者只希望死后向恩师报到时，不至因自己思想肤浅而受到恩师的批判。当然，作为哲学家的先师不会批判笔者，因为他断然不会用"均值人"标准要求作为"个体性"的"我本人"独有的"特殊性"，尽管我也有"均值性"。思虑及此，我心释然，因为"我个人"也追随恩师，在求"真"之途。限于篇幅，下面仅探讨他的另外几个思想及其意义。显然，所有这些探究都远不足以囊括他的全部思想。

"第三种知识"及其启示

哲学家思考的都是"思想性""基础性"问题，不同于多数社会科学家所关注的"理论性""经验性"问题。如果说"潜蕴性联系"具有基础意义的话，那么在思考"知识类型"问题时，也要思考其"基础"。孙慕天教授基于对科学哲学的钻研和自己多年的思考，提出了基础性的"第三种知识"[1]，即不同于经验和理论的前提性知识形态，它包括世界图景、科学基准和思维方式三个维度。[2] 这种知识可以上溯到康德对介于范畴和现象之间的"先验图示"的论述，但是在现代科学哲学中有更多阐释。这种前提性、基础性的知识形态在很多方面都与经验和理论迥然不同，而经验—理论二分法的知识类型论，早已被打破。

"第三种知识"思想有很多启发意义。例如在法学领域，黄宗智固然反对西方化—本土化、理论—经验、国家—社会等各种对立，并力图从中国实践出发，建立符合中国实际的概念或理论（如提出了内卷化、非正规经济、非正式基层行政、法庭调解制度、第三域、规范认识危机等概念或思想）[3]，

---

[1] 孙慕天：《第三种知识论纲》，《自然辩证法通讯》1996年第1期。
[2] 孙慕天：《论思维方式的涵义和结构》，《北方论丛》1994年第5期。
[3] 黄宗智：《经验与理论：中国社会、经济与法律的实践历史研究》，中国人民大学出版社2007年版。

但是他不会关注"第三种知识"这个更深的哲学问题。如果借鉴这个哲学思想，或许可以更好地回答或破解"二元对立"问题。例如，除了考虑经济、政治等"现实"因素之外，或许还可以从中国人的"思维方式"（比如中国人的和合观、整体观等）"世界图景"等"第三种知识"角度分析"内卷化""过密化""非正式基层行政"等概念。又如，在社会网与关系研究领域，很多学者仍然局限在"理论与经验"的二分架构内研究"关系"[1]，看不到理论与经验的"关系"，毋宁说这样的"关系"研究远离了"现实的真正的关系"。如果借鉴中国人的思维方式、世界观，或许可以更深入地探讨本土的关系现象[2][3]。在政治学领域也如此，很多著述的书名或篇名即表明了作者在早已被打破的二分架构中研究[4]。总之，如果关注"世界图景"等第三类知识，社会科学中的很多问题可以得到更深入的探讨。

"就个人来说，每个人都是他那时代的产儿。哲学也是这样，它是被把握在思想中的它的时代。"[5] 随着时间推移，孙慕天教授不断用其哲学来把握当下中国这个剧烈转型的"新时代"。例如，卡尔·波普尔曾提出三个世界的理论，即世界1（客观物理世界）、世界2（主观意识世界）、世界3（客观知识世界，即无认识者的知识世界）。伴随虚拟时代的到来，一个相对独立存在的符码化世界已经生成，这就是孙慕天教授继"第三种知识"后提出的"世界4"概念[6]。"世界4"不是物理实体、主观意识，也不同于"世界3"。它是表征性的而不是反映性的，是二阶的符码。"世界4"是继原生自然、人工自然之后的第三自然，即虚拟自然，它所创造的虚拟主体是自然主体、身份主体和契约主体之后的第四主体。

孙慕天教授直面虚拟世界的普遍"异化"，批判了符码拜物教，并认为文明的进步将消除符码拜物教。他指出，"符码独立于它的创造者，成了当

---

[1] 边燕杰：《关系社会学：理论与研究》，社会科学文献出版社2011年版。
[2] 翟学伟：《人情、面子与权力：情理社会中的社会交换方式》，《人情、面子与权力的再生产》，北京大学出版社2005版，第162—178页。
[3] 翟学伟：《关系与谋略：中国人的日常计谋》，《社会学研究》2014年第1期。
[4] 李强彬：《协商民主：理论与经验》，社会科学文献出版社2018年版。
[5] ［德］黑格尔：《法哲学原理》，范扬、张企泰译，商务印书馆1979年版，第12页。
[6] 孙慕天：《论世界4》，《自然辩证法通讯》2000年第2期。

今社会的一种强大的现实力量。在一些人那里，符码不仅是权力、财富、身份、地位的象征，而且是获取这些东西的手段，甚至就是这些东西本身。人的智慧、能力、素质、学识似乎都退居次要地位，一个人只要贴上名牌符码的标签，顿时身份陡涨，于是以符码取人成了时尚……名声累人，名声害人，有人正是由于名声而成为'追星族'和媒体追逐的对象以致丧生，这就是'符码致残'或'符码致命'现象"①。显然，对于认真对待生活，努力摆脱"符号拜物教"及其蕴含的消灭个性自由的虚无主义的读者来说，这样振聋发聩的思想有其深刻的教化和启示意义。作为"哲人"的他有这种"悲天悯人"的关怀，因而注定会引起"共鸣"，因为这种关怀是接地气的。

很多学者以为哲学是抽象的、不接地气的，不能把握时代。实际上，孙慕天教授发出的这种真哲学思想对"世界"的把握是接地气的。在笔者看来，接地气的研究因关注"普遍"而既是"当代的"，又是永恒的、"超时代"的。相反，相当多"本应"接地气的社会科学研究恰恰是抽象的、不接地气的研究，长此下去，它会像半个世纪以来的西方科学哲学那样走入思辨的死胡同。②

实在与建构

"实在论"与"建构论"一直是近代哲学的一对概念。后来，科学哲学、社会科学哲学也一直就对象的"实在性"和"建构性"进行论辩。近半个世纪以来，很多后现代学者走向极端，否认"对象"的实在性，科学实在论在节节退却，与此同时，很多学者也提出各种思想"保卫实在"。孙慕天教授指出，客观存在是自然辩证法的认识论基础，后现代哲学和后现代科学哲学否定客观实在的观点引起了持唯物主义立场的科学家的愤怒，也促使一些科学哲学家重新思考实在在认识论上的基础地位。③孙慕天教授主张，我们不能否认科学认识的基础是实在，否则必将导致一个严重后果，即以主观文化

---

① 孙慕天:《论世界4》，第90—91页。
② 孙慕天:《边缘上的求索》，黑龙江教育出版社2009年版，第61页。
③ 孙慕天:《保卫实在》,《自然辩证法研究》2002年第12期，第4页。

取向取代科学的独立地位。因此，是否承认科学认识的基础是客观实在，这里有深刻的学理和社会问题需要探讨，它不仅仅是一个意识形态问题，因为后现代哲学文化对实在的消解，归根结底是当代西方社会结构离散性的一种反映。

孙慕天教授对实在论和反实在论各种观点的辨析和论述也对当代社会科学研究有重要启发。当代社会科学方法论在"结构与能动""主观与客观""事实与价值""个体与集体"等领域的复杂争论直接或间接地关乎"实在论和反实在论"的争辩。在胡塞尔的现象学中，"建构"指意识的特殊能力，是能动地在自身、从自身和为自身而重构世界。建构分为对象的形式建构、自然界的物质建构和个人精神世界的建构。按照许茨的现象学社会学，实在具有多重性，生活世界构成最高的实在，常人对作为最高实在的生活世界已经进行了建构，即一级建构，社会研究者所构想的"问卷""访谈提纲"等本身是对常人的一级建构的建构，即二级建构，调查所得的均值之类的结果可谓三级建构。① 建构层次越高，越远离生活世界。

随着监控社会和大数据时代的到来，社会科学（至少社会学）研究恰恰越来越忘记了"低级建构"，超越它直接进入了"高级建构"。建构层次越高，似乎越接近"真相"，实际恰恰相反。正如黑格尔所说，"古代人的研究方式与近代的研究很不相同，古代人的研究是真正的自然意识的教养和形成。古代的研究者通过对他的生活的每一细节都做详尽的考察，对呈现于其面前的一切事物都做哲学的思考，才给自己创造出来一种渗透于事物之中的普遍性。但现代人则不同，他能找到现成的抽象形式；他掌握和吸取这种形式，可以说只是不假中介地将内在的东西外化出来并隔离地将普遍的东西（共相）制造出来，而不是从具体事务中和现实存在的形形色色之中把内在和普遍的东西产生出来"②。

无论如何，在社会科学研究中，结构主义日益占据主导，"过度社会化"倾向严重，越来越无视"人"的建构（特别是精神建构）"能力"，本应"自

---

① ［德］许茨：《社会实在问题》，霍桂桓、索昕译，华夏出版社 2001 年版，第 21 页。
② ［德］黑格尔：《精神现象学》（上卷），贺麟、王玖兴译，商务印书馆 1997 年版，第 21—22 页。

由"的个体在结构主义中变成了傀儡,人的"建构"能力、"能动性"被压制在"结构"之中。在"结构主义"研究中,所用的大量概念、理论、方法、模型等都可谓是"现成的抽象形式",由此制造出来的"共相"是更高级的建构,因而更不接地气,其研究"成果"既不"实在",也无"切身"意义,因而更多只是"抽象的建构"罢了。

  在笔者看来,科学实在论与反实在论之间的各种争论局限在"科学认识论"维度,并不关乎本体论,即存在论问题。按照黑格尔的思想,从"概念""精神""大全"角度讲,"思维和存在是同一的"(他所说的"存在"并不是什么外在于人的意识的"客观存在",而是"有""是""本体"等没有任何规定的"纯存在",是哲学的开端),这一点完全破解了形式与质料、现象与本质、主观与客观等各种二元论,因而可以消解科学认识论中的这种争论。当然,"存在论"问题已经不限于"科学哲学",而更是一切研究的开端了。另外,海德格尔所关注的"存在",即"存在的意义"问题更是直面生活世界,因而要比科学哲学中的"理论和经验论辩"更加贴近"常人"的生活,能引起常人的"共鸣",毕竟"常人"完全可以不关心什么"科学实在论",但是不能不关心自己的"生活"。对于这一点,笔者可谓深有体会。笔者在本科阶段学习数学,硕士阶段学习科学哲学,毕业多年之后却突然发现,这些"知识"固然帮助我"安身",但是根本无助于我"立命",并没有让笔者过上"好日子"。经过痛苦的反思和阅历,笔者终于惊讶地发现:大学里教授的多数只是助人"生存"的"知识"(多数甚至是根本无用的知识),而并不是助益"生活"的"智慧","知识"无助于人的良善和美德。笔者经历可谓痛苦的折磨和思考,终于领悟到先师早就教授给我的智慧之学,可谓"朝闻道夕死可矣"。

  当然,生活是复杂的,生活中的事情(特别是悲剧)未必由单个人可以左右。换言之,单个人未必完全为自己的悲剧负责,但是他必须承担起因自己的"无知""无智慧"而带来的代价。但是,考虑到当代社会、学校甚至家庭已经极端"功利化""世俗化",已经在大大地影响着"个人",就此而言,单个人也不应该完全承担"代价"。因此,如何教化人的心灵,陶冶情志,这是迫切需要家庭、社会甚至国家深究并践行的重大教育课题。这样的课题超越了"实在和建构"之类的"理论争辩",或许更有"实践价值"。甚至可以认为,关注"智慧""美好生活"的思辨哲学对"建构"的论述要比"科学哲学"中的相关论述更接地气。

基础与主导

作为科学哲学家的孙慕天教授对"流行的偏见"极度反感。他说:"浮躁的学风令某些趋时者把自己的无知当成蔑视世界哲学真正原创性成果的权利,反把所炮制的哲学快餐四处兜售。我觉得不对这种风气说'不',是违背自己学术良心的。"① 十年后的今天,我们无奈地看到,随着学术体制的日益僵化,学者越来越不能沉静下来思考问题,浮躁的学风更加严峻。互联网带来信息拥挤和碎片化,各门学科都出现更加"丰富多彩"的学术快餐,真知灼见日益少见。有"学术良心"的孙慕天先生早已预料到这些,他孤独地以一己之力,用其本人的"原创性""基础性"研究成果抗衡着这个虚无的时代,因为他认为"基础性、原创性"研究才更有传承"价值"和意义。应该说,前文论述的《新整体论》"第三种知识"和"保卫实在"等著述都有"原创性"和"基础性",不过,除了《新整体论》之外,它们大都局限在特定"问题域"对"研究对象"进行论述,还没有超出"对象",就作为"概念""范畴"的"基础"等"概念"进行论述。因此,孙慕天教授经历"长久苦思",终于"颇为自信地"提炼出一对新的范畴:基础与主导②③。

他指出,西方哲学史上的辩证法思想属于结构辩证法传统,中国古代的辩证法却发展出独特的功能辩证法思想,其突出成就是认识到阴—阳对立面功能的不对称性。他基于社会历史和生活实践,提出基础—主导这对辩证法范畴,他用熊十力的"翕辟生变"说来论证功能辩证法中的基础和主导范畴:翕是变化的根基,其性质是消极退守的;辟是变化的活力,其性质是积极进取的。在翕与辟的关系中,翕是变化的根基,辟则是变化的主宰。推而

---

① 孙慕天:《自序》,《边缘上的求索》,黑龙江教育出版社2009年版,第3页。
② 孙慕天:《自序》,《边缘上的求索》,黑龙江教育出版社2009年版,第3—4页。
③ 孙慕天:《论基础和主导的范畴》,《自然辩证法研究》,2004年第11期。

广之,"在物质世界和社会生活中,不仅农业和工业是基础和主导的关系,举凡物质和精神、身体和心灵、经济和政治、群众和领导、经验和理论、生产工具和劳动者、硬件和软件、物质生产和科学技术、科学文化和人文文化等等,都是基础和主导的关系。基础和主导的范畴具有普遍的本体论意义和认识论意义,是我们认识对象关系的重要思想武器"[1]。

基础保证了系统的稳定性,但相对于主导而言,则是自在的、消极的、惰性的。相对于基础而言,主导是自我规定的,它不断突破原有界限,是积极的、能动的。基础决定了矛盾系统的存在,也是矛盾另一方——主导一方存在的先决条件。没有物质就没有精神,没有经济就没有政治,没有农业就没有工业……而逆命题却不成立。但是,不能把基础和主导在矛盾关系上的功能不对称性,理解为地位上的不平衡性,即强分主次[2]。在同一个矛盾系统中,矛盾双方所具有的基础的功能和主导的功能不能互换,否则可能带来灾难。

基础—主导这对辩证范畴具有重要的启示意义。例如,对于"一般个人"来说,"经济"可能是基础,"精神"可能是主导;但是,对于"特殊个人"来说,情况可能反过来,即"拜金思想"主导着他,使之迷失了方向。对于"一般家庭"来说,"经济条件"一般是"基础",良好的"家训"是主导。但是对于特定的家庭来说,夫妇双方可能不懂这个道理,因而可能培养不出"好孩子"。

另外,在笔者看来,我们或许还可以借鉴古典哲学思想深化或丰富这一对范畴。古典哲学家对范畴的分类都持三分法。例如,康德给出四组共十二个范畴,包括量(单一性、多数性、总体性)、质(实在性、否定性、限制性)、关系(依存性和从属性、原因性和依存性、协同性)、模态(可能性—不可能性、实有性—非实有性、必然性—偶然性)。黑格尔在《逻辑学》中也持"范畴"三分法,例如"存在、定在、自为存在""有、无、变"等。借鉴这样的思想,笔者思考可否在"基础—主导"之上,再提出一个范畴,比如"和谐""秩序""整合""凝聚"等。之所以这样思考,理由在于基于"基

---

[1] 孙慕天:《论基础和主导的范畴》,《自然辩证法研究》2004年第11期,第2页。
[2] 孙慕天:《论基础和主导的范畴》,《自然辩证法研究》2004年第11期,第5页。

础"的"主导"不是无方向的，而是积极的、有方向和目标。方向本身就蕴含着"价值"。如果说在自然世界和社会世界中蕴含着"基础—主导"范畴的话，那么无论对于家庭、组织、社会，还是国家来说，其追求的价值或许都可以用"和谐"来表征。因此，"基础—主导—和谐"或许可作为我们分析现象的范畴指针。这三个范畴是辩证的关系，换言之，"和谐"本身可能变成"基础"或"主导"。例如，对于少数深悟"家庭之道"的夫妇来说，双方都可能将"家庭的和谐"作为他们一切言行的"基础"，而日常对话中的"语言"作为"主导"，至于"经济"可能未必重要。当然，对于"家庭"来说，"夫妻关系"一般是"基础"，但是，如果"母子关系"变成"基础"和"主导"，"父子关系""夫妻关系"变成从属，家庭表面上可能"和谐"，实际上可能潜藏着危机。对"国家治理"来说，"道""理"类似。例如，朝鲜在20世纪80年代已经实现了高度机械化、城镇化。但是，随着1989年苏联解体，朝鲜失去了作为"基础"的原油供应，导致机械化农业停滞，从而出现了90年代的大饥荒。可以想象，如果不注意维护和保护"粮食""石油""水"等基础性资源，以至造成供应紧张，那么全球社会注定会出现冲突，甚至大灾难。当然，一个甲子之前发生在中国的大饥荒不完全是因作为"基础"的"粮食"紧张，当时的政治氛围、救助制度等更是重要因素。在那个已被遗忘的年代，省级政府在很大程度上知道灾荒的实情，而且做出了积极反应，但是由于许多省级政府不肯向中央求援，或者即使求援也为时太晚。另外，由于统购统销体制造成的省际和省内粮食销售和调拨能力上的局限，也使得对灾荒的救援效果不大。[①] 就此而言，"粮食"本身就不完全是"基础"了。换言之，粮食、政治氛围、粮食统购统销制度及其背后的体制等共同构成了"基础"，"政治挂帅"成为"主导"，至于"保障人民存活"这个"基础"就不再是"基础"了。

　　推而广之，作为"整体"的"全球世界本身"中的各个"部分"如何"和谐共处"？这是一个重大的时代课题。鉴于资本主义生产方式已经完成其世界历史进程，已经对人际关系、"环境"等造成巨大破坏，世界可能不可

---

① 周飞舟：《"三年自然灾害"时期我国省级政府对灾荒的反应和救助研究》，《社会学研究》2003年第2期。

持续，因此，费孝通教授提出了"各美其美，美人之美，美美与共，天下大同"的"理想"。问题在于，如何做到"美人之美，美美与共"？作为动词和名词的"美本身"如何成立？其基础和主导是什么？"全球"发展、国家发展、社区发展、个人发展的"基础、主导"是什么？"和谐"如何可能？不同"主体"的发展有不同的"基础和主导"力量，不同主体之间的"关系的发展"又有怎样的"基础和主导"？如果说"经济""资源"是基础，那么在"资源"急缺之时，又有什么"力量"可以"主导"资源分配？"精神"还有能力作为"发展"的主导吗？"基础与主导"范畴激发我们进一步提出并思考上述问题，这本身就彰显出"思想本身"具有的思想力量。当然，这些关乎人类命运的重大问题显然需要深刻地检讨，已经远非本文可以驾驭了。

最后指出的是，现代世界已经四分五裂，不再存在统一"整体"了，"理性化的"行动者或部门之间更多处于资源争夺、利益算计、斗争冲突等不和谐的"关系"之中。因此，"政策类"学者及治理者可能关心一个问题：潜蕴性联系等思想"到底"在"缓解矛盾""整合社会"等方面有什么用？有何措施？我们认为，正如黑格尔所说，"哲学作为有关世界的思想，要直到现实结束其形成过程并完成自身之后，才会出现。概念所教导的也必然就是历史所呈示的，这就是说，要等到现实成熟了，理想的东西才会对实在的东西显现出来，并在把握了这同一个实在世界的实体之后，才把它建成为一个理智王国的形态……密纳发的猫头鹰要等黄昏到来，才会起飞。①哲学并不提供"政策建议和具体措施"，不直接服务于发展社会生产力。哲学提供的是"政策建议"背后的思维、思想、理念，其宏观作用是启蒙，微观作用是启发，②本文借助孙慕天教授的哲学思想对社会科学某些研究方式的批判就具有"启蒙和启发"意义。不过，我们认为，哲学也要对现实联系给予切身的研究，只有真正认知了现实联系，才可能让猫头鹰起飞，正如"思维无内容则空，直观无概念则盲"③。没有"思想"的引领，仅基于理论、经验研究的政策安排可能带来灾难（很多国家的历史证明了并在证明着这一点）；没有切身且概

---

① ［德］黑格尔：《法哲学原理》，范扬、张企泰译，商务印书馆1979年版，第13—14页。
② 孙慕天：《边缘上的求索》，黑龙江教育出版社2009年版，第66—68页。
③ ［德］康德：《纯粹理性批判》，邓晓芒译，人民出版社2004年版，第52页。

念性的研究,"思想"也无法引领,它将"知识"降低为"意见",也不配享思想之"名"(很多社会科学研究在佐证着这一点)。就此而言,研习孙慕天教授的思想,探讨其洞见及对社会科学的挑战和启示,自然有其重要的实践价值。

我敬仰的恩师孙慕天先生

刘 巍

（中国农业大学马克思主义学院；哈尔滨师范大学 1993 级）

几次提笔几次放下，有许多话想说，又不知道从何说起。恩师孙慕天先生离开我们已经快四个月的时间了，每每想起恩师，总是泪眼婆娑。因为种种原因，我跟孙慕天老师读了四年，与老师在一起的四年时光历历在目。今年 7 月初去哈尔滨开会，飞机刚刚降落，泪水不自觉地流了下来。每次外出开会介绍自己的时候，都喜欢加上一句"我是孙慕天老师的学生"，我以有这样的老师为荣，而现在每每提起先生就已哽咽。在这座城市中，缺少了一位知识渊博、治学严谨、笔耕不辍、持之以恒、亦师亦父、令我敬仰的人。

渊博的学识是我敬仰先生的原因之一

先生一生致力于自然辩证法与科学技术哲学研究，因为深厚的学术功底，使先生成为我国俄（苏）科技哲学研究的开创者和领路人。先生出身于宗教家庭，父母是高级知识分子，幼时接触到了中国优秀的传统古典文化，浪漫主义诗人李白、诗佛王维、怀才不遇志存高远的王勃、"不为五斗米折腰"的田园诗人陶渊明深深地影响了先生，使先生慢慢培养了高尚的情操和道德观，培育了丰富的、健康的情感。同时，在基督教家庭成长的先生较早接触到了西方的先进文化，受过基督教新教思想的熏陶，具有强烈的独立思考能力、批判精神和创新意识。生活在这样一个具有较高的中外文化素养和较高学识的知识分子家庭中的先生从小得以饱读诗书、奠定了先生在哲学、史学、科学、语言等方面的基础。

说到语言，先生有较强的语言天赋，精通俄语、英语、德语和日语。记得先生曾跟我们谈起学德语的事情，当时有二十几人学习德语，最后由于各种原因坚持下来的只剩下三个人，其中就有先生。为了学好德语，先生将写好德语单词的纸条贴在墙上，一边做饭一边背单词，最后终于达到可以用德语阅读文献的程度。熟练的俄语也使先生能够深刻领悟俄（苏）科技哲学的精髓，20世纪70年代末，先生在哈尔滨师范大学创立了全国第一个研究苏联自然科学哲学问题的学术机构。多种语言良好的功底使得先生能够直接阅读俄文、英文、德文和日文的哲学著作，更有优势来深刻地体悟哲学家们的光辉思想，为先生能够在哲学方面有较高的造诣打下了基础。

先生从小爱读书，家里最多的就是书，听先生说有一些书籍还是先生的父亲留下来的。书可以净化人的心灵，陶冶人的情操，增长人的知识与智慧。每次去先生的家里，先生都会指着高高的书架说，想看什么书随便看。先生在马列教研部还有一个专门的资料室，这里大部分都是外文书籍，我经常在这里学习，常常碰到先生来找资料。先生也给我推荐一些书去读，也曾翻译过几篇文章，只可惜那时年龄小，对很多书籍的价值体悟不深，对很多书籍的内容领悟不透，没有更多地去读书。

记得先生曾说过：读书一定要做读书笔记。最初还不能完全理解读书笔记该如何去做，只是去摘抄一些语句。后来先生看到我的读书笔记后说，读书不仅要读，更要有思，读书笔记更应是读书后的思考。至今我还保留着上学期间的几本读书笔记。不同的人读同一本书的感受是不一样的，我读后的思与先生读后的思相差太多了，我的思想深度永远赶不上先生对新思想赶超的速度。

先生不仅在社会科学方面知识渊博，而且也非常精通自然科学，尤其是物理学。先生曾写过《我的麦克斯韦情结》，这篇文章讲述了先生倾心研究麦克斯韦的缘由及经历。1984年先生接受了撰写"科学发现的模式"中麦克斯韦经典电磁理论案例的任务，当时先生仅仅学过大学《普通物理学》的电磁学，为了能够更好地完成这一任务，先生翻阅并研读了有关麦克斯韦的大量文献，不仅完成了这一案例，而且作为"哲人科学家"的麦克斯韦也让先生着迷。先生晚年又翻译了《麦克斯韦传》，可惜的是先生没有翻译完成这部著作。自然科学的训练使先生有了超强的逻辑思维能力。

哲学是一门爱智慧的学问，渊博的学识和丰富的人生阅历为先生能够进行无止境的精神探索，通过深邃的思考对世界、对人生的领悟奠定了基础。

严谨的治学精神是我敬仰先生的原因之一

1992年我有幸认识了孙慕天教授，是先生领我进入到"自然辩证法"这一领域。跟随孙慕天教授读书期间，让我体会最深的就是先生严谨的治学精神。硕士期间先生给我们上了三门课，虽然很多内容先生都是烂熟于心的，但是每门课先生都有详细的讲稿，在没有计算机的年代，先生的讲稿都是一个字一个字写出来的。每次上课前先生还都会再查资料，补充新的内容。先生的课讲得也是非常精彩，语言深入浅出，逻辑脉络清晰，将西方科学哲学的发展，各个西方科学哲学流派的主要观点以一张知识网的方式展现在课堂当中，罗素、维特根斯坦、库恩、波普等，每一个哲学家的思想在先生口中自然地流淌出来，看似枯燥的理论教学变得轻松，语音或激昂或低沉，每次听先生讲课都是一种享受，抑扬顿挫的声音还在耳边环绕。

对于一个从高中开始就学习理科、刚刚接触科学技术哲学的我来说，听先生的课还是有很多困难的，需要补充的哲学知识太多了。过早地文理分科，缺少对哲学、历史素养的培育。因为先生开办了"企业识别"班，让我能有机会多听了几门先生的课。有的课听了两遍，每听一次感悟都是不一样的。只可惜毕业后离开哈尔滨，没有机会再听先生的课了。

先生严谨的治学还体现在对我论文的指导方面。从论文的选题，到设计写作大纲，再到论文的写作、修改都倾注了先生的心血。先生帮我定的硕士论文题目是《STS与企业识别》，STS（科学、技术与社会）是20世纪末70年代初诞生于美国的一门综合性的新兴交叉学科，20世纪90年代中国才逐渐开展相关问题的研究；企业识别在当时的中国也是一个非常新的概念。因此，相关资料少，可借鉴的不多，如何将两者结合起来，更是让我一筹莫展。每每思考遇到瓶颈的时候我就求助于先生，每次与先生的交流，都会使我茅塞顿开。研究企业识别也让我对企业管理产生了兴趣，工作后有机会读了管理学的博士学位。论文成稿后，先生一字一句地修改，引文该如何规范，语言该如何使用，甚至连标点符号先生都做了修改。第二稿、第三稿先生仍然是这样认真地修改、润色。这个过程，真的使我受益匪浅，至今我仍然保留着先生给我修改的硕士论文手稿。

虽然我没有追随先生研究苏联科学技术哲学问题，但是先生严谨的治学态度、精益求精的工作作风、海人不倦的高尚师德一直深深地影响着我。毕业至今我已经讲授20余年的"自然辩证法"课以及其他课程了，也带了十余名硕士研究生。每次上课前我也都会如先生一般认真地备课、写讲稿，认认真真对待每一节课。我在指导硕士研究生的论文时，也如先生一样字斟句酌、反复修改。有些学生会觉得我有些"苛刻"，但是这种严谨治学的态度会使人终身受益。今天我之所以能够取得一些成绩，可以说都得益于先生严谨治学的精神对我的影响。

笔耕不辍、持之以恒是我敬仰先生的原因之一

先生是一个永远不会停止思考的人，不仅思考还一直坚持写作，20世纪80年代开始在各类期刊和会议上发表文章100余篇，涉及哲学、教育、文化、科技、文学等方方面面。先生在2000年《自然辩证法通讯》上发表的《论世界4》具有前瞻性和创新性，是一篇超常之思的文章。除了波普尔的世界1（客观物理世界）、世界2（主观意识世界）、世界3（客观知识的世界）外，先生提出了"世界4"——符码世界，他认为"世界4"是虚拟自然，它所创造的主体是虚拟主体。今天，随着信息技术、计算机技术、人工智能技术的发展，我们越来越深切感受到"世界4"的存在，并且在不断向前发展，推动着人类文明的进步。先生发表文章不带有一定的功利性，各类期刊都有先生的文章，他只希望把自己的独特领悟奉献出来，与人分享。

《跋涉的理性》是先生2006年出版的一本书，这是一部从内史和外史相结合的角度全面总结苏联自然科学哲学的学术著作，是俄（苏）科学技术哲

学研究的里程碑著作,这是先生经过艰苦的理性跋涉,在边缘中不断探索的一部力作。

2009年先生出版了《孤鹜落霞》,题目出自唐代王勃《滕王阁序》中的"落霞与孤鹜齐飞,秋水共长天一色",这是先生对宇宙和人生的哲学领悟,从天、地、人三者之间"潜蕴性联系"的角度,在自然之理中寻求对社会、人生的解读,这部著作展现了先生高远的境界和远大的人生追求。

先生还与苏联学者采赫米斯特罗合著了《新整体论》。先生抛弃了传统的整体性概念,通过对 EPR 悖论、贝尔不等式的检验和宇宙生成论等一系列新的科学成果的深入研究,提出了"潜蕴性"这一重要范畴,指出客观世界存在两种联系:一种是现实联系,一种是潜蕴联系。因此,客观世界就有两种整体性——现实的整体性和潜蕴的整体性。先生的新整体论与以往的整体论的不同在于,新整体论中强调了"真正的整体性"的唯一性质就是不能把状态划分或分解为某些要素的集合。先生这一深邃的哲学思想是对过去整体论的超越,对于现代哲学、自然科学的研究都有非常重要的意义。

除了这些著作外,先生还翻译了《后现代宗教》《现代科学和哲学》等著作。

先生并不满足于在哲学和科学世界中遨游,还喜欢在未来世界中驰骋。当刘慈欣的长篇科幻小说《三体》非常火爆的时候,先生却不满意《三体》的黑暗假设,创作了一部科幻小说《太阳系的重生》。先生说:

> 刘慈欣《三体》才华横溢,堪称杰作,但和我的基本理念相抵牾:我不能同意太阳系被二维化而永久沉沦,不能忍心让人类几千年的灿烂文明毁于一旦,我不相信这样的绝对的灭亡,我也不能接受宇宙中充斥的只是无尽的恶。我相信生生不息,我相信爱是宇宙的最高律令。所以,我要让太阳系重生,既然可以从那一端驰骋科学幻想,那么为什么不允许我从这一段展开幻想的翅膀呢?

从这段话我们看到了先生对宇宙的大爱。非常遗憾的是,先生的这部科幻小说并没有真正完成。

先生思想敏锐、言辞犀利，每次阅读先生的文章和著作都会有不同的感受，展现出了先生那种以理性良知为基石，敏思、独立、批判、创新的大家风范，为追求探索科学真理而不知疲倦不断前进的精神。

亦师亦父是我敬仰先生的原因之一

先生对于我来说亦师亦父，既有老师的循循善诱、严格要求，又有父亲般的关心与爱护，不仅是我的学术导师，更是我的人生导师。先生朴实无华、平易近人的人格魅力对我影响深远。

1996年毕业离开哈尔滨初到北京时，教学压力大、科研无方向，感到非常迷茫时，跟先生的诉苦信发出后，很快收到了先生的回信。先生的信给了我莫大的激励，先生说：

> 你刚刚到一个新环境，可谓语境变迁，肯定有许多不适应的地方。每个人都会有这样的经历，对此应当自觉寻找生长点，这样会少走弯路，迅速实现转型，求得更快地发展。
>
> 你今后的发展如果定位于农大，当应尽量与该校的专业方向靠拢。我想，是否可以从农业与社会的关联这一角度选择方向。我国农业的发展与我国整个社会结构的转型关联极大，可研究的问题多。为此，应在农业经济学、农村社会学等实证方向多下功夫。

听了先生的建议我茅塞顿开，购买书籍、查阅文献，将自己的研究与三农问题紧密结合起来。后来由于整天忙于工作、家庭，跟先生的联系较少了，但是先生最初给我指明的方向为我后来的发展起到了非常重要的作用。

最后一次见到恩师是2017年的暑假，我去黑龙江调研时拜访了先生。这是毕业后跟老师在一起的最长的一次深谈，也是最后一次深谈，从学术到生活先生都给了我非常多的指点。从2016年我开始关注农业伦理问题，现在空气污染严重、水资源缺乏、土壤污染、粮食也不安全，农业发展应该重视伦理维度。当我把我的想法说给先生听的时候，先生非常高兴，认为从这样的一个角度去做一些理论研究和实证研究是非常有价值的，并且鼓励我多到农村去，多发现问题，这样才能有更多的思考和感悟。先生也提醒我，不要受环境的影响，一定要静下心来，多做一些事情。

在先生眼中我是柔弱的，所以他还非常关心我的身体状况，提醒我要多注意身体，如果有不适赶紧就医。他说，40多岁的时候人最容易得病，过了这段时间就好了。先生也非常关心我的家庭和孩子，听说我女儿已经是大学生的时候非常高兴，也感叹时间的飞逝。先生关心学生们的身体，但是他却忽视了自己的身体。让我非常遗憾没有能再看到先生更多的文章和著作，没有机会再聆听先生的教导。

先生的离去对于中国自然辩证法界来说是一个重大损失，对于我来说更是失去了一位人生导师。恩师的离去让我久久不能释怀，先生给予我的不仅仅是知识，而是一种精神，这种精神是在与先生的接触中，在润物无声潜移默化中使我受到了良好的影响。虽然先生渊博的学识、深邃的哲思我无法企及，但是先生治学严谨、笔耕不辍、持之以恒、与时俱进、积极乐观的精神却将会一直影响着我、激励着我。

牢记师训守初心　弘扬师魂善作为

吕桂军

（牡丹江大学；哈尔滨师范大学 1993 级）

今天是新中国成立 70 周年华诞，在全国上下普天同庆共同见证并祝愿伟大祖国更加繁荣昌盛的重要时刻，我们感慨能在太平盛世享受这样美好的生活。在感受共和国 70 年波澜壮阔伟大进程的同时，也回顾了自己奋斗进步的成长历程，特别难忘对自己有重要影响的那些人和事，在这里就不能不提起我的导师孙慕天教授。能有幸认识孙老师并成为他的学生，得益于张明雯老师的推荐。在那个年代，研究生几个字的分量听起来都沉甸甸的，所以能师从这样一位享誉盛名的导师我们倍加珍惜。在他身上我们学到了很多专业知识和研究方法，更有很多极其珍贵的精神品质和价值理念让我们感受颇深，值得我们敬仰和爱戴。

宏阔的学术思想

在我眼里，孙老师是科技哲学领域的行家、专家、大家。他的思想和学术触及了科技哲学领域的诸多深层次问题，进行了极有价值的探索并给出了许多问题的答案，我想这些都不是我们所能评价得了的。然而更让我们敬佩的还不仅仅如此，还有他的博学多才。他在专业以外很多领域都有涉猎并有独到的研究。我常常想也同很多人说过，孙老师是名副其实的那种才华横溢的栋梁之材，是头脑中的知识渊博得自然地往外溢淌的那种。读研期间，我们真是感觉到他天文、地理、哲学、经济、文学、艺术等等样样精通。仅从语言方面来说他就掌握四门外语，英语比我们通过研究生考试的学生要强得多，俄语更是达到了炉火纯青的地步。他曾经和我们说："看看你们现在条件多好，外语才学到这种程度。我们那时候录音机都没有，看见灯就贴上一个纸质的标签叫 lamp（灯），就是这样一点点学出来的。"在业余时间或是一起小饮几杯的时候，他更是展示了他极其渊博的学识，每次都让我们耳目一新，感受到课堂以外的巨大收获。他给我们讲了很多文学知识，讲起金庸娓娓道来，莎士比亚以及杰克·伦敦等作家的精品也是信手拈来，而且一定是妙语连珠、恰到好处。当时我感觉只有刘孝廷老师才能对上话，我们甚至像听天书一样，感到差距太大了，但是我们能感受到那种语言的魅力。有一次我和孙老师说，读你一回研究生，你脑子里的东西我们十分之一都掏不来，他也风趣地说差不多这样。在他身上我们深切感受到了学高为师的真正含义。

严谨的治学精神

孙老师是一位真正的学者，在每个领域他绝不人云亦云、附庸风雅，都是有自己独立的思考，有自己独到的见解。他对待学问一丝不苟，对我们也严格要求，不允许有半点的马虎和应付。他的勤奋永远是我们学习的榜样，为了争取更多的时间钻研，他常常晚上喝几杯水以后才上床休息，以便半夜起来看书思考和研究写作，通宵达旦是家常便饭，但第二天依然精神抖擞，充满激情。为弥补身体透支的消耗，他同样以惊人的毅力参加体育锻炼，每天坚持跑步等等。我们快毕业的时候他已年近花甲，但是比我们还有朝气。有一次他给我们讲，去哈尔滨医科大学附属第二医院体检，那里的医生都在向他请教养生之道，因为他心脏等许多指标都是三十几岁年轻人的水平，其实这也是他长期以惊人的毅力不断坚持的结果。因为有优越的语言天赋和基础，他研究每一个课题、撰写每一篇论文、讲授每一次讲座都查阅大量的国内外第一手资料，经过自己的深入思考和加工重构才给我们呈现出来。老师治学严谨不仅体现在对自己和学生的严格要求上，他还是一位负责任的老师，对我们的疑惑给予耐心的解答，对我们的课题给予精准的把握，对我们的研究给予悉心的指导，对我们的论文给予认真的修改。记得他说在参加第五次全国科技大会聆听江泽民总书记讲话的间隙，还在修改我们的论文，论文原始稿我一直珍藏着。当时他说我的论文还是修改得最少的了，想想我们这么多研究生，老师在我们身上得付出多少辛勤的汗水！

超人的表达能力

这一点是我印象中最为深刻的，孙老师的表达能力不仅超强而且极具感染力。那时我们常有课后的感慨，都说把孙老师的课录下来就好了，真是一种美的享受。读研期间我担任马列教研部科技哲学和经济学两个专业的研究生班长，因此有机会为老师在学术上服务。在校期间有幸参加了一次孙老师组织的全国学术会议"与独联体国家经贸发展现状及前景研讨会"，面对来自全国的专家学者，我接待一位女学者的时候问她是不是孙老师的朋友，她说不是。但是在会议议程中孙老师还没有正式发言，仅仅是主持会议的时候，那位女学者就和我说："怪不得你问我是不是孙老师的朋友呢，原来这老师太厉害了，讲得太精彩了！"我也听说过孙老师讲座的若干故事，比如有的同学听着听着就走了，原来是叫其他同学去了，以至于出现了走廊都站满人的场面。也听说过孙老师在做关于东北经济振兴的讲座时讲到东北浪潮的时候某位省级领导激动得站起来的故事。毕业以后，我从事过若干工作，接触到很多高水平的领导，但是从我的感受来说，我接触过的所有人中孙老师的口才当属一流。2001年参加县（市、区）长培训班的时候，省行政学院的徐远申老师说："明天给你们请一位大手，黑龙江省讲课第一把交椅孙慕天教授。"我当时就举手说，接孙老师的任务交给我吧。后来我把老师接去讲了知识经济专题，受到了学员们的高度评价。很多市地以及县区的领导都以听过孙老师的课为荣，都自豪地称自己是孙老师的学生。一些牡丹江地区的领导知道我是孙老师的研究生后都说"名师出高徒"！让我深刻感受到了老师的影响力，找到了以师为荣的自豪感！

强烈的责任担当

孙老师是真正的马克思主义者，他不是为做学问而做学问，而是具有强烈的社会责任感。他选择的课题都是在理论和实践的结合点上去展开，就从事的科技哲学研究而言，就是要拿起理性思维的武器去探索科学技术同各领域之间的辩证互动关系，呼吁人与自然和社会的协调发展，在前人的基础上进一步澄清理论上存在的混乱或不足，实现理论的重构与创新，进而更好地指导实践。读研期间，他就带领我们承担了时任哈尔滨市市长汪光焘的课题"与哈尔滨同纬度城市的比较研究"，为阿城糖厂等企业进行企业识别诊断等等。黑龙江省八次党代会后，他作为省委宣讲团的主讲专家到牡丹江、鸡西等地进行省党代会精神的解读，为牡丹江经济发展提出了许多宝贵的意见和建议，得到了时任市长宋恩华的肯定和赞扬，并被聘为牡丹江市政府顾问。在校期间，我经常带着一个装有材料的信封去省委省政府以及省科协等单位，送去孙老师应邀对一些重大问题的建议，这些都是他亲手撰写的材料，都是他的笔迹。孙老师对国家重点课题的研究成果及其贡献就更不用说了。老师的学术研究让我们看到了理论对实践的指导作用，感受到了哲学变成现实的物质力量。除了专业以外，孙老师在诸多领域都有很深的造诣，在他的代表作品《孤鹜落霞》和《理性的跋涉》等重点论著中包含着许多人生哲理，是他对事业对人生的深邃思考以及留给后人宝贵的精神财富，体现了他关注并致力于人、自然、社会和谐发展的使命担当。

挚深的爱生情怀

最让我们受触动并感动的就是孙老师的女儿天鹅对我们说到，她和父亲说过多次，与做老师的女儿相比，她更想做老师的学生，因为老师在儿女那里花费的时间远没有在学生身上的多，孙老师在学生身上投入了大量的精力和真挚的情感。我还清晰地记得在考研面试的时候，老师对我很满意，说希望我在科技哲学领域创造点奇迹，看出了他对我们的殷切期望，遗憾的是毕业后我选择了从政之路。老师最后理解了我的选择，而且格外关注。在到牡丹江宣讲省党代会精神之前，他和市委领导提出了要求，让他们一定找到我并邀请我去听他的讲座。在那个年代我刚到牡丹江工作，家里没有电话，也没有传呼和手机，而且认识我的人并不多，但是市委最后还是想尽办法找到了我，当我同市领导一起坐在老市委六楼会议室的第一排聆听孙老师宣讲的时候，我感到了无比的自豪，也感受到老师对学生那份深深的爱！那次宣讲，孙老师还特意抽出时间到我家看看，关心我的生活。由于孙老师讲得太精彩，市长挽留他在牡丹江多留几日看看牡丹江的企业并请老师坐他的车，而老师又把我拉到市长的车上，告诉我他走到哪就让我跟到哪。老师对每名学生都倾注了大量的心血，2010年我参加省委党校中青班学习的时候，同老师小聚一次。他和我说，你现在发展得挺好了，有机会可以考虑让你的师弟师妹去你那里工作。老师还在时刻关心学生们的就业问题。他一直记着我喜欢吃辣椒，那次他说要出差，让我等他回来后请我吃饭并给我带特别的辣椒，这些至今回想起来感觉还是那么温暖。这些年老师也给我创造了不止一次为师弟师妹服务的机会，让我体会到了老师对学生的爱是大爱，他希望他所有的学生都能成才，有更好的平台为社会多做贡献！

对孙老师的感受太多太深，以上几点是最深刻的，而贯穿其中的更是老师的那种可贵的品质和精神世界。难忘老师对我们的谆谆教诲。他常常说："梦比真实更真实，要有自己的梦想并做追梦人。"他心中"比真实更真实"的梦想就是对真善美的价值追求，为追求真善美的不懈奋斗，通过理论架构指导实现真善美的责任担当，这就是我理解的师训和师魂。三年的学习生活仍历历在目，点点滴滴全记在心头，如今都已化作如烟往事，都将成为美好回忆。老师离开了，但他留下了极其宝贵的哲学思想和精神产品，还在不同领域开花结果。我们不必过分悲伤于老师的离去，更应该为导师多做些事情，继续完成他未竟的事业，不忘初心，勇于担当，承担起工作和生活的责任，在不同领域不同岗位上，把个人梦想汇入时代洪流，让壮丽年华与家国情怀同频共振，在各条战线上施展才华、建功立业，为伟大祖国的繁荣富强添砖加瓦、各尽所能，使我们的生活更加充实丰满、绚丽多彩。让我们把这种精神继承下来,传承下去,发扬光大,这才是对老师最大的感恩,最好的怀念,最美的报答!老师永远和我们在一起!肉体不在,精神不灭,师恩永存,恩师千古!

2019 年 10 月 1 日

灵魂击掌高歌——纪念孙慕天先生

"新的边疆"与"大爱无疆"
——纪念我最尊崇的孙慕天先生

杨渝玲

(苏州大学马克思主义学院;哈尔滨师范大学 1995 级)

老师驾鹤西去的日子百天有余,我也不得不整理思绪,告诉自己面对现实,先生真的是离我们远去了。以为可以来日方长,以为老师还会陪我们走很长一段路,以为……可是"子欲养而亲不待",就是如此残酷!遗憾,自责,惋惜……这些感受在先生仙逝后一直萦绕心头,一直很感恩老师,我是在他的羽翼下起飞的,但是我却不懂得珍惜!老师在,是一棵可以为我们遮阳挡雨的大树,无论是否经常见面;更是心灵和精神上安歇的纯净港湾。得知老师仙逝,一时间突然有种无依无靠,孤苦伶仃的悲凉……

谨以此文,表达对老师的敬重,寄托对老师的思念!

新的边疆:从经济学哲学到科学哲学

先生在 1998 年第 2 期的《自然辩证法研究》上发表《新的边疆:从经济学哲学到科学哲学》一文,老师的文章是与西方经济学方法论研究接轨的首篇。该文认为,经济哲学是研究社会经济客观本质的本体论学科,而经济学哲学则是以经济学为对象,探讨经济学的认识论和方法论基础的研究领域,二者是迥然不同的。文章在结论中指出,要正确界定经济学哲学的研究域,重视从科学哲学角度研究经济学哲学问题,以促进有我国特色的新经济学的发展，为此，科学哲学工作者必须熟悉经济科学。

这篇文章发表至今已经21年了，就我所了解的情况，在经济学哲学研究领域，内容与观点依然处于前沿，老师在文末对我国新经济发展提出的富于建设性的观点，更是切中要害：如何用辩证法观点去认识经济学的特殊性，如经济学规律的发现所遵循的特殊认识道路，经济学理论的特殊结构，经济学理论的评价与检验，经济理论的预见性等等。新经济学（特别是"中国特色社会主义市场经济学"）的哲学根据是什么，其核心假定是什么。西方经济学的研究纲领及主要成果哪些可以移植到我们的未来新经济学中，哪些是不适用的，这种分析的标准是什么？20多年过去了，这些犀利的问题，时至今日依然是很值得研究的课题，文中甚至指出可以使用的方法和路径，老师的眼界和视野非一般人所及。

此文为科学哲学开拓了新的边疆，从此奠定了孙老师经济学哲学研究"一哥"的地位，如今已成为研究经济学哲学无法绕开的科学哲学经典文献。

再读老师的文章，犹如老师在给我们上课，娓娓道来，觉得老师还在，老师确实还在，老师的精神和思想还在，老师这么多弟子也会把他的思想传承下去。

尽管老师的这篇文章我都不记得读了多少遍了，不过这一次读与以往有很多不同的感受，感觉是在回顾自己20多年来经济学哲学研究历程中，是否按照老师的谆谆教诲去做的。我从文章中再次深刻地体会出曾经从老师那里汲取的营养，再次领略老师对语言和文字的功底，还有文尾那些熟悉的英文文献……

依托我的学科背景，老师为我确定了经济学哲学的研究方向。现在来看，尽管毕业后和孙老师关于这个问题的探讨不多，但是我一直都潜移默化地按照老师的要求和思路去做：

一是学习经济学的"脱毛"过程。老师说："正如研究科学哲学必须精通自然科学一样，研究经济学哲学必须懂得经济学，要进入这一领域，同经济学家对话，同世界其他国家的经济学哲学研究者对话，就必须使自己在经济学中来一个'脱毛'。"我们在读研时，没有网络，论文全部是手写稿，用当时哈师大的稿纸写的，老师也是手写改稿，我至今依然保留着这些手改稿。我们毕业后网络才出现的,毕业后到南京航空航天大学工作,我就在网上听了西方经济学专业课程,包括微观经济学、宏观经济学等,记了三本笔记,至今依然保存。其实当年老师给我们上课时所有笔记,我都一直珍藏,成为我备课的重要参考。随着研究的不断深入,也在持续补充经济学知识。

另外,刘孝廷老师曾在2002年写过一篇文章《别一种经济哲学——兼谈经济哲学不能"经济"掉哲学家》,我觉得刘老师的文章是在为孙老师辩护和捍卫,孙老师的思路是在科学哲学中开辟出经济学哲学的边疆,刘老师的文章是在强调经济学哲学是经济学界研究的应有之义,如果想胜任这一工作,就必须要"脱毛"。

二是孙老师在文中强调经济学学科的特殊性。我的研究就是按照这个路径进行的,在老师的启发和引导下以经济学的特殊性为突破口展开。老师在文中说:"现代经济学是一个庞大的知识系统,包括许多分支和许多理论流派,人们公认它是社会科学中最进步的学科领域。"鉴于经济学学科介于自然科学与社会科学之间的特殊地位,以经济学方法论论争作为切入口,展开了一系列对经济学理论进行检验的可能和可行的研究路径研究。

孙老师所理解的经济学哲学研究是与西方研究传统接轨的,我对此的理解是,经济学哲学是关于经济学的元科学研究,包括本体论、认识论和方法论层面。而国内的经济哲学研究较多的是马克思主义传统的,是运用马克思政治经济学理论分析经济现象的马克思主义哲学研究。在此强调的是经济学哲学,不是经济哲学。我最初就是从科学哲学介入经济学哲学研究切入的,随着研究的深入和文献的增多,发现西方经济学方法论学家对于科学哲学是持欢迎态度的,他们一直主动挖掘科学哲学中可以为之所用的科学进步模式,而且他们希望通过科学哲学的工作,离"硬科学"更近些,从目前科学发展的成熟度来看,经济学也许是软科学中离硬科学最近的学科了。

因此,经济学哲学是属于科学哲学的传统路径。科学哲学探讨自然科学的元哲学问题,元哲学主要研究科学的本质、科学知识的进步、科学的逻辑结构与发展机制和模式等,有关科学认识论和科学方法论方面的基本问题。经济学哲学就涉及这些问题的研究,这也正是西方经济学方法论一直以来在研究的问题,著名的经济学方法论学家马克·布劳格就特意将卡尔·波普尔、拉卡托斯等科学哲学家们关于科学进步模式理论搬到经济学方法论研究中来，尽管引来了旷日持久的论争，正因为有价值才会去争论，而且持续时间也较长，我的博士论文正是围绕此论争展开的。先生凭借独有的创新思维和发展的眼光，为弟子们开疆纳土，开辟了国内的经济学哲学领地，如果与西方研究接轨的话，就无法绕开孙老师的研究。读博士期间，导师张建军先生和我讲，这样的研究才是正统的经济学哲学或者经济学方法论的研究。

我不太敢说对老师的观点进行评述，做不到啊！但是，现在觉得，做不到也要做，义不容辞，还有刘孝廷老师曾发表过该方向论文，他也是我博士后的合作导师，"孙门弟子群"里发表的经济学哲学类论文应该就是这两篇吧？如有遗漏，很抱歉！希望补充。

先生带弟子从"边疆"走向"学术前沿"

老师说过，边疆就是前沿，在我读研期间，跟着孙老师参加的学术会议，可以说是国内规格较高的。记得当年的那些参会代表，或者是国内圈里的知名前辈们，或者是青年才俊，如今已是国内科学哲学界的精英，比如：刘孝廷老师、刘兵老师、吴国盛老师……当年他们都好年轻的，不过已经是气宇不凡。老师让我们在硕士学习阶段就参与学界前沿的研究，让我们身在边疆，却可以弯道超车，捷足先登。因为，老师的高度在那里，不管是在边疆还是在中心，他人在哪里，中心就在哪里，高度也在哪里。这是身为孙老师弟子的先天优势和资源，现在体会原来越深。是老师把我们带到了一定的高度，我现在年纪大了，体会越来越深刻，这样的资源不是哪个老师都可以给我们的。

我学术生涯发表的第一篇论文，是1999年在《自然辩证法通讯》上发表的，这篇文章是我硕士论文的一部分，是1998年1月参加孙老师主办的全国学术会议的参会论文，尽管会议规模不大，但是来参会的好几位都是国内学界大咖，会议的学术水平很高。我印象很深的是，当时由于胆怯，不太敢发言，当时刘兵老师和我说了一句当时正在热播的《水浒传》的一句"网红"话，"该出手时就出手"。于是我就斗胆地把自己的论文做了汇报，会后胡新和老师（已逝）就问我是否想在《自然辩证法通讯》上发表，我都以为自己听错了，半天才缓过神来，"能发吗？""你好好修改下……"这是当时我和胡老师的对话。这是我梦寐以求的，当时硕士还没毕业，简直像做梦一样，记得当时董国安老师还笑眯眯地对我说："嗯，该出手时，就出手！……"于是，我就斗胆修改，这篇文章也就随着我的毕业，带到工作岗位……

老师常说，二流的大学可以有一流的老师，孙老师就是一流的导师！

孤独前行：边疆的求索与跋涉

自从进入师门，我就一直战战兢兢努力地学习着，因为孙老师的勤奋和努力给我们做出了榜样。孙老师不仅聪明，而且博学，那种活到老学到老的精神让人钦佩，先生也经常说我们：年纪轻轻，走路没他快，上楼没他快。我们确实没老师快，读研的几年下来，是一直跟在老师后面跑，思想更是基本上处于跟不上状态……

不过就经济学哲学这个研究方向而言，我觉得是跟老师最近的，不是说学术水平和思想上，那还是跟不上，我指的是跟在老师后面研究这一点，当时老师把外文文献全部给我，那段时间我基本上处于边翻译边学习状态，老师是直接可以引文，我只能全部翻译过来慢慢消化、理解、吸收和运用，记得老师说我是"能坐得住板凳的学生"。那段时间我翻译得浑天黑地，跟在孙老师后面写文章和发文章，是顶着很大压力的，也是一个很大的挑战。比如，孙老师当时引用过的话，我就要避开，不能用的，怕挨老师骂，也存在伪注释的嫌疑。最主要的是，老师已经立了一个标杆在那里，超越是不可能的，但是也不能太差呀！如果做得太差，就太难看啦！多给老师丢脸啊！可是，那个标杆又实在太高，可想而知我那时的压力有多大！我真的就是老老实实地翻译，老老实实地去学习，翻译了厚厚的几大本，尽管硕士论文我用到的有限，但是却成为我博士论文重要的基础材料。

我完全是在孙老师所开辟的地域里寻宝，但是由于少不更事，对先生的睿智与远见无力理解与体会，后来到南京工作，离得远了，和老师交流的少了，想来好遗憾！没有把老师的思路好好把握和理解，失去好多思想，于我是莫大损失，也是对老师不孝。当然，就凭着在老师身边的有限时间，已经让我受益至今。

由于对经济学哲学的持续关注和研究，学界的情况我还了解一些，实事求是地讲，这一研究在国内一直没热起来，原因比较复杂，在此不赘述。我只谈个人体会：

首先是研究的学者不多，我感觉自己几乎是一直在孤独行走，行走在学科的边缘，老师的题目里——新的边疆，是否也有这层隐喻？不得而知。

其次，跨学科研究给项目申报和获批带来了不确定性，我到工作岗位以后，以此为基础申报课题，结果却总是屡报不中，自己是下了很大功夫的，但就是立不了项。我后来了解到，原因之一是该研究属于跨学科研究，存在着科学哲学和经济学两边都不太愿意评审的情况，对于争议项目一般不太容易获批，这也许正应验了刘孝廷老师在他的文章中所力图纠正的，经济学界对于科学哲学界的这一研究有些不太认可。

限于当时的这一评审现状和迫于职称压力，无奈只好忍痛割爱地暂时搁置，转向研究科学文化与人文文化。但是，在我发表的论文中，经济学哲学研究依然是主力，因为我读研时真的下了很大的功夫，孙老师给了我们很好的训练，打下了好底子，让我受益终生。

我在先生开垦的边疆里耕耘，后来的博士论文也是沿着这一研究进行的，是在逻辑学方向做的，当时报考出现特殊情况，报考的学科是马克思主义哲学，结果被逻辑学录取。记得当时复试时，我的博士导师张建军先生说我是："歪打正着。"现在看来确实是偏得：在南京大学哲学系获得了至少三个专业的影响，马克思主义哲学（因为我的博士学位是马克思主义哲学），我的导师是逻辑学专业（悖论研究），而我原本的专业是科学哲学，得天独厚地坐拥三方资源，而且南京大学在这三个专业都是位居前列，使得我对该问题的研究具有了多学科兼容的条件和前提，做得不好，实属能力所限。我的博士论文是基于西方经济方法论论争的考证，在大科学观的视域之下，试图论证得出自然科学、社会科学和人文科学是一个连续体的结论，尝试论证文化情境因素是这一连续体的重要指标。提炼出"情境分析""连续体"的标识性概念，这是一项很有意义的工作，也是多年研究的心得与精华。

职称问题解决以后，我重新拾起这些研究，其实心中有个情结，无论是对于老师的嘱托也好，对于我的硕士和博士苦读的交代也好，一直都舍不得放下，只是迫于生存压力，暂时搁置而已。

后来我惊喜地发现我的经济学哲学研究和科学文化的研究是融合与贯通的，存在有理有据的连接，也就是，我的整个研究——围绕"情境""连续体"这两个标识性概念展开的科学与人文文化研究是很合理的。这两个概念的凝练完全得益于经济学哲学，得益于老师为我们开拓的新的边疆的研究。我把这一研究放到文化的视域下来考察整个科学文化，以文化情境因素为核心概念，在纵向的深度和横向的广度上进一步延展讨论……这也是我获批教育部和国家社科基金项目的立项内容。

现在流行这样的说法："最可怕的是：聪明的人，还很努力！"孙老师这样敏捷思维，妙语连珠，博览群书的泰斗，都如此努力，我还有何理由不上进？我一直在尽我所能，笨笨地努力着。所以，我从一开始，就对自己有很清晰的定位，我很笨，所以我更要加倍努力。"笨鸟先飞"成为我的座右铭，现在想来，少不更事的我，在当时能够认识到这一点还算懂点事！

恩泽绵长：先生的光环照耀着我们

先生的名气和影响在泽被着我们，找工作时，南京航空航天大学有人说我毕业的学校没名气，但是，时任南航人文学院副院长黄政兴教授说："学校没名气，但是他的导师孙慕天有名气。"孙老师一直在说"世界4"，符码的社会，我们又尝不是在客观上使用着老师的符码。

我做博士后也是在孙老师的学术会议上，因结识了博士后导师孟建伟教授，在孙老师的推荐下，顺利进站；接着是在孙老师的70大寿时，和刘孝廷老师联系，进二站做博士后，说心里话，我从来不轻易向老师开口求助，但是，即便如此，我依然借了老师很多光，因为他的学识与人品在学界就是一座丰碑，我们是孙老师弟子本身就注定了和老师的缘分，并被罩在他的光环之下。

当时先生给我们讲他的《新整体论》，上课就三个研究生：我、冯春和姜春林，老师讲课从来都一丝不苟，信息量巨大，我至今珍藏着当时的笔记，依然从中汲取着营养。他曾在课堂举例说："比如，小杨你们是我的学生，这就像是基因一样，成为永恒的记忆，会在宇宙中留下来，不管承认与否，这是客观存在。"一日为师，终身为父。

现在看来，我一直没有离开过先生为我们开辟的那片疆土，在《自然辩证法研究》《自然辩证法通讯》《江汉论坛·经济学版》等C刊发表该方向的论文十余篇，获得博士后基金资助两项：博士后科学基金二等资助、博士后科学基金第三批特别资助。以博士论文《经济学、科学与情境——西方经济学方法论论争的哲学审视》为基础，出版《情境分析：经济学的科学逻辑》，该书被东北财经大学作为科学哲学方向的经济学哲学专业必读教材使用。主持东北大学重大探索项目：中央高校基本科研业务费重点科技创新项目探索导向重点项目——经济学方法论视域下的文化情境分析。我于2017年受邀作为答辩委员会主席，参加西南财经大学逻辑学专业经济学哲学研究方向的硕士研究生的答辩会，这是他们招收的第一批该方向的硕士研究生毕业。

调到苏州大学后，我就在酝酿着后面的研究规划，已经在考虑着从"实践论""辩证法"进行研究，这也是孙老师在文章结尾提到的：

> 这使人想起苏联诺贝尔物理奖得主卡皮查（П. Л. Капица）的一段精彩的话："在自然科学中动用辩证法，需要深湛的实验事实和理论概括的知识。没有这种知识，单靠辩证法本身是什么问题也解决不了的。正如斯特拉迪瓦利乌斯的小提琴，这是最完美的小提琴，但是要用它来演奏，就必须成为音乐家和懂得音乐。否则它同样会像普通的提琴师们，发出蹩脚的声音来。"

大爱无疆：先生的严厉与慈悲

毕业后，参加几次师门聚会，老师和后来入门的师弟师妹们的随和，让我们这几届学生有些意外和不适应，我或者我们那几届是在老师犀利的眼神注视中，如履薄冰地学习着，不敢发一言，唯恐挨老师骂，除了觉得自己的知识太过匮乏之外,就是先生渊博的知识和睿智的思考、敏锐的思维,让我们望尘莫及,我们对于老师是始终敬畏。所以,看到后来的师弟师妹们和老师谈笑风生,让我们这些老学生惊诧不已,因为上学时,对老师心存敬畏,无法改变!只剩下不停地学习和再学习,从此我的记忆就停在那里,高山仰止,虽不能至,而心向往之!

老师去世后的追思和百天的拜祭,大家都在回忆着老师与自己的点点滴滴,其实老师对他每一个学生都如数家珍,都用不同方式去爱,这是老师的大爱。他一方面花很多的精力去操心孩子们的世俗生活和学术生涯,另一方面又有很多学术思想去表达,尽管他确实是精力充沛,他称自己是鬼才,但也是血肉之躯啊!

我个人感觉,他爱他的弟子胜过爱他自己,甚至是家人,我私底下就在想,如果他爱自己如爱学生一样,也许他的学术思想能够留给后世的更多……不过,这样的大爱无疆,也许正是我和先生境界的巨大差异吧!

我硕士毕业去南京工作,和老师辞行时,老师一直送我到哈师大本部的大门口,就像送自己的孩子出远门,还送我一本英文版奎因的著作,从南京回来请我吃日本料理……一幕幕如在眼前。

永远记忆:浪漫而纯真的老顽童

每年的"六一"儿童节都会收到老师的节日问候,能把儿童节过成孙门弟子的集体狂欢,也许空前绝后。老师70大寿,冯春、姜春林还有我,又和老师单独聚会,我们祝贺老师荣升70后,和我们一样啦!老师很开心地接受了这个称谓,可爱而纯真! 70岁的人啊!我们丝毫没有把他和其他的70岁的人一样看待,老师年轻而有活力,记得当时老师扳着手指头,和我们说他有好多事情要做,给我们一件一件地数,现在想来,有些伤感!

老师演讲的学术功底深厚,无人比肩,谈古论今,旁征博引,幽默、深刻且令人振奋,他到场的演讲,总能成为整场的亮点和焦点,成为引爆全场最精彩的那个,总能让听众听得激情澎湃,人心振奋……老师也因此收获粉丝无数,在我心里留下永远的记忆。曾几何时,我无数次地设想,能有幸再聆听一次老师的演讲，那将是怎样的一场听觉和心灵的盛宴，而在我来说，一定是一种美好的享受，也一定是很有仪式感的。可惜，如今都成了妄想，也许就只能在梦里实现，成为永远无法实现的梦想了。

这段日子点点滴滴的回忆，对老师的思念与日俱增，还有"子欲养而亲不待"的深刻领悟……这个假期就是在这样的复杂情感中度过的：老师为弟子开辟新的边疆，不是所有老师都有这样的视野和气度；老师把大爱洒向他全部的学生，每位弟子都与老师有相同和不同的故事，言传身教，让我们体会到什么是"大爱无疆"！能有这样慈悲和情怀的老师，很少，我们很荣幸有这样一位精神导师。——在这假期，我的心灵得到了净化与升华，唯有未来的努力，无以回报老师的厚爱和恩情！

记得老师仙逝的第一次追思会上，李东和刘孝廷老师说："我们都是老师的作品！"既然这样，我辈就不会辜负老师的爱和苦心，努力使自己成为优秀的作品，活出自己的精彩，让老师在天堂也为他的孩子们，他的优秀作品而喝彩！老师在我心中是神一样的存在，有这么一位对我们慈爱有加，大爱无疆的慈父严师，夫复何求？此生无憾矣！

当年的"该出手时就出手"之后，没想到我真的就开始"风风火火闯九州"了，从哈尔滨到南京，从南京到秦皇岛，从秦皇岛到苏州，其间在北京做了两站6年的博士后，一直在外流浪和漂泊，至今未归，但是学术之根一直扎根孙老师的门下。

祝愿我们归来时依旧是少年：与先生同在的，少年时的心！

弟子们都是老师永远的金童玉女！

愿老师与我们同在，他在天堂，与我们共同守住阳光！

2019年暑假，于秦皇岛家中

"信""爱""望"的人生

——纪念导师孙慕天先生

白夜昕

(哈尔滨师范大学马克思主义学院;哈尔滨师范大学1996级)

我与先生的相识缘于1996年我人生中的第一次选择。1992年我就读于哈尔滨师范大学物理系物理教育专业,1996年大学毕业之际,在就业和继续学习深造的两条路中我最终选择了后者。从此师从先生23年,这20多年无时无刻不在受先生的熏陶与影响。如果用最简单的3个字来描述我心中先生的形象,就是"信""爱""望"。

信

先生是有坚定信仰和执着精神的人。先生常说:"可以没有一流的大学,但一定要有一流的学者;可以没有一流的老师,但一定要有一流的学生。"正是基于这种信念,先生一生都在边疆省份——黑龙江工作,一生都不放弃对"冷学问"——俄(苏)科学哲学的研究。这种"冷"在先生相关著作的名称中都有体现,如:《边缘上的求索》《跋涉的理性》《迷思后的清醒》《歧路中的探求》(最后一个是为万长松著作所起的书名)。

记得2013年1月10日,哈尔滨师范大学在松北校区梦溪宾馆二楼报告厅召开哈尔滨师范大学第九次科研工作会,74岁高龄的先生就坐在台下第一排,我作为获奖教师代表发言,使我第一次有机会当着先生的面向他表达他对于我的影响:"我师从于我国俄(苏)科学哲学领域的著名专家孙慕天教授……先生经常提醒自己的学生,科研很辛苦,搞科研不能功利,要耐得住寂寞,要肯坐冷板凳……"先生的话我真真切切地记在了心里。

先生不仅用这样的话教导激励学生,更是用自己的实际行动践行了对于光远、龚育之等前辈的承诺。先生一生将很重要的精力放在了俄(苏)科技哲学领域。清楚记得2005年在先生的努力下和刘孝廷老师的促成下,《自然辩证法研究》2005年第4期专题研究专栏刊发了一组有关俄(苏)科学哲学、技术哲学和科学史的学术文章,这其中包括先生的《论苏联自然科学哲学的历史地位》、张明雯老师的《米库林斯基与科学编史学》、王彦君的《俄罗斯科学哲学的社会文化导向》以及本人的《前苏联技术哲学初探》,这组专题文章的发表标志着苏联解体后俄(苏)科技哲学研究在我国的再次兴起。

另一个重要事件也是由先生发起的,2015年由先生、刘孝廷老师、万长松、王彦君和本人共同发表了对话体论文《科学技术哲学研究的另一个维度——中国俄(苏)科学技术哲学研究的回顾与前瞻》,论文指出中国关于俄(苏)科学技术哲学的研究经历了"以俄为师""以俄为敌""以俄为鉴"三个阶段。我国关于俄(苏)科学技术哲学研究在苏联解体后一度沉寂,近年来出现了复苏的势头。我们不能把苏联的科学技术哲学完全等同于正统的教条主义而全盘否定,20世纪60年代一批具有改革倾向的哲学家对科学哲学所做的认识论中心主义诠释,极富启发性。新世纪前后俄罗斯科技哲学出现了多元主义、社会文化语境论和人本主义等新发展趋势,具有俄罗斯特色的科技哲学范式正在形成,其中技术哲学的转向尤有代表性。马克思主义虽已不是俄罗斯的指导思想,但辩证法和唯物史观在俄罗斯哲学中仍有深远的影响,苏联和当今俄罗斯立足马克思主义的科技哲学研究,是与西方科学哲学不同的另一维度,是发展比较科技哲学的重要生长点。

可以说,正是先生最早在国内发起了比较哲学的研究。早在2007年先生在《自然辩证法研究》第1期发表论文《比较文化、比较哲学和比较科学哲学》,先生指出:

> 比较文化研究源远流长,近代特别是现代全球化的进程促进了比较

研究的发展，但西方中心主义作为主流话语却限制了比较文化研究。比较哲学是比较文化的一个方面，大致包括四个方向：哲学主题的比较，哲学思想发生和演变的语境比较，哲学的民族性比较以及通过比较揭示思想活动的规律以启示未来。西方科学哲学广泛采用比较研究方法，但基本上仅限于哲学主题的比较。

在文章中，先生以西方和俄（苏）科学哲学的比较为例，说明建构全面的比较科学哲学是一项重要的任务。

此外，从 2015 年到 2018 年先生还参与筹划召开了四次重要的俄苏科技哲学全国会议。2015 年 6 月 6 日由黑龙江省科学技术协会主办、黑龙江省自然辩证法研究会和黑龙江中医药大学承办的"首届哈尔滨中俄科学技术哲学专家论坛"在黑龙江中医药大学召开，先生应邀做了《苏联科技哲学研究的首要问题》的主题报告。2015 年 8 月 4 日至 7 日由中国自然辩证法研究会和黑龙江省自然辩证法研究会联合主办的"俄（苏）暨比较科技哲学与科学思想史学术研讨会"在哈尔滨松北区月亮湾电视城召开，会议主题以俄（苏）科技哲学与科学思想史为中心，展开与欧美及其他学术传统的比较研究，先生做了题为《俄（苏）科技哲学发展的两条道路》的主题报告。2016 年 11 月 12 日至 13 日，由中国自然辩证法研究会主办、浙江大学哲学系承办的"2016 年全国俄罗斯科学技术哲学学术研讨会"在杭州市浙江大学紫金港校区召开，会议主题为"俄（苏）科学技术哲学研究的历程、经验与当前任务"，先生出席了会议并做了题为《他山之石，可以攻玉——西方的苏联科技哲学研究》的主题报告。也正是在此次会议上策划编撰出版《俄罗斯科学技术哲学文库》和《俄罗斯科学技术哲学译丛》两个文库。会议期间，恰逢孙慕天先生 77 岁寿辰，大家为先生举办了简朴而又隆重的庆生会。先生即兴赋诗一首：

忆秦娥·七七贱辰抒怀步伟人韵

平生烈，痴情望断天边月。

天边月，青春梦碎，鼓号声咽。

雄图大略真如铁，七七阔步从头越。

> 从头越，胸宽如海，心白如雪。

这首词正是先生坚定信仰与浪漫情怀的真实写照。两年后，2018年11月10日至11日由浙江大学人文学院哲学系主办的"第五次全国俄（苏）科学技术哲学学术座谈会"在浙江大学紫金港校区召开，会议主题为"俄（苏）科学技术哲学研究的新成果与新展望"，先生做了主题报告《新时代的历史回声——新俄罗斯哲学与科学哲学一瞥》，这是先生生前最后一次参加俄（苏）科学技术哲学学术会议，这一年先生79周岁。先生生前经常提起，他每一次参加学术会议必定要撰写一篇新论文，提出一个新思想或主张，先生的学术生命之树长青！

爱

先生是有"大爱"之人。先生曾引用左拉的话："'人生只有两分半钟，一分钟微笑，一分钟叹息，半分钟爱'，——但是那两分钟的微笑和叹息却都是源于那半分钟的爱。爱事业，爱生活，爱真理，爱所有值得爱的人。爱是生命的真谛。"

先生热爱自然辩证法教育事业，他于20世纪70年代末在哈尔滨师范大学创立全国第一个研究苏联自然科学哲学问题的学术机构，并在1984年开始招收硕士研究生，如今这个硕士点已培养了400多研究生，国内俄（苏）科学技术哲学很多专业研究人员出自先生门下。正如先生在他的《跋涉的理性》后记中写的：

> 古语云"靡不有初，鲜克有终"。苏联自然科学哲学研究属于"冷"学问，在这个边缘地段耕耘，此中甘苦只有亲历者知之。我感到欣慰的是，这些年一些从我学习过的青年学子热心于此项事业，开始崭露头角，其中有张明雯、张百春、刘孝廷、万长松、白夜昕、王彦君、张雅娜、姜立红、刘程岩等，他们的成果表明，我国新一代苏联（俄罗斯）自然科学哲学的研究者已经成长起来。

近年来他们先后获得多项国家级社科基金项目，其中包括：2008年国家社科基金一般项目"苏联社会转型背景下技术哲学研究纲领的变化及其意识形态特征研究"（白夜昕）、2010年国家社科基金青年项目"前苏联及当代俄罗斯科学社会学研究"（王彦君）、2012年国家社科基金一般项目"俄罗斯科技哲学的范式转换与发展趋势研究（1991—2011）"（万长松）、2012年国家社科基金一般项目"俄罗斯当代技术哲学转向问题研究"（白夜昕）、2013年国家社科基金一般项目"历史语境视野下的前苏联（俄罗斯）与西方科学哲学比较研究"（孙玉忠）、2017年国家社科基金后期资助项目"苏联的技术哲学与工业化：历史·经验·启示"（万长松）、2018年国家社科基金重大项目"当代俄罗斯哲学研究"（张百春）、2019年国家社科基金一般项目"中俄技术哲学比较及其当代价值研究"（白夜昕）。这些研究涉及了俄苏科学哲学、技术哲学、科学社会学和比较研究等众多方面。

先生爱自己的学生，他一生将很多心血放在了对学生的培养上。先生在学术上始终是走在时代前沿的人，在他的课堂上总能听到最新的前沿问题和对于问题的独到见解。上学期间，先生关注学生的论文写作，也关心学生们的生活，帮助学生们处理学习和生活中的一道又一道难题。以我为例，先生在我考取硕士研究生时帮我争取破格名额。攻读硕士研究期间，结合我自然科学出身而又熟悉俄语的特点，帮我选择苏联—俄罗斯自然科学哲学问题作为研究方向，从此我与苏联—俄罗斯科学技术哲学结下不解之缘。先生悉心帮我修改硕士毕业论文，细到每句话、每个字、每个标点符号……先生经常会工作到凌晨，我想这是其他导师很难做到的。在我学习每每有所成绩时，先生都给予言语上的肯定或学业奖学金的鼓励。硕士毕业后，我被老师建议留在了哈师大工作，虽然是留在马克思主义哲学共同课教研室，但在学术研究和指导硕士研究生方面我一直与自然辩证法教研室保持着极为紧密的联系，使得我有机会跟在先生身边继续学习和成长。

先生对学生的喜爱不仅体现在学习和工作中，还体现在日常生活的小事中。先生经常和学生们小聚，工作初期聚会时先生因为我是回族，所以经常提议去宣化街的清真饭店"穆恩楼"吃火锅，记不清"吃黄了"多少家回族饭店。先生后期经常和毕业的学生们一起过"六一"儿童节，充满仪式感——会发微信、会聚餐、会带上好酒……上班后由于工作繁忙和母亲生病等原因，我偶尔会有压力，或许先生在我的朋友圈里发现了"蛛丝马迹"，他经常给我留言鼓励我、安慰我，清楚地记得2016年2月1日和2017年2月1日在我过生日时，先生在我朋友圈里留言：

  成熟的年龄，收获的季节，甘甜的果实，温馨的岁月，在静静流淌的时间河流里，自信地走向新岸。在南海之滨遥祝夜昕生日快乐！

  希腊人认为你这个年龄段时鼎盛年，不要为这个年龄忧心，我的老师苗力田先生总说，50岁是学习的年龄，你正当盛年，大展宏图，此其时也。夜昕，生日快乐！

2017年8月初我被过敏困扰，老师微信给我留言：

  夜昕：我像你这个年龄时也是，记得我上课手帕不离手，彦君还给我买专治鼻炎的药呢，现在居然自愈，老了也有好处。

当我在朋友圈里晒出大学和研究生时期的照片时，老师写道：

  90年代，去古未远，人好古典哦，纯情最美！

  走向新岸！

先生如同父亲一般，他的话一直温暖着我、激励着我！

望

先生一生对事业、对生活、对学生充满希望和憧憬。记得先生曾在微博中写道：

青春不是生命的一个阶段，而是精神的一种状态。所以罗曼·罗兰说："三十岁——有人才开始，有人已经老了。"我喜欢古龙小说《边城浪子》里的一句话："一个人心里只要还有爱和希望，他就永远都是年轻的。"

先生始终把自己看作年轻人，他一生痴迷学术研究，先生的研究范围极其广泛，包括："俄苏科学技术哲学""比较科学哲学""新整体论""世界4""知识经济""论基础与主导的关系""潜蕴性联系"等等，其中他投入精力和心血最多的就是俄（苏）科学技术哲学。记得为了沟通《科学技术哲学研究的另一维度——中国俄（苏）科学技术哲学研究的回顾与前瞻》一文，2014年6月27日先生在给孝廷老师、长松师兄、我和彦君师妹发的电子邮件中写道：

> 回想1984年马迭尔会议，近年已经整整三十年了，龚师魂归道山也已七个年头，"望崦嵫而忽迫，恐鹈鴂之先鸣"，我确实有一种紧迫感。如果借此文的契机，今年年内无论早晚，能有一次稍具规模的会议，也许前此那种人自为战的局面将会改观。我正在多方争取支持，对重出"苏联自然科学哲学丛书"并未死心。我这个年龄已经是"行到水穷处，坐看云起时"，但对自己肩负的历史责任却仍未敢或忘。"落日的时候仍有闪电"，但愿我的闪电还能照亮你们的心灵，在你们身上激发出灿烂的光华。

2015年7月27日，先生发来电子邮件，写道：

孝廷、长松、夜昕、彦君：

> 《通讯》送来最后一稿，我已校讫，只是改了几个错字，加了一些原文人名括注，现将定稿发你们。此事终算告竣，写进了历史。我们师生五人第一次成功合作，是非常愉快的学术经历，也是中国自然辩证法史上的一段佳话。希望今后能有更多的合作机会，创造新的历史。师

令人遗憾的是，这次撰写出版《科学技术哲学研究的另一维度——中国俄（苏）科学技术哲学研究的回顾与前瞻》既是师生五人平生第一次合作，也是此生唯一一次合作。

先生退休后，我与先生接触的机会并不是很多，但只要是见面，先生都会再三叮嘱我一定要把俄（苏）科技哲学研究搞下去；要去俄罗斯做访问学者，出国学习深造；要学习英语，在更高的平台上研究俄（苏）科技哲学，我想或许先生让我关注的就是比较哲学吧！回忆之前的种种，先生真的是在交接他所热爱的这份工作与事业。先生放心，接下来我们所能做的就是沿着您的足迹继续前行，努力完成您未竟的事业！

老师一生追求真善美，他在2012年5月8日微博中写道：

> 信是持守真理，是求真；爱是践行道德，是向善；望是憧憬理想，是臻美。

先生用信、爱、望的一生与其对真、善、美的追求融为一体。他有着博爱之心和善于发现美的双眼，同时他也对学生们充满期待和要求。先生曾经这样写道：

> 一个穷了一百多年的民族，口袋里刚有点钱，初始的物欲狂欢不足为奇。《资本论》第一卷二十二章马克思说到资本主义初期那种"积累欲和享受欲"同时展开的浮士德式的冲突，正在中国重现。"仓廪实而知礼仪，衣食足而识荣辱"，我想这就是中国当下转型时期的一个阶段性特征。整个民族都有贵族气，还得假以时日，倒是我们教育工作者要负起责任，首先是让孩子懂得什么是尊严。

先生还曾强调：

> 文化是人化，是化人，就是把人提升到他的类本质，矢志摆脱动物性的嗜欲。

作为先生的弟子、作为教师，对于学生、对于社会、对于国家，我们似乎应该做些什么……

此时，耳边又想起 4 月 9 日告别仪式上的最后一句话：

只是在我们享有您真理和信念的光辉照耀的同时，我们更要信、要望、要爱！

2019 年 8 月 25 日下午

慕天师散忆拾零

李金辉

（黑龙江大学哲学学院；哈尔滨师范大学 1996 级）

慕天师仙逝已有数月，我一直不愿相信这个事实，总感觉老师还在，和我们一起谈诗、论道、喝酒、唱歌。老师在我眼中是个永远的孩子、"顽童"，总是充满好奇，愿意接受新事物，总是愿意与年轻人在一起，总是生机勃勃、兴趣盎然、满怀童真、充满诗情。总觉得老师会永远年轻，会永远陪着我们，从没想到老师会突然离去。老师还有很多心愿未了，他的拯救太阳系的科幻小说还没写完，因为他与我们的酒还没喝完，因为他的俄（苏）比较科学哲学研究还未完……总之，一切还在等着老师来完成，恩师却突然……简直太突然，突然到时间已经终止；突然到我们来不及道别；突然到残酒尚温，新酒未添。

虽然不愿相信，但师已走远。留给我们的是无尽的思念和追忆。老师一生勤于思考、辛勤耕耘、创见叠出、育人无数。孙门弟子百余人，在各行业的不同领域，在全国各地"开枝散叶"，桃李满天下。老师的学问自是我等不敢评价，只谈一些外在的印象和感想。从我 1996 年入学以来，初见我师，感觉是热情如火、嫉恶如仇，慕鸿鹄之高翔，而不屑于世俗之短长。老师精通数国外语，追踪国外科技哲学的前沿，善于捕捉时代和理论的前沿问题，不仅理论触觉敏锐，尤其关注时代热点问题。还记得他说过：恩格斯善于捕捉，马克思善于沉思。我想，老师可能更属于"捕捉"型，总在不断开辟新的边疆，引领学术研究的风尚。我辈望尘莫及，只能亦步亦趋。记得老师有篇文章《但开风气不为师》，可能是老师自身最好的写照。

老师从人大毕业后，甘愿回到家乡，扎根边疆，留在哈尔滨师范大学，创建哈尔滨师范大学远东科技与社会发展研究所。他默默耕耘、献身学术和教学，甘于在"边缘上求索"，在遥远的边疆进行"理性的跋涉"，成绩斐然，出版了《新整体论》这一产生很大影响的学术著作，其中的"潜蕴性联系"思想令人耳目一新。给我深刻印象的老师的文章有《论基础和主导的范畴》（被新华文摘全文转载）、《第三种知识论纲》、《论世界4》等，新见频出，引发了学界的普遍关注。老师终其一生坚持研究的领域是俄（苏）科技哲学的问题，直到去世前夕，还在组织翻译、出版俄（苏）科学哲学方面的书。受龚育之先生的重托，老师培养弟子，薪火相传，不辱使命。目前在国内已经培养出一支学术力量，形成了在学界有相当影响的俄（苏）比较科学哲学的研究领域，这反映了老师的学术情怀与使命担当。

老师在学术研究领域开疆扩土，引领前沿。在人格才情上更是我辈楷模和学习的榜样。老师品行高洁，不愿与俗人为伍，对那些宵小之徒更是嗤之以鼻。记得他经常引用大将陈赓说过的一句话"有的人你拿他当朋友，他出卖你；你拿他当……；你做他敌人，他就拿你没辙"，真是快意恩仇，直抒胸臆，与我心有戚戚焉。当然，老师可能有无数个敌人，但老师没有一个私敌。老师襟怀坦荡，胸无块垒。在老师的面前我时常会感觉到自己心里藏着的"小"来，老师的人格具有让人敬畏的力量。在某种意义上，老师可能是超越这个时代的"不合时宜"存在，他曾自比为金庸笔下的"令狐冲"。老师总是对体制内的学问不以为然，永远保持着理性批判的精神和边缘上的求索意识。老师的文集《孤鹜落霞》令人想起了八大山人的《孤禽图》，孤鹜的形象真是与"白眼看鸡虫"的吾师不谋而合。老师的才情和视野决定了老师是孤独的、孤傲的和不肯同流合污的。"孤标傲世偕谁隐，一样花开为底迟"（曹雪芹《问菊》）可能一样适合老师，应该说老师思想中的时代还没有到来，但我相信一定会到来。真正的哲学思想总是"向死而生"，真正的哲学家总是"生在死后"。正在出版的老师的文集一定会让老师获得思想的"新生"。

老师的酒品和诗情更是一绝，酒促诗情，诗助酒兴。老师曾说过自己专能喝"假酒",我想可能是"假酒"怕"真人"吧。老师自比"高阳酒徒",自封"酒圣"。每至酣处,便给我们背一段古诗,至今言犹在耳。"岑夫子,丹丘生,将进酒,杯莫停",真是"晴空一鹤排云上,便引诗情到碧霄"。唉,可惜"此情可待成追忆,只是当时已惘然"。人非昨,泪空流……

斯人已逝,恩师不在。便纵有千种风情,诉于谁说。痛定思痛,痛何如哉!不如忘却,诉诸文字以求解脱。让文字的游戏差异化地保持(德里达《文字学》)对先师的记忆。此即"为了忘却的记忆"。所以,这些文字只是飘散了的"记忆",是对往事不在的碎片化的"拾零",在这种文字的"散忆"和"拾零"中恩师仿佛、依稀"在场","有位佳人,在水一方"。愿吾师安息。是为"记",亦为"念","念兹在兹",再(又)见吾师!!字不成句,泪眼模糊,不能自已,"小白杨"犹在,唱与谁听?

2019 年国庆

传承与创新
——科学研究的规范与理想

张 丽

（西南大学政治与公共管理学院；哈尔滨师范大学1996级）

  莫听穿林打叶声，何妨吟啸且徐行。竹杖芒鞋轻胜马，谁怕？一蓑烟雨任平生。

  料峭春风吹酒醒，微冷，山头斜照却相迎。回首向来萧瑟处，归去，也无风雨也无晴。

苏轼的这首《定风波》总会令我莫名地想起我的硕士生导师孙慕天先生。也许源于其中蕴含的旷达超脱的胸襟，也许是其中寓意的超凡脱俗的人生理想；亦或他们都是那么博学、多识而又不失本真；先生如此有趣！

我的导师无须追忆，因为从未忘记。1996年我实现了从物理系进入哲学门的转变，成为孙慕天老师的硕士研究生。孙老师的睿智、博学、才情似灯塔，成为我学习、生活乃至人生的引路人。

本科阶段初识自然辩证法是我
大学生涯的一抹亮色

1991年秋季，我从黑龙江省某一偏远县城的高中，考入哈尔滨师范大学物理系，应该说我的大学生活开始得相当仓促。整个暑假里，我期盼的大学录取通知书一直没有消息，时间慢慢地移到9月下旬了，家人开始怀疑我看错了高考的分数。在那个年代和乡下除了无望的等待我不知道还能做什么。

　　在一个很普通的傍晚，似乎快到中秋节了，村里的五保户——目不识丁的徐爷爷来到我家，因为他孤身一人没有家，村里安排他住在所谓的村部，实际上是一个空房子，偶尔收收乡里送来的报纸和书信。那时候农活都比较重，秋收基本都靠人力，晚上大家都早早休息，偶尔会有几个游手好闲的年轻人赌输了钱，才会光顾他的屋子，翻箱倒柜想找一点赌资。他的来访，让我们很不解，直到他从怀里小心翼翼地取出一封信交给我……没错，哈尔滨师范大学的录取通知书，沉睡在他的箱子底已经快一个月了。如果不是当晚那几个青年去他那里翻柜子找赌资，这份录取通知书将毫无悬念地和那些无人翻阅的报纸一起沉睡到农历新年，分给家家户户裱糊房子……好在，没有那个如果，感谢他们。我很幸运。我在大学延期报道的最后期限（大概是一个月）里，在乡里的邮局给学校发出了一份及时的电报，入学资格被保留下来。

　　迟来的大学生活，大量的高等数学课程、物理学课程、实验课程、制图课……每天的生活都很充实。但也许错过了一些，高等数学和物理课程太陌生，常常令我生畏，按部就班的上课，作业也显得那么单调。

　　直到有一天，记得是在物理楼102阶梯教室，一个阳光特别好的午后，我迷茫地望着窗外思考毕业做什么。那时候同学有的在准备考研，当然都是物理系的研究生，有的就安心等待毕业分配去中学任教。作为终身的职业，这两者都不是我想要的，但是在有限的学识中，我不知道还能有什么选择。彼时，小孙老师（孙玉忠老师，我们习惯性的昵称为小孙老师）走进了我们本科生的课堂（好像是大三下学期吧，全年级的同学一起上的课，应该是必修课），拉开了自然辩证法的帷幕，撒下了一颗种子，从那时起，我入迷于这种文理交叉，既有实证又为形而上学留下空间的学科。在此，也特别感谢小孙老师。毫无疑问，这成为我大学生涯中最独特的风景。

　　后来我才知道，在当时的很多大学（好像今天也类似），本科生几乎没有机会接触这门课程。能够给全校理工科的本科生开设这样一门自然辩证法课程，这个机会是孙慕天先生和其他几位老师力争并成功坚守才实现的，而我是受益者之一。

科学研究的规范与理想（前提性知识）传承

在小孙老师的课后，我鼓起勇气来到当年文史楼半地下室（也说是一楼）远东科技与社会发展研究所拜访孙老师，我心里还是非常忐忑。好像是说我想报考他的研究生，介绍自己来自物理系吧。孙老师充满睿智的脸上浮现出笑容，问了一些我的情况后，老师表示出欢迎报考。孙老师的声音非常独特，似乎声音本身就是一种哲思的表征。师生的第一印象彼此都非常好，此后我也特别喜欢听孙老师的课。

在紧张的备考之后，我终于有幸成为孙老师的研究生。孙老师特别开心，向人介绍我们是五朵金花，一枝独秀。但是孙老师的严厉也是出了名的，有时候他睿智的目光扫过，我就会心虚。好像老师已经洞悉我们的阅读书目没有达标，那时候老师经常说的就是转变思维方式……老师也给每位弟子建立学术档案，包括每一次习作，甚至笔记……在课余时间老师也会在他保存的学术档案里给我们翻看已经毕业多年的师兄师姐的作业，讲一讲当时的情景，现在想来，老师是心里挂念那些远在天涯、已毕业的孩子们吧。多年后的我们，也是老师常常想起的吧。

那些年，老师做了大量关于"第三种知识"的工作，并在国内首次发表《第三种知识论纲》，该文章发表后老师也曾在课堂上给我们介绍该文，我被其中的思想深深吸引，留下非常深刻的记忆。后来当我面临硕士论文选题的时候，老师结合我的兴趣和已有的学科背景、知识背景，敲定了《前提性知识在量子理论中的作用》作为我的硕士论文选题。记得那时候我们在学生二寝室（也可能是三寝室，记不太清了，印象中是红砖的楼房）有一间专门的资料室，里面有丰富的俄（苏）资料，包括《哲学译丛》等。顺便说一下，孙老师这里还有一个延续的访学传统。因为那时候还没有互联网，学术资料文献稀缺，孙门弟子们在研二开题后，都会得到老师的资助（包括往返的旅费和住宿费）去北图（现在的国家图书馆）查阅文献，月余至数月……这些开阔我们学术视野、增加学术交流的机会在当时是非常宝贵的。

我的硕士论文原始资料也是这样在北图泡出来的。犹记得孙老师熬夜为我们改论文，逐字逐句地修改，甚至标点符号……这让同寝室的外系同学羡慕不已。孙老师严肃、严谨、不留情面、高度负责的治学态度和纯粹、童真的浪漫情怀都深深地影响着我们。老师对一生只为稻粱谋的不屑，冲刷掉弟子们的世俗之气。我此后的学术背景知识和理想信念大多都是在这一时期打下的。

　　硕士毕业后，我告别母校和故园远赴大西南任教。在离别之际，孙老师叮嘱我把硕士论文作为起点继续坚持下去，并说期待十年后希望有这样一部专著问世……我当时心里非常兴奋也觉得压力很大，不过心里也在安慰自己：还有十年的时间可以慢慢做……在此后的工作和生活中，在一个享受生活的地域文化中，老师的叮咛会时时涌上心头，让我不敢懈怠。但是非常遗憾，自从1999年告别恩师，直至2015年，我和老师的联系非常少，仅有几次是在回哈开会的师门大聚会上，并没有机会（主要是不敢）和老师单独说话。其中主要原因是我心里有畏惧，觉得没有完成老师的任务，后期硕士论文做得不满意，担心老师恨铁不成钢。后来师妹多次跟我说，咱老师越来越慈爱了。我真的特别感激后来的师弟师妹们给老师带来那么多欢乐！孙老师是严师又是慈父，如果说以前是严师的成分多一些，那现在就是慈父的成分多一些，都是满分。犹记得老师在2015年左右联系上我让我入"孙门"时候的那种欣喜！那是我们不竭的精神家园！

　　2006至2007年，为了完成这份"任务"我申请出国访学，以前提性知识研究申请到牛津大学哲学系做物理学哲学研究，直至后来的博士论文、博士后选题都没有离开过这样的学术背景。2016年，我的书稿在拖延数年之后终于最后完成，为了一份承诺，老师欣然应许为我作序。现摘录部分内容如下：

　　　　也许量子力学所揭示的物理本质是对传统自然观最尖锐的挑战。一个颠覆性的问题摆在科学家和哲学家面前，那就是量子世界是不是实在的？整整六十年前，量子力学的主要创立者之一海森堡断然指出：现代物理学的基本粒子，"严格说来不能称之为实在物。我们毋宁说它们是一些基本数学结构的简单表现"，他因此认为，现代物理学从德谟克里特回到了柏拉图，并特地引用了《浮士德》的话："Im Anfang war der Sinn."——意义为万物之始。不过，作为自然科学家，海森堡并没有完全摒弃实在论的立场,就在同一篇文章中,他同时声明:"这并不意味着把主观因素引进科学中去,因为无论如何不能说自然界中的事件是依赖于我们对它的观察的。"他认为问题在于,"我们以前的实在概念已不再适用于原子领域"①。

在某种意义上可以说,近一个世纪量子力学的发展史,正是重新认识微观实在的历史。

从量子力学诞生起,对量子实在的理解就明显地分成两个对立的导向:一个是经典决定论解释,一个是正统几率性解释(以哥本哈根学派为代表的主流观点),如爱因斯坦在给玻恩的信中所说的:"你信仰掷骰子的上帝,我却信仰客观存在的世界中的完备定律和秩序。"②从波尔开始,正统解释发展了量子测量的坍缩概念,认为量子空间分布和动量都是以一定概率存在的,其数学描述即波函数 Ψ,是动量本征态的叠加,而在以物理方式进行测量时,由于仪器的干扰,物质随机选择一个单一结果表现出来,得到一个动量本征值,这就是叠加态的坍缩。于是,世界二元化了,一个是服从经典决定论的宏观世界,一个是以波函数 Ψ 描述的微观量子世界。爱因斯坦坚决反对这种非决定论的立场,用海森堡的话说就是,他不愿意摆脱旧的"客观描写体系'的思想"③。早在1935年,爱因斯坦就与波多耳斯基(B. Podolsky)、罗森(N. Rosen)合作,提出量子力学描述的完备性问题,推论说:要么,波函数关于实在的量子力学描述是不完备的;要么,当对应于两个物理量的算符是不可对易的时候,这两个量就不可能同时具有实在性,这就是著名的 EPR 悖论。④ 爱因斯坦不断地强调量子力学的不完备性观点,相关文献仅《爱

---

① [德] W. 海森堡:《从柏拉图到马克斯·普朗克》,《海森堡论文选》翻译组译,《严密自然科学基础近年来的变化》,上海译文出版社1978年版,第180—184页。
② [美] 爱因斯坦:《客观世界的完备定律及其他》,《爱因斯坦文集》(第一卷),许良英、范岱年编译,商务印书馆1976年版,第415页。
③ [德] W. 海森堡:《二十世纪物理学中概念的发展》,《海森堡论文选》翻译组译,《严密自然科学基础近年来的变化》,上海译文出版社1978年版,第194页。
④ [美] 爱因斯坦:《能认为量子力学对物理实在的描述是完备的吗?》,《爱因斯坦文集》(第一卷),许良英、范岱年编译,商务印书馆1976年版,第335页。

因斯坦文集》(第一卷)收录的就有七篇。值得注意的是,爱因斯坦认为这个悖论的实质是量子力学与实在是否相符合的问题,他在 1950 年 12 月 22 日给薛定谔的信中说:"多数人简直不知道他们正在同实在——作为某种同实验证明无关而独立的实在——玩弄着多么危险的游戏。"①

不仅如此,老师通看书稿之后,给我提议说有些文献我可以继续浏览,遂每期把 University of Chicago Press Journals 的篇章目录和摘要发给我,嘱我时时关注。2019 年 2 月 14 日,我收到老师最后一封邮件……

此刻,想来整个过程,老师或许是担心学生在万里之遥的他乡沉湎世俗、荒废学业才设定十年之约吧。

创新:比较科学哲学

在保持有规律的邮件联络后,老师时常透露其比较科学哲学的思想给我,我饶有兴味。特别是在 2017 年左右,老师通过师弟给我发来苏俄科学哲学相关学术资料,这带给我不小的学术冲击。

虽然我是 1996 年在哈尔滨师范大学远东科技与社会发展研究所的世界图景下培养出来的,但是后来接近 20 年的时间大多是接触欧美的科学哲学。但是在孙老师的指导下尝试翻译其中的一部分内容之后(因为不太懂俄文,老师发给我相应的英文版),我好像重新打开了那扇窗。老师还打消了我语言的顾虑,他说不研读欧美文献,何谈比较科学哲学?当然要两方面都做!

同年,老师欣然加入我们的科研团队,对其中的相关比较研究给出指导和建议。应该说,相比于孙老师思想的博大精深,我所能做的还是非常非常细小和边缘,涉及的也仅仅是其中一小块领域,实有管中窥豹之嫌。但是既然老师已经在 23 年前把知识和思想的火种播撒在我的心田,那我辈弟子们势必将继承先生的宏图大业,竭尽所能,责无旁贷。

是为纪念!

---

① [美]爱因斯坦:《实在和完备的描述》,《爱因斯坦文集》(第一卷),第 516 页。

哲学与教育

王彦君

(浙江大学人文学院哲学系；哈尔滨师范大学 1997 级)

似乎与科学家是以科学为职业的人一样，哲学家也应该是以哲学为职业的人。但事实上，科学家作为从事研究活动的主体，是知识的创造者也是传播者；而哲学作为明智之学，哲学家却首先是实践者，其职业是教育者。

有人说哲学就是哲学史，从事哲学教育就是从事哲学史教育；但作为明智之学，谁人是通过哲学史变得聪明的？对以往哲学家及其作品如数家珍，倾一生或半生之精力为其写书立传、诠释注解，无论如何辛苦执着，其中又有几人是通过"理解"成为新一代的亚里士多德或莱布尼茨？哲学史研究者纵然可以理解哲学家的思想，但却忽视了哲学的本质和书斋前、学院外的世界，于国于家无望。休谟试图在洛克的光环下推进知识论，但终究在经验主义的束缚下未能推开未来形而上学之门。这扇门的真正开启者是康德，是康德承认了人的认识的前瞻性，肯定了人把握自己未来的可能性和现实性。

哲学不是实验科学，也不是实证科学本身，它不创造关于这个世界的知识。它是一种活动，一种思维的活动，它把思维作为自己研究的对象，鼓励并教导人充分利用知识进行思考，解决实际问题，促发新的认识。马克思预见无阶级的社会，门捷列夫预见新的元素，卢瑟福预见有核原子模型，图灵预见计算机，泰勒预见科学的管理时代，德国人预见工业 4.0，他们都是知识分子，是政治经济学家、化学家、物理学家、工程师、企业家，他们所处的学科不同，但共性是都很明智。其明智不在于知识本身，也不是那些新颖的预见本身，而恰恰在于新的认识的形成过程，思维的理性拓展。从这个意义上说，他们同时也是哲学家，是理性思维的实践者。

如果科学家和学者都能运用知识进行推理，使思维具备理性，那还用哲学家做什么？关键就是，科学家毕竟是科学家，他们的科学家身份使他们更加精于知识的创造，但思维本身需要锻炼；而他们的哲学家身份则是教导求真务实的思维方法，谋求思维与经验的一致。

为了完成这一思维层面的任务，哲学家首先必须是一位知识分子，同时是一位逻辑学家，而不是只擅于历数家珍的哲学史家。哲学是贵族的事业，所"贵"之处不是钱财与时间，而是其所拥有的完善的知识，是某一知识门类的行家里手。只有如此，这个"贵族"才能成为实践者，成为众生之先。

于是，作为行家里手的哲学家在作为教育者时，就不在于传授知识本身，而在于教导运用知识和逻辑的方法，引导其他知识分子成为理性的人。

中国的自然辩证法教育便承担着这种教育的职责。孙慕天先生在中国自然辩证法的教育教学中、在自然辩证法师资的培养中起着不可低估的作用，这是他作为哲学家的身份之所在。他的弟子与门生大多具有某一学科的专业背景，很多人从事哲学，特别是自然辩证法的教学工作，执教于各大学的课堂。这是孙慕天先生哲学事业的回报，是他留给人间的最美好的礼物。

不忘师恩，不辱哲学使命。作为孙门弟子，应该将思的事业继承下去，不仅自身成为一个优秀的哲学家，具有先见之明，成为未来形而上学的开拓者；而且执着于教育，让更多的专业学者成为明智的人，成为当代与未来的栋梁之材。

2019 年 10 月 31 日，于浙江大学

灵魂拍掌而歌
——忆恩师孙慕天先生

曹 晖

（黑龙江大学哲学学院；哈尔滨师范大学1999级）

> 来呀，请来浮此一觞
> 在春阳之中脱去忏悔的衣裳
> "鸿鸟"是飞不多时的
> ——鸟已在振翮飞翔
>
> ——莪默·伽亚谟《鲁拜集》

1999年9月，我正式成为先生门下的硕士研究生，那年，先生恰好60岁。一同入学的是其他四位女生，先生并未因为收的都是女弟子而感到遗憾，而是亲切地称我们为"五朵金花"。送给"五朵金花"的开学见面礼也很别致，是每人一篇他刚写就的文章《哲人长寿》。那天，他步履轻盈地走向讲台，动作潇洒敏捷，绝看不出有60岁年纪，看上去似只有40多岁。先生讲话激昂欢快，神采飞扬。他说："哲人为什么长寿？……哲人是生活的热烈参与者，只要一息尚存，就不会放弃对宇宙、对人生的思考，他们的精神事业是与生命同在的。""闲适和安逸并非长寿的必要条件。哲人的长寿之道，是在他们的本性之中，在于他们特有的品格——真诚和单纯！"我那时年轻，对将来长寿与否并不为意，只是对先生的神态记忆犹新，那种学者的自信和诚恳，感染和沸腾着我。

哲人尽管能够长寿，但对于我这名跨专业的学生来说，真正走入哲学的大门却并非易事。先生结合我之前的学习背景，认为我应向美学发展，并单独给我开设解读黑格尔《美学》的课，讲课时间一般安排在晚上的课余时间里，尽管是给我开的"小灶"，但同学们还是都来了。在哈尔滨冬日的教室里，很多同学排坐在那里，大家都不想错过这难得的机会。此外，每学期的读书笔记也是必须完成的功课，当时读了李普曼的《当代美学》、朱光潜的《西方美学史》、李泽厚的《美学四讲》等，先生还嘱我注意英国经验主义美学家哈奇生的绝对美和相对美问题。这些当时我都细细地做了读书笔记，笔记中我提了很多问题，定时交给先生，他所返回的本子上，通常是密密层层地写了很多对问题的解读和自己的看法。回想起来，彼时先生也是很忙，他还没有退休，系里的事情、自己的课程和科研工作都很多，给我加课，必然会占用他的时间和精力，但是他从未为此多言，也许在他的心中，给有需要的学生多上些课是令自己喜悦之事。先生真心爱他的学生，也不吝于表达他的爱，他曾做小诗《我爱你们》来表达这种感情，其中有："我爱你们／没有太深的惆怅／像幽蓝的月光／在你们的眼前闪亮……"也许对先生来说，一双儿女是他生命和爱的延续，学生则像他思想和精神的承继。在学生面前，他是亲厚儒雅的父亲、是仰之弥高的导师、是伯牙子期般的朋友、是樽酒论文的酒友、是金庸笔下"令狐冲"式的大师兄……在学生面前，他是放松的——可以欢畅大笑，亦可泣泪沾襟，可直抒胸臆，亦可低吟浅酌。总之，学生们仿佛是他自我的映射，是他可对谈的知己。先生在女儿婚礼上的谢辞中，就有"感谢40年来和我心心相印的我最亲爱的学生们"，可见学生在他心中的分量。有人讲，先生如果不把那么多精力放到学生身上，可能取得的成就更大，但是反过来说，先生一生的成就之一，却是这些他倾其所能爱着并爱他的学生们。

他是理性的哲人，但却有着异常丰沛而敏感的情感和灵魂。作为一名科学哲学家，他是求真的，他对俄（苏）科学哲学、先验性问题、潜蕴性问题、创新性问题以及后现代宗教问题等都有着深入的研究，提出了很多颇具创造性的命题；而作为一个拥有善感而诗性灵魂的人，先生对美有着敏锐的感知。在一次庆生会上，先生表述他对人生的真善美的感悟："生无所息，爱无所尽，美无所穷，思无所止"，即"生命的过程是不断地奋斗拼搏，而生命的目的则是：对世界和对他人无尽的爱，这是善；对美好事物和生活的无限憧憬，这是美；对本质和真理永无止境的追求，这是真"。先生所赞赏的美有两种，一种是英雄式的崇高之美——这种美突出了主体和客体、人与自然、感性和理性之间的对立，主体是历经苦难，蚌病成珠，从而走向胜利的艰苦卓绝之士。他欣赏《马背上的水手——杰克·伦敦传》中的杰克·伦敦，《牛虻》中的亚瑟，更激赏阿·托尔斯泰的《苦难的历程》题词："在清水里泡三次，在血水里浴三次，在碱水里煮三次，我们就会纯净得不能再纯净了。"相反，他鄙视整日怨天尤人、顾影自怜、牢骚满腹的所谓"愤青"，也藐视那些脂粉香娃、膏粱餍饫的一代纨绔，轻蔑地称他们是"垮掉的一代，行尸走肉而已，何足道哉？"近几年，先生每得佳句和感悟，必与学生在微信中分享。如他发给我的一则微信，是读罢英国诗人叶芝的诗《驶向拜占庭》所感。诗中写道："一个老人就是一个废物／一件挂在木杖上的破衣裳／除非／灵魂拍掌而歌。"先生欢快地说："他这个'除非'好极了，只要精神不老，就会青春永驻。"是啊，肉体的衰老是不可抗的，但灵魂却可以跃出肉体之外而欢腾。这也是先生在对抗不可逆转的自然规律时所表现出的对生命之美的感悟。而在先生离世之前的4月2日，他还转我一则高尔泰《将进酒》的帖子，并评论道：

  17岁即读高尔泰，时正值美学大争论，朱光潜、蔡仪、李泽厚、吕荧、黄药眠，加上这位高公尔泰，群星荟聚，一时无两，躬逢其盛，百年一遇。今只见宵小之徒，沽名钓誉，沐猴而冠，当年鲁迅有"中国文坛上的鬼魅"之叹，如今鬼魅而不可得，一堆酱缸里的蛆虫而已，可悲也夫！

诚哉斯言！
先生赞赏的另一种美，则是伴有诗性和缥缈气质的理想和意趣之美。他欣赏林徽因的诗《你是人间四月天》："我说，你是人间四月天／笑响点亮了四面风／轻灵在春的光艳中交舞着变／……你是一树一树的花开／是燕在梁间呢喃／你是爱，是暖／是希望／你是人间的四月天。"他在发给我的微信中讲道：

早晨随手翻开林徽因的诗，她的这首代表作真是余香满口，心中有一种无名的感动。金岳霖老师说她是"一身诗意千寻瀑，万古人间四月天"，真不愧是她的毕生知己。那个时代的读书人有一种深入骨髓的诗意，连翻译专有名词都透着浪漫：画家比亚兹莱（A. V. Beardsley）译作琵牙词侣，弗洛伦萨译作翡冷翠，康奈尔大学所在地伊萨卡（Ithaca）译作绮色佳，——现在的人，灵魂都干涸了，生命一片灰色，毫无意趣！

先生喜爱 11 世纪波斯诗人莪默·伽亚谟（Omar Khayyam）的诗歌《鲁拜集》，在博客中曾写就一篇文章《诗苑玫瑰——莪默的诗魂》，他说：

> 《鲁拜集》曾在我幼年的心灵中打下了深刻的印记，莪默·伽亚谟的诗书写了生命的册页，……春节假日写作此文，嗅着这朵诗国玫瑰的芳香，深深感受到生命的美好。

他还兴之所至，找到菲兹杰拉德的英文译本，将歌颂春天的那首短诗进行了重译："来呀，请浮此一觞 / 春阳似火，焚去悔恨的冬裳 / 韶华如鸿，而前路日蹙 / 这只鸟儿已振翅飞翔"，并自谦："拙译虽不免滥竽之讥，但直抒胸臆，倒也有几分个性。"先生尤喜"雅"之范畴。儒家将"雅"等同于"正"，有"子所雅言，《诗》《书》执礼，皆雅言也"（《论语·述而》）。先生也曾有一篇《释雅》的文章，他说到魏晋时期王羲之等人兰亭雅集、阮遥集吹火蜡屐，认为其中有玩味不尽的雅意，这种雅就是一种理想的审美尺度和精神境界。尽管"雅"是我们可以直接感受到的，但是其内涵却十分丰富，它是文明发展所展现出的文化特质，也是一种精神教养和人生意趣。

先生在生活中亦是追求美的。犹忆当年每届研究生毕业，先生都要举行一次充满仪式感的活动，他会带上在校的几届学生到哈尔滨江北赏游——观景、野餐，其中一项不可或缺的活动是游泳。先生水性极好，他曾在 1967 年盛夏的一段时间里，几乎每天带一本恩格斯的英文版 *The Dialectics of Nature*（《自然辩证法》），用塑料袋封住，游过松花江，躺在江心岛的沙滩上，一读就是几个小时。而 7 月初的哈尔滨，正是"绿树阴浓夏日长"的鸟语蝉鸣时节，我们一行十来人，浩浩荡荡跟随先生来到江北，下水前，有的战战兢兢，有的视死如归，其实那时的水面并不宽阔，足以让我们这些泳技参差的人安全渡江到对岸。当我们前前后后地游到江心岛沙地，复折返回来，那种战胜自我、克服恐惧的过程是颇有意义的，而油然而生的小小自豪感也蛮有意趣。也许对先生来说，这是一件小礼物，就如他送给我们毕业的学生一本或两本他书架上的书一样，用它作为人生某一阶段的标识，给漫长的生命注入一点小趣味、小喜悦。而这种温暖和鲜活的气息，一直保存在我的记忆里。

先生记忆力极好，头脑典故很多，他1957年起就读中国人民大学哲学系，亲炙过贺麟、冯友兰、金岳霖、何思敬、王方名、张素诚等多位大师的课程。而相距多年，当时老先生的点滴话语、讲课的神情，甚至当时穿的衣服，竟然都还记得。为此他写了多篇《亲炙拾零》，读起来倍感生动亲切。他对我们说："你们看着我的眼睛，就如同看到了五四时期这些大师的身影，因为我是亲炙于他们的。"我们喜欢和先生吃饭，他善饮，但从不醉酒失态。席间，先生谈古论今，激扬文字，神采飞扬。中西诗词、哲学、科学、文学，无一不通，往往妙语连珠，令人拍案，正是"座上客来，樽前酒满，歌声共水流云断"。有时先生自拟主题，往往是一个哲学命题或逻辑形式。2018年12月28日，是大家和先生一起迎接的最后一个新年，那天，先生提出，在座的需用"反事实命题"来造句，其形式是"如果……则……"。那天不知为什么，先生情绪并不高，却总在问："你们想到永恒是什么了吗？"有几次这个话题被冲淡，但他又正色地再次提起。现在回想，为什么先生突然提出这个问题呢，他为什么只是提出了问题，却没有下文呢？而这永远没有答案了。

先生一向是以身体的强健示人，似乎他的头脑是雅典式，而身体则是斯巴达式的。他废寝忘食地工作，这些使我们几乎忘记他是近80岁的老人。近几年，他突然爱上了写科幻小说，命名为《太阳系的重生》，这部小说将科学、哲学和文学集于一体，是先生晚年的得意之作。他说：

> 刘慈欣《三体》才华横溢，堪称杰作，但和我的基本理念相抵牾：我不能同意太阳系被二维化而永久沉沦，不能忍心让人类几千年的灿烂

文明毁于一旦，我不相信这样的绝对的灭亡，我也不能接受宇宙中充斥的只是无尽的恶。我相信生生不息，我相信爱是宇宙的最高律令。

但先生几年前突染眼疾，手术后，家人控制他使用电脑。据他后来偷偷讲，为了写《太阳系的重生》，他想尽了办法，有时趁师母不注意，用小纸条写上几句，藏到枕头下面。后眼疾康复，他获得的时间稍宽，但也总感觉不足，有次先生郑重地对我们说："你们知道用微波炉热饭的两分钟能写多少字吗，我现在可是知道的，时间的利用贵在点滴。"几年前我从英国访学归来，特带给先生两瓶苏格兰威士忌，他非常喜欢，说师生心意相通，对此他早有预料，已经将此事写入了他的科幻小说中。我找到他博客的连载，原来在书中的"引子"中，天体物理学家苍仰穹在思考太阳系和人类命运而不得时：

起身从柜子里翻出一瓶陈年威士忌，兑上苏打水，从冰箱中取出冰块，想起这瓶酒是 2015 年他的一位学生从剑桥带给他的"皇家礼炮"，而现在这位学生如果活着也已 140 多岁了。

先生的童心和幽默令人忍俊不禁，可惜他突然离去，无人能续写这部小说了。

那天，听闻先生离世，震惊而痛苦。从英国回国的一路上，泪水不时淹没了我的双眼。想起毕业论文初稿上他一页页修改和贴补的痕迹、想起他毕业推荐信中的那句"抱有高远的理想"的期待、想起他惯常的顽童般略带黠慧的笑容、想起这些年来他对我精神的塑造和影响……头脑中回响的是沈庆的《青春》的旋律——允许我为你高歌吧，以后夜夜我不能入睡；允许我为你哭泣吧，在眼泪里我能自由地飞！

此时，如有天国，相信先生的灵魂也俯瞰他的学生，拍掌而歌！

2019 年 8 月 31 日，于英国剑桥爱丁顿

荣乐止身何所恋，青山绿水楚云飞①
——忆恩师孙慕天先生

庞晓光

（中央财经大学马克思主义学院；哈尔滨师范大学 1999 级）

这世界听不到先生的声音，见不到先生的文字已经三年多了。这三年来，先生在文史楼的小教室里条分缕析、娓娓道来的样子，先生端坐在酒宴中遥吟俯唱、意兴遄飞的样子，先生在学术会议的闭幕式上以他特有的理性的理想主义点燃全场、提升会议主题时激情澎湃的样子，以及先生与我们这些弟子议论风生时眼神中闪现的如孩子般顽皮与狡黠的可亲可爱的样子，时不时地浮现在我的眼前。三年来，先生多次出现在我的梦中，"故人入我梦，明我长相忆"，先生这是体谅我、成全我，他知道我很想他。

与先生初识于 1999 年秋天，那时刚入先生门下。未入学就耳闻先生家学渊源、博古通今、高标出世、卓尔不群，伺候于先生门墙者良多。因此，虽然侥幸被先生录取，心怀"今晨捧袂，喜托龙门"的欣喜，但同时也有一种无形的压力，用"口欲张而嗫嚅，足欲行而趑趄"来形容我当时的拘谨似乎也不为过。先生敏锐，很能体察学生的愚衷。在入学不久的一次酒宴上，他亲切地对我说"你可是老师的状元啊……'迟迟涧畔松，郁郁含晚翠'"。先生话像是在提示，又是在鼓励，同时又充满希望，让我卸去了精神的包

---

① 2009 年元旦，先生发来此诗，作为新年礼物。全诗如下："英雄天下诗千首，花月春江酒一杯。荣乐止身何所恋，青山绿水楚云飞。"

袄，从此推开了新奇的科学哲学的大门，走入美丽壮观的学术新天地，也开启了我和先生20年的亦师亦友般的交往之旅。近些年高校研究生扩招，导师教授也随之盈室盈堂，然而我们也看到，纷纭于各种事务让学生"自生自灭"的导师有之，借机把研究生当成临杂工的亦有之。我常常庆幸在研究生涯中能亲炙先生，在先生营造的日神精神与酒神精神交织、深邃的哲理和火一样的诗情相融合的学术共同体中，我不仅窥睹科学哲学的堂奥，而且在先生的带领下体味和领悟生命的诗意。先生正大的思想、独立的人格、崇高的品位、浪漫的气质，在某种程度上也奠定了我日后精神生活的底色。

记得有一次课上，先生跟我们谈起了马克思那份举世闻名的自白。表中马克思对"您的特点""您最厌恶的缺点"等问题的回答也成为后来人们评价马克思深邃品格的依据。此刻我想，如果让先生填一份类似的表格，先生会填些什么呢？我愿不揣冒昧，替先生略填一二，不知道在时间彼岸的您会同意我的看法吗？

如果让我用一句话来概括先生的人生，我想大哲学家罗素的那句话再合适不过："良善的生活是由爱灌注并经由知识引导的。"先生特别喜欢这句话，当年先生带我们几个参加张丽师姐的婚礼，他就把这句话送给师姐。现在想起来，求真、向善、臻美的旨趣，不正是先生一生的写照吗？

先生一生求真。这个"真"首先是对真理的持守，"士之为人，当理不避其难"。先生几十年坚持在"苏联自然科学哲学"这个边缘地带求索，栉风沐雨，筚路蓝缕。先生对苏联自然科学哲学的历史地位和价值，对东西方比较科学哲学的研究，可谓拨迷雾，探本质，启智慧，召未来。先生的这些"理性的跋涉"体现在先生的诸多学术著作中，它们会在时间的淬炼中熠熠生辉，自然不必我在这里多费评章。我主要想谈后两方面的"真"，即严谨求实的科学态度和人性的纯真。

就在先生去世前半个月，师姐在群里议论屠呦呦诺贝尔奖获奖感言，认为英译本比中译本水平高。先生提出质疑，认为英文不可能把周代的古文和中国人的心态译得比原文还高明。几轮切磋后，师姐的话激起了先生的好奇心，较真劲头上来了，他想知道英文稿和中文原文到底有哪些差别，以证实"英译文更好"的说法。如果是内容上的差别，是什么原因造成了这种差别？满足什么样的标准算是"更好"？先生申明：我不是在这个问题上纠缠不清，而是涉及一个治学的重大问题。孟子说："余岂好辩哉？余不得已矣！"为了弄清究竟，先生找来中英原文，最后竟做出一个"屠呦呦诺贝尔奖获奖感言中英文本比较研究"。他从结构、内容、表述三大方面入手，做了详尽考究，结果一目了然。先生事后跟我说："你师姐其实是凭感觉随口说的，大概也没真的看过英文稿，更没做过对比，我不赞成这种态度。老实说，屠的讲话除了用中文，其他语言都词不达意，别说英文稿'更好'了，这是 incommensurability（不可通约性），是个文化问题。你看屠呦呦那种中国气势，从《诗经·鹿鸣》谈到葛洪，岂是用英语能表达的？没有根据地硬说英文本比中文原稿好，不是学人的作风。我就是想讨个说法：告诉我，英文本哪个地方'更好'？哪怕给我一个例证呢！"先生以实际行动给我们上了生动的一课——保持对事物认知的热情，追根究底；严谨求实，不轻易下结论，不跟着感觉走；言之成理，持之有故，做一个审慎的、具有怀疑和批判精神的思考者。先生戏称自己"本性难移，老而弥笃，不可救药"。但是这难移的"本性"不正是对事物"好奇"的本性吗？亚里士多德《形而上学》开篇第一句话："求知是所有人的本性。"人出于自己本性的求知是为知而知，为智慧而求智慧的思辨活动，不服从于任何物质利益和外在目的，因此是最自由的学问。难怪先生说："一个上午的阅读，好奇心终于得到了满足，觉得特别充实，感到很幸福。"拥有这样的心态的先生，怎么能够不拥有青春的力量，怎么能够不朝气蓬勃、活力四射呢？

先生追求人性的纯真。在师门中有一个好玩的事情，那就是每逢"六一"儿童节先生都要祝我们节日快乐，年年如此，从不间断。起初我觉得很意外：都这么大的人了，还过儿童节？是先生感慨"盛年不在，倏忽此生"而希望自己和学生们永葆青春吗？后来读先生的文字我才明白其中的深意。先生写道："怎么觉得周边的有些青年好像比过去的'老'。海德格尔的诗说'算计的人越急，社会越无度。运思的人越稀少，写诗的人越寂寞'。但是，还是有童心的人多吧？老子说：'含德之厚比于赤子。'孟子说：'不失其赤子之心。'基督说：'让小孩子到我这里来。'马克思说：'一个成人不能再变成儿童，否则就变得稚气了。但是……他自己不该努力在一个更高的阶梯上把儿童的真实再现出来吗？'啊，童心未泯的人有福了，祝你们儿童节快乐！"读到这里我突然想起，以前在课程间隙，先生常向我们提及杰克·伦敦的中篇小说《野性的呼唤》。故事的结尾处，巴克蹲坐在地上仰天长嗥。记得当时我听得一脸茫然，先生那会一定会有"欲取鸣琴弹，恨无知音赏"的无奈。现在明白，巴克的长嗥，就是在呼应内心一直呼唤它的声音，那声音正是对回归本真的召唤。我们现在赞美别人长得年轻会用"逆生长"，其实就身体而言哪有什么"逆生长"，但是在心灵上却可以一直逆生长。然而现实却是，人长大后，往往把眼光和精力投向外部世界，正如黑格尔所言："世界精神太忙碌于现实，太驰骛于外界，而不遑回到内心，转回自身，以徜徉自怡于自己原有的家园中。"一千多年前的陶渊明早就敦劝我们："归去来兮！田园将芜胡不归？"其实，回归心灵的家园就是唤起人的真性情，这样的人是"作为一个总体的人"完全"占有自己的对象"，是"人的一种自我享受"，拥有真性情的生命是从容的，充实的，因而也是有诗意的。现在每年六一儿童节，大家仍都会在微信群中习惯地问一声"儿童节快乐"，这是对先生的问候，也是替时间彼岸的先生提醒我们，不要在心灵上远离童年，保有心底的那份诗情。

先生向往良善。先生是终极关怀和普世价值的守望者，他更是一个启蒙者、传播者。他的诸篇文章都针砭时弊，发前人未发之覆，体现了知识分子的社会良心和社会使命。比如他针对时下年轻人沉迷于感官狂欢、思想闭塞、感情苍白、失去理智的精神状态，倡言"只有通过学习人类创造的优秀文化，投身火热的斗争生活，并且不断提升自己的精神境界，才能摆脱低级趣味，得到丰富、充实、高尚和理想的精神享受。"大概是2006年吧，先生来京开会，我和小蕊等人在翠微路上的一家酒馆请先生吃饭，先生席间发此议论，最后说："这代人需要新的启蒙！"当时听到这话，我的精神真是为之一振，至今仍言犹在耳。我想与前两次启蒙相比，先生所说的"新的启蒙"应该包含在物质主义诉求尘嚣日上的时代久违了的英雄主义、理想主义、浪漫主义的诉求和意蕴，重申黑格尔"世界用头立地""理性的光辉日出"的伟大口号，因为人的类本性在于从认知上对本质的把握，从实践上对世界的改造，这必须要由理性来引领。

受马克思对"功利智力"和自由智力议论的启发,先生多次谈及功利的智力和自由的智力的区别。先生认为,价值观决定了智力的本质,这是科学知识论的一个具有决定性意义的命题。"服务于某个特定目的、某种特定事物",心灵被名缰利锁牢牢困住的功利主义智力是狭隘的,这就从根本上限制了他们进达于普遍的能力和眼界,而只有无私奉献的"为正义事业而斗争"的智力,才是自由的,也只有这样的智力才能以真理服务于人类的幸福。[a]先生向来鄙弃"汲汲于俗谛"的功利的智力,告诫我们,不做高学历的谋食者,"务正学以言,毋曲学以阿世"。我在"不有佳作,何伸雅怀?——读孙慕天先生新著《孤鹜落霞》"中写道:"看看先生对当今名实相悖的符码世界的揭橥,对舶来品'后现代'所推崇的'小型叙事'嘲讽,对我们时代人文精神失落的焦虑,对建构国民精神信仰的期盼,笔锋犀利,文字激越,处处让人感受到鲁迅的'洞察世事的冷峭寒意'。然而,对于转型社会中的种种荒诞现象,先生没有"长叹息以掩涕兮",而是积极提出治病良方。在诸多主流话语接踵而生时,始终以清凉之音警醒世人。"先生的为文与为人,总会让我不自觉地想起中国古代士的精神:文以载道,道始于情,修辞立诚。也正如李醒民先生在其诗作中所传达的情怀:"独善其身份内事,兼济天下岂敢丢?"

先生是"美的这一个"。这是先生常常挂在嘴边的一句话,先生喜欢一切美的东西。先生爱美,总是穿着得体,潇洒飘逸。若逢重要场合比如生日宴会,学生的毕业典礼,先生更是西装革履,儒雅大方,以示重视。先生总能以美的形式让所有美好的时刻成为永恒。谁也不会忘记,开学第一课先生送给我们的礼物——他的短文"哲人长寿"。我们不禁问:既然"修短随化,终期于尽",那么哲人何以长寿?先生说:"上帝用终生工作的可能性补偿了哲人在功利上的损失,因此从事人文文化创造的人,有与生命同步的青春。"如此看来,我们应为迈入这一行感到庆幸和欣慰。先生喜饮酒,每到课程结束或是什么节日,我们师生都要寻个酒肆,纵意所如一番。当"觞酌流行,丝竹并奏,酒酣耳热"之际,先生常常佳句频现,屈其座人。毕业后先生每

---

① 孙慕天:《孤鹜落霞》,高等教育出版社2009年版,第256页。

次来京,也要寻几个知心弟子小酌,师母总是叮嘱我让先生少喝。其实,先生饮酒,醉翁之意不在酒。当我长了些年纪更懂先生时,知道先生会饮的背后其实是心底那份对自由的、无拘无束的灵魂的向往。人生中,能够会饮的时刻是不多的,多希望还有机会和先生"暂就东山赊月色,酣歌一夜送泉明"啊!

先生喜欢美的文字。他经常与我们分享给他以美的触动的作品。2010年先生来信说道:"《预言》是何其芳的成名作,写作时才19岁,一发表就引起轰动。他前期出版的诗集《夜歌与白天的歌》循此风格,也是唯美的,为此受到左翼的批评,可是我就是喜欢。60年代,他写了一首《回答》,'旧病复发',唯美的'老毛病'又犯了,大受挞伐,那时我才二十三四岁,却喜欢得不得了。可惜没有电子版,等有空我录下来发你,你一定爱不释手。你们这代人,好东西读得太少了。"先生所言极是,我现在有限的读书也多半带有功利目的。幸运的是,我有博物洽闻、通达古今的先生的指点。先生文章,既文且博,亦玄亦史,走笔数千言,纵横捭阖,才思驰骋,收放自如。其知识之广博,文风之优雅,笔端之犀利,情怀之豪迈,令人叹为观止。先生演讲,总能提其要,钩其玄,一语中的,让人钦佩不已。读先生书,听先生讲话,那真是美的享受。我常想,先生就是文字的知音。文辞只有托付给先生这样的人,才能尽现它的魅力和尊严,完成其真正的使命。

先生重情。他常说"爱是生命的根",他爱他的每个学生。这爱,在他给每位学生密密麻麻反复修改的论文中。让人感动的是,在每篇文末,先生都会手写五百字左右的评语,分明瑕瑜,提出勉励。这爱,是在先生新作问世后,写在扉页上的话语和手捧著作去邮寄的路上。记得《孤鹜落霞》快要杀青时,先生写信给我说:"告诉你,这个题名的含义是:落霞者,黄昏也;孤鹜者,一鸟也。取黑格尔"密那发的猫头鹰黄昏才起飞"之意。这是我对自己六五初度的纪念,此意请告春霞、晓蕊、曹晖、红霞,我谁也没忘。老师是不会忘了学生的,这是规律。"这爱,在先生对学生有问必答、有求必应中。2004年,我就考博征询先生意见,先生回信说:"我想你可以报考醒民处。李君博学多才,雅量高致,是端方君子。表格和职称复印件今日用特快专递寄出。"2006年春先生赴京开会,我和李醒民老师在会场找到先生,欢然道故后和两位先生合影，那一刻真觉得幸福无比。先生的爱，还在先生缔造的小小的，但却是真善美的学术共同体中。先生历届学生加起来近百人，上下跨越20多年。有些师兄（姐）虽未曾谋面，然而见面只要报上名字，立刻就亲切起来："噢，原来你就是老师说的……"原来，我们在先生的口中早已见过，此刻无须多言，心意已经相通。那次回哈尔滨参加完先生的告别式后，当我站在陌生的地方茫然无措时，听见万师兄的声音："晓光上我车来吧，师兄带你一段。"那一瞬间一股暖流涌上心头，我觉得先生并没有走远，他守望的"真、善、美"像夜空中辉耀的焰火，开放在每个学生的心中。

三年前清明节的清晨，忽闻先生魂归道山，我恍惚中顿觉精神无所依傍。虽然近些年俗务缠身，与先生不得相见，但是知道先生就在那里等着我，相隔再远心也踏实。现在先生真的不在了，空虚、悔恨、让人绝望的想念一齐涌上心头。我端详先生的照片，他微笑中带着一丝狡黠与顽皮，我似乎听到先生的声音"晓光，多久没见你了，想死老师了"。我去阅读先生的文字，看到字里行间迸发出的青春的激情，感到在时光中又与先生重逢。我无数次在梦里找到了先生，梦中我们在给先生开追悼会。让我欣慰的是，先生也坐在我们中间参加先生的追悼会，并唱挽歌……我四处找师兄师妹聊先生，似乎能在我们共同回忆的过往弥补先生不在的忧伤与遗憾，聊着聊着，似乎先生又回到我们身旁……九年前，我曾抄录一首小诗给先生：

> 傍晚，我望着夜空，想起你，知心朋友。
> 你远在天边，几时才能和你相见。
> 晚风吹着我的脸，
> 星儿啊，又随风飘散，
> 飞到我身旁，永远陪伴着我。
> 如今我寂寞悲伤，有谁知道我在流泪，
> 只有你啊，知心的朋友，
> 可是你远在天边。
> 如今我孤零无靠，今往何处去流浪，

只有你啊，知心的朋友，

可你远在天边。

如今再读这首诗，不禁泪湿眼眶，是啊，如今先生远在天边。从经验论来讲，他永远离开了我们去了彼岸世界。但是，存在论又告诉我们，先生并没有随着肉身的不存在而进入虚无，他在此岸世界的"不在场"不妨碍他仍然存在着，他的存在就住在他的历史、他的思想、他的诗情中，他的时间融入了未来而与我们生者同在。海德格尔说："语言是存在的家。"已有副君之重的曹丕说："盖文章经国之大业，不朽之盛事。年寿有时而尽，荣乐止乎其身，二者必至之常期，未若文章之无穷。"先生最喜欢的新中国著名诗人聂绀弩也写过："彩云易散琉璃脆，只有文章最久坚。"物质的生命终究成为不存在，但是精神生命和社会生命是不朽的，它们以非存在的方式永世长存。写到这里，我释然了，隔着时间的河岸的先生，在另外一种存在方式里，仍然用洞察一切的目光"透视那在世人心中燃烧着的化日光天"，仍然在怀着永不熄灭的诗情，吟唱着自己的"天鹅之歌"。

2022 年 7 月 15 日，于北京

遵师之期望　跋涉以前行
——追思恩师有感

孙红霞

（中国科学技术出版社有限公司；哈尔滨师范大学1999级）

老师虽已仙逝，但他的学术灵魂对我产生的影响已经深入骨髓。在他的眼里，我一直是一个不善言辞、羞于表达内心感受的学生，然而，他却是这个世界上最懂我的人。

临近毕业之际，他特别送我《科学革命》一书，并在扉页之前亲笔题上"良善生活是由爱贯注且由知识引导的生活"。送别之时，他又针对我的研究生涯充满期望地嘱咐道："咬定青山不放松。"他的音容笑貌至今记忆犹新。

多年来，我一直遵循老师的期盼，在理性世界的不同层面艰苦跋涉。正是在老师思想、精神的指引下，度过人生的顺流和逆流。他是我前行之路上坚不可摧的思想堡垒和生生不息的精神源泉。

附以向老师请教问题时的对话记录，不知道在天国幸福生活的老师是否还记得他给予学生的谆谆教诲。

红霞：老师，您好，莫斯杰巴宁柯在现代学术界的地位是怎样的呢？

老师：你说的莫斯杰巴宁柯，应当是1985年中国社会科学出版社出的那本译著《宏观世界、巨大世界和微观世界的空间和时间》的作者。按俄语发音作者正确的译名应是莫斯捷帕年科。苏联哲学家，列宁格勒大学教授，是研究物理学哲学和科学方法论的专家。他对时空问题的研究十分独到，理论深刻，是这一领域的权威学者。其代表作有《四维空间和时间》《时间尺度问题》《时间和空间因果性的包罗万有性》《年代测度和时间的因果性》《物理学和哲学中的真空理论》《物理学和宇宙学中的存在问题》《人和宇宙》，等等。此外，他曾发表《可能世界思想和现代物理学》一文，由于此文曾译成中文在《自然科学哲学丛刊》1985年第4期发表，所以在国内科学哲学界和逻辑学界关于可能世界的讨论中引起了广泛的反响。

《宏观世界、巨大世界和微观世界的空间和时间》这个标题翻译有问题，巨大世界俄语原文是宇观世界。我翻译的《辩证世界观和现代自然科学方法论》，收有 A. M. 莫斯捷帕年科的《哲学和自然科学世界图景的形成》一文。

还要特别说明的是，苏联和俄罗斯学术界有三个著名学者都叫莫斯捷帕年科，极易混淆。你问的这个"莫斯杰巴宁柯"是 A. M. 莫斯捷帕年科，全名亚历山大·米哈伊洛维奇·莫斯捷帕年科，生卒年1938—1987。另一个是 M. B. 莫斯捷帕年科，全名是米哈伊尔·瓦西里也维奇·莫斯捷帕年科，生卒年是1909—2002，也是研究物理学哲学的，发表过《辩证唯物主义和现代原子物理学的一些问题》《爱因斯坦相对论的唯物主义本性》等论著。第三个莫斯捷帕年科是 M. B. 莫斯捷帕年科的儿子，生于1947年，全名是弗拉基米尔·米哈伊洛维奇·莫斯捷帕年科，是圣彼得堡综合技术大学教授和应用物理学和航天高等学校的研究员，是个实证科学家，他的代表作是《力场中的真空量子效应》。

M. B. 莫斯捷帕年科和 A. M. 莫斯捷帕年科曾合作写过论文，前面说的我译的那篇关于世界图景的论文就是两人合写的，而且老莫斯捷帕年科署名在前。

这个问题国内没有人能辨扯清楚，我对这个莫斯捷帕年科做过研究，刚才翻出笔记，把大致情况告诉你。

红霞：再请教下，A. M. 莫斯捷帕年科的这本书是否能被称为现代思想经典著作呢？

老师：现代科学哲学的重要著作吧。说现代思想的经典分量太重了，作者没有那么大的世界影响。美国 Loren R. Graham（格雷厄姆）关于苏联科技哲学的权威著作就对他只字未提。

对于这两个问题的回复，老师不仅是一个字一个字敲进去的，而且还仔细查阅了笔记。他对待学问的严谨程度可见一斑。

吾爱真理　尤爱吾师

张秀华

(中国政法大学马克思主义学院；哈尔滨师范大学 2000 级)

亚里士多德说："吾爱吾师，尤爱真理。"这句话的确道出了以追求真理为己任的哲人的心声。因为哲学从其诞生那天起就担负起探寻真理、为真理辩护的使命。也正是如此，在追求真理的这条道路上，西方哲学肇始于古代分析"物"的本体论、世界论，经历了分析意识的认识论、知识论，来到当代分析语言、分析生存、分析行动的实践哲学，并先后产生了显现的真理观、揭示的真理观和行出的真理观。每一次哲学范式的转换和哲学转向，都是哲学家们对其所在时代精神的理解与表达，更是试图澄明真理的哲学以否定性思维方式而对自身的不断反思与超越。所以，"吾爱吾师，尤爱真理"这一佳句，鼓励了一代又一代哲人面对自身对老师挚爱的私人情感，而义无反顾地选择"面向事实本身"的历史责任。然而，这里我想要说的却是：吾爱真理，吾更爱吾师。实际上，也唯有如此，才能真正表达对老师的理解、尊重与热爱，批判与对批判的批判走得都是同一条通向真理之路。可以说，没有孙慕天先生对我的指导与教诲，我这个哲学的民科、门外汉，永远也不能"从一只哲学的丑小鸭，变成一只哲学的白天鹅"（这段话是孙先生写在我硕士毕业论文手稿上的）。

一

记得当我第一次跟孙先生请求要考他的硕士研究生时，他先是有些吃惊，而后委婉地转移了话题，说我更像是"搞文学的"。这意味着孙先生不确定我能否以理性的方式从事哲学的学习与思辨。尽管他知道我曾经当过多年的工程师，可毕竟我又在机关里做公务员，整天忙乎一些行政事务。或许，这与将理性追问进行到底的追求真理的哲学生活方式完全背道而驰？虽然没能得到孙先生的直接恩许，我还是决定试一试，并最终报考了哈尔滨师范大学科学技术哲学专业的硕士研究生。当时37周岁的我心里着实没了谱，担心会被老师拒之门外。没想到的是，孙先生不但没有嫌弃我年纪大、非科班出身，居然录取了我，还让我有幸成为他名下指导的研究生之一。孙慕天教授如此开放和包容，深深地感动了我，我暗自下决心努力钻研，一定要对得起老师的信任。

  遗憾的是，我并没能一直在孙老师身边接受指导和学习。入学后的第二年由于举家搬到了北京师范大学，还没等我向孙老师请求随家人来北京一事，老师就主动和我说："小华，你们一家搬到北京后你就在北京师范大学那边听科哲的课吧，那里的学分这里都承认，就不要自己跑回哈师大上课了，毕竟孩子小需要照顾，而且北师大科哲实力很强，哲学氛围浓，有需要交流的问题咱们师生可以通过email或电话沟通都行。"听了老师这番话，我的眼泪禁不住夺眶而出。这对我来说，又是一次没想到的惊喜。因为平时老师对我们很严格，绝对不准许任何同学缺一次课。我们也不舍得错过孙老师的精彩课堂。这不只是孙老师的课备得好、讲得熟，善于把教材体系转换为教学体系；更重要的是，他对每一个专题的阐释都既有扎实的经典文本依托，以对话的方式展示哲学家们的视界融合，同时又保有自己独到的看法和评价，并给我们提供大量可以学习借鉴的思想资源与方法论。毫不夸张地讲，他在哈师大的每一场报告，我和同学们都提前占座，生怕来晚了得站着听，生怕分享不到孙老师那既直面现实问题又深邃严谨的逻辑阐发，生怕错过那情与理交融的精神大餐。所以，当老师说让我在北师大接受研究生教育时，我心情特别矛盾。一方面，感谢老师对我的理解、关爱与支持；另一方面又惋惜听不到老师为同学们准备的一次次专题研究报告与学术讲座。最后，我还是依依不舍地来到了北京师范大学并按照孙老师的建议选听了一些科哲和西哲课程。为了使自己尽快摆脱哲学非科班境况，我几乎听遍了师大哲学院每一位教授的课，选修了科哲专业的各门课程，并定期向孙老师汇报自己的学习与研究进展情况。孙先生对我每一篇发表的文章都给予肯定，并鼓励我继续深化对问题的思考，这使我更坚定了从事学术研究和治学的信心。为了能让我顺利从事哲学研究，他把比较容易读的书目先给我，逐渐再把难读但必读的书籍告诉我。由于我自己读书心切，经常直接去读黑格尔、胡塞尔、海德格尔的著作，但我能体会到老师的良苦用心。今天作为硕士与博士生导师的我，更能体会到孙先生因材施教、为每个学生量身制定合理培养方案的育人之道。这也是为什么孙门弟子没有一个掉队或半途而废的原因。因为有老师的鼓励与悉心指导，无论是毕业的还是在校的，大家都积极进取，保有斗志，把个人成就自身与服务社会有机统一起来。应该说，老师给予我们每个人的不只是知识和学问，而是一种用之不竭的精神力量、一种生活态度、一条人生道路——终身学习，致思不已。

二

还有一件让我没想到的事儿，那就是我硕士论文的选题。由于在北京我比较早地阅读到李伯聪教授工程哲学研究尚未出版的手稿《工程哲学引论——我造物故我在》，对此我就萌发了跟随李伯聪教授研究工程哲学的念头，也未向孙老师请示，就自主先择了"生存论视野中的工程范畴"作为硕士毕业论文的选题，并很快写完了开题报告。当我带着这份开题报告回到哈尔滨师范大学参加开题答辩时，早就做好了老师可能不同意这个选题的心理准备。因为，这不是孙老师关注的领域，无论是生存论、现象学还是工程哲学，都不是孙老师研究的问题域。然而，在开题论证会上，孙老师及各位答辩的老师们居然对我的开题报告给予了充分肯定，而后还将我的开题报告作为模板。这让我很意外，也再次体会到孙老师及哈师大科哲的各位老师们治学的开放性和对学术前沿的敏感性。2003年春夏之交，正是北京的SARS事件闹得最疯狂的时候，我冒着风险回到哈师大准备答辩，张明雯、孙玉忠等几位老师为我这个"不速之客"提供了诸多便利和关怀。让我感动欣慰的是，老师们对我的论文评价很好，孙老师更是异常高兴，最后我的论文被推荐为校优秀论文。这也使我有幸成为国内第一个以工程哲学为研究对象并完成硕士学位论文(《生存论视野中的工程范畴》)的学者,以至于后来成为国内第一个在工程哲学领域完成博士论文(《工程的生存论研究》)的学者,并开辟了工程研究的生存论也即工程的现象学研究的新路径。感谢孙老师及导师团队的包容,让我能选择工程哲学作为自己的研究领域,持续地发表学术成果,并获得国家社科基金项目的立项,目前结项成果——专著《回归工程的人文本性——现代工程批判》也已于2018年出版。我的专著《历史与实践——工程生存论引论》能与李伯聪教授的工程哲学奠基之作《工程哲学引论——我造物故我在》一道荣获中国自然辩证法研究会第一届优秀学术成果奖一等奖。领奖那一刻,我首先想到的是,我终于没有辜负孙老师对我的希望和教导。

三

让人想象不到的是,幸福大多在不经意间降临。2007年暑期我有幸和孙老师同时应邀赴北美参加"基督教与中国"的文化考察和学术研讨。在那里,我第一次了解到孙先生对基督教文化理解与阐释的无可比拟的学术功力。他的论文《爱是基督教的总纲》不但获得与会者的高度赞誉,他的每一次发言也都引起广泛的学术对话并获得持续而热烈的掌声。孙老师更是每日歌声不断喜乐满满,仿佛回到了伊甸园。那应该是这些年来老师最快乐而幸福的一段时光。那一段时间的陪伴弥补了我读硕士时与老师聚少离多的缺憾,也让我作为学生得以就近照顾和关怀老师,尽一份弟子的心力和义务。同时使我以一种近身的方式体悟到,何以老师的译著《后现代宗教》(大卫·格里芬的著作)翻译得那么好,那么流畅而易读。没有家学渊源,没有从小的中西文化的浸泡,就不可能有这样的名作名译。这本译著出版后,老师于2003年6月2日赠书与我,并抄写了雨果下面这段话作为我硕士毕业的赠言:"杰作有一个标准,对人人都是同样的标准,即绝对的标准,诗人的信念即源于此。他们怀着藐视一切的信心寄希望于未来。"当我把这段文字输入计算机时,往日美好的时刻一下子浮现在眼前,并且在心中越发感念老师对卓越的孜孜以求，对世俗生活的超越姿态，以及对美好明天的向往，是何等的超凡出尘、独步学林。只可惜童心未泯的他，笔耕不辍的他，却突然间就永远地离开了我们，留下了无尽的哀思和追念。但我相信，孙先生的精神将会影响和激励着我们一代又一代学人前赴后继勇敢探求。

  正是在先生精神的影响下，以孙老师为榜样，我也像他那样肯在学生培养上投入时间，长期给学生举办经典著作读书会，努力陪伴学生成长。同时，要求研究生入学后应尽快确立起来"六种意识"：（1）学生与学者的双重角色意识；（2）观念生产的责任意识；（3）学科意识；（4）问题意识；（5）方法论自觉的意识；（6）创新意识。2018年我获得了中国政法大学首届优秀研究生导师的荣誉，并在全校的研究生教育工作会议上做了经验交流。同年，被北京市教工委特聘为北京高校"思政课"特级教授，被中国政法大学特聘为钱端升讲座教授，并获得中国政法大学科学研究突出贡献奖2项。此刻，我要说的是，这些荣誉不只属于我，应归功于孙慕天先生对我的教导，是他将我引入了高贵的哲学殿堂，去拥抱真理的曙光，并过上了最值得过的有省思的生活。如果先生在天有知，我想对敬爱的孙先生说："吾爱真理，尤爱吾师。"

三人行，何日与师同
——忆恩师孙慕天先生

栾广君

（黑龙江中医药大学马克思主义学院；哈尔滨师范大学2002级）

夏日午后的松花江畔，一位身穿暖黄色短袖衬衫、米色长裤、头发微曲配白色小檐帽的长者格外引人注意。他不像其他同龄人那样步履缓慢、神情凝重，反而如同年轻人那样行动轻快、活力无限。长者身旁伴随左右的是两个长发的年轻女孩儿，他们一路上热情洋溢、谈笑甚欢。此时在江边休闲的人忍不住投来注目礼，大概他们心里疑惑说：这位长者看起来为何与江边遛弯儿的同龄人如此不同？这"三人行"走在一起竟让人忘却了年龄差，沿途撒下的欢声笑语和青春气息为静谧的江畔平添了一抹亮色。这一幕发生在15年前的哈尔滨之夏，同时也永远定格在我的心底。这位人群中与众不同的长者就是我的恩师孙慕天先生，旁边的两个女孩儿中开朗而文艺的是孟玮，稚嫩而青涩的是我。对我俩而言，和先生一起畅谈漫步的日子在读研期间时常有之，甚至有从江边步行回到学校的记录。现在想来还真有点当年亚里士多德"逍遥学派"的影子。毕业后，孟玮不得不"为爱走首都"离哈赴北京工作，留下幸运的我一直伴在先生身边。记得先生曾在毕业那年发信息给我感慨道：

君君：在我的星空中当然是群星灿烂，但最明亮的却只有两颗星星，那就是你和玮玮，你们这对双子星座才是无可替代！师。

再往后"三人行"逐渐变成了"双人行"——先生或是去北京或是在哈尔滨倒还可以成行。然而，从今年的清明节那天开始，不论在任何城市，都不会再有"三人行"了，恩师的突然辞世犹如一道晴天霹雳让那些最美好的画面碎裂成再不敢触碰的镜中花，看一眼便堕入万丈深潭，难于自救。直到恩师身后百天以后，我才能逐渐平复情绪，回想所有与恩师有关的片段，只是那个名为"aliens"的微信号再也不会向我发出任何讯息了。这个名字的由来自有一段不为人知的故事，我斗胆将这个英文符号分解为不同的单词，浅释恩师在我心目中最为突出的六重影像。

A——Aesthetic（审美的）：发现并塑造美

先生对美学的领悟是别具一格的，他不但善于发现美，更善于塑造美。每一届入学的研究生数量不同又各具特色，作为大家眼中的"大师"，先生却总是能从各个角度发现每一个学生的优点，甚至是学生自己都没有意识到的荧荧之光，都逃不过恩师这双慧眼。不仅如此，在先生身边熏陶三年的学生徜徉在古今哲思之中、沉醉于诗词歌赋之间，纵情高歌，壮怀激烈，毕业时自然是褪去青涩，气质提升，这些变化每每让先生心生得意，不由得将自己的学园比作"精神美容院"。推开这间"精神美容院"的大门，那是先生给我们营造的纯净美丽的精神世界，用他的话讲是"哈尔滨——一个冬天的童话"。我想这正是先生独一无二的教学方法，用精神上至高至纯的美好唤醒每位学生灵魂深处的"善"和"美"，进而引导我们主动求"知"。他就是有种令人难以抗拒的魔力，在先生这里，我们无法面对自己有些许的沉沦，否则便难以与先生至纯至善的教导相配。或者说，无形中给我们设下一份"道德命令"，让我们行事有底线、做人有追求。

先生对美的追求并不是镜花水月，在日常生活中更展现无遗。读书期间，先生总是体谅大家在学校吃的不够好，带领我们绘制出一张当时哈尔滨的美食地图。现在说来着实羞愧的是，那时先生总是出钱请我们这些穷学生吃饭。每当我们提出异议时，先生总以当年鲁迅先生如何为学生不计一切地付出为例告诉我们什么是真正的"师生之谊"。先生甚至说过："老师可以为你们付出生命，你们信吗？"当时20出头的我为先生的大义之言深深震撼，但我不懂的是，我们这些毛头孩子有什么值得老师那样付出呢？这个问题的答案直到今后的十几年与先生相处中才逐渐明晰起来。

冬日里，先生说"以雪为令"，所以一到上先生的课时我们就盼望下雪，因为这样先生一定会带我们去吃火锅：天天旺、福成、鑫鹏这些火锅店名就与雪天结下了不解之缘。夏天到，先生说哈尔滨之夏是最迷人的，中央大街附近的店便逐一"被点名"：马迭尔、华梅、欧罗巴、源茂、啤酒节大排档。先生说自己本是云南人，于是阿瓦山寨和小背篓这些特色餐厅便成为我们的必去之地。先生对待学生如同自己的孩子一般，了解并记住他们的喜好。他记得我爱吃鱼，每次去燕川都要点两份"清蒸武昌鱼"。连我们毕业时的谢师宴也定在江北的龙华渔村，原因很简单：我们君君爱吃鱼！后来，在我们与先生聚会时，每每谈起这些，我总是和先生玩笑说："是不是应该写一篇文章题为《那些年，我们吃黄的饭店》？"通海楼、天阳贵族、上海私家菜、梅龙镇……每一次聚会，我们收获的都不只是美食，更多的是"美时"。先生总是借大家吃到"志得意满"时，把他哲学的思考、向往的美好、憧憬的未来以最直接有效的途径输送给我们，与课堂上知识的传播相得益彰、互为助力。

先生是完美主义的代言人。毕业前夕，先生为了纪念和我们的特殊情谊精心为我们这届开设了一节绝无仅有的《美学》课，只恨当时设备不够精良，录音已经找不到了，只有一份珍藏的笔记。在他看来，美是自由；美是超脱；美是自然；美是寄情；美是理想。最后先生说：只有作为审美对象，世界才能被永恒地辩护。在前两年的一次聚会时，先生灵光闪现地提出：美是责任。我想，只有像先生这样能够发现并塑造美时，才能将美学付诸实践，脱离了抽象美之后的美才更有意义。

L——Live（鲜活的）：永远兴高采烈

在先生身边十七载，深深体会到王蒙《在青春万岁》里的那段话"从来都兴高采烈，从来不淡漠，眼泪、欢笑、深思，全是第一次"。先生用他最强大的精神力量为我们遮风挡雨、鼓舞向前。

先生最喜欢的舞步是快三步，尤其是歌曲高潮部分的连续旋转，比如《今夜无眠》《我和我的祖国》。记得在我毕业前后，先生对快三还是那样兴致勃勃，经常说我们得多加锻炼了，不然会跟不上他的。先生经常提及2004年8月在黑河办会时，在那个超大的场地上和我尽情旋转的那份畅快淋漓。老师总是跟师妹夸赞说，只有君君能跟得上他的步伐。我能理解老师的心思，这样的快速旋转总能让他回想自己的青春时代，那个希望无限在前面的时代。后来这几年，虽然老师不再跳快三了，可每每听到《我和我的祖国》等歌曲时，总会跟我发微信说：

想起师生翩翩起舞；满满的回忆；你记得我最爱这首歌，我们一起跳快三步，我总是点这个曲子……

先生在我们失落时总是第一时间出现。在我找工作受挫时，那个"黑色星期五"的下午，是先生用一个又一个的短信鼓舞我、激励我，使我被打击致残的自信心慢慢恢复，直到我回复说："好了，老师我没事了。"老师这颗心才真正放下来。在我父亲早逝时，我彻夜难眠，老师发信息告诉我：死亡是对逝者的解脱，只是对生者的折磨。在工作以后，每当遇到波折不顺时，我总会拿出毕业时老师亲笔书写的那页A4纸，看到最后那段时，每每都会热泪盈眶并重拾信心：

阅后天已破晓，遥望曙色，想起我心中的这个girl，她的才情和美丽的精神世界，使我对生命充满热爱，也觉得一切都得到了报偿。

现在想来，那时还真是孩子气，只知道跟老师求得助益，竟然从未想过老师这份强大的内心力量源自何处？其实老师在他的《与书相伴度人生》中末尾说得很清楚：

我承认，我并不是一个特别坚强的人，而人生路上，则有千般诱惑，是伟大的书的作者们和他们的伟大思想以及他们笔下的那些巨人，给了我勇气和力量，给了我做人的标准。

先生在我们面前总是强者的形象，即便是身体不适的那几次。有时路滑我们想搀扶老师一下，每次都没有成功过，以至于只能是暗中保护。就像他经常在聚会时跟我们说的，"如果有一天老师身体不好，那就真的金盆洗手，谁都不见了"。每次听到这话都十分心酸，但我心里认为这件事是不会发生的，"先生离开"这个事实应该只存在于理论上，而无法想象能成为现实。谁想到，先生果然如自己预言的那样：悄然离开、谁都不见……可他依然并永远是那个强大的灵魂，即便只剩下灵魂，仍然对我而言是一生的风向标，永不失约的定约人。

I——Innovative（创新的）：走在学术前沿

先生治学严谨、追踪前沿、笔耕不辍、从未停歇。在我毕业前后，正是先生理论成果高频产出的阶段。每当有新思想迸发，先生总在第一时间与我们分享理论创新的喜悦。2004 年，先生将译著《后现代宗教》送给我和玮玮，给我的那本所题的话语一直刻在我的心中：问题不在现在在什么方向上，而是在于向什么方向前进。而后在 2006 年和 2009 年，另外三本专著《跋涉的理性》《边缘上的求索》《孤鹜落霞》相继问世。每一本都特色独具、分量很重。还记得先生在《孤鹜落霞》一书定稿时非常兴奋，在邮件中告知我这个好消息并说起在后记中提及我和玮玮的名字。当时，我还不懂得一本有分量的著作要凝结作者多少心血，更何况是两本同时完成。那时的工作量显然是相当巨大的，而老师多年来的习惯是自己独立完成，很少让我们这些学生为他做些什么。先生在后记中总结了自己的三个独创性思考：潜蕴性联系、基础和主导的范畴和"世界 4"。这种创造性的习惯先生一直保留着，在每次他出席的学术场合中，他从不曾老生常谈或旧文重提，每每发声总是带来最新近、最前沿的科学哲学思考。在每一次黑龙江省自然辩证法研究会的年会上，作为名誉理事长的先生总能发出新声音，引发新思考。例如"后金融危机""互联网+""苏联科学哲学研究的首要问题""中国梦""新物活论"等等。从国情世情的思考到热门现象的理论阐释，从来都是新意与诚意并存。其中有些新内容、新领域令在场的年轻学者们都望尘莫及，难以望其项背。

先生除了追求理论思维方面的创新以外，还是个十足的"技术控"。他对电子产品的使用和更新从来不输于年轻人；他跟我们谈论起最新资料的捕捉时竟说自己借助"翻墙"软件，话说这项技术直到现在我都只是听说而已；他早早开通博客发表博文，后来还开通了微博并时常发表原创性的哲思……智能手机、平板电脑的使用从来都难不倒老师。我们的"孙门弟子"微信群还是先生召集大家建成并且一直特别活跃。谁能想到先生是年逾60才开始涉猎上面这些"新"事物的？更有意思的是，可爱的老师还经常跟我们比PPT的制作效果，他每次公开讲课的课件都是风格独特、配图精美，想想我上班时候的课件和老师比起来真是相形见绌，怎一个"渣"字了得！

有这样的先生常常敦促，我们如何能安然地忝居原地或者停滞倒退呢？所以，先生就是那座"虽不能至，心向往之"的山峰，令我们"高山仰止，景行行止"。每次和先生小聚的时候，我们都深感不虚此行，看到先生从未停止过"理性的跋涉"，总是深受鼓舞，仿佛是被注入了强心剂，坚定了未来的方向。于是更加笃信创造者是最美丽的。

E——Erudite（博学的）：古典学者遗风

从入学时候开始，就为先生的博学而深深崇拜着。记得第一次听先生讲起"南海圣人再传弟子，大清皇帝同学少年"的典故，方知我幸运闯进的学术共同体有着深厚的历史积淀和文化修养。透过先生的言传身教，我们间接承袭着古典一代大师们做学问的扎实传统。2011年，先生在微博上连续发布了《亲炙拾零》16篇，追忆了当年大学期间亲炙的那些令人敬仰的师长们：何思敬先生、王方名先生、张素诚先生、张厚灿先生、萧前先生、贺麟先生、冯友兰先生、熊伟先生等。对我们而言，他们不再只是在书本上仰望的遥远名字，而是可以通过先生的言行耳濡目染到的古典一代大师们的治学风范。先生在《亲炙拾零》跋中提道：

> 他们正是在天地翻覆的时代，经受了血与火的洗礼，他们是风云儿女，他们那旷代的绝响、无畏的独语、大自在的歌吟是文明的一个不可复制的范本，是精神之光最绚烂的迸发。要记住文明的教训，只有回归人性，在伟大人格的照耀下，找回真正的自我。

这些大师们身上赋有的创造型人格，在先生那里得到了实力型的传承。这些文章至今仍然被先生的母校中国人民大学在官网上转载，彰显人大的优良学风。先生一直以古典式的教育模式感染每一个学生，的确是做到了每一个！入学时，成绩排名、专业背景、性格特征各异的学生在先生那里并没有先天性偏见，不仅如此，先生以博爱的胸怀、古典的途径把他的教育理念完全渗透在三年的教学之中，真正做到了孔夫子倡导的"有教无类"。

跟随先生的教引，我们认识了一个个鲜活的学者大家：陈寅恪先生的家学渊源和高尚风骨令人钦佩、金岳霖先生的生活趣闻令人倍感亲切、聂绀弩先生的苦难经历和坚韧精神让人深受触动。我们开始从疏于文采的小白丁向"腹有诗书气自华"努力着，先生喜欢的作品也深深影响着犹如一张白纸的我们。看完先生推荐的杰克·伦敦的《野性的呼唤》之后，我和玮玮立刻被笔触、情感如此细腻的作者所吸引，到处去淘欧文·斯通所写的著名传记《马背上的水手——杰克·伦敦传》，终于在当时网购不太发达的情况下在当当网上淘到了这本书。读完之后，我才对杰克·伦敦作品的背景、个人性格与作品的关系等问题有了进一步的感悟。另外，求学期间，老师送给我们一份书目"我最喜欢读的五十种作品"，作品中涵盖了古典诗歌、现代文学、外国文学、古希腊哲学、马恩原著、物理学等诸多领域。我们还约定在先生生日时背诵他非常喜欢的王勃的名篇《滕王阁序》，只是最后背得最完整的是一个下下届的小师弟。

先生通晓英、德、俄、日等多国语言。他曾经给我们讲起当年在筒子楼边炒菜边学德语的那段艰苦日子，也正是这样的坚持让他成为工大的德语学习班里最后的、硕果仅存的学成者之一。记得在刚上班时，恰好有一个学期课程轮空，我问先生如果现在选学一门外语应该选什么？先生建议我选择俄语，对今后的研究可以提供更广泛的外文空间。于是，我学了一个学期的俄语初级课程，风雨无阻。即使有一次单位实在忙不过来缺了一节课，我也事先委托一位朋友替我去录音以备回头补课用。这件事给我的俄语老师留下了深刻印象。课程学完以后，俄语老师说了一段话作为毕业寄语并指定我给大家翻译。后来跟先生说起这个环节，先生表现出格外的开心和欣慰。

先生的古典还体现在对毕业论文的修改上。还记得当时我呈上论文初稿时的心怀忐忑，担心会令治学严谨的先生失望。直到先生叫我过去，看到返回来的修改稿时我惊呆了：原稿中的字里行间穿插着先生用铅笔修改并添加的词句、段落甚至是加页，这里还包括标点的修正。每一笔都饱含着先生的心血和付出，当目光落在落款日期——2005年5月24日拂晓时，我仿佛看到了先生整夜不眠改稿到清晨破晓的一幕，心里顿时五味杂陈，难于言表。而完美主义的先生还会把裁剪得整整齐齐、删掉的条条块块夹在原稿里退还回来，让我们可以随时对比问题出在哪儿。尽管我觉得是"大动干戈"，先生还在送我的A4纸上对我的论文多加赞赏，指出他修改的三个层次——修正、增补和润色。但是有一点我知道我们师生是达成了共识的：这篇论文除了是我三年学业的总结以外，还是我们师生情谊的最好纪念。我尽最大努力去完成，老师精雕细琢将这个作品完工。先生力图让每一篇硕士论文都是"精品"，而这样待学生的导师真正可算是"孤品"了。毕业后，我以这篇毕业论文为原稿和另一个师妹一起申请并获批了黑龙江省社会科学学术著作出版资助项目的重点资助《科学认识中的怀疑与批判》。没有当初先生的严格把关，我们哪里有这样的底气？那时老师还在时间紧迫的情况下亲自为我们写序、高屋建瓴、旁征博引、严格规范，堪称本书的精华之笔。在序文的最后，先生说道：

> 栾广君和赵金平是我的学界小友，清纯高洁，矢志向学，在喧嚣浮躁的世风中，仍能仰望天空，在艰辛的真理之路上跋涉，这不仅可爱，而且可敬。

先生就是这样从不吝惜为学生花费时间、耗费精力。他才是最可爱可敬的！

先生在我心中就是一部行走的百科全书。从先生和我们早期发送的"三有"短信就能感受到他的严谨和认真——有标点、有称呼、有落款。后来有了微信，如果先生发现消息有误都会撤回，或者单独指出。先生给我推荐的书目从来都是跟标准的参考文献一模一样，而且在甄选的版本上也十分考究。2005年，我录课准备参加全省的教学大赛，看到试讲镜头里自己的状态，基本崩溃的我发了一条自我否定的朋友圈。本以为先生没空看我们发的这些，没想到他竟在下面回复了长长的一大段：

> 这种感觉是一种正常心理反应。例如，自己第一次听自己的录音，都觉得不像自己的声音，而且普遍感到不好听。其实，这种负面自评不真实。先放一段时间，回过头再看，就正常了。我写文章，刚完稿时一看，总是极不入眼，真有毁掉重写的冲动。放两天再看，才看出并没有那么糟糕。我相信你这个稿子肯定不错，老马识途，这是老师一辈子的经验。

是的，每当发现我们灰心丧气、一蹶不振的时候，先生总会给我们以最强大的支持，让我们重拾信心，继续前行。后来，在参加决赛的过程中，每当写稿时遇到理论疑难、无法叫准的时候，我总会请教先生，问个究竟。而先生如同我们在校时一样，有问必答、有理有据，令我深受启发。当我最终获得比赛一等奖的时候，先生开心不已还把消息分享到孙门弟子的微信群里。

先生常说，他是按照古典一代的方式带研究生，到我们这届依然还是古典的模式。这种古典遗风深深地感染了我们，沁润到骨子里，晕染出每一个真正的孙门弟子的独特气韵。先生总说自己能够亲炙大师是幸运的，其实我们才是最幸运的，先生将他承袭的古典传统博采吸收后深度整理又传递给我们，已经是我们此生绝无仅有、无可取代的珍贵财富了。

N——Naive（天真的）：天性魔鬼顽童

在一次同行聚会席间，有人忽而兴起提议大家用四个字贴切刻画先生的形象。同仁们多是从学问、德行等方面做以概括，当然也都是符合先生人物性格的。轮到我的时候，我只说了四个字：魔鬼顽童。没想到先生听了以后尤为满意地说：君君的话最得我心！在场的同行也许心里疑惑为什么先生对这个评价最为欣赏，听起来可完全不如他们的用词精美得当。其实这恰恰是先生与众不同的地方，相处的时间越久，越能体会出先生如何将内心顽童般的单纯可爱与魔鬼式的性情中人完美结合。

刚入师门那年，因研究生教学计划调整，直到研二才第一次正式听先生的课。研一这一年基本与先生没有太密切的交集，但已对先生的博学多才和率真性情深感敬服。在花开的 5 月间，我忍不住发了一封极为简单真诚的邮件给先生，诉说自己入学以来的真实感受以及现有的困惑。老师收到后竟然给我打通了电话，邀请我们这一届四个同学来他家做客。那天成为我和玮玮与老师交往的开始：老师给我们弹奏钢琴曲、一起听贝多芬的曲子、纵情开怀畅谈古今，这样美好的日子就此完美定格。先生是国内知名的学者，才气纵横，像我这样不起眼的丫头开始并不敢和先生多说话，唯恐暴露自己的无知。可后来回想才明白，先生对学生的本性要求极为简单——真诚和单纯。所以，才会在今后的读研期间经常出现开篇的"三人行"那一幕。2003 年暑假，先生带我们去五大连池开学术会，每次我们作为研究生能参会都有些小傲娇，这是孙门弟子独有的待遇。当时的我素颜朝天、学生气十足，更要命的是绑了两个小辫子倔强地垂在胸前，后来再看那时的照片总有销毁底片的冲动。尤其是近两年，老师时而会找出当时的照片拍好发给我（当时都是纸质版照片），当我大呼丑胖的时候，先生总是说：好萌啊！现在我懂了，先生心里怀念的是那段我们围在他身边叽叽喳喳、单纯美好的日子。

2004 年在黑河办会期间，玮玮陪先生率先实地考察，偶然行至瑷珲古城黑龙江畔，当时江水澄碧，天青云白，四野萧然。玮玮凭水临风，鬓发飞拂，恍如洛神凌虚而降，使先生顿悟美与洁其义一也，心有所感，得四韵赠予玮玮，期永葆其美于永久耳。恐怕只有先生这样至纯的心境才会在繁忙中发现美，并亲自给学生赋此美诗一首。该诗被收录于先生未出版的《秋水长天》集中：

赠 V.V 君

绿鬓飘岸柳，白衣玉芙蓉。
慧质幽兰美，冰心映水青。

还记得在我刚毕业的第二年，正在办公室备课的我接到一位师弟的电话，他说："师姐，你现在能回师大一趟吗？咱们老师因为同学的论文不认真发脾气了，我们现在没别的办法，你快来吧！"放下电话以后，我火速赶到师大的东侧门，看到有几个师弟师妹正陪着先生，只是先生的脸上还没有流露出笑意。我赶紧跑过去笑着说："老师啊，黑格尔不都说'存在就是合理的'吗？您就原谅一回吧？"说来也有趣，老师开始还说"别拿黑格尔劝我啊"！后面转头就笑着对小师弟说："你小子还挺有办法，知道老师看到君君师姐来就不生气了。"看到先生重现笑容，我们才算是放下心来。直到现在，想想那个初夏的黄昏仍然亲切万分，在外人看来坚毅伟岸的先生却拥有孩子般清澈的内心。他平时经常引用托尔斯泰的话教导我们这些小女孩儿：人不是因为美丽而可爱，是因为可爱而美丽。细细想来，这话用在先生身上也未尝不可，能让这么多届学生念念不忘、萦绕心间，他必有其特别的可爱之处。正因为先生自己心思单纯，才会看到我们身上那不起眼的点点长处、才会把我们看成是自己的孩子那样疼爱，甚至是超越了对他自己儿女的疼爱，这一点是直到先生身故以后跟其家人接触多了才逐渐知晓的。

我们深知，在先生心里一直常驻不衰的是《笑傲江湖》里的令狐冲，他武艺高超却只当掌门师兄，既豪气冲天又不拘小节，既仗义性情又可爱至纯。这样的先生，难道不是一个现实版的令狐冲吗？除了魔鬼顽童，谁还能成为"孙门"的掌门人？

S——Scrupulous（细心的）：为师为父为友

记得曹师姐说过：老师能够让每个学生都觉得他对自己最好。关于这一点，我一直都在思考先生究竟是如何做到的。尤其是以先生的才学和性情来说，令人生敬容易，但是能够让每个学生都觉得老师和自己有"不能为外人道也"的深厚情谊，这实在不能不称之为一个奇迹。先生自然有着学者标配的那些优点：博学多才、思想深邃、通晓古今等等，可更有自己的特点——细心。按理说，先生每天工作量极大，从我们念书时直到他辞世，真可说是"笔耕不辍"，但丝毫不影响他对学生的细心关切。先生说他对我们是"第四种感情"——超越了爱人、亲人和友人之外的，于是我时常觉得先生有三重身份：为师、为父、为友。为师这一重前文已多有论述，最后我想说说为父和为友的层面。

先生如父，让我一直紧紧被暖心博大的父爱围绕。先生对我们的关怀总是细致入微，点滴在心。用先生自己的话说即"你们的老师不忘事儿"。记得 2008 年我结婚时收到的最特别的一份礼物就是先生写的一首诗：

贺君君贤契于飞之禧

垂髫豆蔻逢君时
燕燕于飞绿满枝
桃李弦歌曾喜雨
玉人一笑乐佳期

戊子四月廿日

先生对弟子的情意至真至深，超越了世上所有的情感，既饱含希望、又满是疼爱。先生参加过很多弟子的婚礼，他的致辞从不是千篇一律，而是指向独特、动情感人的。还记得在我婚礼当天，先生要先在电视台录完节目以后才能赶来。于是我把婚礼开始的时间一再延后，直到先生赶到现场。那天完全不像往年哈尔滨微暖还寒的春天，倒有些像初夏的炎炎烈日。先生身着灰色西装，英姿勃勃地站在台前，那段致辞让我瞬间眼中含泪：

> 春天是鲜花的季节，而新婚就是鲜花盛开。今天，一方面感到非常欣慰，作为广君的导师，我这个护花使者终于让鲜花开放；另一方面又充满了希望，希望你护花，让她馨香、芬芳、灿烂、辉煌一直到永远。

酒席间，大概是我父亲深知自己将不久于人世，也知道先生一直待我极好，在敬酒时拉着先生的手哽咽地说："孩子以后就拜托您了！"这一幕是先生后来跟我说起的，他说那时感觉到自己接过了一份责任。

那是我在读书期间的一次聚会，先生偶然发现我手腕上戴着的手镯问道："君君，这个镯子是象牙的吧？"我当时天真欣喜地回答说："是啊，我爸爸送的，可是我手腕太细，有些大了呢。"令我没想到的是，这一幕先生竟然会记十几年那么久。2018年一次小聚席间先生忽然提起这段往事说，当时他就在想：君君的父亲是有多爱这个女儿啊！回想起我的父亲离世前后的痛楚，想起了婚礼时父亲对先生的托付，师生二人抱头痛哭，这大概是我毕业后唯——次跟先生不顾一切地痛哭吧。因为实在不愿先生再替我操心，同时也希望先生能看到我的成长，不再是上学时那个连毕业照都是双眼哭红的小丫头了。回到家，我终于翻出那个略显微黄的镯子拍照给老师看。老师当时很开心地说："太亲切了，我可爱的小君君。"我还答应老师下次聚会时一定戴上。可是粗心的我光惦记着怎么珍藏，反倒给藏"丢"了，在以后的聚会竟没能履行诺言。再次找到它是在给先生送行的前夜，它的神奇再现令我忍住四天的眼泪瞬间决堤……

先生如友，永远给我以"畏友"般的精神支柱。先生在《孤鹜落霞》的后记提到：这些年，我的知交是身边一届又一届的研究生们（特别是最近几年的学生们），我的这些小友用青春的热情感染着我，纯洁了我的心灵，促我奋发向上。其实，先生才是这种"感染"的源头，我们的热情来自先生真学问和真性情的渲染；我们的纯洁来自先生对信、望、爱的向往和追求。而先生对自己、对家人爱的表达的总和也许还不及我们一个学生多。在学生身上，先生倾注最多的心血，给予最大的希望，却要求最小的回报。先生给我讲过"畏友",也只有他把学生当作这样的"畏友"对待。反之,有先生在,即便是只有他的精神在,也足以让我们在今后坚实笃行、一往无前。

昔日的"三人行"已无法成行,唯有师恩永记难忘!往日时光匆匆逝去,有美好如初见的春来冬往,也有伤心如生别的戛然而止。在我心里,先生是一本引人入胜又永远读不完的百科全书。就像我对"aliens"这个词的粗略解读一样,永远不能触及先生的高度和深度。先生的德行、学问、性情组合在一起本身就是独特而不可复制的。先生走了,他的著作和学问将永存于世,而我们心底那个独特纯粹的精神家园还在。任世间沧桑变化,那里永远都洁净清雅、芬芳馥郁。每当夜凉如水、心有所念时,总能来这儿坐坐,再次和您倾吐心声、把酒言欢……

笔虽停,先生的肖像却越发清晰;人虽走,先生的精神将与我们同在!

理性跋涉筑边缘　洒向人间都是爱
——纪念我的恩师孙慕天先生

鲁秀伟

（哈尔滨体育学院马克思主义学院；哈尔滨师范大学 2004 级）

"那美好的仗我已经打过了，当跑的路我已经跑尽了，所信的道我已经守住了。从此以后，有公义的冠冕为我存留……"这是来自圣经《提摩太后书》第四章第七节中的一句话，先生在世的时候，常常引此来总结自己的一生，先生以此做比，是十分贴切的。但每当听到他这样讲的时候，我总以为不吉，虽然我并不唯心。因为这是晚年的使徒保罗身陷囹圄，在"被浇奠"的最后时刻留下的话，所以我总觉得，先生不应过早地总结自己的人生。因为在我的潜意识里，先生是没有去世的，虽然理性告诉我，人是有死的，但在我的内心深处，从未想过先生会离开或什么时候离开这件事，我始终觉得，即使先生会走，那也是一件相当遥远的事。先生常常称自己是老魔鬼，意指精力十分充沛，的确如此，古稀直至耄耋之年的先生，依然思维敏锐、生机勃勃，每天读书写作，笔耕不辍。但是，说到底，人终究抗不过自然之法。2019 年的清明节，先生的心脏骤然停止了跳动！噩耗传来，如五雷轰顶。在驱车赶往先生家的路上，泪水不断模糊着双眼，多么希望这是个失实的消息，直到跌跌撞撞跑到先生的床头，看到先生眉头微蹙，嘴巴略张，再也睁不开眼睛并开口对我们讲话的时候，我才不得不回归理性，认清眼前这冷酷的现实。我的先生，那个我生平最敬仰和爱戴的导师，那个如亲生父亲般爱我的人，旦夕间突然就永远地离开了，万剑穿心……师兄们忙着为先生擦洗更衣，而我，全身瘫软，除了傻哭，竟茫然不知所措！所有的孙门弟子从国内国外，四面八方火速赶回，所有人都不敢相信这是真的，因为头一天晚上先生还在师门群里和大家说话。然而，天真的黑了……

如今，四个多月过去了，心理上还是不能够接受先生不在的现实，每每想起，仍会哭泣不止。中元节的今天，当我提笔伏案，准备写下纪念先生的这些文字的时候，先生的音容笑貌再度浮现于眼前。望着先生的照片，他还在对我微笑。先生的微信还在，他的头像依旧，师母偶尔还会代替先生在师门群里与我们说说话。先生他真的没有走，他还在我们中间，永远活在我们的心中。先生所开辟的学术道路，先生的精神，永远激励我们奋进，先生的爱，永远伴我们左右！

先生是真正的学者，真正的思想者。他淡泊名利，远离浮躁，长期甘居边缘，偏安一隅，不为俗思俗物所扰，如落霞中的孤鹜，于边缘处上下求索，潜心于理性的跋涉。先生高洁的人品和道德风范，山高水长，熏陶着一代又一代的孙门弟子。先生是一个真正忧国忧民的学者，一个真正埋头做学问的人，顽强的使命感和理性精神，早已经融入先生的血脉，他常常为国家和社会取得的巨大历史成就鼓与呼，也实事求是地看到社会发展中存在的问题并为此而忧虑。比起一些人来，先生也许并不高产，因为他绝不会出于功利或为了个人声名而粗制滥造或者老生常谈，在他那里，思想和理论是否具有创新性，是尤其重要的。先生在哲学研究领域深耕五十余载，以思想敏锐、勇于创新享誉业内，时有省世创新之洞见。他是国内研究俄（苏）自然科学哲学的著名专家，学术造诣深厚，研究涉及科学史、科学哲学、STS研究和一般哲学研究等多个领域，取得了大量的开拓性和创新性成果。在苏联自然科学哲学、比较科学哲学、整体论研究方面，先生的贡献是开拓性的。他首创了"苏联自然科学哲学"研究方向，是俄（苏）科技哲学研究的实际奠基人；他首倡比较科学哲学研究，对西方和苏联的科学动力学理论进行比较研究，开拓了科学哲学研究的一个全新领域；在《新整体论》中，先生首次提出了"潜蕴性联系"的概念，具有重大的学术价值和启发意义。在基础与主导范畴、世界4、科学创新的科学哲学研究、科学动力化趋势、经济学哲学等问题的研究上，先生也取得了很多原创性的成果。开拓创新，是先生学术精神的基本内核，也成为孙门弟子重要的精神标识，鼓舞着一届又一届的弟子奋勇前行。如今，师门的很多师兄师姐都成长起来，继承了先生的衣钵，将先生的思想发扬光大，沿着先生所开辟的道路继续前行，为中国的自然辩证法研究事业贡献着孙门的智慧和力量，以实际行动报答恩师，这是师门的荣耀，更是对先生最好的纪念！

先生是严谨且严肃的学者。对于学术研究，他总是力求甚解。先生讲过，他23岁刚刚到哈尔滨建工学院为研究生讲授自然辩证法课，为了解决动能公式中 MV^2 系数的由来，花大力气查阅了多种力学著作而不得其解，后来在黑龙江省图书馆获得了俄文版著作《物理学思想发展的主线》，终于找到原始根据，亲自做了微分方程的推导，得出了正确结果。先生也因此下决心补上数理逻辑这一课，用了3个月时间去读《逻辑与演绎科学方法论导论》，并做了全部演算，这为先生后来研究哥德尔定理和邱奇定理打下了重要的基础。在平时的研究中，先生也常常在我们师门群里与弟子们针对各种学术问题进行探讨，遇到哪里模糊的概念或问题，都要亲自去查阅各种相关文献，力求得到最满意的解释，这是一个真正的学者对待学术所具备的严谨的治学态度，先生身体力行为我们做了最好的示范！在教学中，先生也是如此，先生的每一个课件，都做得相当出色，无论是内容还是形式，总是完美呈现，无论从态度上，还是技能技巧上，很多时候都是我们这些年轻的学生所不及的，我们常常为此而汗颜。先生严谨治学的精神和追求完美的工作态度，为我们树立了最好的榜样。我记得先生曾经和我们说过，你们是我的学生，很多方面都应该是像我的，正如先生所言，孙门弟子很多人都继承了先生的这些传统，这么多年来，我们一直都在朝着向先生所指引的方向努力着！

先生是真正的才子、大师级的学者。他天赋异禀且博学多思，学识渊博，学养深厚，学术精湛。先生通晓多国语言，博通古今，纵横文理。先生从小博览群书，刻苦异常，学贯中西。先生有着独特的家学渊源，他的父亲曾是基督教牧师，母亲是语文老师，先生从小就开始接受中国传统文化和西方文化的双重教育。小学和初中小小年纪就整天泡在图书馆里啃书本，大学期间通读古今中外各类经典，工作后更是手不释卷，笔耕不辍，终生与书为伴。记忆最深刻的，是先生讲他在1967年夏天放暑假期间研读《自然辩证法》时的情景。那时他每天把书封在塑料袋里,游过松花江,到江心岛上的海滩上,一读就是几个小时,太阳落山后,再游回来,那样的生活,想想都让人觉得惬意!在《与书相伴度人生》的文章中,先生详细谈过他终生读书的经历和心得。先生书香四溢的书房,就是一座小型图书馆,各类书籍,一排排,一摞摞,其中的很多书,先生不知翻阅过多少遍,几乎每一本书都留下过先生的指印。先生每天用于睡眠的时间很少,多数时间都埋在书海里,用于思考和写作中。我们毕业后,先生已至古稀之年,但不同于很多早已步入养生行列的同龄人,先生仍然每天致力于学习、思考和写作。书已经成为先生生命中不可分割的部分,以书为友,畅游书海,是他的人生乐事,是他"在"的方式。先生深厚的学养,渊博的学识,新鲜的思想,是我们今生取之不尽的精神食粮。每一次课堂上精彩的讲解,先生的各种覃思妙想,总是娓娓道来;古今中外各种名著典籍,总是像变戏法一样信手拈来。每次师生相聚,听先生坐而论道,或者每次吕克昂学园教学式的边走边聊,对我们来说,都是一次精神盛宴。能够进入师门,感受先生的大家风范,是我们每一个孙门弟子今生最大的幸运!

先生总是以高度的热情拥抱生活。先生不但是我们学术道路的引路人,更是我们人生道路的智慧导师。先生常常用一句话来形容自己:"从来都生机勃勃,从来都不淡漠!"这正是先生生活态度和生活状态的真实写照。先生身上有种魔力,那是一种无形的、神奇的力量,时刻感染着我们,激励着我们,鞭策着我们。先生就是我们的加油站、充电站。一个师兄曾说过:"一段时间不见先生,就会萎靡堕怠,必须得回来聆听先生教诲,找先生充电。"八十载春秋,先生当然也经历过各种挫折和磨难,年纪轻轻就经历"文革",遭遇批斗,夫妻长期两地分居不得团聚,先生那时经常是一边自己带孩子,一边忙碌地工作、学习。先生早年的生活画面经常是背上背着孩子,一只手端着本书,另一只手却在挥动着炒勺。其实,每个人的生活中可能都经历过各种艰难,先生当然也有很多不为我们所知的心酸和苦楚,但他总是轻描淡写地就过去了。一方面,在先生那里,那些所谓的困难和挫折,对他来说根本不算什么,无论经历怎样的困苦,先生依然还是积极、乐观、从容地面对人生。他常常讲,人生不如意十之八九,一点点小困难算什么！另一方面，他也常常把悲伤、不如意留给自己，他带给我们的，永远是开心、快乐、阳光，满满的正能量。先生常常说，他就是我们的垃圾桶，我们有什么垃圾都尽管倾倒给他吧，但先生的垃圾又往哪里倒呢！先生是智慧的哲人，他爱智慧，爱生活。对于人生，对于生活，他真的是到了看山还是山，看水还是水的境界。诗意地栖居，自由地生活，是先生所期望的。退休后的先生，几近于这样的状态，他自由地思想，自由地创作，自由地生活。在他生命最后的10年中，先生把多半时间都用在了文学创作上，先生创作了很多诗词、散文和小说，他的《亲炙拾零》《晨露落英》，还有未完成的小说《太阳系的重生》，都堪称是文学上的佳作，折射出先生丰富的心灵世界和高度的文学旨趣。先生不仅传授给我们知识，更启发我们热爱生活的态度和智慧，教会我们怎样去面对世界，思考生活！

　　先生是个好玩儿且时尚的人。好玩儿，这也是他自己给自己下的定义。他对一切新鲜的事物都充满好奇并时常怀有儿童般的童真，那是对人生大彻大悟后的童真和童趣。先生有时就像个老顽童，特别可爱，很多理性的思考，在先生那里经常会以感性且风趣的形式呈现出来，引得我们开怀大笑。每年的"六一"儿童节，我们师生之间都要互祝儿童节快乐，先生也常常与我们共度儿童节，开心得不得了！先生从来都把我们当成是他的小友，常常允许我们可以和他没大没小，所以我们敬畏先生，也会时常和他说笑，完全没有那么多的约束和拘谨。与先生相聚，围坐在先生身边听先生讲哲学，讲人生，是我们人生中感到最幸福的事情；与弟子们畅聊，对先生而言，也是他最快乐的时光！那些美好的日子，永远都是留在我们记忆深处最美好的回忆！先生还很时尚，无论是内在的思想，还是外在的装束。大概很多人都难以想象，一个七八十岁的人，从内而外洋溢着青春活力，很多时候都不输于年轻人甚至超越年轻人。先生绝不是一个落后于时代的老人，他是一个紧跟时代步伐的哲人，一个新潮的老头儿。对于当前社会中的一切现象，先生总是密切关注并且有着自己独到的见解和思考，我记得我们上学那会儿，正值"超级女生"选拔季，先生有一次谈到了对竞赛的一些看法，当时我很惊讶，我想我都没有那么多地去关注这个事情，先生不但相当了解，而且还有很多自己独特的思考。先生也很 fashion（时尚），他总是戴着一个鸭舌帽，经常爱穿黄色的休闲装，儒雅而充满活力！与先生相比，有时觉得我们三四十岁的人，却反而显得思想落后，老气横秋！先生的人格魅力，不仅仅来自他的学术，来自他的大家风范，来自他斐然的文采，更来自他的精气神儿，来自他健康向上的积极心态，来自他率真可爱的个性。

先生深爱自己的学生，往往胜过爱自己的孩子。这一点，和我的父亲有点儿像。记得很小的时候，父亲常常把学生带回家里补习功课，补完课再一个一个送回家，却没有时间过问我们的功课，他用在学生身上的时间和精力远远超过用在我们身上的。父亲在成就上远不能与先生相提并论，但在爱学生这件事上，他们是如出一辙的，这也是我从教后一直所秉持的理念。十几年来，我爱我的学生们，虽然我做的远不及先生，但我一直在尽我最大的努力去做。几十年来，先生为学生们所付出的，比为自己的子女付出的多得多，这一点，我们每个学生心里都十分清楚。只不过，在对待学生的态度上，先生早年和晚年还是有区别的。早年的先生是个严父，而晚年的先生是个慈父。我们上学的时候，先生已过花甲之年，他总是很和蔼，并不严厉，他总是以自己的言行去感染学生，寓教于无形，所以我们以为先生一直是这样的。可是后来听大师兄大师姐们说，老师年轻的时候并不这样，那时他还是相当严厉。可能那时的先生还是比较坚持严师出高徒吧，不过早年的师兄师姐很多也真如先生所愿，成长为高徒了，青出于蓝而胜于蓝，这一点，也是令先生备感欣慰的。

每个毕业季，都是先生相当劳累的一段时期，他常常早早就准备好很多根铅笔和很多块橡皮，那都是为我们修改论文必备的工具。每到那个时候，先生经常是熬一个通宵又一个通宵，我们论文中甚至每一个标点符号，先生都要为我们批改纠正，增加的内容，先生都会用铅笔写出来，另附页夹在论文里面。我记得我毕业的时候，洋洋洒洒地写了六万多字的论文，说实话，因为换题目较晚，加上水平有限，写得质量真是很差，我自觉对不起恩师，自己都不忍心再看，可先生依然彻夜不眠、精心地帮我修改出来。拿到先生历尽心血批改回来的论文的那一刻，我惊呆了，眼眶一下子湿了。当天我回去在先生批改的基础上又重新在电脑上进行了修改，当天色渐亮，我经历了人生第一次熬通宵，可是这么多年来，先生熬了多少个通宵啊！这么多的学生，先生曾戏说过，过去都是手工饺子，现在都是大机器生产，扩招后招收的学生数量开始多了起来，但不管学生怎样多，在培养的问题上，先生从来都不会懈怠。先生太累了！所以我时常内疚，先生心脏不好，多半都是被我们累的！先生无怨无悔地为我们付出，从来不要求我们任何回报。他关心每一个学生，从学习到思想、到生活。上学的时候，先生经常把他的稿费交给每个年级的一个学生保管，用来给我们这些孩子们改善生活。我们每个学生，无论是上学期间，还是毕业以后，只要有事找到先生，先生从来没有拒绝的时候，他总是尽自己最大的所能去帮助自己的孩子们。我上学的那几年，每届学生毕业的时候，先生总是会拿出他珍藏多年的女儿红，带我们到松花江对岸去吃鱼，送女儿。记得我结婚的时候，父亲已经不在了，严冬季节，古稀之年的先生亲自来到我婚礼的现场为我做了证婚人，并做了热情洋溢的讲话，那一刻，他真的是在嫁女儿。去年春天我们与先生相聚的时候，先生还一再叮嘱我的爱人，说我是个苦人，让他一定要对我好，句句叮咛，都流露着一个老父亲对女儿的无限疼爱与牵挂。

　　回忆至此，又一次泪流满面，再也写不下去了。先生常说哲人长寿，但在他这里却未能算实现。这两年有些忙碌，回去看望先生的时候少了很多，不曾想先生突然辞世，真是追悔莫及，为什么先生在的时候没有多回去陪陪他老人家呢……我们毕业后不经常在先生身边，他真的想我们啊！

> 那片笑声让我想起我的那些花儿
> 在我生命每个角落静静为我开着
> 我曾以为我会永远守在她身旁
> 今天我们已经离去在人海茫茫
> 她们都老了吧　她们在哪里呀
> 幸运的是我曾陪她们开放……

　　这首朴树的《那些花儿》，是先生常常听的，先生说，我们就是他的那些花，他时常惦记我们是否还健康成长，是否还盛开依旧。现在，每每思念先生，我就会播放这首略带感伤的歌曲，歌声中，先生孤独的身影就又一次出现在我的眼前……

　　先生走了，他的离世，是中国哲学界和自然辩证法界的巨大损失，我们更是痛失恩师。他走得太急了，没有来得及和他的孩子们告别。我的先生，是一部永远也读不尽的书，一座无法逾越的精神和思想的丰碑。三年的在校学习，加上毕业后十多年来一直追随先生，学识人品，皆蒙惠于先生，本人虽资质平庸，学力不逮，没有能够像师兄师姐那样真正继承先生的学术衣钵，很惭愧，但能得先生精神精髓之一二，已令我余生受益无穷。如今，先生已逝，但他并未离开我们。先生的精神，是普照的光，为他的每个孩子照亮前行的路；先生的爱，是无边的海，以宽广的胸膛润泽着每一个孩子的心灵。先生的精神，先生的爱，会由我们孙门弟子一代一代传承下去！

　　先生，愿您在天堂里同样能够自由、快乐、幸福的生活，一切安好！我们永远爱您、想您！

灵魂击掌高歌——纪念孙慕天先生

思无所止
——忆追随孙师学习的日子

高衍超
(中国地震局防灾科技学院;黑龙江大学 2007 级)

2019 年的清明,恩师孙慕天先生突然永远地离开了我们。前一晚老师在微信群中的调侃尚带余温,转眼阴阳两隔,想到再也无法与老师把酒言欢倾听他洪钟大吕般的声音和玄妙深邃的思想,再也无法得到老师精到的点拨与殷切的鼓励,心中的难过和遗憾无法言表。孙老师是我报考博士研究生的推荐专家,也是我婚礼的主婚人。这些年,从学习到生活,我得到老师的提携与鼓励甚多,却无以为报。这真切地让我体会到了时间的残酷,惭愧自己马齿徒增一无所成,没有更加努力地精进学问,把老师的思想进一步深化发扬。

从师承上来说,我是孙师的再传弟子。在我读研究生时,孙师已年届古稀,但是退而不休,仍然像年轻人一样精力充沛地忘我工作,给研究生讲课,我也就有机会非常幸运地得到了孙师亲炙。虽然拿的并非师大的文凭却在孙老师的直接教诲和影响之下成长,成为孙师如假包换的亲学生。由于经常往师大跑,我在孙师这里认识的同学比在黑大还要多,以致有些孙门学友以为我也是师大的学生。每每想起孙门学术共同体的老师们,想起当年在图书馆那个冬天很冷的小教室孙老师给我们讲课的时光,在我内心深处总是感到有一种亲切而温暖的感觉。

我承蒙孙师教诲并一路扶持,始于 2007 年冬天的一个下午。那天东启老师、裕毛老师等带着我们几个研究生来到师大老主楼的会议室听孙老师有关"新整体论"的学术报告。当时懵懵懂懂少不更事，但孙老师"潜蕴性联系"的观点我记得很清楚，也很好奇其中的玄妙。回来后，我又从知网下载了老师的文章仔细研读。

  后来，黑大哲学学院安排我们到师大跟孙师学习"语言哲学"课程。当时，我下意识地想跟老师把所有的内容都记住、理解，结果更多的是停留在就事论事的技术层面。于是第二年我索性跟下一级又学了一次，这次在思想方法的层面对老师在不同人物和观点上的着墨和褒贬就有了更多领会，也在艰深思辨的痛苦过后逐渐有了兴趣。当时黑大那边的课我已修完，在写学位论文。我到孙师这听课完全是凭兴趣，他讲什么我就听什么。最难得的是，尽管老师年逾古稀，对讲课内容又是信手拈来，但是他每次备课的认真程度远超我们想象，其信息量之大，思想纵深之开阔无不令人折服，一节课听下来酣畅淋漓，实在是非常奢华的思想盛宴。并且，孙师上课从来都是站着讲，常常一上就是一上午，讲到兴头上还常常忘了时间。后来听说，孙老师当时承担的课时量不在青年教师之下。今天看来，为了学生孙老师真可谓是杜鹃啼血啊！当时孙师正在讲"比较科学史"，这门课他仅仅开过一次，而且涉及的内容主要是孙师研究中最有见地的部分，可谓空前绝后，老师在课上系统阐述了如何将语境论用于中国与西方以及西方与俄苏的比较研究。相对于已有的比较科学史研究而言，在视角和方法上具有重大的创新意义，是孙师晚年学术思想的重要亮点。此外，我也荣幸地领略了孙师亲自在"科学哲学原著选读"课带着学生读英文原著时的字斟句酌，以及在"西方哲学史"讲完康德专题总结时的神采飞扬，孙师到黑龙江省图书馆"龙江讲坛"等处讲学时也都特地邀请我过去。有一次聊到上课，孙师曾说，即使是同样的课，他每一次上课内容都是不一样的，每一次上课都是一次新的思想历程，这个过程不是重复，而是创造意义。这也正应了孙师常常说的："生无所息，爱无所尽，美无所穷，思无所止。"

  说也奇怪，老师讲课的内容五花八门，有些与我的研究方向甚至不甚相关，而我在听课时却频频产生写作灵感。因此，我当时论文的内容与在老师课堂上记录的笔记常常混在了一块。在跟孙老师学习的那段时间是我思想最为活跃的一段时间，那时的我不因自己位卑言轻也能勇敢地去质疑那些常常被认为是根深蒂固了的习以为然的东西。我想，这或许是与孙师接触的时间长了，他课上课下很多不经意的神来之笔打通了我的思想困惑吧！直到2011年我去北京念书，我跟随孙老师把他当时在上的课都听了一遍，以至我对东西方思想文化的认识、对科学、哲学的理解和判断也深深地受到了孙师的熏染和影响。正是在孙师的鼓励和指点之下，我才敢于在硕士阶段选择公认的冷僻问题来啃，把中世纪科学思想史作为了自己的研究方向。我自己当了老师之后，我对什么是好老师也慢慢有了自己的理解。我感到，一位好老师并不仅仅限于手把手教会学生自己所从事的工作，这是技术层面的，是比较容易实现的。一位卓越的老师要有点拨学生在老师的基点上去开创新事业的能力，这才配得上称为"导师"。换句话说，要成为这样的老师必须要有把学生从一个外行变成内行并超越老师的能力。我跟不少师友谈起我的上述见解，他们大多认为我的这种说法要求过于苛刻，比较理想化。但是，我却觉得正因为做起来难，所以才配得上叫作"好"。"虽不能至，心向往之。"对于我们平凡的大多数而言，这就是我们长期努力奋斗的目标。当然，难并不意味着没有人能做到。我们可以发现，孙师就是这样的老师。孙门弟子中教授博导云集，学术新星闪耀，他们每个人的研究方向都不尽相同，但是每个人都从先生的思想之中获益匪浅，也都有自己的独特研究视角去接触先生的思想，在创造的过程中发展先生的思想。我想，这应该归因于孙老师的谦虚、开明和无私。一方面，孙老师很反对学生迷信权威，他曾引用鲁迅原话针砭学术界的乱象，鼓励年轻人要敢于在充分严密论证的基础上大胆独立思考，要有自信，不要迷信权威，憷于那些"乌烟瘴气的鸟导师"；另一方面，孙老师把学问看作天下之公器，他带着成队的研究生参加学术会议并把他们引荐给参会的专家学者，堪称一道风景。他门下精心培育的弟子们在全国各地学习工作，生根发芽，孙老师都一如既往地支持鼓励。有孙老师这样的良师挂帅，哈师大远东科技与社会研究所能够在相对清贫而艰苦的环境中培养出众多鸿儒俊彦也就并不奇怪了。

  与孙老师的其他学生相比，我跟随孙师学习的时间可能并不算长，但是老师对我观念的形成所产生的影响是深刻的，是全方位的。孙老师带给学生的是扎实系统的思想方法传授，是纯粹独到的学术眼光训练，是严谨求真的治学态度以及天真豁达的人生取向的无声影响和耳濡目染，这些从不同的维度昭示我们要努力像孙老师一样认真地对待工作和生活。

在读博和工作之后，我与老师离得远了，所幸老师这时也与时俱进，成为了博主。博客、微信逐渐开始成为联结我们师生情谊的纽带，可以随时把我们拉回老师身边。孙师的微博一如老师课堂上的犀利与精粹，我在转发老师的奇思妙语以及与老师互动的过程中，使我的很多朋友也通过微博倾倒于孙师的深刻与犀利，变成了孙师的粉丝。千里之外也能实时得到老师的教诲，真是要感谢科技对我们生活方式的改变。渐渐地，每日访问老师的博客看看是否有更新成了我的一种习惯。在当下的时代，信息的泛滥让人无所适从，人们的注意力太容易跟着时尚的变化和舆论的消长而迷失方向，人的信息获取方式也开始变得碎片化，这些对人的精神生活带来了不小的影响。孙老师把这一切看在眼里，他以独立、深沉、冷静的思考时时启发着我们。孙老师的学术是超越现实存在的，他所从事的是最为艰深的理论思考，但是，这种思考牢牢扎根于他所关心着的时代变革和这个时代里每个人的生存境遇。所以，孙老师的哲学并不抽象，孙老师给我们做出了独立思考的典范，我们这些走夜路的孩子心里就有了方向，就不会害怕，就会更加坚定地走下去。

孙老师已归道山，但老师的思想是他留给后人的永恒，是"此岸中的彼岸，有限中的无限"。老师思考的问题仍然远远领先于我们这个时代，仍然富有鲜活的生命力。老师对我们的言传身教在于，他是用自己的生命来做哲学，让我们知道创造意义才是哲学工作根本的任务。因此，当社会上呼唤并寻找理论的时候，我们让更多的人了解到，对他们当下困惑的问题孙老师早已有了自己的解答。有幸成为孙师的学生，我们有责任把孙老师正在进行的思考延续，把孙老师未竟的思考深化。然而另一方面，我们也必须承认，企图在当下仓促总结孙老师的思想也并不合适。这是一项长期的、需要持之以恒的工作。孙老师逝世后，我又找来老师的遗作含泪读了好多天，想了好多天，也写了好几天，却越来越有暴殄天物之感，不忍继续写了。感慨自己的懒惰，读孙师的书太少，请教孙师的机会也没有好好把握。老师啊！学生还有太多的问题想要请教！！现在，原本在您谈笑间或者一条微信就能点破的疑问，我们只能永远存疑，只能留给我们不断地猜测和论证，可能永远也找不到答案了。这一刻，我们再也没有了继续思考哲学问题的理性与冷静，只因我们想念您！

孙老师，您没有走远，在思想的林中小路上，您的深刻与天真一如往常，您的孩子们永远与您在一起！

何以为念

卞 文

（哈尔滨师范大学 2008 级）

诗意地栖居

先生是牧师之子，有幸在一个封闭太久刚刚打开国门的中国过着中西文化精华并收的日子。在难得的家学熏养下，既喜欢文字，也习得了驾驭文字的能力。不仅中文，凭着一半天赋一半毅力，在英、俄、日、德语言之间游刃有余。他的专业领域甚多，虽然有幸随之学习，但也想如其精心于科学哲学和自然辩证法实非易事，不过索性两者实非我深好之道，所以并未深得要领，我们更愿意一起聊音乐和诗歌。

先生说他的古文功底来自很小时被父亲要求读的《古文观止》。这并不是他谦虚，除了自有的聪慧，也许恰恰说明了起点的正确之于事半功倍的意义。我的妈妈读了《孤鹜落霞》之后就说，你老师的文字很有民国文学家的韵味，应该是位很有涵养和才情的人吧。我想这就是见字如面的力量。

2013 年底，还有半月是西洋的圣诞节，曾经是不太注重的，但那时我一个人因着意外和兴奋跑到遥远的圣城拉萨，人生地疏，任何一个节日都能让我觉得自怜自艾地有种凄美。

在拉萨微寒的冬天，白天有暖阳，晚上有星空，那时的我刚刚沉溺于一种从未有过的经历中，我恋爱了，忽然地毫无征兆地恋爱了。我知道以我受的家教，这件事情的结果大抵就是结婚生子。这个过程对于我既是充满好奇的，又是诚惶诚恐的。那时我没有和任何人谈论过这件事，我尽力保持着原来的心境，但是我知道，我变得只关注好奇而丧失了思考。这种轻盈的喜悦冲淡了拉萨给我的凄美，我喜欢的诗歌仍然让我在寒夜里温暖，于是，那段时间里即使读着托马斯·格雷的《墓园挽歌》，我看到的是教堂的尖顶直刺灰蓝的天空，广袤的田野像一片巨大的草坪，蔓延至一条缓缓流动的溪流；溪水一路蜿蜒，穿过高高的草丛；在天空的映衬下，耕夫赶着马走在乡村的街道上；榆树上白嘴鸦在呱呱叫着……我想，如果和先生聊起的话，他也许会更喜欢这种五言古体译本：

> Far from the madding crowd's ignoble strife,
> Their sober wishes never learn'd to stray;
> Along the cool sequester'd vale of life
> They kept the noiseless tenour of their way.

> 岂似市朝人，纷争似癫狂。
> 纯朴爱宁静，安分守规章。
> 闲居幽谷中，穷乡又僻壤。
> 孤独寡见闻，默默度时光。

读诗成为我安慰自己的一种生活方式，而恰恰慕天先生又是个会把日子过得很有仪式感的人。于是，2013年12月15日的清晨，我正在读《辛波斯卡诗选：万物静默如谜》，我知道先生惦记我在这遥远地方的生活和思想，我用这首诗最后的话回复他，他定会懂得我过得也许并不是很如意，但是骨子里那个小鹿一样的性子还是一如既往：

> 至于我，你瞧，还活着。
> 和我的衣服竞赛正如火如荼进行着。
> 这家伙战斗的意志超乎想象！

> 它多想在我离去之后继续存活!
>
> ——维斯拉瓦·辛波斯卡《博物馆》

读诗容易,但是能不能把日子过得诗意却是因人而异的。有次师母回乡探亲,先生就请大家到家中小聚。他给我们准备巧克力、甘美的红酒,我们聊天,看他家藏的图书、笔记、家庭照片,然后他弹钢琴,我们一起哼唱《友谊地久天长》。一切就像小时候被邀请到好朋友家去玩一样。

我们看了家人给他留下的纪念物,母亲给他启蒙的19世纪版的圣经,那是他最好的英文读物;父亲打网球的照片,对手是张学良先生;还有不同时期、不同颜色和规格、多种笔体的各种笔记,字里行间可以看到一个懵懂少年到一位青年理想者又到一位以传道授业解惑为使命的坚定师者的蜕变之路。时间过得很快,凌晨一两点了,他有些倦了,就去卧室睡了。大家继续在客厅聊天,在断断续续的话音里,我窝在沙发上不知不觉就睡了……真希望日子就停在那个童话剧般的午夜……

读书到了最后一年,先生才和我们这一届同学越发熟悉和信赖。他也不止一次说希望我能有机会整理他的笔记,把我们上课的内容整理好。他说随着思考越多,越是后面的学生越是受益的。那时没有这么方便的智能电子产品,但是我们这届也录下了不少先生授课的内容。有一次,他看了我记的课堂笔记,发现很多是我听了他的课后自己的思考,可能有些许失望。呵呵,想想真是有趣,先生会不会开始怀疑,《论语》里到底是孔子说过的,还是学生们自己附会衍生的呢。

自由和信仰

先生离开后的这段时间,我几乎每个星期都会梦见他,就像过去我们期待上他的课一样。只是,曾经梦中出现过的那所英国大学的走廊,不是彩色的情景了:那种英式氤氲和模糊的氛围极其真切,让习惯了阳光之城的我很想逃离,但是我知道要去教室,原来梦中阳光下的"草地讨论"取消了(读研时,我经常会梦见在那座大学的一个草地上,天气好的时候会有一个小型的讨论会，不同肤色、不同年龄、操着不同语言的学生和教师们一起就一个话题聊，我梦到有一次先生提到他的符码世界的理论，有位法国学者用他抽象的艺术语言表达的知识体系与先生探讨，他们谈到最终人类文明只是符码世界的遗迹，我印象深刻），我在找同学们，他们说先生的课改在顶楼的教室里了，临时通知的，我开始在梦境内外困惑了，他没有走？他只是离开我们到了这么遥远的地方继续做研究，只是我们要辛苦点走很远的路才能遇到他……那种苦味又欣慰的感觉在清晨醒后会让人久久困惑，到底哪是梦境哪是现实。

再也无法入睡，就翻出了那部纪录片《时间与城市》，那是作者关于故乡的回忆，披头士的利物浦，在爱因斯坦的时空逻辑下，空间和时间是多么奇妙的逻辑，当一代代的孩子长大，那是最绚烂的青春，而包容他们的城市却又增加了年轮，那是无法挽回的老去……一切在烟花中结束时，仅仅是一句 goodnight（晚安）。所以，老去的并不是 time（时间）和城市，老去的只是我们。

这是我第一次期待老去，因为那个陪着我们过儿童节的老酋长走了。

他是我们的老酋长，在一个阳光甚好的午后，我们四个女生平日就聊得来，因为什么没吃午饭不记得了，先生就请我们在江北师大西门边那家店里午餐，他一直推崇这里的自酿扎啤。坐在店外边，铁艺的木质长椅，绿色白色相见的遮阳伞，每人一扎泛着浓白泡沫的自酿啤酒。他说，我说过请你们喝这里的扎啤就一定不会忘的。然后话题自然先从酒说起，从德国黑啤讲到老酋长牌子的苏格兰威士忌烈酒，话题应该一如既往并没有什么严肃的主题，一如既往地海阔天空，我们和这位亲爱的哲学家就聊到了理想国，聊到了大西洲，最后我们请他做我们的酋长，愿我们永远拥有一个属于我们自由的小岛。这就是一个关于"理想如何成为一件有趣的事"的故事。然后，此后的每个儿童节我都这样祝福我们的老酋长。

先生的发小在凯迪社区里曾发长长的帖子，希望通过对他们成长之路的记忆与思考，来探讨同样聪明的两个孩子，十几岁时相差不多，为什么后来思考世界的方法完全不同。家学、个性、耐力、机遇等等这些大道理我讨论不来，但是从先生自己与我们的分享中，我感觉 17 岁，也就是少年向青年转变的关键时期，他遇到的人、所处的时代，和他自己的选择，对此后的人生有决定性的影响。他不止一次向我们谈起马克思的《青年在选择职业时的考虑》，充满敬意地感慨，一个17岁的青年，在他的中学毕业论文中所充满的对自己将要开始人生征程的坚定决心。自由是这个世界上我们每个人都在追求的，但并不需要每个人都能深刻地理解自由的本质是什么。它不是放纵，不是燥热，不是为所欲为，自由恰恰是寻找到界限，让思维的恣意奔驰与身体的规则自律之间形成和谐的统一。就像先生和同辈青年，立下宏志为祖国健健康康工作50年，他就会坚持几十年冷水浴，坚持每天长跑7000米，在45岁时零基础学习德语，在国外访学时抵挡各种诱惑……在人生起步的时候确定了目标，当你能够"不忘初心"，也就能"方得始终"了。先生是幸运的，所以他说过，在他学会了德语后，他最先重读了德文原版的《青年在选择职业时的考虑》。

在葬礼那天，最后在墓园，孝廷教授与另一位师兄感慨50多位学生为老师送行的一幕，他说先生一生具有"布道精神"，也许是宗教和哲学、科学在他身上融合的最好的体现。不过我以为，在信仰这件事上，先生找到了一条自我完善的路径，同时时代的激烈变化又让他在自我与理想国之间找到了和解之路。

先生17岁入党，无论是在新中国朝气蓬勃之时还是在内忧外患的改革开放之初，面对时代未有之大变革，他从未改变过自己的初心。作为一位知识分子，他从来反对将自己贴上"左派"或者"右派"的标签。他冷静、独立思考、目标坚定，他说马克思主义不应该有"左""右"之争，它只有共产主义的目标，只有人的自我解放的目标。

2019年年初，先生在微信里发了一条"李锐走了"的消息，是李锐之女发的讣告，短短的讣告中有这样一段长长的话："李锐走了，我们还活着。我们只需追随自己心灵的召唤，为了个人的利益和尊严，为了自由自在地思想和表达，努力地、坚韧地做自己能够做的事情。"也许这能够表达先生对理想和信仰的态度，也能很好地诠释他不断努力的动力来源。

先生学贯中西，从对中国70年巨变的亲历中，他从认识一种思想找到了一种信仰，他从学习一种哲学找到了一条践行之路。因此，对于我这位

"亲爱的女儿"，他希望我不要迷失在选择中，不要把时间浪费在观望中，他希望我成为一名勇敢的实践者，有勇气为了一个正确的目标而探索前行之路，就是去做先行者，去做先锋者。

他希望可以做我的入党介绍人，他说作为一位具有50多年党龄的老党员他已经20年没做过入党介绍人了。他与我认真地进行过两次关于人生观、价值观的长谈，没有说服，没有教条，甚至没有来自长者的教诲，只有坦诚的交流。他和我分享他青年到中年思想变化的过程，分享在特殊的时代环境下如何保持一种信念，分享在现实生活的柴米油盐中思想如何让自己自由，分享传道授业解惑的职业中青年给他的鼓励和时代中的惰性侵蚀着青年又如何让他痛心。

那个2011年的夏天我受益终生。我直言，我希望以一种自由的身份理解这种价值观、这种思想，进而理解一个国家，理解历史，理解我们所处的时代。我希望有尽可能少的身份可以让自己有尽可能多的"不束缚"。最后，我也和先生坦言，马克思主义与共产主义在人类中心主义的思想体系中已经走到了最高处，在实现人的自我解放这一理念下，看到人类能够看到的最好的前景，但是在森林中长大的我，很想更深刻地理解人与自然的关系，我希望找到更丰富的答案。先生说恩格斯也看到了这一点，但是他没有更多的时间了，所以他说历史将最终证明《自然辩证法》的价值。

正像他在西方哲学史课上讲到希腊德尔斐神庙阿波罗神殿门前那段最著名的铭文"认识你自己"时，他强调被奉为"德尔斐神谕"的其实还有"凡事勿过度""承诺带来痛苦""一切因你而在"。在认识世界的过程中，我们可能不停地在"找到""遗忘"或者"误解"中循环。我很遗憾没有接受先生的好意，但是我并不后悔，因为他要教会我的正是如何思考，如何判断，如何认识自己，如何认识世界。

生、死、做学问这三件大事

对于生这件事，先生欣赏伏尔泰的话："上天赐给人两样东西来减轻他们在尘世的苦难，这就是希望和梦。"这种达观和乐观如何养成实在是件很值得探究的事。我时常在想先生为什么会觉得我是他的小友,恐怕也是在这件事上。记得30岁时辞职回来读书,捡起放下多年的外语,在陌生的城市三点一线地奋斗几个月,再开始一种完全不一样的生活,妈妈就非常好奇为什么我总有无穷的好奇心和热情,释放一个小宇宙驱使自己进入完全不熟悉的领域,进而乐此不疲,还坚信那是对的。我想这里有很多先天的成分,我和先生大概都是同一类人,理智的乐观主义者,仅此而已。

慕天先生一直在探究世界的真理性,又警惕于符码世界的到来,我还是在他的影响下开始织微博的。退休后,他并没有完全离开学生和教学,不过显然他有了更多时间去做以前没有时间做的事。其中一件我感到特别的是他写科幻小说,作为哲学家他有扎实的数学和自然科学功底,爱好广泛的他读书涉猎也非常多。但是真正促使他先写科幻小说还是源于眼睛手术后师母让他好好恢复,不让他做大量的用眼工作,加之刘慈欣先生的《三体》问世,科学哲学的素养让他无法回避这里涉及的哲学视角问题,他不愿意离弃家园,所以他要用一己之力实现《太阳系的重生》。

看到开始的几章我就知道像所有的科幻作品一样,故事里有着他对历史和现实的思考。只是我记得他曾提到,如果老了他把自己想写的几本学术著作都完成后,如果再有时间会写一部小说,现实主义的小说,像《平凡的世界》一样,把他经历的时代、身上发生的故事、一生遇到的人和事,都原原本本地记录在里边,他说"你们会和我的故事一起留给后人"。我是多么期待他会像其他老年人一样,放下工作,颐养天年,在含饴弄孙之余,在云卷云舒之间,给我们讲讲过去的事情。我知道,在那样的小说里会看到真正的他。

他曾认真地跟我约定,这本现实主义题材的小说会邀请我给他写序,"别人写点东西都好找个名人、傍个大款似的贴金,我才不会,我就让我的学生给我写真性情的东西"!说这话时他那狡黠的和骄傲的表情还历历在目。先生啊,您说过"我答应你们的事一件都没失信过啊",但是这次啊……

都说生死是身不由己的,作为一个共产主义者,先生从不避讳生死,只关心生的质量、死的价值。

记得有两次先生过生日时大家聚会,酒过三巡饭菜过五味,他就说到退休后不会放弃工作、不会放弃思考,一想到那些在牌桌上争执不下,坐在轮椅上言语不清口齿不利地等死就浑身起鸡皮疙瘩,"我宁可忙得昏天黑地,最好在一个黄昏写着写着,一下子趴在书桌上就完了,也算是超额完成我们说过为祖国健健康康工作50年的任务了"。

想起他曾多次说起他的先生贺麟先生,联想到贺麟先生呕心沥血地开创的"新心学",不仅私自断想,先生固然有某种宗教圣徒情结,但是更多的可能还是在中国这片根深文化的沃土中深受儒家士大夫精神的影响。仁义礼智信是他的修身信条,求学为学教学中"此心具足,不假外求"是他的实践之路。他自己农工商学样样精通,自己的学生早就是博导了,可是他甘愿偏居一隅,一方面避开核心区的思想禁锢和学术圈羁绊,一方面作为一个哲学家,他深知地理的边缘化和思想的边缘化没有任何关系,就像康德一生不曾远离柯尼斯堡一样。这一点在他对我们学生考博这件事上体现得很鲜明。对于有自己思想、有自学能力的学生他一贯都鼓励我们不要受到体制机制的束缚,不一定要去考试,考那些不喜欢的课程,跟随一些并不熟悉的老师。完全可以自己精进,探索别人不敢探索的领域,创新性研究一些新方向,不要怕错,不要吃别人嚼过的馍,更不要取巧。

不过,即使如此,2011年我第一次考博时,先生还是亲自给我写了推荐信,现在非常后悔没有复印后再请他寄走。当时是出于小私心,我想努力考上,到时候找教务处要到先生给我写的推荐信,我知道即使是他最不喜欢填表,但是在那里一定有他对我的肯定和期待,一定有对我的鼓励和忠告,一如他当时在电话里对我说的,"我一笔一画给你写的推荐信,我希望对你有用,你知道自己要什么,要好好坚持"。后来,那年的博士阴差阳错没有考上,我没有机会亲自读到那封推荐信,时隔多年这成了我最大的遗憾。

关于怀念

在深夜里,被灯光包裹着的思绪在我和先生相遇相知的时光中遐驰。于是,我第一次努力思考,关于怀念这件事。

在先生700800小时的生命里,我们认识了11年,真正相处的时间不足150小时,在我们彼此的生命里都是短暂的。在分开的日子里我们彼此牵挂,彼此关怀，到底是什么让我们怀念？

人与人的关系，有生命和教育的关系，有尊重和平等的关系，有理解和相通的关系，第一种不由得我们选择，但是后两种如果能合二为一则不太容易，得之则甚幸。

30岁时在一个青年最好的时光，我选择心无旁骛地求学，一面安抚年迈外婆的思心，一面放纵自己自由热情的心灵，没有功利目的地选择自己心仪的领域去投入身心，一如小时候摸索心爱玩具的各种门道自得其乐。那时候，并不指望谁会理解自己的行为，或者愿意领着一个懵懂的成人在于他是全新的一无所知的领域去探究，毕竟每个人都有要应对的现实世界。但是在哈师大那个昏暗的江北校区一隅，我遇到了我的同学们，遇到了我的老师们，遇到了慕天先生。有些事情就是机缘际会。当时说要读书，北京的朋友就劝我论读书全国再也没有比北京好的地方，你为什么要回去呢。我回来对考试读书这件事一无所知，但是妹妹在帮我找学校填报名材料时，是这样建议的，她说，这个专业我不懂，几位老师我不熟悉，但是他们的论文写得很严谨、很专业。后来报到时，有老师介绍专业情况，说到先生学养很高，但不是学霸。事实证明，他人只言片语的评价恰恰是一个人在社会中留给人们最闪光的标签。这些闪光的标签就是我们尊重和理解的基础。

先生开始并不在意我和我们这届学生，人数多，跨专业的多，大半都是工作后来读书的，按照世俗的观念大抵是为了镀个文凭的金，然后提升一下小日子的水准。不过经过三年的逐渐熟识，他发现了我和我们这届学生的有趣之处，到毕业时他念念不舍地说他会记得我们，会想念我们。而我们，何尝不是如此。

在江北校区那间他呕心沥血创建的挂着远东科技与社会发展研究所牌子的教室里，我们会把喧嚣关在外面，一起读书、一起探讨，"有教无类"在这里有最好的注解。面对我们十几个人，他和在龙江大讲坛面对几百人的讲座一样，声如洪钟，声情并茂。讲到最委屈的科学家麦克斯韦，在黄昏的教室里，他侧目望向窗外，花白的头发与深邃的目光形成了短暂的沉默，让他如雕像般刻入了我的记忆。很多年后，我才深深地感到如果在历史的长河中你能找到一位知音，那种庆幸与无法改变历史的无助交织在一起，会让你产生一种寄托于宗教的幻想，超越时空从而实现内心的企望。

为什么怀念？就是他曾经怀念他的老师时用的那个词——"亲炙"。多么深沉、多么准确的一个词，它来自一种内外交融的感受，没有经历你无法体会，体会过就觉得别的词无法替代。

2015年先生生日，我正好赶回去。风尘仆仆赶到聚会地点，那时我离开北方家乡三年有余，结婚生子做公务员，连妈妈都认为我该放下以前周游世界的玩心，踏踏实实过茶米油盐的小日子。我的痛苦不在于高原的紫外线，不在于工作的内容我喜不喜欢，也不在于为母则刚的内外压力，只是理想与现实之间需要的隐忍撕扯着我，让我力不从心。两年未见，先生只说："让我看看亲爱的小文，你还好吧？"我刚说了句"我还好"，眼泪就下来了，"您不要怪我不给您写信，不打电话"，他什么也没说，只是赶紧拥抱了我，泪水就落在了我的头发和肩上。先生虽然不伟岸，却是一个在大风大浪面前从不会皱眉的人，我知道他为什么落泪，他也知道我能理解他给我的拥抱的力量。

这就是我怀念的原因。别人都在问你过得好不好，都在评价你过得好不好，只有他知道你为什么好或者为什么不好。那不仅仅是因为睿智，而是因为慈悲和爱。

就写到这里吧，只要我们活着，有些事哪怕经年，一如镜前；有些人哪怕远行，也终将在下一个路口相遇。对于这个2019年，如普希金所说："而过去了的都将变成亲切的回忆！"

我向您保证，我会保持一颗好奇之心勤奋不息，始终爱世界比爱自己多一些，留下文字和梦想——过了这个2019年不再惦记您，愿老酋长在新世界忘却此岸的思考给您的困扰和焦虑，做一个天真无邪、无忧无虑的孩子，全新开始！

亦师亦友，如父如兄
——纪念恩师孙慕天先生

陈传珂

（哈尔滨师范大学 2010 级）

2010 年我本科毕业后，机缘巧合来到哈尔滨师范大学攻读研究生，专业是科学技术史。当时的我其实对哈尔滨师范大学一无所知，硕士点的老师我也仅仅知道负责联系的小孙老师。

研一第一学期，老师给我们讲西方哲学史课程时，我是彻底的学术小白，很有种茫茫然的感觉，心里一直感叹，原来还有这样讲知识的老师。开学一个月后，进行学生与导师互选。在填导师志愿时，尽管有师哥劝我，"你是科学技术史专业，最好选其他老师"，我还是义无反顾选择了以令人惊叹的方式讲知识的大孙老师。而最终我与另三位同学如愿成为先生的学生。随后与导师见面，我激动地打招呼："老师，我是陈传珂。"那好像是我第一次跟先生谈话。先生说刚才很多老师都把我推荐给他，我听了真是说不出的高兴。

那晚我们班同学在明岛海鲜宴请老师们，我喝了有生以来最多的酒。早在复试时，有位师哥就跟我说过要学会喝酒。我问为什么，他说有个学问很厉害的老师，喝酒也很厉害。而我向来对喝酒有芥蒂，那天却被一道阳光赶走了。老师一直在侃侃而谈，丝毫没有受到一杯杯酒的影响。我心想酒原来也可以成为一种高贵气质的助力，老师厉害的真的不只是学术。

后来我总去蹭老师给研二和研三开的课。听老师课的人很多，不仅是研二研三的师哥师姐，还有外校慕名而来的师生。我通常坐在教室最后排，虽然很多课听得还是茫茫然，但听老师讲课慢慢成了一种享受。老师的学识、谈吐、一举一动都营造出一种温暖的知识海洋的氛围。老师开的那些课多是诸如比较科技哲学、西方科技哲学经典导读、语言哲学导论等专业性很强的课程，我自然无法理解其中大部分内容，但这丝毫没有影响我沐浴在温暖的知识海洋里的喜悦。

选完导师后不久，老师把我和孟威单独约出来，要请我们吃饭。对我而言，我也是头次听说有老师请学生吃饭，据我已往的认知都是学生请老师客的。老师说他之所以要请是因为我们没有工作、没有收入，让我们请他，他心里不落忍。记得那次是在和兴路的喜洋洋吃火锅，老师说了很多师哥师姐们的事，还把现在跟以前的读研学生做了对比，最后分析指导我俩的研究生学习生活。先生说我是方法论有问题，让我不要纠结于自己的过去和那点小范围的事，我能看出老师对我们寄予了很大的希望。老师让我们把读研三年的规划用电子邮件发给他，他在回复邮件中肯定了我的计划和想法，推荐了相关书目，并给出了明确的实施步骤。只可惜最后我也没有达成所确立的目标，辜负了老师的期望和在老师身边学习的机会。可老师还是一如既往的关心我、帮助我，也一直没有对我失去希望，——这点到现在我都能清楚的体会到。

研一结束后的暑假，突然听到老师生病住院的消息，我们都很担心。有个师哥还对我说，我可能要换导师了，孙老师可能带不了学生了。这话让我的心沉重了整个假期。后来的事证明，这次的病对老师身体的影响还是很大的，老师最终决定不再开设专业课程。从那以后我就再没听到过老师讲的专业课，但万幸的是，老师还是会继续带完我们四个研究生。研二时，老师正式退出教学。那天，我们帮忙去办公室收拾东西，将好多书搬去老师家。老师又请我们吃饭，其间气氛颇为感伤。老师从教50年，那是一个重要人生阶段的结束。老师回忆了从教的点点滴滴，我们含着泪一起唱歌，唱《掌声响起来》。在歌声里我深深体会到了老师对从教、对学生的那种爱，也真的为老师以后不再讲课而感到伤感。

研二一年，没有老师的课程，跟老师见面少了很多。听不到老师的课，心里总觉得少了些什么。有一次，深夜聚餐后我和孟威送老师回家，老师亲自给我们磨咖啡豆，烧水，冲咖啡，还拿出了红酒，我们三人边喝边聊。老师又一次提到我存在的问题，说了很多。那次我体会到，老师是真的了解我的。他的八字评语，真是说到了我的骨子里。那晚老师说的话，在我脑海里转了好久好久，直到现在还时常想起。老师那种带着谆谆教导的语气叫出的我的名字，我此生都会铭记于心。那是一种责备，也是一种鼓励，更是一种期望的语气。研二后期开始确定毕业论文题目的时候，我选择了老师提到的人物研究方向，但心里还是没有底，不知道能不能做下来。老师常说，要能坐得住冷板凳，守住边缘，守住方向。那份坚守在这样的纷繁复杂、花花绿绿的社会中谈何容易？！后来读到老师写的《亲炙拾零》，让我明白了什么是坚守，什么是传承。得遇那些师长，老师真的很幸运；我们能遇到先生，又何尝不是人生大幸！

　　论文的开题我准备得很不充分，上交开题报告时，老师很严肃地说："传珂，你的开题报告没有文献综述啊！"那是我首次听到老师的声音那么严肃，我心里诚惶诚恐。后来，经过几个不眠夜，我终于按时完成了开题报告。2013年3月，研究生最后一个学期开学初，老师要找我们迎春小聚。结果返校途中，我丢失了装笔记本电脑和学位论文资料的包。我的心情非常低落，而老师席间一直讲各种轶事来宽慰我，让我勇敢面对现实，第二天还托班长给我送来2500元钱，让我再买个电脑继续写论文。先生还说，这是他在用一种行为艺术来帮我。当时的我，其实有着找工作和重写论文的双重压力，但在老师"行为艺术"的激励下我还是勇敢地扛住了。不久，我找了一份高中教师的工作，在一个很偏远的地方。不过重写的论文，一直没能有太大的进展；新的工作也很不顺，那段时间我的心情极差。5月份，老师去五大连池市做讲座，正好离我工作的地方近，我去见了老师。老师问了我论文情况，当天晚上，我才有了一份相对安静的心去再次整理论文的思路。我终于完成了论文，交给老师，没多久老师便叫我去他家，指导我对论文的最后修改。那是我第一次单独去见老师，心里还是有些忐忑。看到老师给我批改的论文，我心里既羞愧又感动。老师批改得很细致，用铅笔在空白处，写得密密麻麻，甚至连标点符号的错误也都批改了。几万字的论文，批改比创作更加烦琐，何况老师要给好几个学生都批改呢！后来老师说，因为给我们改论文的事这段时间的确很忙，从大年初六回到哈尔滨，一直没有得闲。我依稀看到老师那深夜认真忙碌的身影！

老师讲完论文后，给了我亲弟子才会有的一张A4纸。我之前听说过这个惯例，一直不太理解，看到我自己的，我才明白这是老师的嘱咐和念想。而且老师在给我的一张A4纸中明确说这是最后一张了。最后一张A4纸，真是我莫大的幸运！老师多次提过，每次送走一届学生，最想送学生的三个字是"勿忘我"。老师平时跟我们在一起，讲得最多的就是往届师哥师姐们的事。在老师身边越久，越能体会到老师对于我们这些学生的爱和牵挂。曾经有一个师姐跟我们说过："你们现在真是幸福，还没毕业，能天天在老师身边，听老师讲课，跟老师吃饭。"我当时并没有真切的感受，直到我自己毕业后才真正体会到，老师跟我们的情谊会让距离产生无尽的思念。

答辩结束后的聚餐持续到第二天凌晨两三点钟。早上，我带着需要签字的毕业文件去老师家，开门的师母略带责备地问我，昨晚怎么让老师待到那么晚。她还说老师的身体其实并没有看上去的那么健康。那次心脏病发后，并没有完全恢复健康。当时我还有点觉得师母的话有些夸大，老师平时看起来，精神、体力都太好了，而现在看来……

尽管很不舍，但毕业离校的时间还是来了，我当时把工作暂时定在了那所偏远的高中，老师说要先稳定后徐图进取。但毕业后的情况给我带来了很大的问题，离开了老师和同学的那种环境，进入一个普通岗位的环境，让我心里感受到了巨大的落差，我很长时间都没能适应这种工作与生活。当时网络上有一个词叫作"文化断层"，我当时的感觉就是那种强烈的"断层"：身边的人和事完全不同于在老师身边读研的时候。毕业四个月后，我终于忍受不了这种"断层"，给老师写信诉苦。不久之后，老师回信给我。看到老师的回信，心里顿时无比怀念学校的日子。老师在信里鼓励我要勇于面对新的环境，面对一切逆境，未来是属于不畏艰难勇于攀登的人。

毕业后第二年，我离开了学习与生活了四年的黑龙江。之后的三年，我没有再回过黑龙江，也没有见过老师，这也是我人生最低谷的三年。2017年6月的一天，当时我在山东巨野的一所高中工作，孟威发信息说老师要跟我们几个关门弟子聚会，问我有没有时间回去。看到信息，我再也忍不住那份

亦师亦友，如父如兄

思念，我跟学校请了假，第二天就坐上了回哈尔滨的火车。在路上，看着熟悉的东北景色，心里百感交集，有怀念，有期待，更有即将再见到老师的激动。一天一夜后，火车到达哈站。当晚，我与孟威叙旧聊天。他说老师的身体出现了问题，不是原有的心脏问题，而是眼睛出了问题，以后跟老师聚会的机会可能越来越少了。师母也多次叮嘱过，不要让老师太疲惫，不要让老师喝太多酒。孟威还说，这也有可能是我们几个关门弟子最后一次与老师单独聚会了。我想起老师之前就说过，如果哪天他觉得自己不能再那么喝酒、唱歌、跳舞，也就不会再跟我们一起"三段论"了。当时我们还在上学，总觉得那天还很远。没想到，毕业四年后，就可能面临那一天的来临。我心中那份即将见到老师的喜悦平添了一份伤感、感伤。

  第二天聚餐在学府路正阳楼。每次吃饭或者活动，老师总是按约定的时间准时到达。在正阳楼一楼大厅，我期待地看着窗外。果然，约定的时间一到，老师的身影就出现在了我的视野中。我急忙向门口走去迎老师，老师走得很快，我还没下完三级台阶，老师已经走到跟前。当"老师"两个字叫出口的那一刻，我的眼泪也流出了眼眶。三年，漫长的三年。老师抬头看到我，伸出手，握住我的手说："传珂，你回来啦。"之前我每次假期结束从家或者从工作的地方回哈市，老师看到我都会说这句话。三年没见，再次听到这句话，真想抱着老师好好哭一场。吃饭提酒的时候，我说了很多。离开老师身边3年，感觉有好多话要说。老师那时看上去跟我们毕业时没有太大差别。只是因为眼睛的问题，把眼镜换成了墨镜。隔了一天，我跟老师到哈师大西门一家烧烤店，这是我第一次单独跟老师一起吃饭。我跟老师说打算再回黑龙江工作，老师说："你回来是对的，还是要稳定然后才能进取。"当时我就感到了后悔，刚毕业时，没有听老师先稳定后徐图进取的话，以致浪费了3年时光。一个月之后，我就重回黑龙江教书，离老师也近了些！

  2018年12月末，我回哈参加与老师的聚会，老师看到我还是那句："传珂，你回来啦。"那天吃饭的人很多，吴老师让我也说几句话，我便说了上学时师姐说的那句话，羡慕在老师身边的日子。老师问我，现在在那工作怎么样。我说还好。那天晚上，我们又去吃了烧烤，也是很晚才结束。最后送老师回家，在老师家门口，老师跟我们拥抱作别，并跟我说："传珂，多发信息。"那是老师跟我说的最后一句话。我怎么也没想到,那是跟老师的最后一面。怎么也没想到……

2019年4月5日,我在晚上9点赶到了西华苑,慢慢拉开停灵间的门,颤抖着走向冰棺。对着静静地躺在里面的老师,还没说完:"老师,我回来啦"几个字,就已泣不成声……

九年,从认识老师到老师离开。九年里,我学到了以往二十多年都没有学到的……如今,我回想读研之前的自己,都感觉陌生了。那个怯懦、自卑、满腹牢骚、怨天尤人的孩子仿佛不是我一样。这都得益于跟老师的相遇,此生最大的幸运便是这份相遇。

亦师亦友,如父如兄。老师的魅力早已在我身上烙印上了深深的印记并将伴我终生。此生不改"孙门"魂。

愿老师在天堂安息!

哲与诗的缠绕与超越
——孙慕天先生《孤鹜落霞》之意境三探

刘静远

(北京师范大学文学院)

最初看到《孤鹜落霞》书名,还以为是一本文学评论或散文集,待拿到手后才发现主要是科学和哲学性质的,内容读起来并不轻松。不过受到封面和装帧的吸引,我还是耐着性子看了书的序和后记,然后又有选择地浏览了部分内容,没想到慢慢地读进去,竟至把全书都看完,连我自己都感到诧异。看完后,一个又哲学又诗人的鲜活诗哲形象展现在我面前,这是一位饱经沧桑的学者思与诗的吟唱。而我最感动的是书中所展露的作者的高远境界,那是我辈虽不陌生却很难集体认同的人生追求。而在读了这部呕心沥血的著作之后,我竟有了新的体认。

天道境:师法天地自我超越

本书共分天地人三大部分,主旨是对宇宙和人生的哲学领悟。作者力求通过 60 个主题以哲理的形式贯通天地人,究天人之际,通古今之变。作者作为高校从事自然辩证法和科学技术哲学研究与教学的教师,师法天地应是其境界中之首选。只不过其对天和地都有自己的理解:天指大自然,地则指社会,"法天象地,后土曰社,以地借喻社会"。而他的体会也不同于一般的人文学者或宗教人士,仅仅表达一种崇尚自然的倾向,而是既旁涉自然科学与人文科学林林总总的旧闻新知，特别是自然科学那样对自然的基本规律的细致了解，又以强烈的现实关怀审视世道人心，针砭时弊，更有对大自然和社会的无限热爱和体察。如作者认为，天道自然，是指由其本性而存在的宇宙自身；天行有常，是指世界循其规律自在地变化发展；天人合一，是指人作为自然之子应按自然法则行事不得有悖。因此，天行健，君子自强不息；地势坤，君子以厚德载物。可惜，人类自有文明即纷争不断，利益分殊，道术为天下裂。特别是工业文明兴起，唱响人定胜天，现代人的僭越造成无穷祸患。但是自然律决定人之律，"我们连同我们的肉、血和头脑都是属于自然界"。因此，古往今来，人心求和而恶斗，曰世界大同，曰永久和平，曰英特耐雄纳尔。人以群居，同心戮力，乃有生存发展，君子和而不同，跨越文化鸿沟是"同一个世界，同一个梦想"。

据此，我猜测，即使不问年龄，也可推断，作者一定是有过与大自然长久而密切打交道的经历，涉久而体深那是当然的了。而作者对社会运行的曲折艰难、对芸芸众生和世象万千的把捉很多方面已经超出了读者的感受力，大有振聋发聩的意味。

人道境：守望边缘以学为乐

本书的每一篇都是非常具体的，但整部书却有某种朦胧变幻感。这和作者在多处使用隐喻象征等手段来传达某种意象有关。

如书中多处关于边缘与中心关系的议论。当今时代，研究学术坐冷板凳已属社会边缘，何况作者又长期艰苦工作在边疆地区，且已年届70。但作者不为自身的状况局限，依然为边缘讴歌，多次讲到边缘出智慧出思想出学术出真知。其精诚和思想姿态由此可见一斑。

即以年龄而言，现今之人虽曰长寿，但70毕竟也是由中年步入老年的一个标志，通常人们都会以黄昏之语刻画心境。而独作者从王勃《藤王阁序》"落霞与孤鹜齐飞，秋水共长天一色"之名句中抽取书名《孤鹜落霞》，用以指代写作此书时的心境。那"灿烂的夕照中，一只孤独的鸟儿在悠然地高高飞翔，不知何处是它的归宿，伴随它的唯有辉煌的晚霞，而这漫步天际的璀璨光华,是太阳在一天中奉献给晴空的美丽绝伦的最后馈赠。"(作者自序)读到此处不难发现,作者无疑是得到至圣先知孔老夫子"从心所欲而不逾矩"之精神的真传了。

而作者自己对此的解释是,人乃宇宙之精华,万物之灵长,是物质在地球上开出的最高花朵。人生来的自由在于无规定性,通过自我设计而有不同的本质。人有知情意,心向真善美。以人为本,修齐治平,诉求人的良知。由爱贯注且由知识导引并以创造为目标的人生是良善的人生。怀抱美好的梦想,人就会青春常在。说这话是需要底气的,这显然与作者长期恪尽职守、默默耕耘,而不随波逐流、追名好利有直接关系,并使人联想到许多往圣大哲如康德、斯宾诺莎、达尔文、费尔巴哈等的感人事例。

体道境:非诗时代孤独歌者

道贯古今既长且久,但却不是人人识得。这不仅要有知道之能,还要有体道之功。

方今时代世俗化倾向广布于世,传统的充满诗意崇敬的田园牧歌的生活渐行渐远、一去难复。人们每天忙碌着,却不知道究竟是为什么;钞票增多、基本生活改善了,天天忙于消费,却不知道人生的意义究竟是什么。所谓"无头时代""无脑时代",已经成为今天大多数人形象的写真和令智者极其头疼的大事。对此,德国哲学家海德格尔曾经指出,运思的人越稀少,写诗的人就越寂寞。

盖由书作者曲折的经历和独特的边缘身份,其比许多人对时代见怪不怪之现象看的更清楚,认识的更透彻,所以才不以边缘为边缘而刻意与时髦保持某种思想间距,从而发出诗的吟唱。也因此才使得边缘这样一个往往只被作为意象的词语获得了特殊的人文内涵而熠熠生辉。这内涵就是上承思想史下启后来人的对人类诗意追求的某种挽救。

通常,如果边缘永远只是作为边缘而存在,则这样的边缘也就失去了文化的意义。但是据说,历史总是有它自己的进程而充满辩证法的。不仅所谓的中心总是被边缘颠覆,而且还经常被边缘拯救。之所以如此,是因为人文更多地是和生活在社会地层的大众的命运联系在一起的。边缘者自觉地站在大众一端，反映的思想当然就会更根本、更有穿透力。所谓"国家不幸诗家幸，话到沧桑句始工"，如是而已。

师法天地、守望边缘、孤愤而歌、超越自我。这是我阅读《孤鹜落霞》所体会到的基本境界。或许一本好书需要反复多遍地阅读，以增加更深的体会，由此而展开与作者和文本的真切对话。对此，盼望有更多的年轻人来一起尝试之。

边缘志

全国首届苏联自然科学哲学学术讨论会简介*

关 钟 扈 丁

由中国自然辩证法研究会、黑龙江省自然辩证法研究会和哈尔滨师范大学联合发起,全国首届苏联自然科学哲学学术讨论会于1984年8月25日至30日在哈尔滨召开。与会代表70余人,提交论文27篇,译著3本,译文8篇。

向会议提交的论文展示了近年来国内学术界对苏联自然科学哲学的研究概况。其内容大体上有以下三个方面:对苏联哲学界关于科学技术革命论研究情况的评述;对苏联自然科学各学科哲学问题研究情况的剖析;对苏联学术界关于方法论的研究情况的介绍。

《苏联的科学技术革命论及其实践对策》(孙慕天)一文,介绍了科学技术革命论在苏联的历史发展,介绍了苏联学者对科学技术革命的理论分析(关于科学技术革命的名称、实质、特征)以及对西方新"产业革命"理论思潮的评价,并剖析了新技术革命的冲击与苏联在运用最新科技成果提高劳动生产率、在科学技术进步对经济促进的机制方面和在科学技术生产力的自我更新方面的对策。《苏联科学技术战略剖析》(张敏)一文从历史的角度,分析了苏联十月革命以来各个不同发展时期的科学技术战略的利弊以及值得借鉴的若干问题,作者认为,积极开展这方面的研究工作,不但会对我国整体经济社会发展战略的实施产生积极影响,而且对于培养一代具有战略眼光的全面发展的人才也有不可低估的意义。《评凯德洛夫的科学革命观》(李醒民)论述了凯德洛夫关于科学革命的概念、特点、实质、时机和带头学科问

---

* 原载《自然辩证法通讯》1984年第6期。

题以及科学革命类型的划分,论文指出,凯德洛夫提出了许多新颖的见解,值得人们汲取,但他的某些僵化的结论则是不可取的。此外,马名驹、宁寂、栾早春等人也就这方面的问题进行了分析和评述。

关于苏联近年来生物学哲学问题研究的基本概况,潘仁在他的文章中进行了评述,评述主要集中在生命起源、生物进化、生物还原论、生物学与其他学科的联系及其社会功能上,并回顾了苏联在这方面研究的历史,总结了其中的经验教训。于书亭的论文着重剖析了苏联关于生物学还原论研究的新进展,对有关细节进行了较为详尽的分析。近十年来,生态学的哲学问题的研究在苏联自然科学哲学界是一个较为活跃的领域,取得了引人注目的成果,刘国城的论文围绕生物圈进化的规律和生物圈运动的机制,生态危机的可能性、发生机制及其后果问题,人与自然界的关系问题,生产生态化和生态生产问题,人的生态学、社会生态学、全球生态学的性质和对象问题进行了评述,并就苏联学者在研究中的学风问题提出了看法。还有几篇文章涉及苏联学术界关于控制论和系统论的哲学问题的研究。张景环的《苏联对系统方法与辩证法关系的研究》一文,介绍了苏联学者关于这个问题的理论基点、基本结论和主要分歧。李春泰的《控制论在苏联》一文,回顾了苏联学术界对控制论从反对到承认的过程,并就争论的若干问题一一进行了剖析。刘伟民的《苏联控制论哲学问题研究评介》一文,在回顾历史、分析现状的基础上总结出苏联学术界在这个问题上经历的三方面的转变:从着重揭示马克思主义哲学与控制论的某种一致性转向进一步探求哲学与控制论之间积极的富有成效的相互影响、相互作用;从对控制论本体基础的哲学论证转向把控制论所代表的认识方法、思维方式作为哲学高度的认识论和方法论加以研究;在具体的应用的控制论哲学问题上,从被动式地对问题做出哲学评价转向把这些问题作为应该创造性地予以解决的哲学题目加以研究。此外,张明雯就化学哲学问题,李春国、朱新轩、王文娟就地质学哲学问题,也评介了苏联学者的研究情况。

还有几篇论文就苏联自然科学哲学问题研究的总概况做了评论。申振钰的《苏联科学方法论研究概况》一文指出,在苏联的自然科学哲学问题的研究中,科学方法论研究占有很重要的地位,这表现在他们有一支哲学家和自然科学家联盟的队伍，有力量较强的研究中心，有相当数量的出版物，文章对他们的研究特点和研究方法进行了分析。周守仁的论文评论了在苏联哲学界中具有一定代表性的关于一般哲学方法论的观点，即伊利切夫的观点。另外，顾芳福的论文还介绍了苏联学者对西方科学哲学的态度。

大会还就有关问题，集中安排了专题发言。其中有《苏联自然辩证法研究六十年》（柳树滋）、《苏联近十余年自然科学哲学研究情况的进展》（李树柏）、《对〈唯物主义和经验批判主义〉一书有关问题的重新认识》（李醒民）等。

中国自然辩证法研究会秘书长龚育之在大会上就苏联自然科学哲学的研究做了发言。他回顾了国内研究工作所走过的曲折历程，总结了其中的经验教训、他指出，由于众所周知的原因，20年来我们中断了这方面的研究工作，现在必须迈开步伐，从新的起点开始。他要求大家眼界要放宽，要面向现代化，面向世界，面向未来，不要受政治等方面的因素的影响。对于苏联自然科学哲学方面的成果，我们要积极研究它、分析它，批判地汲取其中一切有用的东西。在讨论会上，邱仁宗、黄顺基等人也做了富有启发性的发言。

整个学术讨论会充满了学术民主气氛，大家畅所欲言，各抒己见，使会议开得生动活泼。这是在新的形势下关于苏联自然科学哲学问题研究的新开端。但是，由于研究工作重新起步时间不长，因而介绍情况的文章多，分析问题的文章相对地少一些。会议认为，今后的研究工作有待深入下去。为此，大会决定做好以下几方面的工作：一是在中国自然辩证法研究会的指导下，以黑龙江省有关学术团体为主，逐步形成一个全国性的苏联自然科学哲学研究中心，负责沟通信息，交流情况，收集资料，筹办会议等；二是积极组织人力、物力，编译苏联自然科学哲学问题丛书，以推动研究工作的开展；三是定期召开苏联自然科学哲学问题学术讨论会，每隔两年举行一次。

全国第二届苏联自然科学哲学讨论会在黑龙江召开*

孙玉忠

由中国自然辩证法研究会、黑龙江省自然辩证法研究会、哈尔滨师范大学和密山县人民政府联合主办的全国第二届苏联自然科学哲学学术讨论会于1987年9月10日至14日在黑龙江省濒临兴凯湖、位于中苏边境上的密山县召开。来自全国十多个省市的84名代表参加了这次会议。会议提交论文31篇,译文1篇,专辑1册,资料索引1份。

自1984年全国首届苏联自然科学哲学学术讨论会以来,苏联自然科学哲学的研究越来越引人注目。此次会议提交的论文,其内容大致包括以下几个方面:苏联自然科学哲学研究的历史与现状;对苏联自然科学和哲学联盟问题的讨论;对苏联著名哲学家、科学史家及他们的著作、学术观点的评述;对苏联自然科学各学科哲学问题的研究;关于苏联科技体制改革及工业化模式等问题的探讨。此次会议研究及评述性的文章比例增加,介绍性的文章、译文则相对减少。这表明自上一届会议以来,我国关于苏联自然科学哲学的研究确已有了一定程度的发展。

孙慕天在他的《苏联自然科学哲学研究的历史与现状》一文中,以丰富的材料向人们展示了苏联自然科学哲学70年的发展,全面地阐述了当前苏联自然科学哲学主要的研究课题及其研究动向,并对苏联自然科学哲学的特点以及存在的主要问题进行了分析。

---

* 原载《自然辩证法通讯》1988年第1期。

《难产的联盟——"苏联自然科学和哲学的联盟"论纲》（赵鸿志）一文阐述了苏联自然科学和哲学联盟从提出、酝酿到形成和发展所走过的充满矛盾和斗争的曲折道路及其给人们的启示。褚君玉的论文对苏联学者在建立联盟过程中关于哲学与自然科学统一性、哲学的职能、哲学方法论等问题进行了评述。

《B. M. 凯德洛夫科学认识思想评价》（高嘉社、赵阳辉）一文评述了凯德洛夫关于科学概念、科学形成和科学职能、自然科学革命观点的考察。《凯德洛夫及其某些著作评述》（申振钰）一文对凯德洛夫关于恩格斯《自然辩证法》的研究，对唯物辩证法的研究以及科技革命的有关论述进行了评述。林可济和鲍欧分别对凯德洛夫《论辩证法的叙述方法》《恩格斯论化学的发展》做了评述。与会代表对苏联这位自然科学哲学界的巨星采取了一分为二的分析态度。李醒民在他的论文《覆车之辙，不可不鉴》中，在肯定凯德洛夫成就的同时，有针对性地指出了凯德洛夫在科学研究中所表现出来的僵化思想和简单化做法。作为苏联科学哲学界的杰出人物，从凯德洛夫的科学研究可以窥见苏联自然科学哲学研究之一斑，其教训不可不鉴。此外，张协隆和林永康就凯德洛夫研究科学哲学的足迹及生平，刘兵、陈恒六就米库林斯基的科学史观，邵光远就库兹明的"系统认识论"分别做了介绍和评述。

生态学哲学问题的讨论在我国尚未充分展开，但在苏联却极为活跃，而且也取得了引人注目的成果。刘国城的论文围绕人类社会与生物圈的系统结构关系，对生物圈过程的调节控制等问题向我们介绍了这方面的情况。张明雯的论文从历史、成果、比较分析三个角度对苏联化学哲学问题给予了全面的考察。潘仁的论文就李森科以后，苏联生物学领域和生物学哲学问题的研究所发生的变化、特点以及当前的基本动向给予了说明。叶峻就苏联系统论、控制论、信息论的哲学问题的研究及其动向进行了讨论。

关于苏联科技体制改革的问题，张敏、张长明的论文进行了这方面的研究。文章较为全面地分析了苏联科技体制改革的进展与局限，回顾了苏联科技体制改革在理论基础和实践发展方面所走过的历史道路，分析了阻碍改革实施的不利因素，通过比较研究，指出了我们可以借鉴的方面。米加宁、黄丽华的论文分别就苏联工业化模式及技术发展模式进行了研究。此外，陈洪良、赵阳辉就苏联的科学认识论研究，于书亭就苏联关于辩证法基本规律及其范畴研究的新动向，张景环就系统研究的结构模式，余谋昌、周秋蓉就人与自然的关系，顾芳福就苏联关于科学革命问题的研究分别给予了说明。

在开幕式上，丘亮辉向与会代表介绍了在莫斯科召开的第八届国际逻辑学、方法论和科学哲学大会的情况。会上，孙慕天就改革和苏联自然科学哲学研究的新转折做了专题发言。他从1986年以来苏联改革的进展这一背景出发，说明了苏联自然科学哲学转向科学技术发展的哲学—社会方面及人的综合研究这一最新动向。申振钰就苏联自然科学哲学的历史分期、联盟问题，李醒民就凯德洛夫及其学术思想的评价，余谋昌就人和生态的关系也做了专题发言。这些发言引起了与会代表的极大兴趣。在闭幕式上，萧前教授就马克思主义的自身改革问题做了报告。

整个会议开得热烈、活泼。与会代表就联盟问题、凯德洛夫评价等问题展开了热烈的讨论。尽管大家的意见不尽一致，但会议自始至终充满了学术自由的气氛。会上，张恒轩就有关黑龙江流域开发和中苏边境经济开放问题做了专题报告，密山县人民政府和黑龙江省外贸部门有关专家也就中苏边贸问题做了情况介绍，代表们就中苏边境的战略开发问题开展了咨询。和改革开放的实际相结合，与哲学家开展对话、一起讨论自然科学哲学问题，这是此次会议的两个鲜明的特点。与会代表一致认为，会议是成功的，与上一次会议相比，有了很大的进步。但是，受队伍、文献及我们的研究方式所限，我们尚不能有规划、有系统地进行研究；在组织力量系统译介苏联的自然科学哲学代表著作方面，尚处在起步阶段，进展很慢；与苏联学术界的联系渠道还不畅通，直接的联系还未建立起来。会上，代表们表达了一种意向，要争取在不久的将来召开一次国际性的苏联自然科学哲学讨论会。

俄罗斯（苏联）自然科学哲学
研究座谈会综述*

王彦君

2006年是中国的"俄罗斯年"，在这样一个特别的年份里，5月13日至14日，由哈尔滨师范大学远东科技与社会发展研究所主办的"苏联（俄罗斯）自然科学哲学研究座谈会"在哈尔滨师范大学召开，主要议题包括：

1. 苏联（俄罗斯）自然科学哲学研究的回顾和展望；
2. 苏联（俄罗斯）和西方国家苏联（俄罗斯）自然科学哲学研究的历史情况及现状；
3. 我国苏联（俄罗斯）自然科学哲学研究的历史经验和教训；
4. 我国苏联（俄罗斯）自然科学哲学研究的前景和战略设想；
5. 苏联（俄罗斯）自然科学哲学研究的特殊价值。

来自全国10个单位的40余名代表参加了会议，孙慕天先生做了《比较科学哲学与苏联自然科学哲学研究》主题报告；中国科学院科学普及研究所研究员申振钰做了《苏联反伪科学现状》报告；清华大学鲍鸥博士做了《俄罗斯（苏联）自然科学哲学若干思考》报告；黑龙江省社会科学院研究员张景环就黑龙江省对俄罗斯（苏联）自然科学哲学的研究做了历史回顾；浙江大学哲学系王彦君做了《俄罗斯科学哲学研究》报告；哈尔滨师范大学张明雯教授做了《科学史研究中的俄罗斯学派》报告。这些报告为会议带来了最新的学术信息和研究近况。此外，会议还介绍了刚刚完成翻译初稿的由 E. A.

---

* 原载《俄罗斯科学哲学研究》，黑龙江人民出版社2008年版。

马姆丘尔等人合著的《祖国的科学哲学：初步总结》的内容，同时宣读了由省外代表邮寄过来的学术论文2篇。

孙慕天先生在主题报告《比较科学哲学与苏联自然科学哲学研究》中提出了进行俄罗斯科学哲学研究的新的方向，他指出：

俄罗斯自然科学哲学是唯一能与英美科学哲学进行对比的独立领域。俄罗斯（苏联）自然科学哲学具有鲜明的马克思主义思想导向，也可以称为苏联科学哲学现象，即从20世纪中期以后，苏联学者在官方的教条主义意识形态高压下，不畏权势，勇于突破禁区，向公认的权威结论挑战，客观地评价并合理地汲取西方科学哲学的积极成果，在创立马克思主义科学哲学方面做出了原创性的成就；而在改革走入误区，各种时髦思潮纷至沓来，出现全国性批判马克思主义的破坏运动时，独能保持清醒，对马克思主义和西方思潮都持科学分析的态度，坚持追求真理，保持思想和理论的一贯性。

西方哲学界从来没有忽视苏联人在相关领域的研究。20世纪30至50年代属于一般分析时期，其中1948年，维特（G. Wetter）出版了《辩证唯物主义》；1957年，乔治（F. George）出版了《苏联社会的科学和意识形态》。20世纪60年代属于专题研究时期，1965年，马克西姆（M. Maxim）发表了《相对论和苏联共产主义哲学》；1966年，费耶阿本德发表了《辩证唯物主义和量子论》。20世纪70至80年代为学术探讨时期，1972年，L. R. 格雷厄姆出版了《苏联的科学与哲学》（1987年再版题为《苏联自然科学、哲学和人的行为的科学》）。所罗门（S. G. Solomon）曾指出："1960年代，科学史家是考察辩证唯物主义作为科学家的主宰时苏联科学和哲学的关系，而现在则是考察辩证唯物主义作为苏联科学家专业训练一部分所造成的影响。"(*The Social Context of Soviet Science*) L. R. 格雷厄姆也说："苏联的科学哲学——辩证唯物主义——是一个支配着成千上万苏联专家们的智力活动领域，但却几乎完全被西方忽略了。"的确，少数西方作者一直在考察苏联关于个别科学哲学问题的讨论，例如生物学或生理学的哲学争论；然而，近25年来，还没有人试图详尽地研究辩证唯物主义同整个苏联科学的关系，这无疑给我们留下了创作的空间。

孙慕天先生说，他本人单枪匹马致力于这项事业，是异乎寻常的，令人感到力有未逮。西方对苏联科学哲学的否定是令人遗憾的，因为提供一个整体的综合自然观的尝试是饶有兴味的。西方对苏联科学哲学的研究没有涉及它的这种包蕴万有的意向，从而也就丢掉了它的一个重要的特点。他引用 А. П. 奥古尔佐夫在《20世纪俄罗斯科学哲学探秘》中的话说："在科学哲学中存在着许多不同的层面，分别反映科学发展和发挥作用的心理的、社会心理的、社会文化的侧面。研究科学的不同方式和不同的范畴机制，决定了科学哲学的多重目标。科学的基本哲学范畴本身就具有研究知识结构的目的（按照对知识的不同理解）。科学具有多范式性，科学中存在着若干理论和研究纲领，以便为解决不同的课题提供模式。相应地，科学哲学也具有多范式性，按照对科学的不同分析，其中存在着若干形而上学研究纲领，从实证主义到现象学，从传统哲学到马克思主义。"[①]

清华大学科学技术与社会研究中心鲍鸥一贯致力于 Б. М. 凯德洛夫思想、中俄近20年科技改革比较以及中俄近现代科技史研究，她做了题为《俄罗斯（苏联）自然科学哲学若干思考》的报告，指出了当代俄罗斯科学技术哲学（20世纪末至今）的研究内容：集中于对目的论的重新评价、客体的"意识"问题研究、对后现代的思考、多元化的界限问题、虚拟性问题等。在全球学（Глобалистика）上，由当代俄罗斯哲学家、物理学家、技术学博士 А. П. 费多托夫（А. П. Федотов）于1997年提出的一种全新哲学观点，即全球学学说有望成为保护地球文明的基本的智慧武器。它的理论基础就是：马克思的哲学思想、社会经济学理论，俄罗斯生态地理学家维尔纳茨基（В. И. Вернадский）的"生物圈—智力圈学说"，在地球生态、社会和经济三个相关统一的范围内，以量化形式研究人类发展的最普遍规律，研究在人类改造地球的前提条件下同时管理人类自身的量化模式以及组织、管理世界的科学方法。特色就是：提供思考地球文明问题的新角度，即首次利用世界管理模式与世界总体参数系统揭示了当今世界自我毁灭的进程和基本规律。在生态、社会和经济这三个基本范围内研究人类活动的统一与相互作用；以数据结果表明，当今人类对地球的有限地理范围和有限自然资源的占有及开发的

---

① А. П. Огурцов. Приключения философии науки в России в XX веке. философские науки，2001：No.3，29.

现实和欲望已经大大超出了地球的承受力；提出科学警示，即 21 世纪前 25 年地球文明将进入危机时期。人类不可能依靠目前的自发运动摆脱危机状况，只有依靠科学基础，建立能再生的、具有活力的人类社会管理体系，建设科学的地球智力圈文明才有可能摆脱上述危机。全球学学说是一个全新的研究领域。

这次座谈会提出了今后的工作目标，决定筹备召开第三届俄罗斯（苏联）自然科学哲学学术讨论会，并为未来的研究工作做了铺垫。

首届哈尔滨中俄科学技术哲学专家论坛综述*

万长松　栾广君

2015年6月6日，由黑龙江省科学技术协会主办、黑龙江省自然辩证法研究会和黑龙江中医药大学承办的"首届哈尔滨中俄科学技术哲学专家论坛"在黑龙江中医药大学召开。黑龙江省自然辩证法研究会理事长程伟教授，名誉理事长孙慕天教授，副理事长叶平教授、伍玉林教授、王德伟教授、孙玉忠教授，秘书长关晓光教授，副秘书长蒋红雨教授、白夜昕教授、王春林教授，燕山大学万长松教授，浙江大学王彦君副教授等20余位省内外专家参加了此次会议。

整个专家论坛议程安排紧凑有序，一共由四个主要部分构成：

第一，开幕式：分别由研究会理事长、黑龙江中医药大学副校长程伟教授和研究会名誉理事长、哈尔滨师范大学孙慕天教授致辞。

第二，两个大会主题报告：哈尔滨师范大学远东科技与社会发展研究所孙慕天教授的主题报告题目是《苏联科技哲学研究的首要问题》。报告一开始就抛出了核心问题——苏联科技哲学研究是否证实了辩证法的认识威力？孙慕天教授首先回顾了苏联历史上以教科书体系为代表的苏联官方马克思主义哲学体系粗暴干预科学的三大"伪"人，在深刻的历史警示下，对苏联科学发展起到重要推动作用的三大案例令大家为之一震：数学家亚历山大罗夫、生物学家奥巴林和物理学家福克。从他们发现重大科学理论的艰难历程，我们看到了辩证唯物主义对于科学认识和科学进步的内涵式推动。最

---

* 原载万长松新浪博客 https://blog.sina.com.cn/s/blog_48a118e60102vsih.html，访问时间2016年6月9日、2016年7月1日。

后，孙教授以"我们号称自然辩证法工作者，面对哲学与自然科学的疏离做何感想"为结束语，引发大家反思历史、走向未来的无限思考。

浙江大学王彦君副教授的主题报告题目是《苏联早期的"科学学"研究》。俄罗斯的科学学大致相当于中国的自然辩证法，早在20世纪二三十年代这一研究便已经起步，王彦君教授的报告初始就以一段精准的历史时间轴为大家回溯了1917年—1966年苏联早期的科学学发展状况。在这一阶段不仅提出了科学学概念，而且实际研究了科学的本性、科学进步的机制等问题，既为苏联计划经济下的科学、技术发展和人才培养提供了理论支持，也为20世纪中期以后苏联科学哲学、科学史、科学社会学等的学科化打下了基础。这段历史回溯型研究，一方面展示了苏联早期科学学研究的阶段性进展；另一方面对当今大学生的整体性培育研究提供了新思路。

第三，大会学术报告：燕山大学万长松教授的学术报告题目是《俄罗斯科学技术哲学的范式转换研究》。苏联解体后，俄罗斯科学技术哲学的研究范式发生了显著变化，即从马克思主义一元论转向多元论，从科学的逻辑—认识论转向社会—文化论，从技术中心论转向人中心论。以上范式转换表明，从苏联自然科学哲学到俄罗斯科技哲学发生了革命性变革，俄罗斯科技哲学在思维习惯、理论旨趣、叙事方式等方面都有别于苏联自然科学哲学。一方面，范式转换使俄罗斯科技哲学更具有国际视野，富有活力和创造性；另一方面，后现代主义和信仰主义的长驱直入，也会使俄罗斯科技哲学失去其原有的深刻性和独特性，间接伤及俄罗斯的科学事业。

哈尔滨师范大学孙玉忠教授的学术报告题目是《科学知识结构研究的哲学语境与历史语境——俄（苏）与西方科学哲学研究的一个比较》。在科学知识结构的研究中，以库恩为代表的社会历史学派从历史分析的角度，提出了范式等核心概念并以此为基础展开研究。而不同研究传统下的俄（苏）科学哲学在20世纪60年代也提出了自己的核心概念——科学世界图景。科学世界图景与范式都具有前提性知识的地位。在方法论层面，它们都作为解释科学革命的核心概念。二者的"同中之异"表现在结构学和动力学的分析中，导致这种差异的根源在发生学的层面，在于概念提出的语境根源。科学世界图景与范式展现出的结构学、动力学和解释功能上的差异，揭示出科学知识结构研究的两种不同的语境——哲学与历史。

哈尔滨师范大学白夜昕教授的学术报告题目是《论科技发展的人道主义原则》。首先，白夜昕教授主要观点十分明确——中国目前发展的主要问题依然是现代化不足的问题而不是后现代的问题。通过分析科学技术发展的人道主义意义、科技发展后果的人道主义反思、科学技术评价的人道主义标准，以及苏联人道主义与西方人本主义的对立与对话，揭示人道主义观念在科技发展中的重要地位与作用，并进一步阐明这一观念对于当前建立国内和国际和谐环境所具有的、不可忽视的现实意义。总之，当今"人道主义"原则应当成为中国科学技术发展的首要原则。

哈尔滨师范大学刘程岩副教授的学术报告题目是《复杂系统研究的认识论原则》。该报告逻辑明晰、针对性强，直指研究复杂系统问题的4个原则：（1）生成—过程性原则。研究者与复杂系统两者之间"生成—过程"关系的变化，是主体认知的偶然性和必然性的统一过程。（2）主体—价值性原则。该原则指的是从重要目标整体中选择出优先值得研究的，满足主体迫切需要。对于研究者而言常常表现出很大的随机性和确定性统一。（3）系统—自组织原则。当研究者成为复杂系统组成要素，也就会担负起复杂系统内在动力的自组织功能，从而系统实现推动系统在临界点内在动力普遍性与特殊性的统一。（4）方法—突现性原则。复杂系统研究方法具有离散性和间断性的特点，研究复杂系统的方法必然呈现多态性。也会形成方法选择确定性与不确定性的统一。以上的4个原则的关系为：生成—过程性原则是前提，复杂系统的所有要素在此基础上生成发展；主体—价值性原则是依据，选择什么样的角度，解决哪些层面的问题与此相关；系统—自组织原则是动力，复杂系统的涨落动力机制来源于它；方法—突现性原则是手段，丰富复杂系统的新属性。

第四，大会讨论：各位与会代表，就如何加强和促进中俄科技哲学学术交流的问题展开了热烈的讨论。

最后，黑龙江自然辩证法研究会理事长、黑龙江中医药大学副校长程伟教授做总结发言。指出此次"首届哈尔滨中俄科学技术哲学"专家论坛探讨深入、学术氛围浓厚，既是继承黑龙江研究俄罗斯科学技术哲学问题的优秀传统，这对哈尔滨所处的特殊地理位置来说意义非凡。同时也开创了俄罗斯科学技术哲学研究的历史性新起点，这对比较科学哲学研究等新兴学科带来了更广阔的生长域。

补充：

2015年6月6日，"首届中俄科技哲学专家论坛"在黑龙江省哈尔滨市黑龙江中医药大学召开。这是继2006年5月在哈尔滨师范大学召开的"全国俄（苏）科学技术哲学座谈会"之后，在新世纪第二个十年召开的又一次关于中国对俄（苏）科技哲学展开研究的高层专家论坛。除了学术研讨之外，关于今后如何开展这一工作，与会专家达成几点共识：

第一，加强俄苏科技哲学研究的组织工作，尤其是强化顶层设计。为此，宜尽快成立"中国自然辩证法研究会俄苏科技哲学专业委员会"，将这一工作纳入总会的统一指导之下，今后的学术活动也主要由俄苏科技哲学专业委员会主办。专业委员会可以将国内已有的这方面人才都整合到这个组织中来，也有助于联合申报课题和合作攻关。

第二，恢复"全国俄苏科技哲学学术研讨会"并形成两年一届的年会制度。举行全国性乃至国际性的学术会议是促进这一方向发展的最好手段，每次年会都是一次人才的盛会、思想的盛会，也是对一段时期研究成果的检验。争取每次会后都出版论文集，也是为后来人留下一笔宝贵资料。

第三，恢复《俄苏科技哲学研究动态》的编辑，鉴于经费和稿源的原因，可以采取"以书代刊"的方式，也可以与会议论文集的出版结合起来。

第四，恢复《俄苏科技哲学研究丛书》的出版。丛书主要以翻译、引进俄罗斯科技哲学原创成果为主，也可以收入质量上乘的国内学者论著。过去这一工作的主要困难是经费，今天经费已经不是瓶颈，主要困难还是译作和著作质量。

第五，加强后续人才培养。后继无人是俄苏科技哲学研究最大危机，如何把俄语人才吸引到这个方向，或者是把科技哲学专业的研究生吸引到俄罗斯科技哲学方向，这是个难题。过去培养过这方面人才的博士点（东北大学、清华大学）和硕士点（哈尔滨师范大学、燕山大学）要勇于承担起这个历史责任。

俄（苏）暨比较科技哲学与科学思想史学术研讨会综述*

杨渝玲

2015年8月4日至7日，由中国自然辩证法研究会和黑龙江省自然辩证法研究会联合主办的"俄（苏）暨比较科技哲学与科学思想史学术研讨会"在哈尔滨召开。中国自然辩证法研究会副理事长刘孝廷教授、副理事长兼秘书长尚智丛教授，副秘书长董春雨教授、崔伟奇教授，黑龙江省自然辩证法研究会理事长程伟教授，名誉理事长孙慕天教授，以及其他来自黑龙江省自然辩证法研究会和全国高校的专家、学者共计40余人参加会议。会议主题以俄（苏）科技哲学与科学思想史为中心，展开与欧美及其他学术传统的比较研究。

会议包括开幕式、主题报告、大会发言和会议总结四个环节。

开幕式和大会报告由副秘书长董春雨教授主持。

中国自然辩证法研究会副理事长兼秘书长尚智丛教授、黑龙江省自然辩证法研究会理事长程伟教授分别致辞。

上午主题报告阶段，黑龙江省自然辩证法研究会名誉理事长孙慕天教授首先做了题为《苏联科技哲学发展的两条道路》的主题报告。孙慕天教授系统梳理了苏联和后苏联科技哲学走过的独特的发展道路，他指出在不断变迁的语境中，俄（苏）科技哲学是一部在矛盾中曲折发展的历史，留下了宝贵的思想财富，而最具典型性的是贯穿其整个历史进程的两条对立的理论进

---

* 原载中国自然辩证法研究会《工作通讯》2015年第8期。

路。从历史源头上说,这两条进路都溯源于列宁。列宁哲学思想的发展分为前后两个时期,前期列宁哲学以《唯物主义和经验批判主义》为代表,思想主线是围绕唯物主义和唯心主义两条路线的斗争,重心是论证反映论;后期列宁哲学以《哲学笔记》为代表,思想主线是围绕马克思主义哲学的精髓把握认识的辩证法,重心是论证辩证法也就是马克思主义的认识论。后期列宁哲学为辩证实践论的发展开辟了道路。从发展道路上说,苏联时期半个多世纪科技哲学的发展道路是二元化的。一个导向是正统的本体论导向,认为哲学研究的是整个世界,而辩证法揭示了客观世界的固有的联系和规律,是认识的先天的依据和标准;另一个导向是异端的认识论导向,否认哲学直接研究对象世界,认为辩证法只是认识的规律,哲学是世界观,是关于思维的科学,从而强调了人的主体性和人的实践活动在哲学中的决定性作用。这批哲学家即所谓"60年代人"是当时苏联社会改革思潮的先锋。从前期的凯德洛夫、伊里因科夫、科普宁("老三套马车"),到后期的弗罗洛夫、斯焦宾、什维廖夫("新三套马车"),横跨苏联解体前后的不同社会语境,这批有改革思想的科学哲学家,从强调认识论和实践论,转向社会文化语境分析,最后归结到对人的地位、本性和行为合理性的诠释,显示了与整个世界科学哲学的趋同发展。21世纪以来,虽然马克思主义已经不再是俄罗斯国家统治的意识形态,但是认识论派学者思想的流风余韵至今绵延不绝。在对西方科学哲学关于范式不可通约、前提性知识的先验性质、科学革命的本质、知识的社会性等问题的评析中,许多俄罗斯学者坚持以辩证观点分析问题,展现了独特的哲学思想导向。与西方科技哲学相比,俄(苏)科技哲学是另一个理论维度,这为比较科学哲学的研究提供了广阔的学术空间。

哈尔滨师范大学孙玉忠教授做了题为《科学进步问题研究的逻辑路径与历史路径——俄(苏)与西方科学哲学研究的一个比较》的报告。孙玉忠教授认为,在科学进步问题的研究中,俄(苏)与西方在历史与逻辑两个路径上展开。西方科学哲学的研究主要是逻辑路径,经历了逻辑经验主义无历史存在的逻辑分析,批判理性主义远离历史的逻辑分析到社会历史学派以重建科学史为目的的逻辑分析三个时期。俄(苏)科学哲学的研究采取了历史的路径,其研究的特点是:以综合的社会历史分析为背景,以完整的历史分析为前提，以历史基础上的逻辑分析为目的。20世纪60年代，库恩等人尝试寻求逻辑之外的发展，向历史路径靠拢；80年代，俄（苏）学者则注意到逻辑分析的长处。俄（苏）与西方的研究互补明显，我们有理由期待未来研究的统一。

燕山大学文法学院万长松教授做了题为《哲学并未终结——论苏联"新哲学运动"对俄罗斯哲学的影响》的报告。万长松教授认为，20世纪60至80年代是苏联哲学史中最有价值的一个时期，而新哲学运动是一场打破教条主义禁锢的思想解放运动。以伊里因科夫为代表的年轻哲学家们创立了批判的马克思主义、方法主义、科学认识论等多个哲学学派，在逻辑学和科学方法论、自然科学哲学、唯物辩证法、哲学人学等领域提出了一系列有别于官方诠释的崭新观点。应该客观公正地评价苏联哲学，不应因苏联解体和教条主义的破产而否定苏联哲学中的积极成果。

主题报告结束后，下午会议进入大会发言阶段。崔伟奇教授和万长松教授主持。

哈尔滨师范大学马克思主义学院白夜昕教授做了题为《党性原则嬗变背景下的苏联—俄罗斯技术哲学》的发言。白夜昕教授指出，苏联技术哲学是世界技术哲学宝库的重要组成部分，其研究具有鲜明的意识形态色彩，如今随着苏联解体和现今俄罗斯政局的稳定，其意识形态特征发生重要改变，这首先与党性原则在苏联—俄罗斯的地位变化密切联系。他在分析苏联时期党性原则的地位和与此相关的苏联哲学历史分期的基础上，进一步研究和揭示党性原则在苏联—俄罗斯技术哲学发展中所起的重要作用，并从时间上将苏联—俄罗斯技术哲学划分为强制期、弱化期和解禁期，以此说明苏联—俄罗斯技术哲学的发展的总体趋势，揭示马克思主义技术哲学的历史命运。

浙江大学人文学院哲学系王彦君副教授做了题为《鲍里斯·格森的〈牛顿力学的社会—经济根源〉》的发言。王彦君副教授在报告中首先回顾了第二届国际科学技术史会议（伦敦，1931）的召开和苏联代表团所表现的马克思主义特色，特别是分析了鲍里斯·米哈伊罗维奇·格森（Борис Михайлович Гессен，1893—1936）的报告《牛顿〈原理〉的社会—经济根源》（1933年俄文版更名为《牛顿力学的社会—经济根源》）的解释系统和逻辑结构，展现了科学史的外在论研究的马克思主义前提。目前中国出现了鲍里斯·格森报告的几个中译本，但是大多根据英文版译出，在一些重要词汇和语法上与俄文版出现重大差异，很容易对中文读者造成理解上的障碍甚至误导。她选取了几处英文版翻译和俄文版翻译的例子，让与会者清楚地认识到了其中的重大差别，引起了热议。王彦君在报告结束时提出了从俄文版重新翻译鲍里斯·格森报告的建议并表示愿意身体力行、承担起这个任务。

燕山大学马克思主义学院张亚娜博士做了题为《俄罗斯科学与宗教关系研究发展述评》的发言。指出科学与宗教的关系问题是近代以来学者们关注的重要问题之一。在俄罗斯的历史发展过程中，由于研究视角的不同，苏联—俄罗斯的学者们对科学与宗教的关系不断进行着探讨和研究。在当代，俄罗斯学术界逐渐形成了自己的观点并进入了自主研究时期，理论逐渐丰富和多元化。学者们不拘于单一的研究视角，分别从全球学、传统俄罗斯宗教哲学、文化与文明的历史发展、跨学科与跨文化等多方面视角来考察当代社会中科学与宗教的关系，进行了可贵的努力和尝试。

哈尔滨工业大学叶平教授做了题为《苏联生物宇宙论与当代欧美环境地球科学发展的内在关联》的发言。叶教授指出，20世纪是物理学时代，但是迄今为止，科技哲学界忽视了20世纪20年代在苏联有一批杰出的生物地理科学家，有人称为生物宇宙论学者，其中具有代表性的是维尔纳斯基。维尔纳斯基汲取物理和化学研究的还原论方法而且不局限于局部分析，开启了生物地球宇宙整体论的研究方法，即"任何不可分割的组分都是有机存在"的判定方法。这为以生态中心主义为特征的生态伦理学以及全球环境伦理学，乃至生物宇宙论奠定了思想和逻辑的基础。维尔纳斯基进一步确证了生物圈概念，提出活物质和智慧圈的概念，这也为当代英国宇航学者拉伍洛克提出"盖娅假说"提供了理论基础，也为生物圈科学奠定了理论基石，同时，也为欧美环境地学奠定了研究的方法论和基本概念。

北京化工大学崔伟奇教授在发言中以创新观念的发展为例，强调以下几点：第一，苏联哲学对我们潜移默化的影响，不容忽视；第二，后现代思潮虽然不尽合理，但提供了比较科学哲学很重要的视角；第三，从当今全球化发展趋势来看，马克思世界历史的观念对于比较科学哲学依然极其重要。

之后，与会代表和报告人就会议主题进行了热烈深入的讨论。

最后，北京师范大学刘孝廷教授对会议进行了总结。刘孝廷教授指出，比较科学哲学是孙慕天教授的一个新进展，也是一个大方向。刘教授主要谈了三个问题：一是经过20年的变化，俄罗斯哲学的迹象已经很明显。表现在以下几个方面转回传统：宗教哲学的转向；面向世界的转向，与国际接轨的议题讨论得比较多了，如环境问题、全球问题、发展问题等；面向现实问题的转向，注重文化问题、边疆问题、社会公平正义问题、政治哲学问题、贝加尔湖污染治理问题、发展道路等问题的研究。二是俄罗斯哲学转向的启示。解决了民族认同的问题；基于上述问题开始哲学重建；与世界展开对话交流。三是中国俄苏科技哲学研究。最后，刘孝廷教授指出应在世界哲学视野中开展俄罗斯哲学研究，应该注重分层研究，而不仅仅是分类研究。同时目前我国的"一带一路"发展倡议，使中俄研究获得了新的发展契机。

全国俄罗斯科学技术哲学学术研讨会综述*

万长松　王彦君

2016年11月12至13日，由中国自然辩证法研究会主办、浙江大学哲学系承办的"2016年全国俄罗斯科学技术哲学学术研讨会"在杭州市浙江大学紫金港校区召开。中国自然辩证法研究会副理事长刘孝廷教授、黑龙江省自然辩证法研究会名誉理事长孙慕天教授出席了会议。来自清华大学、北京师范大学、浙江大学、燕山大学、哈尔滨师范大学等高校的教师和研究生，以及来自科学出版社、浙江大学出版社的编辑也参加了会议。会议主题为"俄（苏）科学技术哲学研究的历程、经验与当前任务"。

会议包括开幕式、主题报告、代表发言和工作会议四个环节。

会议举行了简短的开幕式，开幕式由浙江大学哲学系王彦君副教授主持，中国自然辩证法研究会副理事长刘孝廷教授代表学会致辞。他首先代表中国自然辩证法研究会对会议的如期举行表示热烈祝贺；其次，他指出此次学术研讨会的议题是一个务实的工作会，应就下一步如何开展俄（苏）科学技术哲学研究制定详细规划；第三，他希望此次会议能够承上启下，既对过去30年研究工作进行总结，又为今后研究工作谋划方向、蓄积力量、扩大影响，并选择在适当时机在北京召开一次规模较大的全国性学术研讨会。他还提出三点建议：一是要主动开展与俄罗斯哲学界和科学界的文化交流工作；二是要打破藩篱、打破隔膜，主动与国内研究俄罗斯一般哲学的学者展开交

---

* 原载万长松新浪博客 https://blog.sina.com.cn/s/blog_48a118e60102wnfn.html，访问时间2016年11月25日。

流和对话；三是要努力塑造自己的学术领袖和学科带头人，从"照着讲"走向"接着讲""对着讲"。

黑龙江省自然辩证法研究会名誉理事长、著名俄罗斯科学技术哲学专家哈尔滨师范大学孙慕天教授做了题为《他山之石，可以攻玉——西方的苏联科技哲学研究》的主题报告。他指出，进入到20世纪90年代以后，俄（苏）科学技术哲学这样的冷学问已经边缘化，基本无人问津了。但是，在苏联和今日俄罗斯的整个文化领域，科学技术哲学仍旧占据十分特殊的地位，直到苏联解体，对苏联科学技术哲学的关注始终是西方苏联学研究的一个重点。这一点在国内被普遍忽略，他提醒国内学界重新关注这一主题。他指出：就对苏联科学技术哲学的态度说，西方的苏联科学技术哲学研究可以分为三种导向：第一种是肯定的；第二种是否定的；第三种是中立的。这三种导向大致相应于三个历史阶段：20世纪30年代到二战时期是肯定立场占主导地位；而战后到60年代是否定立场主导的时期；70年代后客观中立的评价开始占据上风，而这种立场的转换是和国际形势和历史语境的变换密切相关的。21世纪以来，西方这一领域的研究出现了科学技术哲学的研究与科学元勘合而为一的新动向。了解西方对这一领域的研究，可以更深刻更全面地认识俄（苏）科学技术哲学的世界历史定位，从而在比较研究中推动中国科学技术哲学研究的发展。孙慕天教授学贯中西，通晓英、俄、德、日等多门语言，目前国内只有他能够站在国际视野和比较科学技术哲学的视角，对苏联科学技术哲学的历史发展、功过是非进行跨时代、跨国界的研究。孙慕天先生以77岁的高龄撰写了3万多字的研究报告，既是对这一研究领域的开创者龚育之先生的告慰，也为自己在这一方向上的半生耕耘交上了满意答卷。

在代表发言阶段，哈尔滨师范大学马克思主义学院孙玉忠教授做了题为《俄（苏）科学哲学科学进步问题研究的独特进路》的报告。她指出：俄（苏）学者并没有沿着西方学者开辟的道路和方向做重复性工作，他们甚至比西方更早地意识到科学革命中新旧理论的关系问题，并以互补性原则为基础展开研究。他们对新旧理论的极限转换关系，革命前后新旧理论关系的过渡状态和平行状态，以及新旧理论在概念上的发生学和结构学关系的研究，提供了范式更迭的可通约性根据，形成了研究科学革命问题的独特进路，显现了俄（苏）学者在这一问题研究的独特贡献。

哈尔滨师范大学马克思主义学院白夜昕教授做了题为《苏联—俄罗斯技术哲学中人的问题研究》的报告。人的问题是苏联—俄罗斯技术哲学极具特色的研究方向，她从本体论、认识论、价值论三个角度揭示俄苏技术哲学中有关人的问题的主要观点，并从国内和国外两个视角分析其关注人的主要原因，以期为我国技术哲学中有关人的问题研究提供反思和启示。

燕山大学文法学院万长松教授的报告《从工具主义到人本主义》是为纪念俄罗斯技术哲学诞生100周年而作的。苏联解体后，俄罗斯新一代技术哲学家，将传统的宗教哲学、哲学人学和文化学应用于技术哲学研究，从人本主义的进路阐明技术和工艺的性质和本质，提出了摆脱"技术型文明"危机的俄罗斯解决方案。中国技术哲学不能只有西方一个参考系，曾经与我们有过相似经历的俄（苏）技术哲学已经成为一个独特的参考系。回溯俄罗斯技术哲学百年发展史不仅是对其是非得失的总体评介，而且对建设中国特色的技术哲学研究纲领也具有借鉴意义。

浙江大学人文学院王彦君副教授做了题为《俄罗斯认识论发展问题导论：知识论与认识论的划界》的报告。她从词源学的角度出发，指出俄语对"认识论"的标准表达"теория познания"与另外两个概念"эпистемология"与"гносеология"有关。从词源上讲，俄语的"эпистемология"对应英语的epistemology；而俄语的"гносеология"译自康德所创造的词汇Gnoselogy，于是有关知识的哲学研究便在英语世界和德语世界分出了疆界。来自英语世界的эпистемология（epistemology）的中心词是"知识"，可以确切地称之为"知识论"；而来自德语世界的гносеология（Gnoselogy）的中心词是"认识"，可以称之为"认识论"。虽然二者都与"知识"有关，但是"知识论"主要关注知识的本质、来源、界限，知识的真或确定性的标准等问题；"认识论"则旨在研究获取知识的可能性，进步的条件、过程和机制等。从"гносеология"到"эпистемология"——通过对一个哲学术语在解释上的变化我们就可以感觉到俄罗斯哲学的变化，甚至可以解释世界哲学的一般流变。

清华大学社会科学学院的鲍鸥副教授结合自己的学术经历，强调以下几点：第一，俄苏科学技术哲学的研究必须和俄苏科学技术史的研究结合起来,否则就会成为无源之水、无本之木;第二,形而上的研究必须关注社会现实问题,特别是科学技术哲学的研究应该关注工程哲学和工程伦理问题;第三,在包括清华大学在内的高校"自然辩证法概论"教学萎缩的挑战面前,自然辩证法教师应该开辟新的领域,比如清华大学和浙江大学对未来工程师进行工程伦理的教育教学就是有益的尝试。会议期间,她还向与会代表赠送了她在莫斯科出版的新著《科学技术哲学在中国:历史与现实》(俄文版)。发言之后,与会代表和报告人就会议主题进行了热烈深入的讨论。

在工作会议阶段,万长松和王彦君分别就编撰出版《俄罗斯科学技术哲学文库》和《俄罗斯科学技术哲学译丛》两个文库的目的、任务、要求等情况做了详细说明。来自科学出版社的刘溪编辑和浙江大学出版社的沈小龙编辑也分别代表各自出版社表态,表示无论是在技术环节还是资金环节都要确保这两个文库实现高质量出版。其他与会代表也就这两个文库的翻译和编撰提出了宝贵意见。

由于会议准备充分、内容充实、时间紧凑,因此圆满地完成了学术交流和工作任务。会议期间,恰逢孙慕天先生77岁寿辰,学者们为其举办了简朴而又隆重的庆生会。孙先生即兴赋诗一首《忆秦娥·七七贱辰抒怀步伟人韵》:

> 平生烈,痴情望断天边月。
> 天边月,青春梦碎,鼓号声咽。
> 雄图大略真如铁,七七阔步从头越。
> 从头越,胸宽如海,心白如雪。

此时此景,不正是俄罗斯科学技术哲学研究现实与未来的最好写照吗?

21世纪第五次全国俄（苏）科学技术哲学学术座谈会综述

王彦君

2018年11月10日至11日，由浙江大学人文学院哲学系主办的"21世纪第五次全国俄（苏）科学技术哲学学术座谈会"在浙江大学紫金港校区举行，来自哈尔滨师范大学、清华大学、东北大学、江南大学等高校的十余名学者参加了本次座谈会。

本届座谈会以"俄（苏）科学技术哲学研究的新成果与新展望"为主题，展示了与会者近两年来在俄（苏）科学哲学、技术哲学、比较科学哲学及苏联马克思主义哲学方向上的最新成果。座谈会采取报告时间与讨论时间按照1∶1比例进行的模式，不仅彼此认真听取了报告，还针对报告内容进行了充分的讨论与批判。

俄（苏）科学哲学及比较研究方向

哈尔滨师范大学孙慕天教授做了题为《新时代的历史回声——新俄罗斯哲学与科学哲学一瞥》的报告，介绍了20世纪中期以后以"60年代人"为代表的苏联改革派哲学家在科学哲学领域取得的世界水平的成就，特别是列文（Г. Д. Левин）、叶戈罗夫（Д. Г. Егоров）教授对西方科学哲学的相对主义转向所持的批判态度。2007年，列文发表《相对主义的三种形态》一文，一年后该文的姐妹篇《现代相对主义》问世，这两篇专论抓住现代西方科学哲学的核心难题——相对主义,从语义、历史、类型、根源和困境等视角做了全方位的解读,使用了逻辑和历史相统一的辩证逻辑方法,梳理了历史上相对主义的三种类型和三种症侯:哲学的幼稚病、哲学的青春病、哲学的现代病。不可通约性是科学评价论的争议焦点,叶戈罗夫教授于2006年发表《如果范式不可通约,为什么还是变动不居》一文,对库恩和费阿本德的不可通约论做出全面审视和批判,这篇论文的突出特点是,无论对后现代西方科学哲学,还是对俄(苏)先驱者的传统,均持分析批判的立场。作者试图对不可通约论做出全方位的审视,不仅回应前人已经取得共识的结论,而且拓展了研究空间,其中也根据自己的理解利用了马克思主义哲学的某些理论原则。孙慕天教授肯定20世纪中期以后,以"60年代人"为代表的苏联改革派哲学家在科学哲学领域取得了世界水平的成就,其成就并没有随着苏联的解体而灰飞烟灭,仍然若隐若现地存在于新时期俄罗斯的哲学文化中。

  浙江大学王彦君副教授做了题为《技源性学科的哲学问题》报告,提出了"技源性学科"(техногенная наука,technogenic science)和"技源性知识"(техногенное естествознание,technogenic knowledge)概念,揭示了现代物理学、遗传学与技术紧密相关的本质。如果说传统自然学科以自然为对象,关注的是知识与自然的符合,那么技源性学科则以人的目的为动机,关注的是知识与技术的关系,技源性学科在本质上是对现代物理和遗传等过程的应用,其知识所反映的是技术的原理。链式反应是实验室事实,是人为条件下的现象,即"从原理上讲,以爆炸方式进行的原子核链式反应能够释放出无比巨大的能量",那么物理学家不可能不知道它是可以被制造出来的。以现代物理学为代表的技源性学科一直以自然学科自居,掩盖的造成,其一,原因在于20世纪上半叶的"科学哲学"(philosophy of science),其以"可检验性"掩盖了"自然的"与"客观的"区别,把具有实验可检验性的现代物理学划归到了自然知识中。其二是,"科学知识社会学"(sociology of scientific knowledge,SSK)肯定科学是"被制造的事物"(made thing),其制造过程包括技能、社会关系、仪器和设备,以及科学事实和理论,也就是科学家的研究动机(目的)与他所能运用的实验条件和实验技术之间的相互作用,而不是研究动机同科学结论之间的相互作用。"科学知识社会学"怀疑甚至否定知识的客观性的观点引起了自然学家和哲学家的不满,于是发生了从20世纪晚期甚至延伸到21世纪的争论,即建构主义与客观主义、相对主义与客观主义之争。实际上,"强纲领"混淆了"理论知识"与自然知识的界限,他们试图否定技源性知识的客观性的同时,把打击面波及自然学科,结果上演了"把孩子和洗澡水一起泼掉"的戏剧。

一旦在一概而论的自然学科中区分出技源性学科知识,必然引起对技源性学科的控制和管理问题。以往激励自然科学家的口号便是征服自然、变革自然。今天,这种思想已经变得十分危险。今天自然学家不能再用发现与发明的区别为自己辩护,也不能再一概而论自然学科知识而缺乏对技源性学科的技术后果的思考,可以说,只有承认技源性学科与自然学科的区别才更有利于考虑今天知识与人类的命运的问题,才能真正为自己的命运负责。

哈尔滨师范大学孙玉忠教授做了题为《俄(苏)与西方科学哲学比较研究的基础和路径》的报告,在孙玉忠教授看来,无论我们是否情愿,当今的西方科学哲学还是提供了科学哲学的标准范式,也不可避免地会以此来衡量、评价其他地域和思想传统下的科学哲学。通过比较我们会看到,马克思主义基础上的科学哲学研究不仅显示出极强的个性,而且有着较大的理论优势。因此,两者之间的比较既不是以西方的范式来评价俄(苏),也不是从俄(苏)科学哲学中寻找能够纳入西方科学哲学的内容,双方的比较是在平等的基础上进行的。她提出了俄(苏)与西方科学哲学比较研究的三种路径,即发生学、结构学和过程学路径。第一,发生学路径。西方科学哲学从实证主义发端,俄(苏)科学哲学是在马克思主义哲学内部发展的基础上形成的。第二,结构学路径。结构学的路径能够从两者在内容结构上的差异凸显各自的研究特点,并反映出发展的整体趋势。就科学哲学的研究内容而言,西方与俄(苏)在整体上普遍认同科学哲学的两个组成部分——一般科学哲学和具体科学哲学。第三,过程学路径。既要对科学哲学发展的历史道路进行分析总结,也包括对某一特定时期、阶段的科学哲学状况和特征进行比较。例如,20世纪60年代,西方与俄(苏)科学哲学的研究都开始发生转向。从20世纪中期开始,西方科学哲学对逻辑经验主义的"公认观点"的清算促进了新的研究纲领的出现。以库恩《科学革命的结构》出版为标志,西方科学哲学的研究从静态走向动态，从注重科学知识的结构分析逐渐转向了科学的动力学分析。

俄（苏）技术哲学

哈尔滨师范大学白夜昕教授做了题为《俄罗斯技术哲学民族化与国际化的发展趋向及启示》的报告，指出当今俄罗斯技术哲学在指导思想、研究主题、研究视角和价值导向方面发生重要转向，使得俄罗斯技术哲学呈现民族化与国际化相结合的发展趋势。在俄罗斯技术哲学民族化走向中，重视对恩格迈尔及其技术哲学思想的重读与研究，重视俄罗斯宗教哲学对技术及其相关问题的分析与评价，肯定苏联时期已取得的技术哲学成就，在传统的全球性问题和人的问题研究中渗透技术哲学研究。在俄罗斯技术哲学国际化走向中，技术哲学名称正式确立，对西方技术哲学思想由批判到翻译引介再到观点认同，组织召开和参与世界哲学会议和技术哲学会议，受国际思潮影响从重视工程技术哲学传统到重视技术的文化学和社会学。白夜昕教授提出，在分析俄罗斯当今技术哲学民族化与国际化相结合的发展趋势的过程中，我们能够看到苏联—俄罗斯技术哲学业已取得的成就和面临的现实困境。如果一定要提出其未来发展的出路，我们应当注意以下三种结合：技术哲学与社会现实相结合、科学主义与人道主义相结合、研读经典与理论原创相结合。

苏联马克思主义哲学史

江南大学万长松教授做了题为《俄苏哲学是马克思主义哲学研究绕不过去的大山》的报告，认为1991年苏联解体后，苏联马克思主义哲学的地位一落千丈，由从前的官方、正统和主流地位滑落至社会意识形态的边缘，甚至成为俄罗斯民众指责和谩骂的对象；但进入21世纪以来，当代俄罗斯的马克思主义哲学研究开始有了一定程度的恢复和发展，一些坚持从事马克思主义哲学研究的学者，开始出版具有学术性和创新性的大部头专著，对马克思主义哲学的本质和当代意义进行了系统研究，对当代俄罗斯资本主义发展现实进行了深刻批判。拉动俄罗斯马克思主义哲学的"三驾马车"是奥伊则尔曼（Т. И. Ойзерман，1914—2017）、梅茹耶夫（В. М. Межуев，1933—）和布兹加林（А. В. Бузгалин，1954—）。其中奥伊则尔曼关于"马克思主义含有乌托邦主义因素"和"还伯恩施坦主义（修正主义）以历史的公正"这两个总观点在俄罗斯马克思主义学界引起了巨大反响。他的上述思想遭到了以科索拉波夫（Р. И. Косолапов）、肇哈泽（Д. В. Джохадзе）等人为代表的"正统的马克思主义哲学"学派的严厉批评，指责奥伊则尔曼作为老一辈马克思主义哲学家不仅在学术观点上，而且在学术道德和操守上都存在严重问题，把他说成是见风使舵、随行就市的势利小人。然而也有一些学者对奥伊则尔曼持同情和支持的态度，认为他的研究总体上仍属于严肃的学术探索，依然是在坚持马克思主义的立场之上，对马克思思想的不足所做的批判和补救。

此次座谈会中，清华大学鲍鸥副教授以自身的工作为背景，介绍了中国自然辩证法事业国际传播初探，首先是向俄罗斯的传播。中国自然辩证法研究会副理事长、东北大学陈凡教授出席了本次座谈会，并就如何从俄苏科学技术哲学的纯学术研究转向俄苏 STS 综合研究，服务国家"一带一路"发展倡议，更好地发挥自然辩证法工作者"为国服务"作用发表了意见。

本次座谈会继续在俄（苏）科学哲学、技术哲学、比较哲学及苏联马克思主义哲学在当代俄罗斯哲学中的状况与传承为主要方向，继续充实《俄（苏）科学技术哲学文库》，将于 2019 年出版《俄罗斯科学技术哲学译丛》中的第一批译著。

座谈会亦决定，后续会议将以"21 世纪第六届全国俄（苏）科学技术哲学学术研讨会"为名于 2020 年 11 月在江南大学召开。

俄（苏）暨比较科技哲学与科学思想史学术研讨会综述*

陈传珂　孟　威

2019年7月13日至15日，由中国自然辩证法研究会、黑龙江省自然辩证法研究会联合举办的"俄（苏）暨比较科技哲学与科学思想史"学术研讨会在哈尔滨金谷大厦举行。来自全国各地大学、出版社等机构的20余位专家学者出席了会议。

7月14日上午的主题会议由中国自然辩证法研究会副秘书长、北京化工大学崔伟奇教授主持。此次会议正值俄（苏）科技哲学研究奠基人和比较科技哲学研究的开创者孙慕天先生逝世百日之际，开幕式上首先播放了孙慕天先生的纪念短片，与会者对先生进行集体缅怀。黑龙江省自然辩证法研究会理事长、哈尔滨商业大学副校长程伟教授和中国自然辩证法研究会副理事长、北京师范大学刘孝廷教授分别致辞，指出孙慕天先生既是一棵人格大树，又是一座学界丰碑，并为孙慕天先生学术成果的整理出版，学术思想的深入研究，以及他所开创的学术研究道路的深耘而鼓与呼。

哈尔滨师范大学孙玉忠教授做了题为《俄（苏）科学哲学对科学思维方式的研究》的报告，指出俄（苏）学者在前提性知识研究中提出的"科学思维方式"重要概念，30年前孙慕天先生就密切关注，后来还通过本体论和认识论维度的区分来阐释"科学世界图景"和"科学思维方式"这一对概念，

---

* 原载中国自然辩证法研究会网站 http://www.chinasdn.org.cn/xinban/xshd/2019-10-30/2891.html，访问时间2019年10月30日。

并嘱其进行更深入的研究。"科学思维方式"在俄（苏）仅被当作既成概念使用，是由于长期被范式研究所遮蔽，忽视了其本有地位和作用。在当代，此概念有三个方面的重大哲学价值。

北京师范大学刘孝廷教授所做报告题目是《孙慕天的STS思想与实践》。他指出孙慕天先生涉足的科学史、科学哲学、STS和一般哲学问题四大领域中，研究重点在科学哲学，特别是俄（苏）科学哲学，还最早推动了国内科学价值论的研究；而在STS研究方面，宣传推进"科学革命"思想，培养大量STS人才，积极组织参与STS实践，提出建制化重要思想并建立国内最早STS研究机构"远东科技和社会发展研究所"。孙慕天先生堪称一代启蒙思想家。

哈尔滨商业大学程伟教授的报告以《值得关注的"潜蕴性联系"》为题，肯定了孙慕天先生在《新整体论》中提出的"潜蕴性联系"概念具有巨大学术价值，通过仔细梳理提出三个有建设性的新问题：潜蕴性联系是科学命题还是哲学命题；如何看待其主观性与客观性；如何将其思想路线发展延伸。

北京化工大学崔伟奇教授做了题为《俄（苏）科学哲学比较研究范式的开拓创新》的报告，以与孙慕天先生的学术联系为契机，讨论如何看待先生俄（苏）科学哲学研究、新整体论、科学文化学等一系列学术成就；以美国学界对俄（苏）科学哲学的整体性、历史性和文化依赖三个论断为例，说明先生开创俄（苏）科学哲学比较研究的启蒙意义，探讨如何深入论题以做出更多开拓创新；指出学派传承的极端重要性，鼓励大家成为学术历史的创造者，成为先生的真正文化传人。

江南大学万长松教授以《孙慕天与俄（苏）科学技术哲学研究40年》为题做了报告。此研究是先生生前所见对其相关学术研究做出的最系统全面的评价，文中指出孙慕天先生首创"苏联自然科学哲学"研究方向；率先阐发苏联科学哲学研究重心向认识论和科学逻辑的转移；首倡比较科学哲学研究，并对西方和苏联的科学动力学理论进行了比较研究；是俄（苏）科技哲学研究的实际奠基人。此外，他还回顾了先生对自己人生和学术的重要影响，并介绍为先生经典著作《跋涉的理性》再版，遗著《迷思后的清醒》出版所做的校对和补充前言的工作。

在上午的自由发言环节，哈尔滨师范大学姜立红副教授和苏州大学杨渝玲教授做了发言，都表露了对孙慕天先生的感恩之情、拳拳之心。杨渝玲教授认为，先生实实在在给予学生的是认识社会的眼界、名师弟子的荣耀和慈父般的爱。

7月14日下午的主题会议由哈尔滨师范大学姜立红副教授主持。温州商学院张明雯教授提交两篇论文，其中悼念孙慕天先生的长文（节选）由孙玉忠教授代为宣读。文中详细记述了孙慕天先生的学术研究历程，并将其学术思想概括为"三开拓，六原创"。三个领域的开拓性工作：苏联自然科学哲学、整体论哲学、比较科学哲学；六个方面的原创性成果：潜蕴性联系、基础与主导范畴、世界4、科学创新的科学哲学研究、科学动力化趋势、经济学哲学。

北京工业大学计彤副教授的报告题目是《俄罗斯城市化问题初探》。她追忆当年孙慕天先生"举贤不避亲"一句话就打消她入师门的疑虑，并一生受之鼓舞。先生帮助敲定的硕士论文选题非常契合于她，使她从此走上STS研究的道路。现在她又被感召进入到俄（苏）科技哲学的研究领域。她用"内圣外王"概括先生高尚的人格和学术品格，内求于美丽心灵，笔耕不辍，外虽处边疆边缘，却充满了学术自信。

哈尔滨师范大学白夜昕教授的报告题目是《俄罗斯当代技术哲学的重要转向与启示》。她回顾了自己与其他学者追随孙慕天先生，逐步成长汇聚，发展壮大成为俄（苏）科技哲学研究共同体，并取得一系列学术成果的经历。她从最初的俄（苏）自然科学哲学研究转向技术哲学研究，并已完成两项国家社科基金项目；在先生启发下又进入比较科技哲学研究领域，日前申报的国家社科基金项目"中俄技术哲学比较及其当代价值研究"已通过公示。最后她也追思了先生为人师表的无穷人格魅力。

中国地震局防灾科技学院高衍超老师的报告题目是《孙慕天教授环境思想探微》。他认为，孙慕天先生有关生态环境的论述虽然少，但视角独特，是先生原创性思想的重要组成部分。先生对环境的关切浸润在他以各种形式回应时代主题的追问之中，饱含着悲天悯人的情怀。先生的思考凸显了人的主体性在理解生态环境问题的合法性，迥异于一般环境哲学局限于客体的思路，超越了众多环境哲学流派纠结于实用维度的局限，从价值和意义维度重新审视了我们对生态文明的理解。

哈尔滨师范大学刘程岩副教授以《俄罗斯系统科学研究进展》为题做了报告。他首先谈到孙慕天先生对自己的关怀激励良多，在科技认识论和俄（苏）科技哲学研究领域，受到先生的学术影响颇深。在对俄罗斯系统科学研究的思考中，他认为系统本身既是客观存在，同时也是人的主观认识，并试图通过潜蕴性联系来解释系统客观维度中的元素关系，结合"世界4"理论来解释系统主观维度中的抽象理想元素之间的符码关系。

在下午的自由发言环节，孙慕天先生的学生刘春国、赵金平、栾广君、曲晓溪、陈传珂、于秋叶和孟威都做了发言。刘春国深情追忆了与老师一路行来的前前后后，无限感恩于老师点点滴滴的润泽。赵金平分享了老师去她家家访的趣事，以及老师对她学业和工作上的无私帮助，她特别认同老师就是她人生和事业的领路人。栾广君回忆了一堂别开生面的美学课，是先生给2005届毕业生的最后一课，老师通过自由、超脱、自然、寄情和理想五个维度诠释了美。曲晓溪说，给她印象最深的是老师对生活的热爱，是一起去探美食地图，是老师从来都兴致勃勃。陈传珂伤感地表达了很多遗憾和自责，非常感恩老师对他的关爱和警醒。于秋叶描述了老师那令人着迷的讲课风采，时尚范儿，精神投入，气场十足；老师的一生是动听的歌，盛开的花，灿烂的光。孟威的发言，回顾了老师最后十年文学方面的创作，包括《亲炙拾零》《晨露落英》和《太阳系的重生》，并试图通过信望爱、真善美和知情意的层次分析和概念网络来理解老师丰富的心灵世界和文学旨趣；介绍了慕天文化小组倡议建立的"孙慕天先生基础数据库计划"，以期整理和汇集资料，为老师的思想研究提供助力。栾广君随后通报了"孙慕天遗作出版基金"运作情况和账目信息。

会议闭幕式由中国自然辩证法研究会副理事长、北京师范大学刘孝廷教授致辞。他指出：独特的家学渊源（父亲是基督教牧师，母亲是语文老师），中西合璧的文化浸润赋予了孙慕天先生一种特有的高贵的精神气质，先生所表现出的"超越的爱"是超越血缘的圣爱；要复活我们心中的太阳，将先生的思想宝藏挖掘出来，其中涉及资料整理、著作出版、基金筹集和思想研究这四大块工作。他建议,首先成立专门工作小组,利用编目分类方式,将各种资料清查整理出来,随清理、随出版,不适合单独出版就编入文集各卷;设置信息中心,推荐孙玉忠教授负责沟通协调事务;应该将孙慕天先生放在整个思想史上去理解和研究,孙门子弟应当继承和创新,开展先生各个思想领域的研究;先生治学思想的核心就是创新意识和创新追求。刘孝廷教授最后总结,只有做好以上工作,才能回溯一个思想博大圆融的孙慕天先生。最后,刘教授感谢大家的深情发言:"心灵的震颤与共鸣让我们再次走近了先生,看到先生从理性严肃的一面走向慈爱灿烂的一面,从《旧约》走到了《新约》,我们不但要学习先生的学问,更要学习先生的大爱和治学精神。"

俄（苏）科学技术哲学研究相关的国家社会科学基金研究项目

白夜昕："苏联社会转型背景下技术哲学研究纲领的变化及其意识形态特征研究"（2008）

王彦君："前苏联及当代俄罗斯科学社会学研究"（2010）

万长松："俄罗斯科技哲学的范式转换与发展趋势研究（1991—2011）"（2012）

白夜昕："俄罗斯当代技术哲学转向问题研究"（2012）

孙玉忠："历史语境视野下的前苏联（俄罗斯）与西方科学哲学比较研究"（2013）

万长松："苏联的技术哲学与工业化：历史·经验·启示"（2017）

张百春："当代俄罗斯哲学研究"（2018）

白夜昕："中俄技术哲学比较及其当代价值研究"（2019）

万长松："20世纪60年代以来苏联（俄罗斯）科技哲学与科技史研究"（2021）

附 录

孙慕天教授学术成果目录

专著、合著、章节（9 种）

1985 年 黄顺基、李庆臻主编：《大杠杆——震撼社会的新技术革命》，山东大学出版社。（孙慕天："第十二章 技术革命的后果——产业革命"）

1987 年 邱仁宗主编：《成功之路——科学发现的模式》，人民出版社。（孙慕天："物理类比·唯象模型·形成概念·演绎推论：麦克斯韦建立经典电磁理论"）

1990 年 曾近义等主编：《自然辩证法总论》，山东人民出版社。（孙慕天：第一篇第三章"自然辩证法的发展"第一、二、五节）

1996 年 孙慕天、И. З. 采赫米斯特罗：《新整体论》，黑龙江教育出版社。

2006 年 孙慕天：《跋涉的理性》，科学出版社。（山西大学科学技术哲学文库）

2009 年 孙慕天：《边缘上的求索》，黑龙江人民出版社。（哈尔滨师范大学科学技术哲学与科学技术史文库）

2009 年 孙慕天：《孤鹜落霞》，高等教育出版社。

2020 年 孙慕天：《跋涉的理性》（第二版），科学出版社。

2022 年 孙慕天：《迷思后的清醒》，科学出版社。（俄罗斯科学技术哲学文库）

译著（6 种）

1984 年 ［日］岩崎允胤、宫原将平：《科学认识论》，于书亭、徐之梦、张景环等译，黑龙江人民出版社。（孙慕天："第一节 物理学反映形式的表达问题"）

1987 年 ［苏］Б. Г. 库兹涅佐夫：《认识的价值》，孙慕天等译，中国人民大学出版社。（苏联自然科学哲学丛书）

1987 年 ［苏］Б. Г. 库兹涅佐夫：《现代科学和哲学》，孙慕天等译，中国人民大学出版社。（苏联自然科学哲学丛书）

1989 年 ［苏］С. Т. 麦柳欣主编：《苏联自然科学哲学教程》，孙慕天等译，黑龙江人民出版社。（苏联自然科学哲学丛书）

1990 年 ［苏］И. Т. 弗罗洛夫主编：《辩证世界观和现代自然科学方法论》，孙慕天等译，黑龙江人民出版社。（苏联自然科学哲学丛书）

2003 年 ［美］大卫·雷·格里芬：《后现代宗教》，孙慕天译，中国城市出版社。（西方思想经典文库·第二辑）

编著（2 种）

1990 年 孙慕天、杨庆旺、王智忠主编：《实用方法辞典》，黑龙江人民出版社。

1992 年 孙慕天主编：《自然辩证法新编》，哈尔滨工业大学出版社。

期刊、报纸、会议论文（122 篇）

1980—1989 年

［1］《走出"现代经学"的牢笼》，《北方论丛》1980 年第 1 期，第 1—8 页。

［2］《论辩证法三要素的哲学意义》，《学习与探索》1980 年第 4 期，第 11—15 页。

［3］《苏联哲学界对波普尔哲学的不同认识——兼谈近年来苏联波普尔研究的新动向》，《自然辩证法学习通讯》1981年第2期。

［4］《论西方科学哲学思潮的历史演变》，《北方论丛》1981年第6期，第14—21页。

［5］《论科学进步与精神文明建设的关系》，《北方论丛》1982年第6期，第12—17页。

［6］《评否定自然辩证法的哲学思潮》，《北方论丛》1984年第2期，第3—7页。

［7］《谈文科函授教育中的文理渗透趋势》，《中小学教师培训》1984年第6期，第11—12页。

［8］《对科学技术革命的理论分析》，《世界科学》1984年第12期，第56页。

［9］《苏联对新技术革命冲击的实践对策》，《学习与探索》1985年第1期，第10—15页。

［10］《苏联自然科学哲学问题研究动向》，《自然辩证法研究》1985年第3期，第71—79页。

［11］《论西方科学哲学中的科学统一问题——问题的历史演变和正统研究方向》，《北方论丛》1986年第3期，第88—98页。

［12］《一场旷日持久的争论——苏联哲学界对自然辩证法的不同看法》，《苏联自然科学哲学研究动态》1987年第1期，第1—9页。

［13］《科学哲学在苏联的兴起》，《自然辩证法通讯》1987年第1期，第8—13页。

［14］《苏联自然科学哲学研究的历史和现状》，《北方论丛》1987年第6期，第17—26页。

［15］《苏联自然科学哲学研究的新转折》，《自然辩证法报》1987年12月4日。

［16］《苏联自然科学哲学研究的特点》，《世界科学》1988年第3期，第57页。

［17］《科学统一问题的本体论探索——再论西方科学哲学中的科学统一

问题》,《求是学刊》1988年第3期,第7—13页。

[18] 陈洪良、孙慕天、牛德林:《论黑龙江省乡镇企业发展战略》,《学习与探索》1988年第4期,第40—46页。

[19]《自然辩证法六十年(上)》,《理论探讨》1988年第6期,第92—99页。《自然辩证法六十年(下)》,《理论探讨》1989年第1期,第79—89页。

[20]《开拓认识论研究的新领域——论科学认识论在苏联的发展》,《北方论丛》1989年第5期,第23—29页。

1990—1999 年

[21]《从集合概念到整体性范畴——访И. З. 采赫米斯特罗教授》,《自然辩证法研究》1990年第1期,第29—35页。

[22]《科学认识论研究的社会——文化导向——对一种国际性哲学思潮的比较分析》,《北方论丛》1990年第2期,第1—9页。

[23] 孙慕天、吴永忠:《经济萧条时期国外科技政策调整模式探析》,《中外科技信息》1990年第6期,第1—4页。

[24] 孙慕天、吴永忠:《经济萧条时期国外科技政策的调整》,《理论探讨》1990年第6期,第48—56页。

[25]《苏联思维科学研究动向》,《求是学刊》1991年第2期,第25—30页。

[26]《论科学意识》,《自然辩证法研究》1991年第10期,第1—6页。

[27]《论科学发展的"动力学化"趋势》,《北方论丛》1991年第3期,第9—16页。

[28] 孙慕天、刘玲玲:《文化圈的规定和东北亚文化圈的研究》,《学术交流》1991年第6期,第1—6页。

[29] 孙慕天、刘玲玲:《两种文化问题的历史考辩》,《自然辩证法通讯》1993年第3期,第33—40页。

[30]《社会科学的双重功能简论》,《学理论》1993年第12期,第35—36页。

[31] 孙慕天、吴永忠:《寻求科技进步与市场经济的新关系——兼谈前

苏联的正反经验》,《理论探讨》1994 年第 1 期,第 47—54 页。

[32]《科学变革中的进化和连续性》,《哈尔滨学院学报》1994 年第 2 期,第 9—18 页。

[33]《论思维方式的涵义和结构》,《北方论丛》1994 年第 5 期,第 1—9 页。

[34]《论对前苏联科技政策的研究与前苏联的科技政策》,《函授教育》1995 年第 4 期,第 4—16 页。

[35]《第三种知识论纲》,《自然辩证法通讯》1996 年第 1 期,第 1—6 页。

[36]《文化的二元性与教育内容和目标的双重性》,《教育管理》1996 年第 3 期,第 7—9 页。

[37]《市场经济与精神文明的双重关系》,《学理论》1997 年第 1 期,第 10—11 页。

[38]《市场经济建设中的企业识别理论》,《函授教育》1997 年第 1 期,第 1—5 页。

[39] 孙慕天、刘玲玲:《西方社会转型理论研究的历史和现状》,《哲学动态》1997 年第 4 期,第 40—45 页。

[40]《市场经济建设中的企业识别理论》,《中外企业家》1997 年第 5 期,第 14—16 页。

[41]《新的边疆,从经济学哲学到科学哲学》,《自然辩证法研究》1998 年第 2 期,第 15—23 页。

[42]《资源与文明论纲》,《理论探讨》1998 年第 3 期,第 35—38 页。

[43]《走出"牢笼"的思考》,《北方论丛》1998 年第 5 期,第 5—7 页。

[44] 孙慕天、刘玲玲:《知识经济:前所未有的经济》,《光明日报》1998 年 6 月 5 日,第 6 版。

[45]《语境转换与文化回归》,《哈尔滨师专学报》1999 年第 2 期,第 8—9 页。

[46]《启蒙·解放·创新》,《北方论丛》1999 年第 3 期,第 13—17 页。

[47]《作为建设性后现代主义的后现代神学》,《哈尔滨师专学报》1999

年第 3 期，第 16—17 页。

[48]《理论生物学的规范化与 21 世纪科学哲学的重构》，《哈尔滨师专学报》1999 年第 4 期，第 10—11 页。

2000—2009 年

[49]《知识的不同维度：理性的、合理的和理想的——兼谈知识经济时代的知识》，《哈尔滨师专学报》2000 年第 1 期，第 1—5 页。

[50]《论世界 4》，《自然辩证法通讯》2000 年第 2 期，第 88—91 页。

[51]《知识经济的兴起》，《哈尔滨职业技术学院学报》2000 年第 2 期，第 14—16 页。

[52]《徐有芳、宋法棠关于对〈一封关于"黑龙江人形象"的来信〉的批示》（附读者来信原文），《奋斗》2001 年第 3 期，第 4 页。

[53]《加入 WTO 和黑龙江的"二次创业"战略》，《学理论》2001 年第 5 期，第 15—17 页。

[54]《文明的理论和对现代文明的反思》，《北方论丛》2001 年第 3 期，第 26—32 页。

[55]《首先要代表科学技术生产力》，《哈尔滨市委党校学报》2001 年第 5 期，第 15—17 页。

[56]《作为科学哲学概念的创新——发现与创新的关系辨析》，《自然辩证法研究》2002 年第 1 期，第 2—5 页。

[57]《入世与思想观念的转变》，《北方经贸》2002 年第 1 期，第 7—9 页。

[58]《当代科学哲学的理论聚焦》，《理论探讨》2002 年第 3 期，第 24—25 页。

[59]《实在：正在被淡化的原则》，《第八次哈尔滨"科技进步与当代世界发展"全国中青年学术讨论会论文集》，2002 年，第 34—40 页。

[60]《保卫实在》，《自然辩证法研究》2002 年第 12 期，第 1—4 页。

[61] 王彦君、孙慕天：《试析苏联的政治文化传统对国家科技政策的影响》，《自然辩证法通讯》2003 年第 1 期，第 51—56 页。

[62]《李森科现象及其教训》，《哈尔滨工业大学学报》（社会科学版）

2003年第1期，第25—31页。

［63］《但开风气不为师——论自然辩证法的社会责任》，《第九次哈尔滨"科技进步与当代世界发展"全国中青年学术讨论会文集》，2003年，第263—271页。《自然辩证法研究》2003年第12期，第42—46页。

［64］《新型工业化道路与创新》，《新境界·新成果——黑龙江省学习贯彻"三个代表"重要思想理论研讨会论文集》，2003年，第323—330页。

［65］《自然辩证法史上的两桩公案》，《科学技术哲学研究》2003年第4期，第1—6页。

［66］《邓小平的科学发展观》，《最珍贵的精神财富——黑龙江省纪念邓小平同志诞辰100周年理论研讨会文集》，2004年，29—39页。

［67］王心、孙慕天：《科学创新的人文动源系统》，《边疆经济与文化》2004年第10期，第75—78页。

［68］《关于一个基层管理者感悟的思考——评李长禄同志专著〈管理前沿的思考〉》，《北方经贸》2004年第11期，第129页。

［69］《论基础和主导的范畴》，《自然辩证法研究》2004年第11期，第1—6页。

［70］《论苏联自然科学哲学的历史地位》，《自然辩证法研究》2005年第4期，第99—104页。

［71］《对〈SOS家庭教育理论与对策研究〉的评价》，《理论观察》2005年第2期，第174页。

［72］《不狂不痴　不能成事》，《民主与科学》2005年第5期，第20—22页。

［73］《统一价值取向　建设和谐校园》，《中国教工》2005年第6期，第38—39页。

［74］《感受理性的跋涉》，《民主与科学》2005年第6期，第36—38页。

［75］《培育黑龙江的文化个性》，《黑龙江日报》2005年12月1日。

［76］《边缘与中心》，《民主与科学》2006年第1期，第22—23页。

［77］《从身份到契约》，《民主与科学》2006年第2期，第37—39页。

［78］《打造农业强省的关键一环》，《奋斗》2006年第2期，第33页。

［79］《历史语境下的个人道德与选择》,《民主与科学》2006年第3期,第36—38页。

［80］唐永亮、孙慕天:《试论日本科学精神的内涵特征——以仁科室传统为例》,《自然辩证法通讯》2006年第5期,第22—28页。

［81］《修辞立诚》,《民主与科学》2006年第5期,第39—41页。

［82］《分析的时代》,《民主与科学》2006年第6期,第39—41页。

［83］《比较文化、比较哲学和比较科学哲学》,《自然辩证法研究》2007年第1期,第89—94页。

［84］《李约瑟难题与基督教文化》,《民主与科学》2007年第1期,第37—39页。

［85］《邓小平是科学发展观的奠基人》,《北方经贸》2007年第3期,第6—8页。

［86］《论科学动力学的两种趋同——西方和俄（苏）科学哲学的一个比较》,《自然辩证法通讯》2007年第3期,第16—22页。

［87］《"李森科事件"的启示》,《民主与科学》2007年第3期,第17—20页。

［88］《新型工业化道路与创新》,《龙江春秋——黑水文化论集之五企业文化专辑》(中国哈尔滨中国传统文化与企业文化研讨会),2007年,第108—115页。

［89］《科学技术观的多元化发展》,《学术交流》2007年第9期,第1—4页。

［90］《梦幻与迷思》,《民主与科学》2007年第5期,第25—26页。

［91］《潜蕴性联系》,《民主与科学》2007年第6期,第28—29页。

［92］《逢"五四",谈科学,求真理》,《民主与科学》2008年第2期,第11—13页。

［93］《让思想冲破牢笼》,《黑龙江日报》2008年5月13日,第6版。

［94］《从"至坚"到"至柔"》,《光明日报》2008年7月22日,第11版。

［95］《从"至坚"到"至柔"》,《学理论》2008年第19期,第88—89页。

［96］《钱德拉塞卡创造性差异律》,《民主与科学》2009年第1期,第

27—30页。

［97］《思想创意的优先权》,《民主与科学》2009年第2期,第45—49页。

［98］《符码拜物教》,《民主与科学》2009年第3期,第45—47页。

［99］《树立社会主义荣辱观》,《龙江春秋——黑水文化论集之六》("传承中华文明 弘扬孝道文化"论坛暨黑龙江省中华炎黄文化研究会第七届学术会议),2009年,第20—27页。

［100］《成功的黄金定律》,《民主与科学》2009年第4期,第9—11页。

［101］《释魅》,《民主与科学》2009年第6期,第38—40页。

2010—2018年

［102］刘志超、孙慕天:《科学自由及其界限》,《第三届全国科技哲学暨交叉学科研究生论坛》,2010年,第314—316页。

［103］《自由的智力和自由的科学》,《自然辩证法研究》2010年第2期,第118—122页。

［104］《梦是什么》,《解放日报》2010年3月12日,第15版。

［105］《论精髓——兼论认识论基本问题》,《江海学刊》2010年第6期,第10—16页。

［106］《增强自主创新能力,加快经济发展方式的转变》,《哈尔滨市科学技术学术月论文集》,2010年,第1—6页。

［107］《最委屈的科学家和科学的非功利性》,《民主与科学》2011年第1期,第5—10页。

［108］《爱书就是走向文明》,《民主与科学》2011年第3期,第51—54页。

［109］《没有伟大的党就没有伟大的复兴》,《奋斗》2011年第7期,第49—50页。

［110］《有所作为是人生的最高境界——记于光远先生》,《民主与科学》2011年第4期,第45—48页。

［111］《论快乐主义》,《民主与科学》2011年第5期,第42—46页。

［112］《猗兰之思——中西隐士文化的比较》,《民主与科学》2012年第1期,第44—52页。

[113]《旁观者说：切尔诺贝利核灾难》,《民主与科学》2012年第2期，第41—48页。

[114]《文化哺育科学》,《民主与科学》2012年第3期，第16—19页。

[115]《生命的价值和终极关怀》,《民主与科学》2012年第5期，第51—55页。

[116]《诗苑玫瑰——莪默的诗魂》,《民主与科学》2014年第1期，第41—46页。

[117]《诗意栖居》,《民主与科学》2014年第6期，第36—41页。

[118]《另类阅读》,《民主与科学》2015年第4期，第46—52页。

[119] 孙慕天、刘孝廷、万长松、白夜昕、王彦君：《科学技术哲学研究的另一个维度——中国俄（苏）科学技术哲学研究的回顾与前瞻》,《自然辩证法通讯》2015年第5期，第149—158页。

[120]《民族精神浴火重生》,《奋斗》2015年第6期，第3—5页。

[121]《理性和理想的胜利——引力波发现的启示》,《民主与科学》2016年第2期，第42—45页。

[122] 郭芙蕊、孙慕天：《消费悖论——我国公众生态意识启蒙的核心阻力》,《自然辩证法研究》2018年第9期，第52—56页。

编后记

2019年清明节，先生于梦中遽归，令人痛彻心魂。亲友故旧和学生弟子寻求各种方式来哀悼这位德高望重、思想卓然的大师。特别要感谢中国自然辩证法研究会于当年7月在哈尔滨市举办纪念先生逝世百日的学术会议，并为这部文集的编撰提供良机和诸多支持帮助。这部文集的正式出版得到了国家社会科学基金重大项目"20世纪60年代以来苏联（俄罗斯）科技哲学与科技史研究"（项目批准号21&ZD062）的资助并属于其阶段性成果之一。

本文集的主体分成了五个主题，包括：思至美、忆如面、教无涯、爱之炬和边缘志。前三个主题集结了先生的博客、微博和信件等尚未正式出版的若干文稿。先生是灵魂不羁的思想家，最喜欢做的事就是读书和静思。"思至美"中选编的内容大致以创作时间为序，融贯科学与人文，十分"博"杂：自白、激情与诗情、爱与梦之意识流、书缘书趣书单、赏乐论乐、蓝梦思静、哲学二十一问、家国情怀、麦克斯韦情结——不一而足，精彩纷呈；科学哲学研究、文化宗教探讨、生命价值思考、科学幻想驰骋——各出新意，皆成锦绣。由此我们遂能一窥先生思想的丰富面相，继而不难发现先生一生追求真善美的思想，他自己的思想也已臻圆融美境。

"忆如面"中收录了先生不同时期所作的五篇追思纪念文章和一篇译文。前五篇以创作时间为序（从1997年到2013年），回忆了哲学界前辈江天骥、事业领路人龚育之、心灵知交汪立三、高中挚友潘振声，《亲炙拾零》中则忆及中国人民大学哲学系五七级的十六位名师，包括何思敬、冯友兰、贺麟、杜国庠、侯外庐、熊伟等思想大家——他们确实堪称中国空前绝后的哲学教育"梦之队"！最后一篇所忆之人则是名垂青史的人类精神导师黑格尔（这一篇是译文）。人的思想伟大，一多半是记忆伟大。先生讲述他人的悲欢故事，平凡与精彩，又何尝不是对自身生命的映照。正是通过上面提到的回忆文章，我们看到了先生的过往，看到了先生永恒青春的影子，看到了影响先生思想的那些清冽源泉，看到了先生为人处世、价值取向的卓尔不群。先生身上有老一辈知识分子精神和人格特有的高贵气质，先生是五四精神的真正传人。

先生亦是为师者之楷模，大学毕业即回哈尔滨从事教育工作，从教逾五十年，从事研究生教育逾三十年，孙门桃李遍天下。先生对教育事业的执着追求从无止境：他对学生是大爱无疆、严师慈父、关心备至，让很多学生都觉得老师是自己一个人的老师；先生也总以教化启蒙民众为己任，大到社会之请，小到一面之缘，尽心竭力，多年来在"龙江讲坛"等地方做过许许多多场公益讲座，总能带给大家满满的正能量；先生至情至性，也不拘泥于什么特别的教育方法，最看重的还是言传身教，身体力行，因而亲聆謦欬者最得真传。"教无涯"中编选的内容都属课堂之外，又都是课堂内教育的无限延伸，其中《书信集》虽只集得为数不多的几封书信和电子邮件，却无不饱含先生的深情厚意，无不是先生以珠玉良言为学生指点当局之迷津，排解忧难，引领大道。先生做人为教的一大特色就是他有许多"行为艺术"，别人的行为艺术不过是一个音符，先生的行为艺术却是一首歌，且行且歌，持之以恒。比如从王彦君时缘起，先生就为孙门弟子过儿童节，十几年来未曾间断，常以此聚会，反复"叨念"赤子之心之可贵，回归本心之紧要。再比如《一张A4纸》，本是批改学生论文后的顺带而为，却也是十几年来坚持不辍，最终成为见证师生情谊的一朵朵小花儿。《我爱你们》是先生赠给弟子们的一首诗，情真意切：诗中，先生将自己对学生的爱比作清风、小花、月光、白云，写得那样轻柔温馨，落到我们心上那情感却又如此火热厚重。再比如写博客、写微博——先生从不以条条框框否定新事物，也从不为了时尚而时尚——先生七年写了一千多条微博，没有一语落在虚浮处，都是生活的深沉感悟。这些极富教益的微博又何尝不是先生教育理念的深广延展。本文集采撷先生的微博八十则，以应先生之寿，向先生的教育精神致敬!

第四个主题是"爱之炬"。学术薪火需要代代相传,爱之火炬更要高举传递,先生说过"爱无所尽",真爱能够照亮每个人的生活。"爱之炬"中编选汇集了先生亲友、同学、同事和学生弟子们的部分纪念文章和诗词。纪念文章和诗词的前几篇分别为先生的胞弟孙慕义教授、师母李玉白和先生的一双儿女所作。接下来的三篇纪念文章分别为先生的同学李惠国教授、好友李醒民教授、同事计育兴教授所作。其余二十余篇皆出自孙门弟子,遂以作者研究生入学年级和姓名拼音为序。编者有幸先睹为快,通读了所有纪念文章,内心频起波澜,惊讶于先生的既熟悉又陌生,进而又变成愈加亲切和孺慕。每个学生和先生都有不同的精彩故事,每个学生的心目中都有先生的专属形象;当所有的故事汇聚,当所有的形象融合,一个崭新的、更加慈祥的、更加伟岸的、更加丰富的先生就活灵活现地立于我们面前。感觉从未与先生的心灵靠得这样近,这种灵魂上的震动,让人感动得流泪!先生留给我们的精神财富是难以计数的富矿,我们都曾探采过受益过,现在和以后也绝对值得再不断地回采。试问一个人一辈子,真正对其人生观念和人生路向有重大影响的能有几人?相信在很多孙门弟子的心里,先生就是这样的知遇之人,博大精深,又极具人格魅力,占据我们心灵极特别极重要的位置,他是我们的文化之锚、思想之根。而先生故去得太过突然,他的思想已臻化境,如果老天不那么吝啬,他的新三论和其他美好的思想不都有了着落得以圆满?这些岂是一句损失可言表的!但也正因如此,我们更应该多做一点先生思想的研究,这不是一两个人的一时努力所能及的,这本身就是一项艰巨的事业,需要智力的联合,需要更多独具只眼看到其深远价值的人一同奋斗。

第五个主题是"边缘志"。先生扎根边疆边缘之地,一生理性跋涉,学术成就斐然。而俄(苏)科技哲学研究无疑是先生最为钟爱的学术志业,一方面先生有俄(苏)文化的内在情结,另一方面更有龚育之先生寄予的厚望,因而既是热爱,又是责任。无怪先生总说,爱亦责任。受苏联解体的影响,俄(苏)科技哲学研究遭遇过重大挫折,先生作为俄(苏)科技哲学研究的开创者之一和实际奠基人,也曾迷茫过,但翻起身来还是要不屈不挠打硬仗。厚积薄发的《跋涉的理性》，出版于2006年，正是这一研究领域的定鼎之作。2014年先生退出教学一线之后，更是将大部分精力用在扶持后辈研究者，凝聚此学术领域的研究力量，扩展俄（苏）科技哲学研究者及其研究成果的影响力。进入21世纪以来，先生在俄（苏）科技哲学研究领域促成召开五次学术研讨会，主编"俄罗斯科学技术哲学文库"，完成文库中的一部专著《迷思后的清醒——俄（苏）科学技术哲学史论》，主持翻译美国科学哲学和科学史家L.格雷厄姆的著作《苏联的科学、哲学和人的行为》，由此可见先生是多么勤勉，多么殷切，多么鞠躬尽瘁，落日处的闪电又是多么明亮恒久。"边缘志"中汇集了俄（苏）科技哲学研究历次学术会议的综述。这八次会议都是俄（苏）科技哲学研究历史上的重要节点，由之可以勾勒出俄（苏）科技哲学研究的大致发展脉络。最近一次就是2019年7月份纪念先生逝世百日会议，它是一个重要标志，标志着在俄（苏）科技哲学研究这场学术接力赛中，接力棒已经传到第三棒学者的手中。这次会议既是俄（苏）科技哲学研究的里程碑，也是学术传承的接力棒！龚育之先生跑完了第一棒，孙慕天先生跑完了第二棒，有理由相信第三棒会在先生辛勤培养的弟子手中继续传递下去……

这本文集的编撰时间稍显仓促，虽也有数月之功，但所收集纪念文章和信件的范围主要局限于孙门弟子，还是欠缺不小，有管窥之嫌。另外，文集中选编的先生文稿，题材内容极其丰富，又大多是网络发文，没有经过先生严格的校定，再加上先生的独具特色的旁征博引，使编辑工作颇为不易，不确处甚多，我们失误不查的地方想必也多，特以致歉！

文集的编撰工作受中国自然辩证法研究会刘孝廷副理事长的指导，具体工作由万长松和孙玉忠老师、孟威负责组织和协调，其余参与编辑的人员大多是先生晚年时期的亲炙弟子，包括孟玮、栾广君、曲晓溪、张杰、卞文、齐江蕾等。这期间孙玉忠老师责任最大，担子最重，多次累病，辛苦最多。万长松为此文集正式出版奔走八方，殚精竭虑。孟威统稿，为文集的成型搭建基本框架并打下坚实的基础。责任编辑孟玮查漏补缺，精益求精。尽管各有忙事难事，但在编辑校定这本文集的事情上，大家都竭尽全力，认真严谨，各展所能，精诚合作。诚挚地感谢先生的亲友故交和众多弟子在撰写文章、提供资料、编辑校定等方面给予的大力支持！

　　文集付梓之时，先生仙逝三年有余，悲思袭上心头！但先生有"世界4"高论，在我们心中先生无论是在哪个世界，那个有人情味、有童心稚趣、博学机智、从来都兴致勃勃、谈笑风生、浪漫潇洒的老师永远地活着，永远地活着！编辑文集的这段时间，先生的文字日日相伴，更觉先生从未走远，从未走远！

编　者

2022 年 4 月 5 日